A check-list of Welsh place-names

Y Llyfr Enwau

Enwau'r Wlad

A check-list of Welsh place-names

D. Geraint Lewis

> Enwau yn llawn barddoniaeth – ac enwau
> sy'n gân a chwedloniaeth;
> hen enwau ein hunaniaeth
> ydyw'r rhain o drum i draeth.
>
> *Meirion MacIntyre Huws*

Gomer

Cyhoeddwyd yn 2007 gan
Wasg Gomer, Llandysul, Ceredigion, SA44 4JL
www.gomer.co.uk

ISBN 978 1 84323 735 8

Hawlfraint © D. Geraint Lewis, 2007

Mae D. Geraint Lewis wedi datgan ei hawl dan Ddeddf Hawlfreintiau,
Dyluniadau a Phatentau 1988 i gael ei gydnabod fel awdur y llyfr hwn.

Cedwir pob hawl. Ni chaniateir atgynhyrchu unrhyw ran o'r cyhoeddiad hwn, na'i gadw mewn cyfundrefn adferadwy, na'i drosglwyddo mewn unrhyw ddull na thrwy unrhyw gyfrwng, electronig, electrostatig, tâp magnetig, mecanyddol, ffotogopïo, recordio, nac fel arall, heb ganiatâd ymlaen llaw gan y cyhoeddwyr.

Dymuna'r cyhoeddwyr gydnabod cymorth
Cyngor Llyfrau Cymru.

Argraffwyd a rhwymwyd yng Nghymru gan
Wasg Gomer, Llandysul, Ceredigion.

I'm cyfeillion yn y Cyngor Llyfrau –
Gwerfyl Pierce Jones, y Cyfarwyddwr
gydag edmygedd am yr hyn a gyflawnwyd;
Elgan Davies, cyn bennaeth yr Adran Ddylunio;
a Dewi Morris Jones, cyn bennaeth yr Adran Olygyddol;
gyda diolch am bob cymwynas.

Cynnwys / Contents

Rhagair / Foreword	viii / ix
Diolchiadau / Acknowledgements	x / xi
Rhagymadrodd / Introduction	
Rhai Elfennau Tiriogaethol mewn Enwau Lleoedd / Some Topographical Elements in Welsh Place-names	xviii / xix
Caveat emptor	xx
Geirfa / Glossary	xxiii
Yr Enwau / The Names	1
Cartrefi Enwogion / Famous Homes	231
Mapiau / Maps	
Prif Afonydd Cymru / The Main Rivers	233
Prif Fynyddoedd Cymru / The Main Mountains	234
Rhaniadau Hanesyddol Cymru'r 8fed ganrif / Divisions of Wales during the 8th century	235
Y Cymydau / The Comotes	236
Y Cantrefi / The Administrative Hundreds	238
Siroedd Cymru cyn 1974 / Pre-1974 Counties	239
Siroedd Cymru 1974–96 / The Counties 1974–96	241
Siroedd Cymru wedi 1996 / Post-1996 Counties	242
Prif Drefi a Phentrefi Cymru / The Main Towns and Villages	244
Mynegai / Index	245
Llyfryddiaeth / Bibliography	259

Rhagair

Y gyntaf o ddwy gyfrol yw hon, yn ymdrin ag enwau priod yn y Gymraeg. Mae'r gyfrol hon yn ymwneud ag enwau'r wlad (enwau Cymru), a bydd yr ail yn ymdrin ag enwau'r bobl (enwau'r Cymry). Fel y tybiwyd cyn cychwyn ar y gwaith, ceir perthynas agos iawn rhwng y ddwy gyfrol gyda llawer o leoedd yng Nghymru yn cynnwys enwau pobl, ac yn wahanol iawn i enwau Saeson, mae llawer o'r enwau Cymraeg a ddewisir gan bobl ar eu plant, yn cyfeirio at le neu ardal arbennig. Felly, ceir mwy o hanes rhai o'r unigolion y cyfeirir atynt yn y llyfr hwn, neu eu henwau, yn yr ail gyfrol a gyhoeddir maes o law.

Yn y llyfr hwn ceir ymgais i dynnu ynghyd, mewn un man, y gwaith a gyflawnwyd dros y blynyddoedd gan ysgolheigion, haneswyr, geiriadurwyr a rhai sy'n ymddiddori mewn enwau lleoedd. Mae'r enwau a restrir yn seiliedig ar yr enwau Cymraeg a geir yn y *Rhestr o Enwau Lleoedd* gan Elwyn Davies, gydag ychydig iawn o newidiadau a awgrymwyd gan arbenigwyr ers cyhoeddi'r gyfrol honno'n wreiddiol. Mae'r cynigion ar egluro'r enwau yn seiliedig ar y cyfrolau niferus sydd wedi'u cyhoeddi ar enwau lleoedd dros y blynyddoedd ac a restrir yn y llyfryddiaeth.

O gymharu'r enwau a geir yn y *Rhestr o Enwau Lleoedd* â'r enwau yn y cyfrolau yn egluro ystyron enwau lleoedd, gwelir mai prin yw'r ymdriniaeth o enwau afonydd, nentydd, mynyddoedd, llynnoedd, a'r hyn a restrir fel 'hynafiaethau' yn y *Rhestr*. Ceisir egluro'r rhain oll yn y gyfrol hon.

Eto yn y trafodaethau mwyaf trwyadl, megis *The Place-names of Pembrokeshire*, *The Place-names of Dinas Powys Hundred* a *The Place-Names of East Flintshire*, ceir rhestri o'r elfennau a geir mewn enwau lleoedd nad ydynt i gyd yn cael eu cynnwys mewn geiriaduron. Cynhwysir yr elfennau hyn yng nghorff y testun hwn ac mewn adran ragymadroddol.

Yng nghorff y testun, mae'r cofnod yn cynnwys:
- yr enw Cymraeg mewn ffurf gydnabyddedig
- yr hyn y mae'r enw yn cyfeirio ato – *afon*, *mynydd*, *lle*, *llyn* etc.
- lleoliad yn ôl yr hen siroedd (cyn 1974)
- lleoliad yn ôl y siroedd wedi 1996
- esboniad ar ystyr yr elfennau a geir yn yr enw yn Gymraeg (lle y ceir seren [*] o flaen gair, mae hyn yn dynodi gair yn tarddu o ffurf ddamcaniaethol yn y Frythoneg, mamiaith y Gymraeg)
- esboniad cyfatebol yn Saesneg
- ffurf Saesneg ar yr enw
- y ffurf gyfatebol ffurfiol yn Saesneg (os oes yna)
- cyfeiriad grid yr Arolwg Ordnans. Ni chynhwysir cyfeirnodau at yr enwau ychwanegol nad ydynt yn ymddangos yn y *Rhestr o Enwau Lleoedd*, e.e. enwau cymydau, cartrefi a theyrnasoedd.

Yr elfennau newydd yw:
- mapiau – hanesyddol a chyfoes
- ymdriniaeth ddwyieithog
- enwau rhai o'r 'gwledydd' cyn dyfodiad y Normaniaid
- y cantrefi
- y cymydau
- er mwyn tynnu sylw at hen arfer y Gymraeg o adnabod rhywun yn ôl enw ei gartref, rhestr o gartrefi enwocaf Cymru.

Foreword

This volume is intended as the first of two dealing with proper nouns in Welsh, this volume dealing with the names of the land of Wales and the second dealing with the names of the people of Wales. As I expected before embarking on the project, the two volumes are inextricably linked in a manner which I believe is peculiarly Welsh. Therefore, more details regarding some individuals, or their names, such as all the saints' names connected to *Llan*, will be found in the second volume to be published in the near future.

The names included in this volume are based on *Rhestr o Enwau Lleoedd: A Gazetteer of Welsh Place-names* by Elwyn Davies with a small number of changes as proposed by place-name authorities since the original publication which still remains the single most authoritative source for Welsh place-name orthography. To this source has been added the work of those academic, historical, lexicographical, linguistic and also enthusiastic amateur authors who have laboured so diligently in this field over many years, and whose works may be found in the bibliography at the end of the volume.

A comparison of the names in the *Gazetteer* with those contained in the other volumes reveals that such features as rivers, lakes, mountains and those features labelled as 'antiquities' in the *Gazetteer*, receive shorter shrift than the place-names proper. All are treated equally here.

The standard academic texts, such as *The Place-names of Pembrokeshire*, *The Place-names of Dinas Powys Hundred* and *The Place-names of East Flintshire*, contain glossaries of place-name elements, a number of which would not appear in a standard Welsh dictionary. Such elements are here included as entries within the body of the text and also in an introductory section to the work.

The entries are set out as follows:
- the orthographically accepted form of the Welsh name
- the nature of the location – *afon*, *mynydd*, *lle* etc.
- the name of the pre-1974 county in which it was located
- the name of the post-1996 county in which it is found
- the elements of the name explained in Welsh (where a word is preceded by an asterisk [*], it denotes an element derived from a hypothetical form in Brythonic, the mother-tongue of the Welsh language)
- the elements set out in English
- an English form of the name
- the formal English equivalent (where it exists)
- the Ordnance Survey grid reference. Grid references have not been provided for the additional place-name elements that do not appear in the *Gazetteer*, e.g. comotes, hundreds and the early kingdoms.

The new features to be found within include:
- maps – historic and modern
- bilingual presentation
- the names of the pre-Norman 'gwledydd' (kingdoms)
- the 'cantrefi' (hundreds)
- the 'cymydau' (comotes)
- homes by which their famous owners were known (Williams Pantycelyn etc.).

Diolchiadau

O'r cychwyn cyntaf hyd at gydsynio darllen y llawysgrif derfynol, y mae'r Athro Hywel Wyn Owen, Bangor, wedi bod yn eithriadol o gymwynasgar gyda'i amser a'i gyngor ac y mae'r gyfrol yn elwach o lawer am hynny.

Wedi imi ddihysbyddu'r ffynonellau print, manteisiais ar rwydwaith llyfrgellwyr ymchwil llyfrgelloedd cyhoeddus Cymru a hynny drwy fy hoff Lyfrgell Ceredigion yn Aberystwyth, a diolch i bob un o'r siroedd yn ddiwahân am ymateb i'm ceisiadau am wybodaeth.

Yna derbyniais wahoddiad yr Athro Hywel Wyn Owen i ymweld â'r Ganolfan Ymchwil Enwau Lleoedd ym Mhrifysgol Cymru Bangor.

Roedd y diweddar Athro Melville Richards wedi cychwyn cynllunio Onomasticon o enwau lleoedd a gwelir ffrwyth ei waith yn ei erthyglau ysgolheigaidd a'r gyfrol *Enwau Tir a Gwlad* a olygwyd gan y diweddar Athro Bedwyr Lewis Jones ac a gyhoeddwyd yn 1998.

Yn y Ganolfan cedwir y casgliad enfawr o nodiadau a slipiau gwreiddiol, a bu'r archif hwn yn gymorth amhrisiadwy wrth geisio egluro enwau. Rwy'n ddiolchgar iawn i Gyfarwyddwr y Ganolfan, yr Athro Hywel Wyn Owen, a'i ymchwilwyr, sef Nesta Roberts, Gruff Prys ac Owain Davies, am ganiatâd i ddefnyddio'r archif ac am eu cymorth wrth ddehongli nifer o enwau. Gwelir llawer o ddeunydd crai yr Onomasticon yn *Geiriadur Enwau Lleoedd Cymru* sydd yn cael ei baratoi gan Hywel Wyn Owen a Richard Morgan.

Diolchaf i David Bullock am gael gweld ffrwyth gwaith 'Y Pwyllgor Enwau Lleoedd' a sefydlwyd i gynghori Ysgrifennydd Gwladol Cymru.

Yn olaf, gofynnais i'r Athro Hywel Wyn Owen, yr Athro Gwynedd O. Pierce a Mr Richard Morgan am gymorth gyda rhai enwau a oedd yn weddill, ac y mae'n bleser gennyf nodi eu haelioni a'u caredigrwydd wrth rannu ffrwyth eu gwaith braenaru gofalus, dros gyfnod hir o amser, gyda newyddian i'r maes.

Rwy'n ddyledus i awduron y cyfrolau a restrir yn y Llyfryddiaeth ac i'r rhai a enwir uchod am bob cymorth, ond fy eiddo fy hun yw pob nam a bai a erys.

Acknowledgements

From my earliest essays into this field, to the final generous act of reading the completed manuscript Professor Hywel Wyn Owen of Bangor has been a source of advice and information without which this completed volume would have been considerably the poorer.

Having exhausted the printed sources available to me, I then turned to the group of Welsh reference librarians via my favoured Llyfrgell Ceredigion at Aberystwyth, and it gives me great pride as a librarian to record that everyone who was contacted came back with answers to my queries.

I then took up Professor Hywel Wyn Owen's invitation to visit the Place-name Research Centre at Bangor. This is the archive collected by the late Professor Melville Richards who had embarked on the production of a Welsh Onomasticon and whose work is to be found in his numerous academic articles and in the volume *Enwau Tir a Gwlad* (1998), edited by the late Professor Bedwyr Lewis Jones. The Archive houses thousands of notes and slips that proved to be invaluable in my search for place-name meanings. My thanks are due to the Centre's Director, Professor Hywel Wyn Owen, and researchers Nesta Roberts, Gruff Prys and Owain Davies for permission to search the archive and for their assistance in helping to cast light onto what had until then been utter gloom. Much of the material for the Onomasticon will be included in the forthcoming *Geiriadur Enwau Lleoedd Cymru* (Dictionary of Welsh Place-names) by Hywel Wyn Owen and Richard Morgan.

I am grateful to David Bullock for allowing me to see the results of the deliberations of 'The Welsh Place-name Committee', which had been established to advise the Secretary of State for Wales.

Finally, I turned to Professor Hywel Wyn Owen, Professor Gwynedd O. Pierce and Mr Richard Morgan in order to seek enlightenment on some of the remaining problems. It is a pleasure to thank them for their courteous, prompt, generous and knowledgeable responses to a newcomer riding somewhat roughshod through a field of study that has demanded their assiduous attention over a long period of time.

I am indebted to the authors of works listed in the Bibliography and to those listed above, but those solecisms and errors that remain are entirely of my own making.

Rhagymadrodd

Rhai Elfennau Tiriogaethol mewn Enwau Lleoedd

Y Dyfroedd

Afon yw'r enw mwyaf cyffredin ar lifeiriant grymus o ddŵr sy'n rhedeg i'r môr, i lyn neu i afon arall. Fe'i hystyrir fel arfer yn llifeiriant mwy sylweddol na *nant*, er bod afon yn y Gogledd yn cael ei defnyddio am lif llai ei faint hefyd. *Afonig* yw'r ffurf lenyddol ar afon fechan.

Yn wreiddiol, enw gwrywaidd ar y cwm y mae'r dŵr yn rhedeg drwyddo oedd *nant*, ond ymhen amser, fe ddaeth yn enw benywaidd am y dŵr ei hun. Mae *ffrwd* yn cyfeirio at lif llai ei faint, ac nid yw'n gyfyngedig i ddŵr. Mae *glais* yn air Gwyddeleg am nant (y dŵr) fel yn Dulais a Morlais, ac wedi goroesi o gyfnod pan oedd Gwyddelod yn arglwyddiaethu dros rannau o dir Cymru, tra bo *clais* fel yn yr enw 'Y Glais' yn air Gwyddeleg am y ffos y mae dŵr yn llifo drwyddo.

Enwau afonydd a nentydd Cymru yw'r rhai o'r geiriau hynaf sydd wedi goroesi a cheir yr elfen hynafol **al* fel yn Alwen ac Aled yn cyfeirio at lif dŵr. Elfen hŷn a mwy dirgel sydd hefyd (efallai) yn cyfeirio at lif y dŵr, neu efallai at liw tywyll y dyfroedd, yw **taf* neu **tam* fel yn afonydd Taf, Teifi, Tafwys a Tawe, enwau a fu yn eu lle, efallai, cyn i'r Celtiaid cyntaf groesi o'r cyfandir.

Llygad yw un enw a ddefnyddir am darddle llifeiriant o ddŵr a hefyd *gwreiddyn* a *cil* yn nhafodiaith y De. *Gofer* yw llifeiriant o ddŵr sy'n gorlifo, *ffynnon* yw tarddiad o ddŵr o'r ddaear a *pydew* yw twll wedi'i gloddio i'r ddaear er mwyn cyrraedd dŵr. *Blaen* afon yw ei rhediad cychwynnol. *Ystum* yw enw ar dro neu ddolen mewn afon, ac os yw'r afon yn camu yn aml yr enw ar nifer o droeon yw *cemais*. *Dylif* yw rhuthr o ddŵr. Mae *rhaeadr* a *sgwd* yn cyfeirio at ddisgyniad serth o ddŵr, tra bo *pistyll* yn ddisgyniad dipyn llai ei faint. *Aber* (*ebyr* yw'r hen ffurf luosog) yw'r man y mae afon neu nant yn llifo i'r môr neu'r man lle y mae afon neu nant yn llifo i afon fwy. *Cymer* yw man cyfarfod dwy neu ragor o afonydd. *Pwll* a *llyn* yw'r enwau am grynhoad bach a mawr o ddŵr. Mae *llwch* (*llychau*) yn hen enw am lyn. *Bala* yw'r enw naill ai am ddŵr sy'n llifo allan o lyn, neu (yn fwy tebyg) am dir a geir rhwng dau lyn.

Yr Iseldiroedd

Ma yw un o'r elfennau mwyaf cyffredin mewn enwau lleoedd, naill ai ar ddiwedd gair yn golygu 'man' fel yn Cyfarthfa neu Disgwylfa neu ar ddechrau gair lle mae'n golygu 'maes' ac yn achosi treiglad llaes fel yn Mathafarn a Machynlleth. *Maes* yw'r gair mwyaf cyffredin am dir gwastad agored, *dôl* yw tir tebyg ar lan afon, weithiau wedi'i amgáu gan ddolen neu ystum yn yr afon. Gair Gwyddeleg am ddarn gwastad o dir yw *clarach* ac y mae *clun* yn dod o air Gwyddeleg am faes neu ddôl, ond mewn enwau lleoedd mae hefyd yn gallu cyfeirio at brysgwydd a thir gwyllt.

Gorest yw ehangder o dir gwyllt, diffaith, *rhos* yw ehangder o dir gwyllt, weithiau yn dir uchel ac weithiau yn dir gwlyb. Defnyddir *gwaun* hefyd yn yr un ffordd gyda'r gair *rhos*, ar y cyfan, yn cael ei ddefnyddio am dir uchel a *gwaun* am dir gwlypach.

Darnau gwlyb, meddal, gwyllt o dir yw *cors* a *mign* neu *mignen* a *sugn*. Tir corsog ger y môr yw *morfa* a *morlan*. *Moryd* yw'r tir lle y mae afon yn rhedeg i'r môr. Mae coed gwern yn hoffi lleithder ac y mae *gwernen* a *gwern* yn enwau ar dir corsog. Ceir mawn hefyd yn y lleoedd gwlyb hyn a'r enw ar gors o fawn yw *mawnog*.

Introduction

Some Topographical Elements in Welsh Place-names

The Waters

Afon (river) is the most common noun used for a strongly flowing body of water that runs to the sea, to a lake or into another river. However, in north Wales *afon* can refer to a stream. *Afonig* is the literary term for a stream but doesn't occur in place-names.

Originally, *nant* was a masculine noun referring to the valley through which a stream flows, but eventually, in its feminine form, it was used for the water itself. In Irish, *glais* is a noun for a stream – which has survived in place-names since the time when parts of Wales were occupied by Irish invaders (Dulais, Morlais etc.) – while *clais* was the form that referred to the valley (Y Glais). *Ffrwd* is also used for a stream and for the lesser brook (but is not restricted only to water).

River and stream names contain some of the most ancient surviving remnants of language. The element **al* in such river names as Alwen and Aled refers to water. An even older and more mysterious element, **tam* or **taf*, found in such river names as Taf, Teifi, Tafwys (Thames), Tawe which may refer either to the flow of water or the darkness of the waters, may pre-date even the first of the Celtic languages to cross from the continent.

Llygad (eye) is used for a water-source, and also *gwreiddyn* (root) and *cil* in south Wales. *Gofer* is a welling-up of water, *ffynnon* (well) is used for a source of water on the ground and *pydew* for a shaft sunk to reach a source of water. *Blaen* refers to the initial reaches of a river. *Ystum* is a river bend and if the river meanders frequently *cemais* is used for a series of meanders. *Dylif* is a rush of water and *rhaeadr* and *sgwd* refer to a substantial fall of water, while *pistyll* is a smaller waterfall. *Aber* (old plural *ebyr*) is the mouth of a river or the point where a lesser stream flows into a river. *Cymer* is a confluence. *Pwll* is a pool and *llyn* a lake. *Llwch* (plural *llychau*) is an old word for lake, while *bala* refers either to water flowing from a lake or to the land found between two lakes.

The Lowlands

Ma is one of the most common components of Welsh place-names. As a suffix it can mean 'man' (a place) as in Cyfarthfa or Disgwylfa but as a prefix it is an older version of 'maes' (field or land) and triggers an aspirate mutation as in Machynlleth and Mathafarn. *Maes* is the most common noun used for open, flat grassland, and *dôl* is a river meadow, often flanked by a meander in the river. *Clarach* is an Irish word for a field and *clun* an Irish term for field or meadow, but in place-name usage it can also refer to uncultivated scrubland.

Gorest is an expanse of wild, uncultivated land, likewise *rhos* which is found either on uplands or as slightly boggy land. Generally speaking, *rhos* would tend to refer to uncultivated upland areas, while *gwaun* would be used for a wetter more boggy environment.

Cors, *mign*, *mignen* and *sugn* refer to inland marshland and bogs, while *morfa* and *morlan* are wetlands by the sea. *Moryd* refers to the land where a river flows into the sea. *Gwern* (alder) is a tree that flourishes in the wetland and has become another term for marshland. *Mawn* (peat) is also found in this marshy environment and *mawnog* is a peatbog.

Darn o dir wedi'i amgáu gan glawdd yw *cae*; gair arall amdano yw *parc*. Cae mynyddig yw *ffridd*. Mae *llan* yn ddarn o dir gwastad, agored (yn wreiddiol), tra bo *llain* ac *iâl* yn ddarnau o dir wedi'u clirio o ganol coed. Daw *hôb* o air Saesneg am ddarn o dir ynghanol cors. Yn ogystal â bod yn ddarn o dir wedi'i amgylchynu â dŵr, mae *ynys* yn ddarn gwastad o dir yn ymyl afon, *parrog* yn ddarn o dir yn ymyl y môr, *llydaw* yn hen air am dir yn ymyl llyn, ac fe all *bala* fod yn air am dir rhwng dau lyn.

Y Pantiau

Pant yw ceudod yn wyneb y tir, ac y mae *tyno* yn air arall amdano. *Pannwl* yw pant bach. Encilion neu lefydd cysgodol yw *bach, bachell, cesail, cil* a *cilfach* fel y mae *gwerfa* (o go-oerfa). Mae *clais* a *nant* yn enwau ar rych neu ffos fawr lle y mae dŵr yn llifo drwyddo, a chwm cul, dwfn yw *ceunant*. Wrth i'r nant ddyfnhau a'i hochrau'n mynd yn fwy serth (er yn dal i fod yn gul) mae'n troi'n *cwm* ac wrth i'r cwm dyfu'n fwy eto, mae'n troi'n *glyn*. *Dyffryn* yw'r enw ar gwm llydan, gwastad gyda llethrau yn codi o'r tir gwastad, ac *ystrad* yw enw ar y gwastadedd y mae'r afon yn llifo drwyddo.

Yr Ucheldiroedd

Pryd, tybed, y mae *crug* yn troi'n *twmpath* neu yn *mwdwl*, a thwmpath yn *tomen*, *twyn* neu *cludair*? Os *pannwl* yw pant bychan, y gwrthwyneb yw *ponc* (bryncyn bach) a *cest* a *tor* (dau air am chwyddiant yn debyg i fol), a *pelan* (o pêl). Ychydig yn fwy eu maint yw *cnocell, cnwc, cnwch* a *tocyn* sy'n eiriau am *fryncyn*. Yr oedd *bre* yn fryn uchel, a *breyn* yn wreiddiol yn ffurf fachigol arno a droes ymhen amser yn *bryn*. Ond pa bryd felly y daw *bre* neu *bryn* yn *mynydd*? *Tywyn* yw bryncyn o dywod. Mae *hyl* yn fenthyciad o'r Saesneg 'hill', fel yn Rhyl, a daw *mwnt* o 'mount' yn Saesneg a *pîl* o 'pile'. Hen air am ucheldir yw *ardd*, ac y mae *erddan* neu *erddig* yn ffurfiau bachigol ar dir ychydig yn is.

Mae *cain, carfan, cefnen, cegin, cir, crib, cribyn, tarren/darren, trum* (fel *âr* sydd yn Aran) yn eiriau am ddarnau o graig sy'n ymwthio drwy wyneb ucheldir. Yn ôl ei ffurf, fe all fod yn *braich*, yn *esgair* (coes), *gwar*, neu'n *cefn*, ac os yw'n ymwthio yn ei flaen, yn *trwyn*. *Gobell* yw trum rhwng dau gopa. *Garth* yw gair arall am drum neu esgair ac os yw'n ymwthio yn bentir allan i'r môr mae'n *morben* neu'n *pennarth*. O ystyried y mynyddoedd yn gartrefi i gewri, fe allai ymwthiad o graig fod yn *cadair, cerbyd, gorsedd* neu'n *gobell* (cyfrwy) i gawr.

Geiriau am ochrau bryn a mynydd yw *llechwedd, llethr, tyle* a *gwared* (o goriwaered). Llethr fer yw *cnap* a llethr serth yw *rhipyn*. *Rhiw* yw ffordd wedi'i hadeiladu ar lethr. Llechwedd goediog (yn y De o leiaf) yw *allt/gallt*, felly hefyd *garth* a *gorwydd*, tra bo *peniarth* yn cyfeirio at ben llethr. Mae *bron* yn disgrifio ffurf llethr. *Clogwyn* yw'r llethr fwyaf serth ac mae *clip, clipyn, clog* a *dibyn* yn geiriau eraill am glogwyni sy'n fwy serth neu'n llai serth na'i gilydd.

Gan ddibynnu ar ei ffurf neu ei gyflwr, y mae pen y mynydd yn gallu bod yn *as* (pigyn), *bâl, ban, bar, blaen, boncyn, brig, cop, copa, curn/cyrn* (côn), *moel, pegwn, pigwrn* (côn) neu'n *rhyn* (pigyn), tra bo *cireach* yn air Gwyddeleg am frig mynydd.

Agoriad rhwng llethrau neu fynyddoedd yw *adwy* a *bwlch*, ac yn wreiddiol gofod (a lenwid gan ddôr) oedd *drws*, a throthwy yw *rhiniog*.

Cae (field) was originally a piece of land enclosed by a hedge, with *cae* referring to the enclosing role of the hedge; *parc* was another term. *Ffridd* is a pasture or field on high land. *Llan* was initially an open, flat area of land, while *llain* and *iâl* were originally stretches of land cleared from the forest. *Hob* derives from the English word hope for a piece of land to be found in a marsh. *Ynys*, as well as being an island, is also a level piece of land beside a river. *Parrog* is a parcel of land besides the sea and *llydaw* is an old word for land beside a lake, while *bala* would seem to refer to land between two lakes.

Vales

Pant and *tyno* refer to hollows in the land and *pannwl* is a smaller depression. *Bach, bachell, cesail, cil, cilfach* and *gwerfa* are names for sheltered nooks or enclaves. *Clais* and *nant* are water-courses and *ceunant* a ravine. A *cwm* is a steep-sided, narrow valley and an expanded *cwm* becomes a *glyn* (glen), while *dyffryn* (vale) is the broadest of the river valleys and *ystrad* is the floor of such a valley.

Highlands

When does a *crug* (pile) become a *twmpath* or *mwdwl* (mound) and these in turn become a *tomen, twyn* or *cludair* (hillock)? *Ponc* is a hummock, while *cest* and *tor* come from the Welsh for 'belly' and *pelan* is a small dome-shaped mound. *Cnocell, cnwc, cnwch* and *tocyn* are small hills. *Bre* was a high hill and *breyn* was originally its diminutive form, which eventually became *bryn* (hill) while *mynydd* (mountain) was higher still. *Tywyn* is a sand dune. *Hyl* (as in Yr Hyl = Rhyl) is the English 'hill', *mwnt* from 'mount' and *pîl* from 'pile'. *Ardd* is an old term for high land, and *erddan* and *erddig* are diminutive forms for land which is slightly lower.

Cain, carfan, cefnen, cegin, cir, crib, cribyn, tarren/darren and *trum*, like the *âr* in Aran, are all ridges or outcrops of rock on high land. According to their shape they could also be a *braich* (arm), *esgair* (shank), *gwar* (nape), *cefn* (back), or if the ridge or outcrop thrusts forward *trwyn* (nose). *Gobell* is a ridge between two peaks, *garth* a ridgeback, while *pennarth* and *morben* are rocky promontories that reach out to the sea. If considered as the dwelling places of giants these rocky outcrops could be a *cadair* (chair), *cerbyd* (carriage), *gorsedd* (throne) or *gobell* (saddle).

Llechwedd, llethr, tyle, gwared and *cnap* refer to slopes and declivities of various gradients; *rhipyn* is a steep slope and *rhiw* is a road built on a slope. *Allt/gallt* is a wooded slope in south Wales, so, too, *garth* and *gorwydd*, while *peniarth* refers to the peak of a slope. *Bron* (breast) refers to the shape of a hillslope, while *clogwyn, clip, clog* and *dibyn* are all the precipitous slopes of a cliff.

Depending on its shape, the peak of a mountain could be *as* (pointed), *bâl, ban, bar, blaen, boncyn, brig, cop, copa, curn/cyrn* (cone), *moel, pegwn, pigwrn* (cone) or *rhyn* (pointed), while *cireach* is an Irish word for peak.

Adwy and *bwlch* are gaps between two mountains, likewise *drws* (door) which was originally the opening rather than the object that filled the gap; *rhiniog* is the threshold.

Tir coediog

Tir â gorchudd eang o goed yw *fforest*, *gwig* a *gwŷdd*. Clwstwr llai o goed yw *celli*, *cynwydd*, *llwyn*, *prysglwyn* a *prysg* a geiriau hŷn am y rhain fyddai *mynyw*, *gwyddel* a *nyfed*. Llwyn o goed bedw yw *bedwos* a llwyn o goed gwern yw *gwernos*. *Brwynog* neu *brwynos* yw man lle y mae brwyn yn tyfu, *banhadlog* (y fanhalog) lle y mae banadl yn tyfu, *efrog* lle y mae'r *efwr* yn tyfu, *grugor* neu *grugos* lle y mae grug yn tyfu, *mierog* (y friog) lle y mae mieri'n tyfu, *tafolog* lle y mae tafol yn tyfu, *ysgallog* lle y ceir ysgall, ac *ysgeifiog* lle y ceir coed ysgaw. Un o deithi'r Gymraeg yw'r ffordd y mae enw lluosog ar goeden neu blanhigyn (fel uchod) yn troi'n enw torfol benywaidd am y rhain, felly bedwen – bedw (lluosog) – y fedw; derwen – deri (lluosog) – y dderi; gwernen – gwern (lluosog) – y wern; grug – y rug.

Darnau o dir agored wedi'u creu drwy glirio'r coed yw *llannerch* a *llan* ac enwau ar y clawdd a godwyd o gwmpas y tir yma i'w amgáu yw *argor*, *banc*, *bancyn*. Tyfiant o fân goed ar ben y clawdd yw *gwrych*, *bangor*, *bid*, *perth*, *sietyn* neu *llogail* (mur o wiail plethedig).

Ôl cynnar dyn

Y mae *comin*, *cytir*, *cim* a *gorest* yn enwau ar dir agored y mae hawl cyffredin i bori anifeiliaid arno. *Achub* yw darn o dir wedi'i feddiannu. *Bro* yw'r hen air am gymdogaeth neu filltir sgwâr ond hefyd am dir gwastad rhagor na *blaenau*, sef ucheldir. *Cyfair*, yn wreiddiol, oedd cymaint o dir yr oedd modd ei aredig mewn diwrnod ond erbyn heddiw, fel *acr*, fe'i defnyddir am 'erw'. *Tyddyn* oedd annedd ag ychydig o dir yn perthyn iddo ac mewn enwau lleoedd mae'r ffurf dalfyredig *ty'n* yn gyffredin. *Ergyd* oedd cymaint o dir a gynhwysid o fewn tafliad bwyall (yr hen arfer wrth godi tai unnos); darnau o dir oedd *gafael* a *parsel*. Darn hir, eang o dir yw *hiraeth*, darn hirsgwar yw *tryal* (o 'petryal') a darn trionglog o dir (mewn fforch rhwng dwy afon fel arfer) yw *trafal/tryfal*. Gwndwn a *braenar* yw tir heb ei aredig a *ton* yw'r enw ar wyneb tir heb ei aredig.

Twmpath o gerrig yw *carn*, *carnedd* a *crug* ond math o garnedd goffa yw *gwŷdd*. Amddiffynfa wedi'i chodi gan ddyn yw *cas*, *castell*, *caer*, *din*, *dinas*, *dynn*, *rhath* a *rhodwydd*. Yr oedd *llys*, *cwrt* a *maenor/maenol* yn enwau ar gartrefi penaethiaid ac wedi'u codi o fewn muriau amddiffynnol.

Yn wreiddiol, fferm fawr wedi'i chreu ar ôl clirio'r coed a thrin y tir oedd *tref*, wedyn fe ddaeth i olygu'r tir o gwmpas cartref y pennaeth, ac fel yn hanes 'tun' (town) yn Lloegr, cyplyswyd enw'r uchelwr gyda'i dref i greu enw lle.

Cantref oedd ardal yn cynnwys tua chant o 'drefi' (ffermydd mawrion). *Cwmwd* oedd yr enw ar hen ardal weinyddol a *llys* barn ynddi, tua hanner maint cantref. *Maerdref* oedd y rhan o 'tref' yr arglwydd neu'r brenin lle y byddai'r swyddog, 'maer y biswail', yn rheoli, ac ef oedd yn gyfrifol am gynaeafu'r cnydau. *Melindre* oedd rhan y dref lle y lleolwyd y felin. *Pentref* oedd pen y dref, lle yr oedd y caethion a wasanaethai'r arglwydd yn byw, a'r *hendref* oedd y man lle y byddai'r anifeiliaid yn cael eu casglu iddo adeg y gaeaf, ar ôl treulio misoedd yr haf ar diroedd uchel, agored yr *hafod*.

Gwlad

Cyn dyfodiad y Normaniaid, rhennid Cymru yn nifer o *wledydd*, e.e. Gwynedd, Powys, Dyfed etc. lle roedd llinach frenhinol yn teyrnasu.

Woodland

Fforest, gwig, gŵydd are used for large tracts of woodland. *Celli, cynwydd, llwyn, prysglwyn* and *prysg* are used for smaller groves. *Mynyw, gwyddel* and *nyfed* are older words for similar groves. *Bedwos* is a birch grove, *gwernos* an alder grove, *brwynog* or *brwynos* a place of rushes, *banhadlog* a place where the flowering broom grows, *mierog* where brambles grow, *grugor/grugos* where heather grows, *tafolog* where dock leaves flourish, *ysgallog* where thistles grow and *ysgeifiog* where elder trees are to be found. *Llannerch* and *llan* are glades cleared in the middle of woodland. *Argor, banc, bancyn, gwrych, bangor, bid, perth, sietyn* and *llogail* (wattled fence) are the names used for the various hedges or banks used to enclose these cleared stretches of woodland.

The early impact of man

Comin, cytir, cim and *gorest* refer to large tracts of common land, whilst *achub* is a parcel of land taken into posession. *Bro* referred initially to the 'homeland', but is also used for lowland areas (as opposed to *blaenau* the uplands). *Cyfair* originally referred to the area of land possible to plough in one day, but by now, like *acr*, is used for 'acre'. *Tyddyn* was a dwelling with some land attached, a smallholding or croft, and in its contracted form *Ty'n* is a common place-name element. *Ergyd* was a piece of land within an axe-throw (a traditional way of settling the amount of land to accompany a *tŷ unnos* (a dwelling raised in one night). *Gafael* and *parsel* are also tracts of land. *Hiraeth* is a wide and long piece of land, *tryal* an oblong and *trafal/tryfal* a wedge of land (between two rivers usually). *Gwndwn* and *braenar* refer to fallow land, while *ton* is the unbroken surface of such land.

Carn, carnedd and *crug* are stone cairns while *gŵydd* is a special memorial cairn. *Din, dinas, dynn, rhath, cas, castell, caer* and *rhodwydd* are defensive works raised by man. *Llys* (court), *cwrt, maenol* and *maenor* are the dwellings of rulers, normally surrounded by defensive walls.

Originally, *tref* (like 'tun') was a large farm established by clearing woodland. Eventually it came to denote the land surrounding the home of the landowner, and as with 'tun' (town) it tended to combine with the name of the owner or sometimes the nature of the land, to become a place-name.

Cantref was an administrative area consisting of some 100 *trefi*; *cwmwd* was an area half this size with its own *llys* (law court). *Maerdref* was that part of the *tref* ruled by the steward responsible for ensuring the successful harvesting of the crops. The mill was housed in the *melindre*. The bondsmen and villeins lived at the head of the *tref*, the *pentref*. The *hendref* was the winter housing for the animals after they had spent the summer months on the open uplands of the *hafod*.

Gwlad (kingdom)

Prior to the Norman conquest, Wales was divided into a series of *gwledydd*, e.g. Gwynedd, Powys, Dyfed etc. corresponding to the royal line that ruled that part of Wales. For administrative purposes each *gwlad* was divided into *cantrefi* (hundreds) and *cymydau* (comotes).

Rhennid pob *gwlad* yn *gantrefi* ac yn *gymydau* at ddibenion gweinyddiaeth leol a dyma (ar un adeg) y berthynas rhwng y gwahanol raniadau:

4 erw	=	1 tedyn (tyddyn)
4 tedyn	=	1 gafael/gafel
4 gafael	=	1 rhandir (64 erw)
4 rhandir	=	1 tref
4 tref	=	1 maenol
12 maenol + 2 tref	=	1 cwmwd
100 tref	=	1 cantref

The following table sets out the relationship that existed between the different land areas within the *gwlad*:

4 erw	=	1 tedyn (tyddyn)
4 tedyn	=	1 gafael/gafel
4 gafael	=	1 rhandir (64 erw)
4 rhandir	=	1 tref
4 tref	=	1 maenol
12 maenol + 2 tref	=	1 cwmwd
100 tref	=	1 cantref

Caveat emptor

Anodd anghofio'r cyngor enwog a roddwyd gan Syr John Morris-Jones i Syr Ifor Williams – 'Fydd 'na neb ond ffyliaid yn treio esbonio enwau lleoedd.'

Erys cynifer o enwau lleoedd na fyddwn ni fyth yn sicr o'u hystyr, ac efallai y dylid bod wedi mabwysiadu cyfundrefn o sêr (*) i ddynodi pa mor sicr ynteu pa mor ddychmygus yw'r cynigion a geir yn y gyfrol hon, ond cyfyngwyd y rhybuddion i farc cwestiwn (?) ar gyfer y cynigion mwyaf ansicr, gan geisio cydnabod gwers y Cardi, Syr John Rhŷs, i helwyr enwau lleoedd:

Y wers a garwn ei dysgu iddynt yw cydymoddef â'r meddylddrych fod enwau i'w cael nas gwyddant hwy na neb arall eu hystyr, ac mai purion gadael rhai pethau i ysgolheigion yr oesoedd dyfodol i'w darganfod, a dilyn rheol yr heliwr, sef peidio lladd pob gwylltfilyn yr un tymor.
(Anerchiad y Llywydd, y Prifathro John Rhŷs, i Eisteddfod y Castell Newydd yn Emlyn, Awst 13, 1896)

Caveat emptor

It is as well that anyone dealing with place-names recalls the discussion between the two knights of the North: Sir John Morris-Jones warned Sir Ifor Williams that 'only fools try to explain place-names'.

There remain so many uncertainties that perhaps a grade of * (1–5) should be used to indicate the level of uncertainty pertaining to the explanations on offer here. I have, however, limited my uncertainties to a question mark (?) for those explanations that lie on the outer limits of credibility.

However, I have attempted to take heed of the lesson that the knight of Ceredigion Sir John Rhŷs sought to teach the collectors of place-names:

> The lesson I would wish to teach them is to reconcile themselves to the idea that there are names that neither they nor anyone else will know their meaning, and it is only right to leave some matters for academics of the future to discover, and to follow the huntsman's code, never to kill all the game in a single season.
> (The President's address by Principal Syr John Rhŷs at Eisteddfod y Castell Newydd yn Emlyn, August 13, 1896)

Geirfa / Glossary

abaty	abbey
afon	river
bae	bay
basle	shallows
bryn	hill
bwlch	pass
cantref	administrative hundred
capel	chapel
castell	castle
cilfach	creek
clogwyni	cliffs
comin	common land
cors	bog
cronfa ddŵr	reservoir
cwm	valley
cwmwd	comote
cymer	confluence
dinas	city
dyffryn	vale
eglwys	church
enw lle	place-name
fferm	farm
goleudy	lighthouse
gorynys	peninsula
henebion	antiquities
llechwedd	hillside
llyn	lake
morfa	coastal marshland
mynachlog	monastery
mynydd	mountain
nant	stream
ogof	cave
penrhyn	headland
plas	country house
plwyf	parish
pont	bridge
rhaeadr	waterfall
rhostir	moor
sir	county
traeth	beach
trwyn o dir	promontary
ynys	island

Yr Enwau / The Names

A

Lle y dilynir 'Aber' gan enw afon ceir rhagor o fanylion o dan 'Afon'.
Where 'Aber' is followed by a river name, more details will be found under 'Afon'.

Abaty Cwm-hir *enw lle* (SO 0571)
Powys (Maesyfed)
abaty + cwm + hir
abbey (in the) long dell
Abbeycwmhir

aber hwn
1. man lle y mae afon yn llifo i'r môr
   the point at which a river runs into the sea
   Aberaeron, Aberafan etc.
2. man lle y mae un afon yn llifo i afon fwy
   the point where a smaller river flows into a larger river
   Aberhonddu

Aber *enw lle* (SH 6572)
Gwynedd (Caernarfon)
sef **Abergwyngregyn**

Aberaeron *enw lle* (SN 4562)
Ceredigion (Aberteifi)
aber + Aeron (afon)
mouth of the (river) Aeron

Aberafan *enw lle* (SS 7590)
Castell-nedd Port Talbot (Morgannwg)
aber + Afan (afon)
mouth of the (river) Afan

Aberangell *enw lle* (SH 8410)
Gwynedd (Meirionnydd)
aber (cymer) afon Angell ac afon Dyfi
confluence of the (rivers) Angell and Dyfi

Aberaman *enw lle* (SO 0101)
Rhondda Cynon Taf (Morgannwg)
aber (cymer) afon Aman ac afon Cynon
confluence of the rivers Aman and Cynon

Aberarad *enw lle* (SN 3140)
Caerfyrddin
aber + aradur o 'oratory' tŷ gweddi
confluence by the oratory (chapel)

Aber-arth *enw lle* (SN 4763)
Ceredigion (Aberteifi)
aber + Arth (afon)
mouth of the (river) Arth

Aberbaiden *enw lle* (SO 2514)
Mynwy
aber (cymer) afon Baeddan ac afon Wysg
confluence of the (rivers) Baeddan and Usk

Aber-banc *enw lle* (SN 3541)
Ceredigion (Aberteifi)
(Aberdeuddwr yn wreiddiol)
aber + banc
confluence by the (river) bank

Aberbargod *enw lle* (ST 1599)
Caerffili (Mynwy)
aber (cymer) + bargod (ymyl, ffin)
confluence at the bargod (border)

Aberbechan *plas* (SO 1394)
Powys (Trefaldwyn)
aber + bechan (ffurf ar 'bach')
little confluence

Aber-big *enw lle* (SO 2101)
Caerffili (Mynwy)
aber (cymer) Buga (enw person – fel Brynbuga) ac afon Ebwy
Buga (personal name) confluence with river Ebwy

Aberbleiddyn gw. *(see)* **Nant Aberbleiddyn**

Aberbrân *ardal* (SN 9829)
Powys (Brycheiniog)
aber (cymer) nant Brân ac afon Wysg
confluence of the (rivers) Brân and Usk

Aberbythych gw. *(see)* **Llanfihangel Aberbythych**

Abercannaid *enw lle* (SO 0503)
Merthyr Tudful (Morgannwg)
aber (cymer) + cannaid (gwyn, disglair)
confluence of bright (water)

Aber-carn *enw lle* (ST 2194)
Caerffili (Mynwy)
aber (cymer afon a charneddau ar ei chwrs)
mouth of cairn strewn river

Abercastell *enw lle* (SM 8533)
Penfro
aber + castell
river mouth by a castle

Abercegyr *enw lle* (SH 8001)
Powys (Trefaldwyn)
aber (cymer) afon Cegyr ac afon Gwydol
mouth of the (rivers) Cegyr and Gwydol
Abercegir

Aberconwy *enw lle* (SH 7877)
Conwy (Caernarfon)
aber + Conwy (afon)
mouth of the (river) Conwy

Aber-craf *enw lle* (SN 8212)
Powys (Brycheiniog)
aber (cymer) + craf (garlleg)
confluence where wild garlic grows

Abercregan *enw lle* (SS 8496)
Castell-nedd Port Talbot (Morgannwg)
aber (cymer) cregan (nant yn llawn o gregyn) ac afon Corrwg
confluence of the shell-filled stream and river Corrwg

Aber-cuch *enw lle* (SN 2441)
Penfro
aber (cymer) afon Cuch ac afon Teifi
confluence of the (rivers) Cuch and Teifi

Abercwmboi *enw lle* (ST 0399)
Rhondda Cynon Taf (Morgannwg)
aber (cymer) + Cynfoi (enw personol a ddefnyddir yn enw ar nant)
confluence of the (river) Cynfoi (personal name)

Abercynffig *enw lle* (SS 8983)
Pen-y-bont ar Ogwr (Morgannwg)
aber (cymer) + Cynffig (enw personol)
confluence at Cynffig (personal name)

Abercynon *enw lle* (ST 0894)
Rhondda Cynon Taf (Morgannwg)
aber (cymer) afon Cynon ac afon Taf
confluence of the (rivers) Cynon and Taf

Abercywarch *ardal* (SH 8615)
Gwynedd (Meirionnydd)
aber (cymer) afon Cywarch ac afon Dyfi
confluence of the (rivers) Cywarch and Dyfi

Abercywyn gw. *(see)* **Llanfihangel Abercywyn**

Aberchwiler *enw lle* (SJ 1070)
Dinbych
aber (cymer) afon Chwiler ac afon Clwyd
confluence of the (rivers) Chwiler and Clwyd
Aberwheeler

Aberdâr *enw lle* (SO 0002)
Rhondda Cynon Taf (Morgannwg)
aber (cymer) afon Dâr ac afon Cynon
confluence of the (rivers) Dâr and Cynon
Aberdare

Aberdaron *enw lle* (SH 1726)
Gwynedd (Caernarfon)
aber + Daron (afon)
mouth of the river Daron

Aberdaugleddau *enw lle* (SM 8404)
Penfro
aber + dau + Cleddyf/Cleddau (afon)
confluence of the two rivers Cleddyf / Cleddau
Milford Haven

Aberderfel gw. *(see)* **Nant Aberderfel**

Aberdulais *enw lle* (SS 7799)
Castell-nedd Port Talbot (Morgannwg)
aber (cymer) afon Dulais ac afon Nedd
confluence of the (rivers) Dulais and Nedd

Aberdyar *enw lle* (SN 5244)
Caerfyrddin
aber (cymer) afon Dyar ac afon Teifi
confluence of the (rivers) Dyar and Teifi

Aberdyfi *enw lle* (SN 6195)
Gwynedd (Meirionnydd)
aber + Dyfi (afon)
mouth of the (river) Dyfi
Aberdovey

Aberddawan *enw lle* (ST 0366)
Bro Morgannwg (Morgannwg)
aber + Ddawan (afon)
mouth of the (river) Ddawan
Aberthaw

Aberedw *enw lle* (SO 0747)
Powys (Maesyfed)
aber (cymer) afon Edw ac afon Gwy
confluence of the (rivers) Edw and Wye

Abereiddi *enw lle* (SM 7931)
Penfro
aber + Eiddi (afon)
mouth of the (river) Eiddi

Aber-erch *enw lle* (SH 3936)
Gwynedd (Caernarfon)
aber + erch (brith, sef lliw'r dŵr); neu Barach (hen enw personol Gwyddelig)
mouth of the speckled stream or *mouth of Barach's stream (an old Irish personal name)*

Aber-fan *enw lle* (SO 0600)
Merthyr (Morgannwg)

aber (cymer) + (y) + ban (pen mynydd)
confluence at the mountain peak

Aberfforest *cilfach* (SN 0239)
Penfro
aber + fforest
river mouth in a forest

Aberffraw *cantref*
aber + Ffraw (afon)
mouth of the (river) Ffraw (the name of a 'hundred')

Aberffro *enw lle* (SH 3568)
Môn
aber + Ffraw (afon)
mouth of the (river) Ffraw

Aber-ffrwd *enw lle* (SN 6878)
Ceredigion (Aberteifi)
aber (cymer) ffrwd (nant) ac afon Rheidol
confluence of a brook and river Rheidol

Abergafenni (Y Fenni) *enw lle* (SO 2194)
Mynwy
aber (cymer) afon Gafenni ac afon Wysg
confluence of the (rivers) Gafenni and Usk
Abergavenny

Abergarw *enw lle* (SS 9184)
Pen-y-bont ar Ogwr (Morgannwg)
aber (cymer) afon Garw ac afon Ogwr
confluence of the (rivers) Garw and Ogwr

Abergavenny gw. *(see)* **Fenni, Y**

Abergeirw *ardal* (SH 7629)
Gwynedd (Meirionnydd)
aber (cymer) afon Geirw ac afon Mawddach
confluence of the (rivers) Geirw and Mawddach

Abergele *enw lle* (SH 9477)
Conwy (Dinbych)
aber + Gele (afon)
mouth of the (river) Gele

Abergiâr *ardal* (SN 5041)
Caerfyrddin
aber (cymer) + giâr (ffurf ar 'iâr')
confluence of the hen-like stream

Aberglaslyn *plas* (SH 5946)
Gwynedd (Caernarfon)
aber (cymer) + glas + llyn
blue lake confluence

Aberglasne *plas*
Caerfyrddin
aber (cymer) + glas + nef
sky blue confluence

Abergorci *enw lle* (SS 9597)
Rhondda Cynon Taf (Morgannwg)
aber (cymer) afon Gorci ac afon Rhondda
confluence of the (rivers) Gorci and Rhondda

Abergorlech *enw lle* (SN 5833)
Caerfyrddin
aber (cymer) afon Gorlech (nant yn llifo dros fath o garreg arw [grutfaen]) ac afon Cothi
confluence of the (rivers) Gorlech (gritstone stream) and Cothi

Abergwaun *enw lle* (SM 9537)
Penfro
aber + Gwaun (afon)
mouth of the (river) Gwaun
Fishguard

Abergwesyn *enw lle* (SN 8552)
Powys (Brycheiniog)
aber (cymer) nant Gwesyn (gwas bach) ac afon Irfon
confluence of the (rivers) Gwesyn (little servant) and Irfon

Abergwidol *plas* (SH 7902)
Powys (Trefaldwyn)
aber (cymer) + Gwydol (enw personol a ddefnyddir yn enw ar nant)
Gwydol's stream (a personal name) confluence

Abergwili *enw lle* (SN 4321)
Caerfyrddin
aber (cymer) afon Gwili ac afon Tywi
confluence of the (rivers) Gwili and Tywi

Abergwrelych *enw lle* (SN 8806)
Castell-nedd Port Talbot (Morgannwg)
aber (cymer) + Gwrelych (afon)
confluence at the (river) Gwrelych

Abergwynfi *enw lle* (SS 8996)
Castell-nedd Port Talbot (Morgannwg)
aber (cymer) afon Gwynfyw (enw personol a ddefnyddir yn enw ar nant) ac afon Afan
confluence of the (rivers) Gwynfi (from Gwynfyw, a personal name) and Afan

Abergwyngregyn (Aber) *enw lle* (SH 6572)
Gwynedd (Caernarfon)
aber + gwyn + cregyn (mwy nag un 'cragen')
white-shelled river mouth

Abergynolwyn *enw lle* (SH 6706)
Gwynedd (Meirionnydd)

aber (cymer) nant Gwernol ac afon Dysynni
+ Gynolwyn (enw personol a ddefnyddir yn
enw ar nant)
*confluence at Gynolwyn (a personal name)
of the rivers Gwernol and Dysynni*

Aberhafesb *enw lle* (SH 0792)
Powys (Trefaldwyn)
aber (cymer) afon Hafesb ac afon Hafren
confluence of the (rivers) Hafesb and Severn

Aberhigian *cilfach* (SN 0339)
Penfro
aber + higian (igian – sŵn y nant)
mouth of the hicupping stream

Aberhonddu *enw lle* (SO 0428)
Powys (Brycheiniog)
aber (cymer) afon Honddu ac afon Wysg
confluence of the (rivers) Honddu and Usk
Brecon

Aberhosan *enw lle* (SN 8097)
Powys (Trefaldwyn)
aber (cymer) + Rhosan (afon)
confluence at Rhosan

Aberllefenni *enw lle* (SH 7709)
Gwynedd (Meirionnydd)
aber (cymer) afon Llefenni ac afon Dulas
confluence of the (rivers) Llefenni and Dulas

Aberllolwyn *plas* (SN 5877)
Ceredigion (Aberteifi)
aber (cymer) + nant Llolwyn ac afon
Ystwyth
*confluence of the (rivers) Llolwyn and
Ystwyth*

Aberllynfi *enw lle* (SO 1737)
Powys (Brycheiniog)
aber (cymer) afon Llynfi ac afon Gwy
confluence of the (rivers) Llyfni and Wye
Three Cocks

Aber-mad *plas* (SN 6076)
aber (cymer) afon Mad (da, dedwydd; neu
'madyn', sef llwynog) ac afon Ystwyth
*confluence of the (rivers) Mad ('pleasant' or
'foxes') and Ystwyth*

Abermagwr *enw lle* (SN 6673)
Ceredigion (Aberteifi)
aber (cymer) afon Magwr (clawdd o gerrig)
ac afon Ystwyth
*confluence of the (rivers) Magwr (stone-
wall) and Ystwyth*

Abermarchnant *enw lle* (SJ 0319)
Powys (Trefaldwyn)
aber (cymer) + march (am rywbeth grymus,
garw) + nant
confluence of the powerful stream

Abermarlais *plas* (SN 6929)
aber (cymer) afon Marlais (mawr + glais, sef
afon neu nant) ac afon Tywi
*confluence of the (rivers) Marlais (large
stream) and Tywi*

Abermaw gw. *(see)* **Abermo (Bermo, Y)**

Abermenai *trwyn o dir* (SH 4461)
Môn
aber + Menai (afon)
mouth of the (river) Menai
Abermenai Point

Abermeurig *enw lle* (SN 5656)
Ceredigion (Aberteifi)
aber (cymer) afon Meurig (enw personol)
ac afon Teifi
*confluence of the (rivers) Meurig (a personal
name) and Teifi*

Aber-miwl *enw lle* (SO 1694)
Powys (Trefaldwyn)
aber (cymer) afon Miwl ac afon Hafren
confluence of the (rivers) Miwl and Severn
Abermule

Abermo *enw lle* (Y Bermo) (SH 6115)
Gwynedd (Meirionnydd)
aber + Mawdd (enw personol a ddefnyddir
yn enw ar nant)
mouth of the (river) Mawdd (a personal name)
Barmouth

Abermor-ddu *enw lle* (SJ 3056)
Fflint
aber + Morddu (enw nant) (mawr + du)
*the confluence at (river) Morddu (large,
black)*

Aber-nant[1] *enw lle* (SN 3323)
Caerfyrddin
yn wreiddiol, ebyr (mwy nag un aber) + nant
confluence(s) of the stream

Aber-nant[2]:**Abernant** *enw lle* (SJ 2742)
Dinbych
aber + nant
stream's confluence

Aber-nant[3] *enw lle* (SO 0103)
Rhondda Cynon Taf (Morgannwg)
aber + nant
stream's confluence

Aberogwr *enw lle* (SS 8674)
  Bro Morgannwg (Morgannwg)
  aber + Ogwr (afon)
  mouth of the (river) Ogwr
  Ogmore-by-sea

Aberpennar *enw lle* (ST 0499)
  Rhondda Cynon Taf (Morgannwg)
  aber (cymer) Pennar 'pennardd' (crib mynydd)
  confluence at the mountain ridge
  Mountain Ash

Aberpensidan *cilfach* (SN 0040)
  Penfro
  aber + pen + Sidan (nant)
  (fel yn sidan y waun, sidan y brain,
  planhigion sidanaidd eu golwg)
  mouth at the head of the Sidan
  (a stream where cotton grass grows)

Aberpergwm *plas* (SN 8606)
  Castell-nedd Port Talbot (Morgannwg)
  aber (cymer) yn y per (pur) + cwm
  confluence in the unspoilt valley

Aber-porth *enw lle* (SN 2651)
  Ceredigion (Aberteifi)
  Aber Blaen Porth Hoddni yn wreiddiol
  aber + blaen (pen) + porth (bae) + Hoddni
  neu Hoddnant (afon) neu Howni erbyn
  heddiw (hawdd, llyfn)
  *bay at the river mouth; (originally) the bay
  at the mouth of the (river) Hoddni (free
  flowing)*

Aberriw *enw lle* (SJ 1800)
  Powys (Trefaldwyn)
  aber (cymer) afon Rhiw ac afon Hafren
  confluence of the (rivers) Rhiw and Severn
  Berriew

Aber-soch *enw lle* (SH 3128)
  Gwynedd (Caernarfon)
  aber + Soch (afon)
  mouth of the (river) Soch

Abersychan *enw lle* (SO 2603)
  Torfaen (Mynwy)
  aber (cymer) + Sychan (afon)
  confluence of the (river) Sychan

Abertawe *enw lle* (SS 6592)
  Abertawe (Morgannwg)
  aber + Tawe (afon)
  mouth of the (river) Tawe
  Swansea

Aberteifi *enw lle* (SN 1746)
  Ceredigion (Aberteifi)
  aber + Teifi (afon)
  mouth of the (river) Teifi
  Cardigan

Abertridwr *enw lle* (ST 1289)
  Caerffili (Morgannwg)
  aber (cymer) + tri + dŵr
  confluence of three streams

Abertyleri:Aberteleri *enw lle* (SO 2104)
  Caerffili (Mynwy)
  aber (cymer) afon Teleri (enw merch) ac
  afon Ebwy Fach
  *confluence of the (rivers) Teleri (a feminine
  personal name) and Ebwy Fach*
  Abertillery

Abertyswg *enw lle* (SO 1305)
  Caerffili (Mynwy)
  aber (cymer) afon Tyswg (tywysog) and afon
  Rhymni
  *confluence of the (rivers) Tyswg (prince) and
  Rhymni*

Aberthin *enw lle* (ST 0075)
  Morgannwg
  enw o *Ebirthun efallai

Aberysgir *plwyf* (SO 0029)
  Powys (Brycheiniog)
  aber (cymer) afon Ysgir ac afon Wysg
  confluence of the (rivers) Ysgir and Usk

Aberystruth *plwyf* (SO 2009)
  Mynwy
  ffurf ar 'ystwyth'
  confluence of the twisting stream

Aberystwyth *enw lle* (SN 5881)
  Ceredigion (Aberteifi)
  aber + Ystwyth (afon)
  mouth of the (river) Ystwyth

Acre-fair *enw lle* (SJ 2743)
  Wrecsam (Dinbych)
  acrau (erwau) + Mair
  Mary's acres

-ach *olddodiad*
  a ddefnyddir i lunio enw afon, e.e. Bradach;
  Clydach
  suffix used to form river names

Achddu *enw lle* (SN 4401)
  Caerfyrddin
  ach (craith?) + du (cf. Talachddu)
  black scar

achub *hwn*
   tir a feddiannwyd, e.e. Rachub (o Yr achub)
   land taken into possession

-ad *olddodiad*
   a ddefnyddir i lunio enw afon, e.e. Duad
   a suffix used to form river names

Adfa *enw lle* (SS 0501)
   Powys (Trefaldwyn)
   (y) + gad + ma (man) (man lle mae anifeiliaid yn cael eu gyrru)
   (the) pen or fold

adladd *hwn*
   yr ail gnwd o borfa neu wair
   aftermath

Adpar gw. *(see)* **Atpar**

adsofl:adsol *hwn*
   tir heb ei droi; tir llafur wedi'i adael am flwyddyn
   land left fallow

Adwy'r-clawdd *enw lle* (SJ 2951)
   Wrecsam (Dinbych)
   adwy (bwlch) + y + clawdd
   breach in the dyke

Adwy'r-llan gw. *(see)* **Nant Adwy'r-llan**

Adda gw. *(see)* **Afon Adda**

ael *hwn*
   pen, crib
   head, ridge

aeron *hyn*
   ffrwythau'r coed ond hefyd enw hynafol yn gysylltiedig â duwies ryfel
   berries; but also an ancient war goddess

Aeron gw. *(see)* **Afon Aeron**

afallen *hon*
   coeden afalau
   apple tree

Afan gw. *(see)* **Afon Afan**

afanc *hwn*
   beaver

afon *hon*
   mewn rhannau o'r Gogledd defnyddir 'afon' am nant fechan
   in parts of north Wales afon refers to a stream

Afon Adda *afon* (SH 5771)
   Adda (enw personol Beiblaidd)
   Adda (personal Biblical name)

Afon Aeron *afon* (SN 5257)
   Aeron (enw duwies ryfel)
   Aeron (a Celtic goddess of war)

Afon Afan *afon* (SS 8295)
   Afan (sant)
   Afan (saint)

Afon Angell *afon* (SH 8111)
   angell (crafanc neu adain – afon fforchog neu adeiniog)
   forked or winged river

Afon Alaw *afon* (SH 3483)
   alaw (tegeirian y dŵr)
   alaw (water lilies)

Afon Aled *afon* (SH 9260)
   al- (llifeiriant o ddŵr)
   al- (an old prefix, 'a flow of water')

Afon Alun *afon* (x 2) (SM 7526) (SJ 1950)
   al- (llifeiriant o ddŵr); neu enw o 'Alaunos', duw Celtaidd (Alun)
   al- (an old prefix, 'a flow of water'); or a name based on 'Alaunos', a Celtic god

Afon Alwen *afon* (SH 9056)
   al- (llifeiriant o ddŵr) + wen (ffurf fenywaidd 'gwyn')
   al- (an old prefix, 'a flow of water') + (gwen) fair

Afon Aman *afon* (x 2) (SN 9900) (SN 7415)
   a + banw (mochyn bach – gw. 'banw' isod)
   piglet river

Afon Annell *afon* (SN 6537)
   Ariannell, enw person neu ddisgrifiad o liw'r dŵr
   Ariannell's river; or the silver river

Afon Annerch *afon*
   annerch (parablus, swnllyd)
   chattering stream

Afon Arban *afon* (SN 8463)
   ar (gyferbyn â) + pân (gwawn plu'r gweunydd)
   river opposite the field of cotton grass

Afon Artro *afon* (SH 6128)
   arth (yr arth dduw neu dduwies); neu Arthur
   the bear-goddess's river; or Arthur's river

Afon Arth *afon* (SN 4962)
   arth (yr arth-dduw neu dduwies)
   bear-goddess's river

Afon Arwy *afon* (SO 2350)
   o'r un bôn ag 'arian' = disglair, gloyw
   shining river
   Arrow

Afon Banw *afon* (SH 9612)
banw (mochyn bach)
afon yn ysgythru drwy dir
piglet river (snuffling along)

Afon Barlwyd *afon* (SH 7047)
bar (pen) + llwyd
grey topped river

Afon Bechan *afon* (SO 0798)
bychan; neu enw person, Bechan/Bethan
little river; or Bechan/Bethan's river (personal name)

Afon Bedw *afon* (SN 3550)
coed bedw
birch river

Afon Berwyn *afon* (SN 7058)
enw person, Berwyn
river Berwyn (personal name)

Afon Biga *afon* (SN 85897)
Buga (enw personol)
river Buga (personal name)

Afon Braint *afon* (SH 4567)
Braint, enw duwies Geltaidd
river Braint (the Celtic goddess tribe)

Afon Brân *afon (x 3)* (SN 7428) (SN 5461) (SN 7837)
aderyn; neu'r duw Celtaidd, Brân
crow river; river Brân (the Celtic god)

Afon Brefi *afon* (SN 6655)
bref (sŵn rhuo, brefu) yn gysylltiedig â Bremia, yr enw ar y caer Rufeinig gerllaw
noisily flowing river

Afon Brenig *afon* (SH 9754)
Brân + -ig (brân fach), enw duw neu'r aderyn
Brenig (diminutive form of Brân or crow)

Afon Brennig *afon* (SN 6759)
ffurf arall ar 'Brenig'
an alternative form of 'Brenig'

Afon Brochan *afon* (SN 9282)
ffurf ar yr enw personol Brychan
a variant of Brychan (personal name)

Afon Bythych *afon* (SN 5819)
afon sy'n rhedeg yn ddi-ball (byth)
ceaselessly flowing river

Afon Cachor *afon* (**Afon Crychddwr**) (SH 4751)
o'r bôn 'cachu', afon fudreddllyd, ddrewllyd (newidiwyd yr enw i Crychddwr)
shitty or sewer-like river

Afon Cadnant *afon (x 3)* (SH 4963) (SH 8654) (SH 5675)
cad (cryf, nerthol) + nant
strong brook

Afon Caeach *afon* (ST 1196)
cae (cau i mewn), afon yn nodi ffin
bordering river

Afon Cain *afon (x 2)* (SJ 1618) (SH 7331)
cain (golau, pefriog)
gleaming river

Afon Camarch *afon* (SN 9251)
cam (ar dro/cerddediad) + march
stallion's step river

Afon Camddwr *afon (x 3)* (SN 6764) (SN 7487) (SN 7755)
cam (troellog, yn troi a throelli) + dŵr
twisting water

Afon Camlan *afon* (SH 7024)
cam (troellog, yn troi a throelli) + glan
river with crooked banks

Afon Camlo *afon* (SO 0468)
Camlo (enw personol)
river Camlo (a personal name from 'cam' [crooked])

Afon Cannaid *afon* (ST 0503)
cannaid (disglair, gloyw)
glinting river

Afon Câr *afon*
o'r un bôn â 'caru' (hoffus, annwyl)
favoured river

Afon Carno *afon* (SO 0193)
carn/carnedd (afon a llawer o garneddau ar ei hyd)
cairn-strewn river

Afon Carrog *afon (x 3)* (SH 4657) (SN 5772) (SN 8097)
carrog (cyflym ei rhediad, byrlymus)
bubbling brook

Afon Caseg *afon* (SH 6041)
caseg (ceffyl benyw)
mare river

Afon Castell *afon* (SN 7781)
castell
castle river

Afon Cedig *afon* (SH 9924)
Cedig (enw personol)
river Cedig (a personal name)

Afon Cefni *afon* (SH 4377)
cafn (pant) + -i, afon yn codi
mewn pant ar gefn mynydd
river rising in a mountain hollow

Afon Cegidog *afon* (SS 2556)
cegid (planhigyn) + -og, afon a chegid y dŵr
yn tyfu ynddi
water hemlock river

Afon Cegin *afon* (SH 5767)
ffurf ar 'cegyr' (cegid [planhigyn])
hemlock river
(ond gw. **Ffynnon Cegin Arthur**)

Afon Cegyr *afon* (SH 8001)
cegyr (cegid 'hemlock')
hemlock river

Afon Ceidiog *afon* (SJ 0234)
Ceidio (sant)
river Ceidio (saint's name)

Afon Ceidrych *afon* (SN 6925)
Ceidrych neu Ceindrych (enw personol?)
river Ceidrych/Ceindrych (a personal name?)

Afon Ceint *afon* (SH 5076)
cant (ymyl neu ffin) afon sy'n ffin neu yn
oror
boundary river

Afon Ceirig *afon* (SH 8107)
caerog
river by the fortifications

Afon Ceiriog *afon* (SJ 1533)
enw yn seiliedig ar 'câr' (fel yn caru),
yn awgrymu afon hoffus; neu enw personol
darling river; or river Ceiriog (personal name)

Afon Ceirw *afon* (SH 9447)
ceirw (lluosog 'carw')
deer river

Afon Celynnog *afon* (SH 8020)
celynnog (man lle y mae coed celyn yn tyfu)
river where holly trees grow

Afon Cennen *afon* (SN 6418)
Cennen, enw person; neu 'cen' (y tyfiant a
geir ar gerrig)
river Cennen (a personal name); or lichen (stoned) river

Afon Cerdin *afon* (SN 3846)
afon â choed criafol (cerdin)
yn tyfu ar hyd ei glannau
river where rowan trees grow

Afon Ceri *afon* (SN 3246)
Câr (enw personol) + terfyniad -i
(yn golygu 'tir Câr')
river in Ceri (Câr's land)

Afon Cerist *afon (x 2)* (SN 9890) (SH 8316)
Cerist (enw person)
river Cerist (personal name)

Afon Cerniog *afon* (SN 9495)
cerniog (nant yn rhedeg drwy dir
carneddog, twmpathog)
river through hummocked land

Afon Ceulan *afon* (SN 6990)
ceulan (glan afon wedi'i herydu odani)
river with undermined banks

Afon Cilieni *afon* (SN 9134)
cil (cilfach), afon yn tarddu yng nghil neu
mewn pant yn y mynydd
river rising in a mountain hollow

Afon Claerddu *afon* (gw. hefyd **Afon Claerwen**) (SN 8067)
claer (clir, disglair) + du (un o ddwy gainc yr un afon)
dark (used to identify one of the river's two branches) and bright river

Afon Claerwen *afon* (gw. hefyd **Afon Claerddu**) (SN 8267)
claer (clir, disglair) + wen (un o ddwy gainc yr un afon)
light (used to identify one of the river's two branches), bright river

Afon Clarach *afon* (SN 5983)
o'r Wyddeleg am 'lle gwastad'
river on a plain

Afon Cledan *afon (x 2)* (SN 9396) (SN 5365)
caled (afon nerthol neu rymus ei llif)
forceful river

Afon Cledwyn *afon* (SH 8964)
caled (afon nerthol ei llif) + gwyn (gloyw, disglair)
bright, strongly flowing river

Afon Cleddau/Cleddyf *afon*
cleddyf (afon fel llafn disglair)
sword-like river

(Afon) Cleddyf/Cleddau Ddu *afon* (SN 1632)
cleddyf (afon fel llafn disglair) + du
(un o ddwy gainc yr un afon)
dark (used to identify one of the river's two branches), sword-like river

(Afon) Cleddyf Wen *afon* (SM 8831)
cleddyf (afon fel llafn disglair) + wen
(un o ddwy gainc yr un afon)
light (used to identify one of the river's two branches), sword-like river

Afon Cleirwy *afon* (SO 2143)
claer (clir, disglair) + Gwy (afon)
the shining (river) Wye
Clyro

Afon Cletwr *afon (x 3)* (SH 9834) (SN 6891) (SH 8549)
caled (afon nerthol neu rymus ei llif) + dŵr
river of strongly flowing water

Afon Clown *afon* (ST 0482)
o hen hen enw personol, Colunwy, a'i ffurf fychanig Colun
river Colun (diminutive form of the name Colunwy)
Clun

Afon Clwyd *afon* (SJ 0549)
clwyd (math o ganllaw ger rhyd yn yr afon)
river with a railed ford

Afon Clydach *afon* (SO 2212)
enw Gwyddeleg am afon yn rhedeg mewn lle gwastad caregog
river that flows over a flat, rocky bed

Afon Clydach isaf (SN 6804)
(fel uchod) + isaf (un o ddwy gainc)
(as above) + lower (one of two branches)

Afon Clydach uchaf (SN 7006)
(fel uchod) + uchaf (un o ddwy gainc)
(as above) + upper (one of two branches)

Afon Clywedog *afon (x 5)* (SS 0257) (SN 8692) (SN 6350) (SH 8915) (SH 7616)
ffurf Gymraeg ar 'clydach', enw o'r Wyddeleg am gornant gwyllt gyda gwely caregog (rhagor nag o 'clywed' am nant swnllyd)
turbulent river

Afon Colwyn *afon* (SH 5751)
colwyn (ci bach) – afon fach fywiog, heini
puppy-like river

Afon Concwest *afon* (SS 0359)
concwest (man yn gysylltiedig â brwydr)
river by a battlefield

Afon Conwy *afon* (SH 8449)
conwy (o 'cawn', sef 'brwyn')
reed river

Afon Corrwg *afon* (SS 8899)
cor (fel yn 'corrach') – nant fechan
stunted river

Afon Cothi *afon* (SN 7049)
cothi (ysgothi, ysgarthu, sgwrio)
scouring river

Afon Cownwy *afon*
Caw (enw personol) neu 'cawn' (brwyn)
river Caw (personal name); or the river where rushes grow

Afon Crafnant *afon* (SH 7662)
craf (garlleg)
river that flows by garlic plants

Afon Crai *afon* (SN 8924)
crai (ffres, croyw)
fresh-watered river

Afon Crawcwellt *afon* (SH 6929)
crawcwellt (gwellt tal, garw sy'n tyfu ar dir uchel)
river that flows through tall, coarse, mountain grass

Afon Crawnon *afon* (SO 1218)
crafnant yn wreiddiol (craf, sef garlleg)
river that flows by garlic plants

Afon Crewi *afon* (SH 7800)
crew (trwst, mwstwr) – afon swnllyd
clamorous river

Afon Crychan *afon* (SN 8138)
crych (tonnog, rhychiog)
rippling river

Afon Crychddwr gw. *(see)* **Afon Cachor**

Afon Cryddan *afon* (SJ 7595)
cryddu (crebachu), afon wan ei llif
weak-flowing river

Afon Cuch *afon* (SN 2539)
cuwch (gwg, golwg anfodlon)
scowling stream

Afon Cwmllechen *afon* (SH 6720)
cwm + llech/llechen
river in the stone/slate vale

Afon Cwm-ochr *afon* (SH 8221)
cwm + ochr
river in the side valley

Afon Cwmystradllyn *afon* (SH 5342)
cwm + ystrad (llawr dyffryn) + llyn
river along the valley with a lake

Afon Cyffin *afon*
nant neu afon sy'n ffin
boundary stream

Afon Cyllyfelin *afon* (SH 1728)
cyll (y coed) + melin
stream through the hazel trees by the mill

Afon Cymaron *afon* (SO 1367)
cymar (partner) + -on (terfyniad afon)
companionable river

Afon Cymerig *afon* (SH 9333)
cymer (man cyfarfod dwy afon)
river at the confluence

Afon Cynfal *afon* (SH 7241)
Cynfal (enw personol)
river Cynfael (personal name)

Afon Cynffig *afon*
Cynffig (enw person)
Cynffig's river (a personal name)
Kenfig

Afon Cynin *afon* (SN 2622)
Cynin (sant)
(saint) Cynin's river

Afon Cynllaith *afon*
Cynllaith (enw personol)
river Cynllaith (personal name)

Afon Cynon *afon* (SO 0101)
Cynon (enw personol)
river Cynon (personal name)

Afon Cynrig *afon* (SO 0626)
Cynrig/Cynfrig (enw personol)
river Cynrig/Cynfrig (personal name)

Afon Cywarch *afon* (SH 8517)
cywarch (planhigyn)
river where hemp grows

Afon Cywyn *afon* (SN 3116)
cywyn (haint, pla)
plagued river

Afon Chwefri *afon* (SN 9953)
chwefr, ffurf ar 'gwefr' (bywiog, gwyllt, carlamus)
frolicsome stream

Afon Chwiler *afon* (SJ 0869)
chwiler (trychfilyn; hefyd neidr, gwiber)
insect or snake-infested river
Wheeler

Afon Dâr *afon* (SN 9802)
dâr (coed derw), afon â choed derw yn tyfu hyd ei glannau
river where oaks grow along its banks

Afon Daron *afon* (SH 1927)
Daron (duwies y ddâr, coed derw)
river of the oak-goddess

Afon Derwennydd *afon* (SH 6852)
derwen (afon â choed derw yn tyfu ar ei glannau)
river through the oaks

Afon Desach *afon* (SH 4449)
Déisi (un o hen lwythau'r Gwyddyl yng Ngwynedd)
river of the Déisi (ancient Irish tribe)

Afon Deunant *afon* (SH 9665)
dau + nant (cwm)
river from two valleys

Afon Dewi Fawr *afon* (SN 2819)
Dewi (sant) + mawr
greater river (saint) Dewi

Afon Digedi *afon* (SO 2040)
di (rhagddodiad cadarnhaol) + cad (cryf)
powerful river

Afon Disynni gw. *(see)* **Afon Dysynni**

Afon Diwlais *afon* (SN 6529)
ffurf ar 'Dulais'
a form of Dulais (q.v.)

Afon Diwlas *afon* (SN 6153)
ffurf ar 'Dulais'
a form of Dulais (q.v.)

Afon Doethïe *afon* (SN 7650)
Doethïe river

Afon Drywi *afon* (SN 4359)
Edryw (enw personol) + -wy (terfyniad tiriogaethol) = tir Edryw
river through Edryw's land

Afon Dugoed *afon* (SH 9112)
du + coed
river by the black trees

Afon Dulais *afon (x 2)* (gw. hefyd **Afon Diwlais**, **Afon Dulas**) (SN 6204) (SN 8007)
du + glais (nant, afonig)
black river

Afon Dulas *afon (x 6)* (SH 9075) (SN 8943) (SN 5624) (SN 9563) (SN 9577) (SN 8195)
ffurf ar 'Dulais'
a form of Dulais (q.v.)

Afon Duweunydd *afon* (SH 6852)
du + gweunydd (lluosog 'gwaun', tir uchel gwlyb)
river through black moorlands

Afon Dwyfach *afon* (SH 4742)
dwy (duwies) + bach (un o ddwy gainc afon)
lesser branch of a divine river

Afon Dwyfor *afon* (SH 4940)
dwy (duwies) + mawr (un o ddwy gainc afon)
greater branch of a divine river

Afon Dwyryd *afon* (SH 6439)
dwy + rhyd
river with two fords

Afon Dyar *afon* (SN 5443)
dyar (trwstfawr, swnllyd)
noisy river

Afon Dyfi *afon* (SH 8916)
ffurf ar 'du' (?)
dark river

Afon Dyfrdwy *afon* (SH 8227)
dyfr (dŵr) + dwy (sanctaidd)
divine river

Afon Dylif *afon* (SH 6144)
dylif (llif, llifeiriant)
full-flowing river

Afon Dysynni *afon* (SH 5903)
yn ymwneud â gwahanu (?)
boundary river

Afon Ddawan *afon* (ST 0270)
Nawddan (sant)
river Nawddan (saint)

Afon Ebwy *afon* (SO 2100)
eb (fel yn 'ebol') + -wy (tir), yn rhedeg drwy fan magu ebolion
a river that flows through horse-breeding country

Afon Ebwy Fach *afon* (SO 2104)
eb (fel yn 'ebol') + -wy (tir), yn rhedeg drwy fan magu ebolion + bach (un o ddwy gainc)
lesser Ebwy (one of two branches)

Afon Ebwy Fawr *afon* (SO 1902)
eb (fel yn 'ebol') + -wy (tir), yn rhedeg drwy fan magu ebolion + mawr (y llall o ddwy gainc afon)
greater Ebwy (the other of the two branches)

Afon Eden *afon* (SH 7226)
Eden (enw personol)
river Eden (personal name)

Afon Edw *afon* (SO 1358)
edwy (edn, aderyn); afon sy'n hedeg, rhuthro
bird-like river

Afon Efyrnwy *afon* (SJ 0414)
efyrn (coed yw); neu 'gafr'; afon duwies yr Efyr (yw); neu yr afr
river of the goddess of the yew trees; river that flows by goats
Vyrnwy

Afon Egel *afon* (SN 7207)
egel (planhigyn o deulu'r syclamen)
river where the sowbread plant grows

Afon Eglwyseg *afon* (SJ 2045)
eglwys
church river

Afon Eidda *afon* (SH 8148)
eiddar (man lle y mae grug yn tyfu)
river on the heath

Afon Eiddi *afon* (SM 7931)
yn cynnwys 'aidd', sef gwres, cynhesrwydd, neu'n enw person
warm or ardent river; or Eiddi's river (personal name)

Afon Einon *afon* (SN 7094)
Einion (enw personol)
river Einion (personal name)

Afon Elái *afon* (ST 0285)
o'r hen air 'leg' yn awgrymu afon yn llifo'n araf
slow flowing river
Ely

Afon Elan *afon* (SN 8374)
el (fel yn 'elwyf' o fynd), afon yn symud ar ruthr
rushing river

Afon Eleri *afon* (SN 6589)
Eleri (enw personol)
Eleri's stream (personal name)

Afon Elwy *afon* (SJ 0071)
elwy (fel yn 'elwyf' o fynd), afon ar ruthr
rushing river

Afon Erch *afon* (SH 3937)
erch (llwyd las); neu'r enw priod Erch
steely blue river; Erch's river (a personal name)

Afon Erwent *afon* (SH 8134)
erwain (planhigyn)
meadow-sweet river

Afon Erwyd *afon*
Erwyd (enw personol)
river Erwyd (personal name)

Afon Ewenni *afon* (SS 9177)
   enw yn gysylltiedig â'r dduwies Aventia
   the goddess Ewenni's river

Afon Fenni *afon* (SN 2319)
   o 'gafenni' (gw. **Afon Gafenni**)
   from 'Gafenni'

Afon y Foel *afon* (SH 7646)
   y Foel (pen bryn)
   river by the hill-top

Afon Foryd *afon* (SH 4457)
   moryd (genau afon lle y rhed i'r môr)
   river at the estuary

Afon Frogan *afon* (SJ 1919)
   brogan (bol neu tor); neu ffurf ar enw personol Gafrogan
   Gafrogan's river; or river by the mound

Afon Fyrnwy gw. (*see*) **Afon Efyrnwy**

Afon Fflur *afon* (SN 7263)
   fflur (blodau)
   flower river

Afon Ffraw *afon* (SH 3669)
   ffrawf (llifeiriant o ddŵr)
   flowing river

Afon Ffrwd Wen *afon* (SO 0574)
   ffrwd (llif nant neu afon) + gwyn
   clear flowing stream

Afon Ffrydan:Ffrydlan *afon* (SH 7703)
   ffrwd (nant, afonig) + -an (un bach) = ffrwd fach
   little stream

Afon Ffrydlas *afon* (SH 6367)
   ffrwd + glas
   blue/green stream

Afon Gafenni *afon* (SO 3015) (gw. hefyd **Afon Fenni**)
   Gafenni o 'Gobannio', enw ar gaer Rufeinig yn cynnwys yr elfen 'gof', gwaith haearn
   river that flows by iron workings

Afon Gain gw. (*see*) **Afon Cain**

Afon Gam *afon* (SH 9504)
   cam (tro mewn afon)
   meandering river

Afon Garno gw. (*see*) **Afon Carno**

Afon Garw *afon* (SS 9089)
   garw – o ran rhediad neu wely'r afon
   rough flowing river

Afon Geirch *afon* (SH 3136)
   ceirch
   river that flows by the oat patch

Afon Geirw *afon* (SH 7728)
   geirw (garw), ewyn neu grychau ar wyneb dŵr
   foaming or rippling stream

Afon Gele *afon* (SH 9678)
   gelau (llafn cleddyf fel 'cleddau')
   blade-like river

Afon Glasgwm *afon* (SH 7649)
   cwm + glas (gwyrdd)
   river through the verdant valley

Afon Glaslyn *afon* (SH 5941)
   glas (lliw y dŵr) + llyn
   river from the blue lake

Afon Gleserch *afon* (SH 7706)
   glas + erch (brith)
   blue-flecked stream

Afon Goch *afon (x 3)* (SH 6769) (SH 4586) (SS 0124)
   coch (y lliw)
   red river

Afon Goedol *afon* (SH 6844)
   coedwal (llwyn)
   covert river

Afon Gorddinan *afon* (SH 7050)
   cerddinen (pren criafol)
   river flowing by rowan trees

Afon Gorsen *afon* (SH 6150)
   corsen (lle gwlyb)
   river that flows through rushes

Afon Grannell *afon* (SN 5150)
   ffurf ar 'ariannell', sef afon ddisglair, loyw
   silvery stream

Afon Gronw *afon* (SN 2221)
   Gronw (enw personol)
   river Gronw (personal name)

Afon Grwyne Fawr *afon* (SO 2131)
   grynnau (o 'grŵn', cefnen o dir)
   greater Grwyne (river through ridged land)
   (the larger of two branches)

Afon Grwyne Fechan *afon* (SO 2226)
   grynnau (o 'grŵn', cefnen o dir)
   greater Grwyne (river through ridged land)
   (the lesser of two branches)

Afon Gwaun *afon* (SN 0034)
gwaun (tir uchel, gwastad, gwlyb)
river that flows through high, flat, wetlands

Afon Gwawr *afon*
gwawr – nant yn rhedeg i'r dwyrain, neu'r enw personol Gwawr (un o ferched Brychan)
river of the dawn; or Gwawr's river (daughter of Brychan)

Afon Gwendraeth Fach *afon* (SN 5316)
traeth (glan yr afon) + gwen + bach (un o ddwy gainc)
lesser pale-banked river

Afon Gwendraeth Fawr *afon* (SN 5312)
traeth (glan yr afon) + gwen + mawr (un o ddwy gainc)
greater pale-banked river

Afon Gwenfro *afon* (SJ 3050)
bro + gwen (hardd)
river in the comely vale

Afon Gwenlais *afon* (SN 7342)
glais (nant, afonig) + gwen (ffurf fenywaidd 'gwyn'
white river

Afon Gwesyn *afon* (SN 8554)
gwesyn (gwas bach – i afon Irfon?)
servant river (to the river Irfon?)

Afon Gwili *afon (x 2)* (SN 4328) (SN 5707)
gwili, ffurf ar 'gŵyl' (mwyn, llawen)
pleasant river

Afon Gwrelych *afon* (SN 8806)
gwrelych (pryfedyn, trychfilyn)
grub-infested stream

Afon Gwy *afon* (SN 8087)
gwy (troi, troelli)
meandering river
Wye

Afon Gwydderig *afon* (SN 8233)
Gwyddar (enw personol) + -ig
Gwydderig's stream (a personal name)

Afon Gwyrfai *afon* (SH 5753)
'gwŷr' fel yn 'gwyro' + bai (tro) (afon droellog, ddolennog)
meandering river

Afon Hafesb *afon* (SJ 1109)
haf + hesb (sych), nant yn sychu yn yr haf
river that dries in the summer

Afon Hafren *afon* (SN 8388)
daw Hafren a *Severn* o'r ffurf Frythoneg *Sabrina
*both Hafren and Severn derive from the Brythonic *Sabrina*
Severn

Afon Haffes *afon* (SN 8317)
ffurf ar 'Hafesb' uchod
a variant of 'Hafesb' above

Afon Hawen *afon* (SN 3353)
ffurf ar 'hafen' (nant yn sychu yn yr haf); neu ar 'amhain', gair Gwyddeleg am 'afon'
stream that fails in the summer, or 'amhain', the Irish for 'river'

Afon Helygi *afon* (SJ 1703)
o Helig (enw person fel yn 'Pwllheli(g))
Helig's river (a personal name)
Luggy Brook

Afon Hengwm *afon* (SN 7989)
hen + cwm
river in the old vale

Afon Hepste *afon* (SN 9612)
hesb (â thuedd i sychu) + teu (tywyllwch)
dark river tending to drought

Afon Hesbin *afon* (SJ 1353)
hesbin, afon sy'n sychu yn ystod yr haf
a river that dries in the summer

Afon Hesgyn *afon* (SH 8841)
Hesgyn (enw personol)
Hesgyn's river (a personal name)

Afon Hoddnant *afon* (SN 7500)
hawdd + nant, afon dawel, heb fod yn wyllt
quiet stream

Afon Hoddni *afon*
o 'hawdd'
quiet stream

Afon Honddu *afon (x 2)* (SN 9942) (SO 2434)
o 'hawdd'; afon dawel, ddigyffro
quiet stream

Afon Horon *afon* (SH 2832)
Arawn (enw personol)
Arawn's river (personal name)

Afon Hydfer *afon* (SN 8325)
hyder + ber
brave-flowing river

Afon Hyddgen *afon* (SN 7890)
hydd (carw)
stag river

Afon Hyrdd *afon* (SH 9461)
hwrdd (maharen)
ram river

Afon Iaen *afon* (SH 9101)
iaen (o iâ), dŵr oer afon sy'n rhedeg yng nghil yr haul
icy stream (that runs in the shade)

Afon Ieithon *afon* (SO 1084)
iaith + -on; afon swnllyd, lafar
clamorous stream

Afon Irfon *afon* (SN 8361)
enw cyn-Geltaidd efallai
river Irfon (a pre-Celtic name perhaps)

Afon Iwrch *afon (x 2)* (SJ 1227) (SH 8354)
iwrch (carw bach)
roebuck river

Afon Llafar *afon (x 3)* (SH 8833) (SH 6565) (SH 7337)
llafar (siaradus, clywadwy)
babbling stream

Afon Llechach *afon*
llechach (o 'llech'), afon yn llawn cerrig
stony brook

Afon Lledr *afon* (SH 7452)
llethr
river on a slope

Afon Llefenni *afon* (SH 7610)
llwyfen (coeden)
river through the elms

Afon Llia *afon* (SN 9216)
o 'llyfu'
lapping river

Afon Llifon *afon* (SH 4554)
llif (llifeiriant, rhediad)
flowing river

Afon Lliw *afon (x 2)* (SH 8331) (SS 5999)
lliw (hen ystyr – gloyw, disglair)
gleaming river

Afon Llugwy *afon (x 3)* (SH 7059) (SO 2170) (SH 4784)
llug (goleuni)
bright river

Afon Llwchwr *afon* (SN 6617)
llwch (o hen ffurf fel 'llug', goleuni); hefyd yn gysylltiedig â'r enw Rhufeinig *Leucarum*
river of light
Loughor

Afon Llyfeni gw. *(see)* **Afon Llefenni**

Afon Llyfnant *afon* (SN 7197)
llyfn + nant
smooth-flowing river

Afon Llyfni *afon* (SH 4852)
llyfn (esmwyth)
smooth-flowing stream

Afon Llynfi gw. *(see)* **Afon Llyfni**

Afon Machno *afon* (SH 7849)
Machno (enw personol)
river Machno (personal name)

Afon Machowy *afon* (SO 1545)
ma- (maes) + Conwy (enw person)
river through Conwy's land

Afon Maesgwm *afon* (SH 6344)
maes + cwm
river through the valley meadow

Afon Marchlyn *afon* (SH 6063)
march (mawr, bras) + llyn
river from the large lake

Afon Marlais *afon (x 2)* (SN 1415) (SN 6137)
ffurf ar 'Morlais' (mawr + glais, hen enw am nant)
great stream

Afon Marteg *afon* (SN 9975)
march (mawr, bras) + teg
powerful stream

Afon Mawddach *afon* (SH 7629)
Mawdd (enw person) + -ach (ffurf fychanig)
lesser river Mawdd

Afon Meilwch *afon* (SN 7122)
mei (maes, cae) + llwch (gwlyb, corsog)
marsh field river

Afon Melindwr *afon* (SN 6781)
melin sy'n cael ei gweithio gan ddŵr
river by the watermill

Afon Melinddwr *afon* (SN 5936)
melin neu melyn + dŵr
river by the watermill or yellow river

Afon Meloch *afon* (SH 9638)
mêl
honey river

Afon Mellte *afon* (SN 9212)
melltau; neu enw personol, Mellteu
lightning river; or Mellteu (personal name)

Afon Menai *afon* (SH 5167)
*men, frwd, llif (fel yn 'Môn, Mynwy, Manaw')
flowing river

Afon Merddwr *afon* (SN 8851)
  merddwr (dŵr llonydd, dŵr marw)
  stagnant stream

Afon Miwl *afon* (SO 1185)
  mae'r ansoddair 'miwail' yn golygu 'llyfn',
  'meddal'?
  smooth river?
  Mule

Afon Morlais *afon* (SN 5406)
  mawr + glais (hen enw am nant)
  big stream

Afon Morynion *afon* (SO 1246)
  morynion (mwy nag un 'morwyn')
  river of the maids

Afon Myddyfi *afon* (SN 6025)
  mydd (padell fawr)
  river in a hollow

Afon Mynach *afon (x 2)* (SN 7576)
  (SH 9041)
  afon a redai drwy dir mynachlog
  river through monastic land

Afon Mynwy *afon* (SO 3524)
  enw hynafol (cyn-Geltaidd?) yn gysylltiedig
  â llwyth y Menapii efallai
  *a pre-Celtic name maybe related to
  the tribal name 'Menapii'*
  Monnow

Afon Nanmor *afon* (SH 6146)
  nant (cwm) + mawr
  big valley river

Afon Nedd *afon* (SN 9111)
  o *'nida' yn y Frythoneg (afon ddisglair)
  shining stream
  Neath

Afon Nyfer *afon* (SN 1436)
  river Nevern

Afon Ogwen *afon* (SH 6069)
  og- (llym, cyflym) + banw
  (mochyn bach), afon yn tyrchu drwy'r tir
  gouging piglet of a stream

Afon Ogwr Fach *afon* (SS 9788)
  og- (llym, cyflym) + bach
  (un o ddwy gainc afon)
  the lesser swift-flowing river
  Ogmore

Afon Ogwr Fawr *afon* (SS 9394)
  og- (llym, cyflym) + mawr
  (un o ddwy gainc afon)
  the greater swift-flowing river
  Ogmore

Afon Pergwm *afon* (SN 8606)
  pêr + cwm
  river through a pleasant vale

Afon Peris *afon* (SN 5467)
  Peris (sant)
  river Peris (saint)

Afon Prysor *afon* (SH 7639)
  prysg (llwyn o goed) + -or (casgliad o)
  river through a copse

Afon Pyrddin *afon* (SN 8809)
  pefr (hardd) + din (lle caerog neu hen ferf
  am 'llifo')
  *river by the striking fortress; or sweet
  flowing river*

Afon Pysgotwr Fach *afon* (SN 7250)
  pysgod + dŵr + bach (un o ddwy gainc afon)
  the lesser fish-filled river

Afon Pysgotwr Fawr *afon* (SN 7351)
  pysgod + dŵr + mawr (un o ddwy gainc
  afon)
  the greater fish-filled river

Afon Rhaeadr *afon* (SJ 1027)
  rhaeadr (pistyll)
  cascade river

Afon Rhath *afon* (SN 1607)
  rhath, afon sy'n sgwrio, crafu, ysgathru
  scouring stream

Afon Rheidol *afon* (SN 7987)
  rheidol (cyflym, buan)
  quick river

Afon Rhiangoll *afon* (SO 1825)
  rhiain (merch) + coll
  river of the lost maiden

Afon Rhiw *afon* (SJ 0200)
  rhiw (llethr)
  river on a slope

Afon Rhiweirth *afon* (SJ 0328)
  rhiw + eirth (lluosog 'arth')
  bears river; river of the bear goddess

Afon Rhondda Fach *afon* (SN 9600)
  rhawdd (siarad, llefaru) + -ni + bach
  the lesser chattering river

Afon Rhondda Fawr *afon* (SS 9398)
  rhawdd (siarad, llefaru) + -ni + mawr
  the greater chattering river

Afon Rhosan *afon* (SN 8197)
  nant yn codi ar rostir
  river that flows through moorland

Afon Rhymni *afon* (SO 1205)
rhwmp (taradr, erfyn i dyllu coed), sef afon yn tyllu drwy'r tir
auger river
Rumney

Afon Rhythallt *afon* (SH 5463)
rhudd (coch) + allt
river by the red slope

Afon Saint *afon* (SH 5163)
*segos ('cryf', 'dewr' yn y Frythoneg) a roes 'Segontium' y Rhufeiniaid
*from Brythonic *segos (strong, brave) which gave the Latin Segontium*
Seiont

Afon Saith *afon* (SN 2851)
saith, ffurf ar 'sant'
saint's river

Afon Sannan *afon* (SN 5525)
Sannan (sant)
river Sannan (saint)

Afon Sawdde *afon* (SN 8023)
suddo, afon yn suddo i gafnau neu drwy galchfaen
river that sinks into fissures or through limestone

Afon Sawdde Fechan *afon* (SN 7422)
(fel uchod) + bechan (ffurf fenywaidd 'bychan', afon sy'n rhedeg i un fwy
the lesser Sawdde (a tributary of the larger river)

Afon Senni *afon* (SN 9222)
Sannan (enw person)
Sannan's stream (a personal name)

Afon Serw *afon* (SH 8144)
serw (tywyll)
darkling river

Afon Sgethin *afon* (SH 6122)
ysgeth (gwayffon) neu 'cethin' (ffyrnig, gwyllt)
wild-watered river

Afon Singrug *afon* (SH 6134)
eisingrug, eisin (croen tenau ŷd + crug (twmpath)
river that flows by the threshing place

Afon Sirhywi *afon* (SO 1505)
yn cynnwys 'serw' (tywyll) efallai
containing 'serw' dark?

Afon Soch *afon* (SH 2927)
soch, hwch
sow river

Afon Solfach *afon* (SM 8327)
efallai o'r bôn 'salw'
dirty river
Solva

Afon Stewi *afon* (SN 6584)

Afon Sulgen *afon* (SN 3033)
Sulgen (enw person)
Sulgen's stream (a personal name)

Afon Swtan *afon*
swtan (pysgodyn, gwyniad môr)
whiting stream

Afon Sychan *afon* (SO 2404)
afon y mae rhan o'i gwely'n sychu
a river that sometimes runs dry

Afon Syfynfi *afon* (SN 0324)
syfi (mefus) a sudd
stream that flows by the strawberries
Syfni

Afon Taf *afon* (SN 2033)
*tam – 'du, tywyll' neu 'llifo'
tam – dark, black or flowing
Taff

Afon Taf Fawr *afon* (SO 0014)
(fel uchod) + mawr (un o ddwy gainc afon)
the greater Taf (as above)

Afon Taf Fechan *afon* (SO 0220)
(fel uchod) + bechan (ffurf fenywaidd 'bychan' (un o ddwy gainc afon)
the lesser Taf (as above)

Afon Tanad *afon* (SJ 0226)
tân – am afon groyw, loyw
sparkling river

Afon Tarell *afon* (SO 0026)
tarddu, byrlymu, torri allan
spouting river

Afon Tarennig *afon* (SN 8182)
tarren (llechwedd serth)
river by a steep slope

Afon Tawe *afon* (SN 8321)
*tam – 'du, tywyll' neu 'llifo'
tam – dark, black or flowing

Afon Tefeidiad *afon* (SO 1284)
*tam – 'du, tywyll' neu 'llifo'
tam – dark, black or flowing
Teme

Afon Teifi *afon* (SN 7867)
*tam – 'du, tywyll' neu 'llifo'
tam – dark, black or flowing

Afon Teigl *afon* (SH 7243)
   Teigl (enw person efallai)
   Teigl (personal name?)

Afon Terrig *afon* (SJ 2358)
   terrig (garw, gwyllt, ffyrnig) neu fel yn 't(e)rigo', marw; afon swrth lawn llaid
   ferocious or muddied stream

Afon Trannon *afon* (SN 9490)
   tarren (llechwedd serth)
   river by a steep hillside

Afon Tren *afon* (SN 5242)
   tren (cryf, nerthol)
   mighty stream

Afon Tringarth *afon* (SN 9416)
   tren (cryf, nerthol) + garth
   mighty stream by a hillside

Afon Troddi *afon* (SO 3715)
   trawdd (ymwthio, gyrru ymlaen)
   rushing river

Afon Trywennydd *afon* (SH 5754)
   ffurf lafar ar 'Tarddennin', afon â llawer o darddleoedd
   stream with many sources

Afon Tryweryn *afon* (SH 8440)
   try- (rhagddodiad cryfhau) + gwerynnu (hen air am wlychu)
   river through wetland

Afon Tuen *afon*
   tu (ymyl neu ochr)
   river by the steep hillside

Afon Twllan *afon* (SH 9053)
   tywyll
   murky river

Afon Twrch *afon (x 3)* (SN 7614) (SN 6445) (SH 8828)
   twrch (baedd, mochyn gwyllt) am afon yn tyrchu ei ffordd drwy'r tir
   boar river

Afon Twymyn *afon* (SN 8795)
   twym, afon y mae ei llwybr yn llygad yr haul
   warm-watered river

Afon Tyleri *afon* (SO 2105)
   Tyleri (enw merch)
   river Tyleri (girl's name)

Afon Tylo *afon* (SH 8534)
   Teilo (sant) efallai
   river Tylo (saint) possibly

Afon Tyweli *afon* (SN 4238)
   Dyweli o 'dywal' (ffyrnig, gwyllt) neu 'diwel' (arllwys, tywallt)
   gushing river

Afon Tywi *afon* (SN 7861)
   o'r ffurf Frythoneg *tyw- (gwyllt, nerthol)
   forceful river
   Towy

Afon-wen[1] *fferm* (SH 4437)
   Gwynedd (Caernarfon)
   afon + gwyn
   white river

Afon-wen[2]:**Afonwen** *enw lle* (SS 1371)
   Fflint
   afon + gwyn
   white river

Afon Wnion *afon* (SH 7418)
   Gwnion neu Gwynion (enw person)
   river Gwynion (personal name)

Afon Wygyr *afon* (SH 3891)
   Gwygyr (enw person)
   river Gwygyr (personal name)

Afon Wyre *afon* (SN 5569)
   wyrai, 'codi, ymestyn'
   stretching stream

Afon Wysg *afon* (SN 8123)
   o'r ffurf Frythoneg *hŵysg, 'pysgod'; afon enwog am ei physgod
   fish-filled river
   Usk

Afon Ysgethin *afon* gw. (*see*) **Afon Sgethin** uchod

Afon Ysgir Fawr *afon* (SN 9838)
   ysgir (llafn bach) + mawr (un o ddwy gainc)
   greater Ysgir (little blade)

Afon Ysgir Fechan *afon* (SN 9637)
   ysgir (llafn bach) + bechan (un o ddwy gainc)
   lesser Ysgir (little blade)

Afon Ystrad *afon* (SJ 0163)
   ystrad (llawr dyffryn)
   river along the valley floor

Afon Ystwyth *afon* (SN 6375)
   ystwyth, am afon sy'n troi ac ymdroelli
   meandering river

Afon Yw *afon* (SO 2422)
   afon yn rhedeg heibio i dir lle y mae coed yw yn tyfu
   river through the yews

Angell gw. *(see)* **Afon Angell**

Alaw gw. *(see)* **Afon Alaw**

Aled gw. *(see)* **Afon Aled**

Alun gw. *(see)* **Afon Alun**

Alwen gw. *(see)* **Afon Alwen**

Allt gw. hefyd *(see also)* **Gallt**

Allt Cunedda *bryn* (SN 4108)
Caerfyrddin
allt (llethr goediog) + Cynaethwy (yn wreiddiol, enw person a gymysgwyd â'r enw hynafol Cunedda)
Cynaethwy's wooded hillside (personal name which became confused with the ancient Cunedda)

Alltfadog *fferm* (SN 6682)
Ceredigion (Aberteifi)
allt + Madog (enw personol)
Madog's wooded slope

Allt Fawr *mynydd* (SH 6847)
Gwynedd (Meirionnydd)
allt + mawr
great slope

Alltforgan *bryn*
Powys (Trefaldwyn)
allt + Morgan (enw person)
Morgan's hillside (SH 9624)

Allt-mawr *plwyf* (SO 0646)
Powys (Brycheiniog)
allt + mawr
steep hillside

Allt Melyd *enw lle* (SJ 0680)
Fflint (Dinbych)
allt + Melydyn (hen enw personol)
Melydyn's slope (personal name)
Meliden

Allt Tairffynnon *mynydd* (SJ 1423)
Dinbych
allt + tair + ffynnon
slope with three wells

Alltwalis *enw lle* (SN 4431)
Caerfyrddin
allt + Walis (enw personol)
Walis's hillside (personal name)

Allt-wen, (Yr) *enw lle* (SN 7203)
Castell-nedd Port Talbot (Morgannwg)
allt + wen (ffurf fenywaidd 'gwyn')
white or blessed hill-side

Alltyblaca *enw lle* (SN 5245)
Ceredigion (Aberteifi)
allt + y + plwca (llaid, baw trwm)
muddy hill

Alltychám *ardal* (SN 7204)
Morgannwg
allt + a + cam (tro, gwyriad)
twisted hillside

Allt y Genlli *bryn* (SN 9894)
Powys (Trefaldwyn)
allt + y + cenlli (aderyn, y cudyll coch)
hillside of the red kite

Allt-y-grug *ardal* (SN 7507)
Castell-nedd Port Talbot (Morgannwg)
allt + y + grug
heather-covered slope

Allt y Main *mynydd* (SJ 1615)
Powys (Trefaldwyn)
allt + y + main (lluosog 'maen'; meini)
stony slope

Alltyrodyn *plas* (SN 4444)
Ceredigion (Aberteifi)
allt + yr + odyn (galch)
slope by the lime-kiln

Aman gw. *(see)* **Afon Aman**

Aman Fach gw. *(see)* **Nant Aman Fach**

Amgoed *cwmwd*
am + coed (sef y fro gyferbyn â'r coed)
the commote opposite the wood

Amlwch *enw lle* (SH 4492)
Môn
am (o amgylch) + llwch (cilfach y môr)
place around the inlet

Amroth *enw lle* (SN 1607)
Penfro
am + Rhath (afon)
place on the river Rhath

-an *olddodiad*
mae'n cael ei ychwanegu at air i greu ffurf fychanig
a suffix used to create diminutive forms

-an *olddodiad*
mae'n cael ei ychwanegu at air i greu enw afon, e.e. Bochan, Cryddan
a suffix used to create river names

Anafon gw. *(see)* **Llyn Anafon**

Anelog *enw lle*
　Gwynedd (Caernarfon)
　annel (magl)
　place of the gin trap

Anhuniog *cwmwd*
　Annun (enw person) + -iog = tir Annun
　the commote of Annun (personal name)
　Haminiog

Annerch gw. *(see)* **Afon Annerch**

Aran, (Yr) *mynydd (x 2)* (SH 6051) (SJ 0332)
　1. Gwynedd (Caernarfon)
　2. Gwynedd (Meirionnydd)
　âr (fel yn 'tir âr', sef y gefnen a geir yn nhir wedi'i aredig)
　ridge-backed (mountain)

Aran Benllyn *mynydd* (SH 8624)
　Gwynedd (Meirionnydd)
　aran (fel uchod) + Penllyn
　the ridge-backed (mountain) in Penllyn

Aran Fawddwy *mynydd* (SH 8521)
　Gwynedd (Meirionnydd)
　aran (fel uchod) + Mawddwy (cwmwd)
　the ridge-backed (mountain) in the commote of Mawddwy

Arban gw. *(see)* **Afon Arban**

Arberth *enw lle* (SN 1014)
　Penfro
　ar (yr ochr draw) + perth (coedwig)
　place opposite the wood
　Narberth

Arberth gw. *(see)* **Nant Arberth**

Archaeddon gw. *(see)* **Llyn Archaeddon**

Ardudwy *enw rhanbarth*
　Ard(d)ud (enw hen lwyth) + -wy = tir Ardud
　land of the Ardud (old tribal name)

ardd *hon*
　hen air am ucheldir, e.e. Pennardd
　an old term for highlands

Ardd-lin, (Yr) *enw lle* (SJ 2515)
　Powys (Trefaldwyn)
　gardd + llin
　the flax garden
　Arddleen

Arddu, (Yr) *mynydd* (SH 6750)
　Gwynedd (Caernarfon)
　ardd (Gwyddeleg am 'mynydd') + du
　the black mountain

Arennig Fach *mynydd* (SH 8241)
　Gwynedd (Meirionnydd)
　aran (cefnen neu esgair o dir) + ig (terfyniad bachigol), sef Aran fach + bach
　the lesser little ridge-backed mountain

Arennig Fawr *mynydd* (SH 8237)
　Gwynedd (Meirionnydd)
　aran (cefnen neu esgair o dir) + ig (terfyniad bachigol), sef Aran fach + mawr
　the greater little ridge-backed mountain

Arfon *cwmwd*
　ar (yn ymyl, neu yn wynebu) + Môn
　the commote facing Môn (Anglesey)

Argoed *enw lle* (SO 1700)
　Caerffili (Mynwy)
　ar (yn ymyl, neu yn wynebu) + coed
　place opposite the wood

Arllechwedd *cwmwd*
　cwmwd ar lechwedd dwyreiniol Eryri
　the commote on the slope (of Eryri)

Artro gw. *(see)* **Afon Artro**

Arth gw. *(see)* **Afon Arth**

Arthog *enw lle* (SH 6414)
　Gwynedd (Meirionnydd)
　arth
　place of bears

Arwy gw. *(see)* **Afon Arwy**

Arwystli *cantref*
　Arwystl (enw person) + -i = gwlad Arwystl
　hundred of Arwystl (personal name)

As Fach, (Yr) *enw lle* (SS 9672)
　Bro Morgannwg (Morgannwg)
　as (Gwyddeleg am 'pen neu bigyn mynydd') + bach
　the lesser summit
　Nash

As Fawr, (Yr) *enw lle* (SS 9270)
　Bro Morgannwg (Morgannwg)
　as (Gwyddeleg am 'pen neu bigyn mynydd') + mawr
　the greater summit
　Monknash

Atpar *enw lle* (SN 3040)
　Ceredigion (Aberteifi)
　Trerhedyn yw'r enw Cymraeg
　Trerhedyn is the Welsh name

B

ba- *rhagddodiad*
ffurf amrywiol ar 'ma-' (maes), e.e.
Bachymbyd
a variant of the prefix 'ma' (field)

Babel *ardal* (SN 8235)
Caerfyrddin
Babel (o'r Beibl)
a Biblical name

Babell *enw lle* (SJ 1573)
Fflint
(y) + pabell, enw capel (lloches, noddfa, gwersyllfa)
chapel name

bacwn *hwn*
gair tafodieithol am 'ystlum'
bat (animal)

bach *hon* **bachell**
tro, cilfach
nook, shelter

Bachaethlon *enw lle* (SO 2190)
Powys (Trefaldwyn)
bach (cilfach, tro) + maethlon (llawn maeth)
fertile, sheltered place

Bachawy *nant* (SO 1445)
Brycheiniog
ma (maes) + Cawy (enw person)
stream by Cawy's field (personal name)
Bach Howey

Bachegraig *plas* (SJ 0771)
Fflint
bach (congl, cilfach) + y + craig
nook in the rock

Bachell gw. *(see)* **Nant Bachell**

Bachelltre *fferm* (SO 2492)
Powys (Trefaldwyn)
bachell (cilfach fach) + tref (fferm fawr)
settlement in a sequestered place

Bachie *enw lle* (SJ 1418)
Powys (Trefaldwyn)
bach (cilfach)
nooks

Bach-wen *fferm* (SH 4149)
Gwynedd (Caernarfon)
bach (cilfach, tro) + gwen
white nook

Bachymbyd *plas* (SJ 0961)
Dinbych
ma (man neu faes) + cynbyd (peryglus)
dangerous place

bae *hwn*
man lle y mae'r tir yn cau i mewn ran o'r môr
bay

Bae Colwyn *enw lle* (SH 8579)
Conwy (Dinbych)
bae + Colwyn (afon) (ci bach)
Colwyn Bay

Baedan *nant*
baeddan (baedd bychan)
little boar-like stream

Bagillt *enw lle* (SJ 2275)
Fflint
ffurf Gymraeg ar enw Saesneg *Bacga's lea*
(llannerch Bacga [enw personol])
Bacga's clearing

bagl *hwn*
ffon bugail (â thro yn ei phen)
shepherd's crook

Baglan *enw lle* (SS 7592)
Castell-nedd Port Talbot (Morgannwg)
Baglan (sant)
(saint) Baglan

bâl *hon*
brig, pen
peak, brow

bala *hwn*
1. man lle y mae afon yn llifo o lyn
2. darn o dir rhwng dau lyn; gw. Y Bala, Baladeulyn
1. the place where a river leaves a lake
2. a stretch of land between two lakes

Bala, (Y) *enw lle* (SH 9236)
Gwynedd (Meirionnydd)
bala (man lle y mae afon yn rhedeg allan o lyn)
the place where a river leaves the lake

Bâl Bach *mynydd* (SO 2726)
(Mynwy)
bâl (copa mynydd) + bach
little mountain summit

Baladeulyn *enw lle* (SH 5153)
Caernarfon (Gwynedd)
bala + dau + llyn (llannerch rhwng dau lyn)
the glebe between two lakes

Bâl Mawr *mynydd* (SO 2627)
(Mynwy)
bâl (copa mynydd) + mawr
big mountain summit

ban *hon* (bannau)
1 pen mynydd, copa, brig, e.e. Bannau Brycheiniog, Tal-y-fan
2 pwynt, pig, bys, e.e. Tryfan
mountain crest or a mountain stack

Ban gw. *(see)* **Fan**

banadl:banal *hyn*
planhigyn â blodau melyn nodweddiadol
broom (flower)

banc:bancyn *hwn*
clawdd
dike, bank

Banc Cwmhelen *mynydd* (SN 6811)
Caerfyrddin
banc (bryncyn) + cwm + Helen (enw personol)
hillock above Helen's hollow

Banc Du *bryn (x 2)* (SN 0734) (SN 0530)
Penfro
banc (bryncyn) + du
black hillock

Bancffosfelen *enw lle* (SN 4812)
Caerfyrddin
banc + ffos + melen (ffurf fenywaidd 'melyn')
hill by the yellow ditch

Bancycapel *enw lle* (SN 4315)
Caerfyrddin
banc + y + capel
the chapel hill

Bancyfelin *enw lle* (SN 3218)
Caerfyrddin
banc + y + melin
the mill bank

Banc y Groes *mynydd* (SN 8888)
Powys (Trefaldwyn)
banc + y + croes
hill with the cross

Bancymansel *ardal* (SN 5214)
Caerfyrddin
banc + y + Mansel (cyfenw teulu boneddigaidd) (cystrawen fel Parc y Prat, Coed y Cradock)
the Mansel bank

bangor *hon*
yn wreiddiol, plethwaith o wiail i gryfhau clawdd, yna y tir cysegredig neu fynachlog o fewn clawdd o wiail, e.e. Bangor (Fawr yn Arfon), Capel Bangor, Bangor Teifi
originally a wattle-reinforced hedge, then, the sacred land contained within the hedge

Bangor *enw lle* (SH 5872)
Gwynedd (Caernarfon)
bangor (hen air am glawdd o wiail wedi'u plethu)
wattle-hedged enclosure

Bangor Is-coed *enw lle* (SJ 3845)
Wrecsam (Fflint)
bangor (clawdd o wiail wedi'u plethu) + is + coed
wattle-hedged enclosure beneath the wood
Bangor-on-Dee

Bangor Teifi *ardal* (SN 3740)
Ceredigion (Aberteifi)
bangor (clawdd o wiail wedi'u plethu) + Teifi (afon)
wattle-hedged enclosure beside the (river) Teifi

Bannau Brycheiniog *mynydd* (SH 0121)
Powys (Brycheiniog)
bannau (uchelfannau) + Brycheiniog (hen sir)
Brecon Beacons

Bannau Sir Gaer *mynydd* (SN 8021)
Caerfyrddin
bannau (uchelfannau) + Sir Gaer(fyrddin)
Carmarthenshire Beacons

banon *hon*
brenhines, morwyn deg
queen, fair maid

banw *hwn*
mochyn ifanc. Mae'n digwydd mewn enwau afonydd, megis Aman (Amanw), Banw, Ogwen (Ogfanw), gyda'r syniad o afon yn tyrchu ei ffordd drwy'r tir.
piglet (in river names conveying the idea of a pig rooting through soil)

Banw gw. *(see)* **Afon Banw**

Banwen Pyrddin *ardal* (SN 8509)
Castell-nedd Port Talbot (Morgannwg)
panwaun (mawnog, tir corsog) + Pyrddin (afon)
marshland by the (river) Pyrddin

bar *hwn* neu *hon*
pen mynydd, copa brig, e.e. Crug-y-bar, Nant-y-bar, Berwyn (bar + gwyn), Afon Barlwyd
peak, brow

Barclodiad y Gawres *heneb* (SH 3270)
Môn
barclodiaid (llond barclod neu ffedog) + cawres (ffurf fenywaidd 'cawr')
the giantess's apron

Barfog gw. *(see)* **Llyn Barfog**

Bargod *enw lle* (ST 1499)
Caerffili (Morgannwg)
sef 'bargod' (ymyl, ffin)
boundary
Bargoed

bariets:bariwns *hyn*
clwydi symudol
moveable barriers

Barlwyd *llyn* (SH 7148)
Gwynedd (Meirionnydd)
bar (pen, copa) + llwyd
grey peak lake

Barlwyd gw. *(see)* **Afon Barlwyd**

Barri, Y *enw lle* (ST 1068)
Bro Morgannwg (Morgannwg)
bar (pen neu gopa mynydd) (hefyd Barrwg, disgybl Cadog)
the summit (or from Barrwg, a disciple of Cadog)

Barrog gw. *(see)* **Nant Barrog**

Basaleg *enw lle* (ST 2786)
Casnewydd (Mynwy)
Groeg/Lladin *basilica*, 'eglwys'
church

Batel, Y *enw lle* (SO 0031)
Powys (Brycheiniog)
o 'Battle', yr abaty yn swydd Sussex a enwyd ar ôl Brwydr Hastings (1066)
the battle (after the Abbey in Sussex)
Battle

Bathafarn *plas* (SJ 1457)
Dinbych
ffurf ar 'Mathafarn', ma (maes) + tafarn (lle y gwerthid bwyd a diod)
tavern field

Bechan gw. *(see)* **Afon Bechan**

Bedlinog *enw lle* (SO 0901)
Mynwy (Morgannwg)
bod (man preswyl) + llwynog
fox's earth

Bedw gw. *(see)* **Afon Bedw**

Bedwas *enw lle* (ST 1789)
Caerffili (Mynwy)
bedwos (man lle y mae coed bedw'n tyfu)
birch grove

Bedwellte *enw lle* (SO 1700)
Caerffili (Mynwy)
bod (man preswyl) + Mellteu (enw merch)
Mellteu's dwelling (girl's name)

bedwos:bedwes *hyn*
llwyn bedw (gw. hefyd **betws**)
birch grove

Beddau *enw lle (x 2)* (ST 0585) (ST 1487)
Rhondda Cynon Taf (Morgannwg)
lluosog 'bedd'
place of graves

Beddau Gwŷr Ardudwy *heneb* (SH 7142)
Gwynedd (Meirionnydd)
bedd + gwŷr + Ardudwy
graves of the men of Ardudwy

Beddau'r Cewri *heneb* (SJ 0126)
Powys (Trefaldwyn)
bedd + y + cewri (lluosog 'cawr')
the giants' graves

Beddau'r Derwyddon *heneb* (SN 6718)
Caerfyrddin
bedd + y + derwyddon (lluosog 'derwydd')
the druids' graves

Beddgelert *enw lle* (SH 5948)
Gwynedd (Caernarfon)
bedd + Gelert (enw personol?)
Gelert's grave (personal name?)

Bedd Porus *heneb* (SH 7331)
Gwynedd (Meirionnydd)
Porius (enw gŵr mewn hen arysgrif ar garreg o'r ardal)
grave of Porius (a man's name found on an inscribed stone discovered in the area)

Bedd Taliesin *heneb* (SN 6791)
Ceredigion (Aberteifi)
bedd + Taliesin (enw personol)
Taliesin's grave

Bedd y Cawr *heneb* (SJ 0172)
Dinbych
bedd + y + cawr
the giant's grave

Begeli *enw lle* (SN 1107)
Penfro
bugail + -i (terfyniad yn dynodi gwlad bugail); naill ai enw person neu'r ceidwad defaid
shepherd's domain
Begelly

Begwns[1] *heneb* (ST 2289)
Mynwy
pegwn (pigyn, copa)
beacons

Begwns[2], **The** *mynydd* (SO 1554)
Powys (Maesyfed)
pegwn (pigyn, copa)
the beacons

beidd *hyn*
lluosog 'baedd'
boars

Beifil, Y *plwyf* (SN 1041)
Penfro
y + *belle ville*, pentref teg yn Ffrangeg
la belle ville, the pretty village
Bayvil

beili *hwn*
clos, buarth, darn o dir amgaeedig
yard

beinw *hyn*
ffurf luosog 'banw'
piglets

Belan, Y *ardal* (SJ 2004)
Powys (Trefaldwyn)
pelan (cnwc neu dwmpath)
the hillock

Benllech *enw lle* (SH 5182)
Môn
(y) + pen + llech, y garreg fawr sy'n do ar gromlech
(the) capstone (of the cromlech)

Bennar[1] *fferm* (SH 7951)
Gwynedd (Caernarfon)
(y) + pen + ardd (crib mynydd neu drum)
the summit of the ridge

Bennar[2] *mynydd* (SH 7350)
Gwynedd (Caernarfon)
(y) + pen + ardd (crib mynydd neu drum)
the summit of the ridge

benni *hyn*
ffurf luosog ar 'ban'
summits

bera *hwn*
aderyn ysglyfaethus
a bird of prey

bera *hon*
pentwr, mwdwl
pile, heap

Berain *fferm* (SJ 0069)
Dinbych
ber (pig, copa mynydd) + -an (bachigyn)
little summit

Berch, Y gw. *(see)* **Aber-erch**

Berffro gw. *(see)* **Aberffraw**

Bermo, Y *enw lle* (SH 6115)
Gwynedd (Meirionnydd)
aber + Mawddach (afon)
the mouth of the river Mawddach
Barmouth

Berriw *enw lle* (SJ 1800)
Powys (Trefaldwyn)
aber + Rhiw (afon)
mouth of the river Rhiw
Berriew

Bers, Y *enw lle* (SJ 3049)
Wrecsam (Dinbych)
y + ffurf ar yr enw Saesneg *Bersham*, sef hamm (dôl) + Berse (enw person)
Bersham

Berthen-gam *ardal* (SJ 1179)
Fflint
(y) + perth (clawdd, sietin) + cam (ar dro)
(the) bent copse

Berth-lwyd[1] *ardal* (SN 5696)
Morgannwg
(y) + perth (clawdd, sietin) + llwyd
(the) grey copse

Berth-lwyd[2] *plas* (SN 9684)
Powys (Trefaldwyn)
(y) + perth (clawdd, sietin) + llwyd
(the) grey copse

berwr *hwn*
planhigyn y dŵr
water cress

Berwyn gw. *(see)* **Afon Berwyn**

Berwyn, Y *mynydd* (SH 1139)
Dinbych/Meirionnydd/Trefaldwyn
y + bar (pen, copa) + gwyn
the white-summit (mountain)

bery(f):beri *hwn*
aderyn ysglyfaethus; barcud
kite (bird)

betin *hwn*
haenen o dir a phorfa wedi'u llosgi er mwyn gwneud gwrtaith
land burnt to create fertiliser

betws *hwn*
(o *'bead house'* Saesneg) lle i weddïo, tŷ gweddi, eglwys fach, e.e. Betws Gwerful Goch
chapel, oratory

betws *hon*
ffurf yn deillio o 'bedwos', llwyn o goed bedw bychain neu lethr o fân goed a phrysglwydd, e.e. Bedwas
birch grove

Betws, Y[1] *enw lle* (SN 6311)
Caerfyrddin
o'r Saesneg '*bead-house*' (man i gyfrif gleiniau wrth weddïo), math o gapel/ eglwys; neu, man lle y mae coed bedw yn tyfu
the oratory, chapel of ease; or, the birch copse

Betws, Y[2] *plwyf* (ST 2990)
Casnewydd (Mynwy)
gw. uchod
see above

Betws Bledrws *ardal* (SN 5852)
Ceredigion (Aberteifi)
betws + Bleddrws neu Bledrws (enw personol)
Bledrws's chapel

Betws Cedewain *enw lle* (SO 1296)
Powys (Trefaldwyn)
betws + Cedewain (enw cwmwd)
oratory in (the commote of) Cedewain

Betws Diserth *plwyf* (SH 1057)
Powys (Maesyfed)
diserth (enw lle), lle anial, diarffordd, efallai cartref meudwy
chapel at Diserth (maybe a hermit's retreat)

Betws Fawr *fferm* (SH 4639)
Gwynedd (Caernarfon)
betws + mawr
great oratory

Betws Garmon *enw lle* (SH 5357)
Gwynedd (Caernarfon)
Garmon (sant)
(saint) Garmon's chapel

Betws Gwerful Goch *enw lle* (SJ 0346)
Gwynedd (Meirionnydd)
betws + Gwerful Goch
chapel built by Gwerful Goch

Betws Ifan *plwyf* (SN 3047)
Ceredigion (Aberteifi)
betws + Ifan (enw personol)
Ifan's chapel

Betws Leucu *enw lle* (SN 6058)
Ceredigion (Aberteifi)
betws + Lleucu (enw personol)
Lleucu's church

Betws Newydd *enw lle* (SO 3505)
Mynwy
betws + newydd
*new oratory (see **betws** above)*

Betws Tir Iarll *enw lle* (SS 8986)
Pen-y-bont ar Ogwr (Morgannwg)
tir + Iarll (Morgannwg)
*oratory (see **betws** above) of the Earl (of Glamorgan)*

Betws-y-coed *enw lle* (SH 7956)
Conwy (Caernarfon)
betws yn y coed
chapel in the wood

Betws-yn-Rhos *enw lle* (SH 9073)
Conwy (Dinbych)
betws + yn + Rhos (cantref)
chapel in Rhos (hundred)

Bethania[1] *ardal* (SN 5763)
Ceredigion (Aberteifi)
enw capel o'r Beibl
Biblical (chapel) name

Bethania[2] *enw lle* (SH 7045)
Gwynedd (Meirionnydd)
enw capel o'r Beibl
Biblical (chapel) name

Bethel *enw lle* (SH 5265)
Gwynedd (Caernarfon)
enw capel o'r Beibl
a Biblical (chapel) name

Bethesda[1] *enw lle* (SH 6266)
Gwynedd (Caernarfon)
enw capel o'r Beibl
Biblical (chapel) name

Bethesda[2] *enw lle* (SN 0917)
Penfro
enw capel o'r Beibl
Biblical (chapel) name

Bethlehem *enw lle* (SN 6825)
Caerfyrddin
enw capel o'r Beibl
Biblical (chapel) name

Beulah[1] *enw lle* (SN 9251)
Powys (Brycheiniog)
enw capel o'r Beibl
Biblical (chapel) name

Beulah[2] *enw lle* (SN 2946)
Ceredigion (Aberteifi)
enw capel o'r Beibl
Biblical (chapel) name

Bewpyr, Y *plas* (ST 0073)
Bro Morgannwg (Morgannwg)
o'r Ffrangeg, *beau* (hardd) + *repaire* (gorffwysfa neu encil)
beau repaire (French for lovely retreat)
Bewper; Beaupré

bid *hon*
gwrych, clawdd, perth (wedi'i thorri a'i phlygu)
hedge

Biwmaris *enw lle* (SH 6076)
Môn
o'r Ffrangeg, *beau* (hardd) + *marais* (tir corsog)
(French for) handsome place in the marshland
Beaumaris

blaen *hwn* (blaenau)
1. y man lle y mae afon yn tarddu ac yn cychwyn ar ei thaith
   source of a river
2. ucheldir (rhagor na'r fro)
   upland

Blaenafan *ardal* (SS 9096)
Castell-nedd Port Talbot (Morgannwg)
blaen (tarddle afon) + Afan (afon)
source of the (river) Afan

Blaenafon *enw lle* (SO 2509)
Torfaen (Mynwy)
blaen (tarddle afon) + afon
river head
Blaenavon

Blaenaman *ardal* (SS 9899)
Rhondda Cynon Taf (Morgannwg)
blaen (tarddle afon) + Aman (afon)
source of the (river) Aman

Blaenannerch *enw lle* (SN 2449)
Ceredigion (Aberteifi)
Llan + Annerch (enw sant) neu Iddnerth (enw person) yn wreiddiol
originally (saint) Annerch's or Iddnerth's church

Blaenau *enw lle* (SN 1908)
Blaenau Gwent (Mynwy)
blaenau (tir uchel)
uplands
Blaina

Blaenau Ffestiniog *enw lle* (SH 7045)
Gwynedd (Meirionnydd)
blaenau (tir uchel) + Ffestin (enw person) + -iog = tir Ffestin
uplands in Ffestin's land

Blaenau Gwent *ardal* (SO 2004)
Blaenau Gwent (Mynwy)
blaenau (tir uchel) + Gwent (ardal)
uplands of Gwent

Blaencannaid *fferm* (SO 0304)
Merthyr Tudful (Morgannwg)
blaen (tarddle afon) + Cannaid (afon)
source of the (river) Cannaid

Blaencarno *fferm* (SO 0908)
Caerffili (Morgannwg)
blaen (tarddle afon) + Carno (afon)
source of the (river) Carno

Blaencelyn *ardal* (SN 3554)
Ceredigion (Aberteifi)
blaen (tarddle afon) + Celyn (afon yn rhedeg ger coed celyn)
source of the (river) Celyn (where holly trees grow)

Blaencerniog *fferm* (SN 9494)
Powys (Trefaldwyn)
blaen (tarddle afon) + Cerniog (afon)
source of the (river) Cerniog

Blaenclydach *enw lle* (SS 9893)
Rhondda Cynon Taf (Morgannwg)
blaen (tarddle afon) + Clydach (afon)
source of the (river) Clydach

Blaencorrwg *ardal* (SN 8800)
Castell-nedd Port Talbot (Morgannwg)
blaen (tarddle afon) + Corrwg (afon)
source of the (river) Corrwg

Blaen-cwm *enw lle* (SS 9298)
Rhondda Cynon Taf (Morgannwg)
blaen (pen blaen) + cwm
head of the valley

Blaencwmboi *enw lle* (ST 0299)
Rhondda Cynon Taf (Morgannwg)
pen blaen + Cynfoi (enw person yn enw ar nant)
source of the Cynfoi (personal name) stream

Blaendulais *enw lle* (SN 8108)
Castell-nedd Port Talbot (Morgannwg)
blaen (tarddle afon) + Dulais (afon)
source of the (river) Dulais
Seven Sisters

Blaengarw *enw lle* (SS 9092)
Bro Morgannwg (Morgannwg)
blaen (tarddle afon) + Garw (afon)
source of the (river) Garw

Blaen-gwawr *ardal* (SO 0001)
Rhondda Cynon Taf (Morgannwg)
blaen (tarddle afon) + Gwawr (afon)
source of the (river) Gwawr

Blaen-gwrach *enw lle* (SN 8605)
Castell-nedd Port Talbot (Morgannwg)
blaen (tarddle afon) + gwrach (enw hen wraig yn enw afon)
the place at the source of the Gwrach (witch's stream)

Blaengwynfi *enw lle* (SS 8996)
Castell-nedd Port Talbot (Morgannwg)
blaen (tarddle afon) + Gwynfyw (enw personol yn enw afon)
source of the (river) Gwynfi (from personal name, Gwynfyw)

Blaenhonddan *plwyf* (SN 7500)
Castell-nedd Port Talbot (Morgannwg)
blaen (tarddle afon) + Hoddnant (afon)
source of the (river) Honddan (from Hoddnant)

Blaenieithon *fferm* (SH 1084)
Powys (Trefaldwyn)
blaen (tarddle afon) + Ieithon (afon)
source of the (river) Ieithon

Blaenllechau *enw lle* (ST 0097)
Rhondda Cynon Taf (Morgannwg)
blaen (tarddle afon) + Llechach (afon)
source of the river Llechau (from Llechach)

Blaen Nanmor *ardal* (SH 6348)
Gwynedd (Caernarfon)
blaen (tarddle afon) + Nanmor (afon)
source of the (river) Nanmor

Blaenpennal *enw lle* (SN 6165)
Ceredigion (Aberteifi)
blaen (tarddle afon) + pennal (sef pen + gâl, hen air am elyn), efallai hen arfer o grogi pen gelyn
place of the mounted heads

Blaen-plwyf *enw lle* (SN 5775)
Ceredigion (Aberteifi)
blaen (pen blaen) + plwyf
head of the parish

Blaen-porth *enw lle* (SN 2648)
Ceredigion (Aberteifi)
blaen (pen blaen) + porth (+ Hoddni neu Hoddnant), sef afon Howni erbyn heddiw
source by the port (of the river Hoddni)

Blaenrhondda *enw lle* (SN 9200)
Rhondda Cynon Taf (Morgannwg)
blaen (tarddle afon) + Rhondda (afon)
source of the (river) Rhondda

Blaenrhymni *ardal* (SO 1009)
Caerffili (Morgannwg)
blaen (tarddle afon) + Rhymni (afon)
source of the (river) Rhymni

Blaen Taf Fechan *cwm* (SO 0120)
Powys (Brycheiniog)
blaen (tarddle afon) + Taf Fechan (afon)
source of the lesser Taf

Blaen-waun *ardal* (SN 3953)
Ceredigion (Aberteifi)
blaen (pen blaen) + (y) + gwaun (rhostir corsog)
head of the moorland

Blaen-y-coed *enw lle* (SN 3427)
Caerfyrddin
blaen (tu blaen) + y + coed
place before the wood

Blaen-y-cwm gw. *(see)* **Blaencwm**

Blaen-y-ffos *enw lle* (SN 1937)
Penfro
blaen (tu blaen) + y + ffos
place before the dyke

Bleddfa *enw lle* (SO 2068)
Powys (Maesyfed)
blaidd + bach (congl neu gilfach)
wolf cub's lair

Blorens *mynydd* (SO 2611)
efallai o *'blore'* (Hen Saesneg), gwthwm o wynt
windy (hill)?
Blorenge

Bochlwyd gw. *(see)* **Llyn Bochlwyd**

Bochrwyd *plwyf* (SO 1239)
Powys (Maesyfed)
boch (chwydd neu chwyddiant) + rhwyd (i ddal pysgod)
netting place
Boughrood

bod *hon*
1. fel y berfenw 'bod', mae'n dynodi 'lle i fodoli, lle i fyw, preswylfod', e.e. Bodedern, Bodelwyddan, Hafod (lle i fyw yn yr haf)

2. yn y Gogledd fe'i defnyddir hefyd i olygu 'eglwys' sant
abode, dwelling; (in the North) it can also denote a saint's church

Bodafon *plas* (SH 4785)
Môn
bod (preswylfa) + Mafon (enw personol Mafon neu Mawan)
Mafon's dwelling

Bodedern *enw lle* (SN 3380)
Môn
bod (eglwys) + Edern (sant)
(saint) Edern's church

Bodelwyddan *enw lle* (SJ 0075)
Dinbych (Fflint)
bod (preswylfa) + Elwyddan
Elwyddan's dwelling

Bodewryd *plas* (SH 3990)
Môn
bod (man preswyl) + Gewryd (enw personol efallai)
Gewryd's dwelling

Bodfach *plas* (SJ 1320)
Powys (Trefaldwyn)
bod (man preswyl) + bach
little dwelling

Bodfari *enw lle* (SJ 0970)
Fflint
bod (man preswyl) + Diheufyr (sant)
(saint) Diheufyr's church
Botffari

Bodfel *plas* (SH 3436)
Gwynedd (Caernarfon)
bod (man preswyl) + mêl
honeyed dwelling

Bodferin *eglwys* (SH 1731)
Gwynedd (Caernarfon)
bod (man preswyl) + Merin (sant)
(saint) Merin's abode

Bodffordd *enw lle* (SH 4276)
Môn
bod (man preswyl) + 'ford' (rhyd)
dwelling at the ford

Bodidris *plas* (SJ 2053)
Dinbych
bod + Idris (enw personol)
Idris's abode

Bodlith *fferm* (SJ 2129)
Dinbych
bod (man preswyl) + gwlith
dewey dwelling

Bodlyn *cronfa ddŵr* (SH 6424)
Gwynedd (Meirionnydd)
bod (man preswyl) + llyn
lakeside abode

Bodnant *plas* (SH 8072)
Conwy (Dinbych)
Bodnod oedd yr enw gwreiddiol, bod + nod (lle nodedig)
dwelling of note (original meaning)

Bodorgan *ardal* (SH 3870)
Môn
bod + Morgan
Morgan's abode

Bodringallt *ardal* (SS 9895)
Rhondda Cynon Taf (Morgannwg)
bod + rhingyll (y swyddog a gasglai'r trethi i arglwydd y castell)
sergeant's dwelling

Bodrychwyn *enw lle*
bod (preswylfod) + Rhychwyn (enw personol)
Rhychwyn's abode (personal name)

Boduan *plas* (SH 3237)
Môn
bod (eglwys) + Buan (sant)
(saint) Buan's church

Bodwrda *fferm* (SH 1827)
Gwynedd (Caernarfon)
bod (eglwys) + Dwrdan (sant?)
(saint) Dwrdan's church

Bodwrog *ardal* (SH 4077)
Môn
bod (eglwys) + Mwrog (sant)
(saint) Mwrog's church

Bodysgallen *plas* (SH 7979)
Gwynedd (Caernarfon)
bod (preswylfa) + ysgallen
habitat of the thistle

Bolgoed *ardal* (SN 6002)
Morgannwg
bol + coed (coed yn tyfu ar fryncyn)
wooded hillock

Boncath *enw lle* (SN 2038)
Penfro
boncath (boda); Tafarn y Boncath yn wreiddiol
The Buzzard (a tavern name originally)

Bontdolgadfan *enw lle* (SH 8800)
Powys (Trefaldwyn)
pont + dôl (maes) + Cadfan (sant)
bridge over (saint) Cadfan's meadow

Bont-ddu, y *enw lle* (SH 6618)
Gwynedd (Meirionnydd)
pont + du
the black bridge

Bont-faen,[1] **Y** *enw lle* (SS 9974)
Bro Morgannwg (Morgannwg)
pont + maen (carreg)
the stone bridge
Cowbridge

Bont-faen,[2] **Y** *enw lle* (SN 0233)
Penfro
pont + maen (carreg)
the stone bridge

Bont-goch, (y) *enw lle* (SN 6886)
Ceredigion (Aberteifi)
pont + coch
the red bridge

bontin *hon*
pen ôl
posterior

Bontnewydd,[1] **Y** *enw lle* (SH 4859)
Gwynedd (Caernarfon)
pont + newydd
the new bridge

Bontnewydd,[2] **Y** *ardal* (SH 7720)
Gwynedd (Meirionnydd)
pont + newydd
the new bridge

Bontuchel *enw lle* (SJ 0857)
Dinbych
(y) bont + uchel
(the) high bridge

Bôn-y-maen *enw lle* (SS 6795)
Abertawe (Morgannwg)
bôn (gwaelod, sylfaen) + maen (carreg)
(place) at the base of the stone

Borth, Y *enw lle* (SN 6089)
Ceredigion (Aberteifi)
porth (glanfa croesi afon) + Gwyddno
the ferry place (of Gwyddno)

Borth-y-gest *enw lle* (SH 5637)
Gwynedd (Caernarfon)
porth (glanfa) + cest (bol, bola), o'r enw lle, 'Moel y Gest'
the ferry point of (Moel)-y-gest

Botffordd gw. *(see)* **Bodffordd**

Botffordd *plas* (SH 4276)
Môn
bod (man preswyl) + '*ford*' (rhyd)
dwelling at the ford

Botryddan *plas* (SJ 0478)
Fflint
bod (man preswyl) + Rhyddan (enw personol)
Rhyddan's dwelling (personal name)

Botwnnog *enw lle* (SN 2631)
Gwynedd (Caernarfon)
bod + Tywynnog (sant)
(saint) Tywynnog's church

Bowydd gw. *(see)* **Llyn Bowydd**

Bradach *nant*
Caerffili (Morgannwg)
enw yn seiliedig ar 'brad' (nant yn tueddu i orlifo)
Bradach stream (one which tends to flood)

braen *ansoddair*
pwdr, mall
crumbling

braenar *hwn*
tir heb ei droi
fallow land

Braenog *plas* (SN 5357)
Ceredigion (Aberteifi)
brain (lluosog 'brân') + -og = cynefin y brain
rookery

brag *hwn*
ŷd wedi'i wlychu fel sail i fragu cwrw
malted wheat

Braich-du *fferm* (SJ 0141)
Gwynedd (Meirionnydd)
braich (esgair mynydd) + du
black mountain ridge

Braichmelyn *ardal* (SH 6366)
Gwynedd (Caernarfon)
braich (esgair mynydd) + melyn
yellow ridge

Braichtalog *mynydd* (SH 6067)
Gwynedd (Caernarfon)
braich (esgair mynydd) + talog (o 'tal' = talcen)
ridge end mountain

Braich y Parc *mynydd* (SH 6344)
Gwynedd (Meirionnydd)

Braich y Pwll — *broches*

braich (esgair mynydd) + parc
mountain ridge in the pasture

Braich y Pwll *penrhyn* (SH 1325)
Gwynedd (Caernarfon)
braich (esgair mynydd) + pwll
mountain ridge by the pool

Braich yr Hwch *mynydd* (SH 8723)
Gwynedd (Meirionnydd)
braich (esgair mynydd) + hwch (fel cefn hwch)
the hog's back ridge

Braint gw. *(see)* **Afon Braint**

braith *ansoddair*
ffurf fenywaidd 'brith'
brindled, speckled

Brân gw. *(see)* **Afon Brân**

Branas-isaf *fferm* (SJ 0238)
Gwynedd (Meirionnydd)
branes (haid o frain) + isaf (un o ddwy fferm)
the lower rookery

Branas-uchaf *fferm* (SS 0137)
Gwynedd (Meirionnydd)
branes (haid o frain) + uchaf (un o ddwy fferm)
the upper rookery

bre *hon*
bryn, bryncyn, e.e. Moelfre; Penbre
hill

Brechfa *enw lle* (SN 5230)
Caerfyrddin
brechfa (o brith, brych + fa) = natur amryliw y ddaear
dappled place

Brefi gw. *(see)* **Afon Brefi**

Breiddin *mynydd* (SS 2914)
Powys (Trefaldwyn)
braidd (sef ar y pen eithaf) + din (amddiffyniad caerog)
far end of the fortification

breni *hon*
pen blaen llong, e.e. Y Freni Fawr
prow (of ship)

Brenig/Brennig gw. *(see)* **Afon Brenig/Brennig**

Breudeth *enw lle* (SM 8525)
Penfro
o'r ffurf Gymraeg ar enw'r Santes Wyddelig Ffraid (Brighid)
(saint) Bride's
Brawdy

brëyr: brehyr *hwn*
arglwydd, uchelwr
lord

Bridell *enw lle* (SN 1742)
Penfro
o hen enw coll am afon; o 'brwd' (poeth, byrlymus) + terfyniad -ell
broiling (stream)

Britwn, Y *enw lle* (SS 0367)
Morgannwg
o'r Saesneg, bridge + tun (pont ger y fferm fawr)
bridge by the farm
Burton

Brithdir[1] *ardal* (SH 7718)
Gwynedd (Meirionnydd)
tir + brith (amryliw neu'n frith o gerrig)
brindled land

Brithdir[2] *plas* (SJ 1902)
Powys (Trefaldwyn)
tir + brith (amryliw neu'n frith o gerrig)
brindled land

Brithdir[3] *enw lle* (SO 1402)
Caerffili (Morgannwg)
tir + brith (amryliw neu'n frith o gerrig)
brindled land

Brithdir[1] **ac Islaw'r-dref** *plwyf* (SH 7717)
Gwynedd (Meirionnydd)

briw *ansoddair*
toredig, wedi'i chwalu
crumbling

briwys *hwn*
briwsionyn
crumb

bro *hon*
1. ardal, gwlad, cynefin, e.e. Bro Morgannwg, Penfro
2. tir isel, gwastad
1. *home ground*
2. *plain, lowland*

Brochan gw. *(see)* **Afon Brochan**

broches *hon*
gwâl y broch
badger set

Brogan *nant*
Powys (Trefaldwyn)
o Gafrogan (enw personol)
Brogan's stream (from Gafrogan, a personal name)

Brogynin *fferm* (SN 6684)
Ceredigion (Aberteifi)
bro + Cynin (enw person a sant)
Cynin's land (personal name)

bron *hon*
ochr neu lethr bryn
the breast of a hill

Bron gw. hefyd *(see also)* **Fron**

Brongest *enw lle* (SN 3245)
Ceredigion (Aberteifi)
bron (bryncyn) + cest (chwyddiant, bol)
swollen tump

Bron-gwyn *plwyf* (SN 2843)
Ceredigion (Aberteifi)
bron (bryncyn) + gwyn
white hill

Broniarth *plas* (SJ 2013)
Powys (Trefaldwyn)
breuan (melin law fach) + garth (llethr, rhiw); llethr lle y ceir meini melin bychain
slope of the little querns

Bronllys *enw lle* (SO 1435)
Powys (Brycheiniog)
llys + Brwyn (enw personol)
Brwyn's court (personal name)

Bronnant *enw lle* (SN 6467)
Ceredigion (Aberteifi)
Briwnant yn wreiddiol, briw (toredig) + nant
ragged (from 'briw' originally) river valley

Bronwydd *enw lle* (SN 4123)
Caerfyrddin
bron (bryncyn) + gwŷdd (coed, prysgwydd)
wooded hillside

Bronydd *enw lle* (SO 2245)
Powys (Maesyfed)
bron (lluosog 'bronnydd'), llethr mynydd
hillocks

brwd *ansoddair*
poeth
burnt, quick

Brwyn gw. *(see)* **Nant Brwynog**

brwynen *hon*
man lle y mae brwyn yn tyfu
a place where rushes grow

Brwynog gw. *(see)* **Nant Brwynog**

Brychdwn *enw lle* (SS 9270)
Bro Morgannwg (Morgannwg)
ffurf Gymraeg ar enw Saesneg; fferm, sef 'ton' yn Saesneg, ar lan nant, sef 'brook' yn Saesneg
farm by the brook
Broughton

Brychdyn *enw lle* (SJ 3463)
Fflint
ffurf Gymraeg ar enw Saesneg
fferm, sef 'ton' yn Saesneg, ar lan nant, sef 'brook' yn Saesneg
farm by the brook
Broughton

Brycheiniog *rhanbarth*
Brychan (enw brenin) + -iog = gwlad Brychan
Brychan's land
Breckon *(as in Breckonshire)*

Brydan *nant*
Caerfyrddin
o brwd (naill ai cynnes, neu bod y dŵr yn berwi)
broiling stream

Brymbo *enw lle* (SJ 2953)
Wrecsam (Dinbych)
bryn + baw
dirt hill

Bryn[1] *enw lle* (SN 5400)
Caerfyrddin
hill

Bryn[2] *enw lle* (SS 8192)
Castell-nedd Port Talbot (Morgannwg)
hill

Brynaman *enw lle* (SN 7114)
Caerfyrddin
bryn + Aman (afon)
hill by the (river) Aman

Bryn Amlwg *mynydd* (SN 9197)
Powys (Trefaldwyn)
bryn + amlwg (clir)
conspicuous hill

Brynbeddau *enw lle* (SN 5813)
Caerfyrddin
bryn + beddau
graves hill

Brynberian *enw lle* (SN 1035)
Penfro

bryn + Byrian (hen enw afon efallai)
Byrian's hill (an old river name?)

Brynbuga *enw lle* (SO 3700)
Mynwy
bryn + Buga (enw personol)
Buga's hill (personal name)
Usk

Bryn Cader Faner *bryn* (SH 6435)
Gwynedd (Meirionnydd)
bryn + cader (esgair ar ffurf cadair) + (y) + maenor
mountain throne and the manor

Bryncastell *heneb* (SH 7871)
Gwynedd (Caernarfon)
bryn + castell
castle hill

Bryncelyn *enw lle* (SJ 1876)
Fflint
bryn + celyn (coed celyn)
holly hill

Bryn-celli-ddu *heneb* (SH 5070)
Môn
bryn + celli (llwyn o goed) + du
black grove hill

Bryn Cerbyd *mynydd* (SH 8545)
Dinbych
bryn + cerbyd (esgair, trum)
ridge hill

Bryncethin *enw lle* (SS 9184)
Pen-y-bont ar Ogwr (Morgannwg)
bryn + cethin (cochddu, tywyll)
russet/dark hill

Bryncir *enw lle* (SH 4844)
Gwynedd (Caernarfon)
bryn + ceirw
deer hill

Bryn-coch *enw lle* (SS 7499)
Castell-nedd Port Talbot (Morgannwg)
bryn + coch
red hill

Bryncroes *enw lle* (SH 2231)
Gwynedd (Caernarfon)
bryn + croes
cross hill

Bryn-crug *enw lle* (SH 6003)
Gwynedd (Meirionnydd)
bryn + crug (carnedd o gerrig)
hill with a cairn

Bryncunallt *plasty* (SJ 3037)
Dinbych
bryn + cun (hardd) + allt (llethr goediog)
fair wooded hill

Bryncynfelyn *bryn* (SJ 2019)
Powys (Trefaldwyn)
bryn + Cynfelyn (person)
Cynfelin's hill (personal name)

Bryn Du *mynydd* (x 3) (SN 9342) (SO 0297) (SN 9097)
Powys
bryn + du
black hill

Bryn-du[1] *enw lle* (SH 3472)
Môn
bryn + du
black hill

Bryn-du[2] *fferm* (SJ 0118)
Powys (Trefaldwyn)
bryn + du
black hill

Brynddu *plas* (SH 3791)
Môn
bryn + du
black hill

Bryneglwys *enw lle* (SJ 1447)
Dinbych
bryn + eglwys
church hill

Brynengan *capel* (SH 4543)
Gwynedd (Caernarfon)
bryn + Einion (frenin)
(king) Einion's hill (personal name)

Bryn Euryn *mynydd* (SH 8860)
Dinbych
bryn + Euryn (enw personol)
Euryn's hill (personal name)

Bryneuryn *heneb* (SH 8379)
Dinbych
bryn + Euryn (enw personol)
Euryn's hill (personal name)

Brynffanigl *fferm* (SH 9074)
Dinbych
bryn + ffenigl (planhigyn)
fennel hill

Brynffordd *enw lle* (SJ 1774)
Fflint
bryn + ffordd
hill by the road

Bryn Garw *bryn* (SN 8361)
  Powys (Brycheiniog)
  bryn + garw
  craggy hill

Bryngwran *enw lle* (SH 3577)
  Môn
  bryn + Gwran (enw personol)
  Gwran's hill

Bryngwyn *ardal* (SO 3909)
  Mynwy
  bryn + gwyn (y lliw neu 'cysegredig')
  white (or sacred) hill

Bryn-gwyn[1] *enw lle* (SO 1849)
  Powys (Maesyfed)
  bryn + gwyn (y lliw neu 'cysegredig')
  white (or sacred) hill

Bryn-gwyn[2] *heneb* (SH 4666)
  Môn
  bryn + gwyn (y lliw neu 'cysegredig')
  white (or sacred) hill

Brynhenllan *enw lle* (SN 0139)
  Penfro
  bryn ger yr hen lan
  hill beside the old church

Brynhoffnant *enw lle* (SN 3351)
  Ceredigion (Aberteifi)
  bryn + Hoddni neu Hoddnant (enw afon), sef Howni erbyn heddiw + nant (cwm yr afon), neu 'haf nant' (*summer stream*)
  hill by (river) Hoddni vale

Bryniau Duon *mynydd* (SH 7846)
  Gwynedd (Caernarfon)
  bryn(iau) + du(on)
  black hills (mountain)

Bryn Llus *mynydd* (SJ 0841)
  Gwynedd (Meirionnydd)
  bryn + llus (llwyni isel ar dir corsog)
  whinberry (bush) mountain

Bryn Llydan *mynydd* (SN 8701)
  Morgannwg
  bryn + llydan
  broad mount

Bryn Llynwynddŵr *mynydd* (SS 9099)
  Morgannwg
  bryn + llyn y dŵr gwyn
  hill by the lake of white water

Brynllywarch[1] *fferm* (SS 8787)
  Bro Morgannwg (Morgannwg)
  bryn + Llywarch (enw personol)
  Llywarch's hill (personal name)

Brynllywarch[2] *fferm* (SJ 1589)
  Powys (Trefaldwyn)
  bryn + Llywarch (enw personol)
  Llywarch's hill (personal name)

Brynmaethlu *fferm* (SH 3187)
  Môn
  bryn + Maethlu (sant)
  (saint) Maethlu's hill

Bryn Mawr[1] *mynydd* (SH 8044)
  Wrecsam (Dinbych)
  bryn + mawr
  great hill

Bryn Mawr[2,3] *mynydd (x 2)* (SN 9193) (SH 9421)
  Powys (Trefaldwyn)
  bryn + mawr
  great hill

Bryn-mawr[1] *ardal* (SH 2433)
  Gwynedd (Caernarfon)
  bryn + mawr
  great hill

Bryn-mawr[2] *enw lle* (SO 1911)
  Powys (Brycheiniog)
  bryn + mawr
  great hill

Bryn-mawr[3] *fferm* (SH 4243)
  Gwynedd (Caernarfon)
  bryn + mawr
  great hill

Brynmenyn *enw lle* (SS 9084)
  Bro Morgannwg (Morgannwg)
  bryn + ymenyn (tir da i fuches odro)
  butter hill (good grazing land)

Brynmyrddin *plas* (SN 4421)
  Caerfyrddin
  bryn + Myrddin (fel yn 'Caerfyrddin')
  Myrddin's hill

Brynna *enw lle* (SS 9883)
  Rhondda Cynon Taf (Morgannwg)
  ffurf ar 'bryniau'
  hills

Bryn Owen *bryn* (ST 0174)
  Morgannwg
  bryn + Owen (enw personol)
  Owen's hill (personal name)
  Stalling Down

Bryn'refail *enw lle* (SH 5662)
Gwynedd (Caernarfon)
bryn + yr efail (gweithdy'r gof)
the forge hill

Brynsadler *enw lle* (ST 0380)
Rhondda Cynon Taf (Morgannwg)
bryn + sadler (cyfrwywr)
saddler's hill

Brynsaithmarchog *enw lle* (SJ 0750)
Gwynedd (Meirionnydd)
bryn + saith (hen ffurf ar 'sant') + Marchog (enw'r sant); (mae yna chwedl onomastig am Caradog ap Brân a'i saith farchog)
St Marchog's Hill (there is also a tale of Caradog ap Brân and seven knights)

Brynsiencyn *enw lle* (SH 4867)
Môn
bryn + Siencyn (enw personol)
Siencyn's hill (personal name)

Bryn Tail *mynydd* (SN 9187)
Powys (Trefaldwyn)
bryn + tail (tom)
dung hill

Bryn-teg[1] *enw lle* (SJ 3052)
Wrecsam (Dinbych)
bryn + teg (hardd)
fair hill

Bryn-teg[2] *enw lle* (SH 4982)
Môn
bryn + teg (hardd)
fair hill

Brynteifi *ardal* (SN 4539)
Caerfyrddin
bryn + Teifi (afon)
hill on the (river) Teifi

Bryntelych *ardal* (SN 6002)
Morgannwg
bryn + telych (o 'talch', grawn)
grain mountain

Bryn Trillyn *mynydd* (SH 9459)
Dinbych
bryn + tri + llyn
hill by three lakes

Bryn y Brath *mynydd* (SH 9501)
Powys (Trefaldwyn)
bryn + y + brath
hill of the bite

Bryn y Castell *mynydd* (SH 9705)
Powys (Trefaldwyn)
bryn + y + castell
the castle hill

Bryn y Fawnog *bryn* (SO 0397)
Powys (Trefaldwyn)
bryn + y + mawnog (cors o fawn)
the peatbog hill

Bryn y Gadair *mynydd* (SN 9594)
Powys (Trefaldwyn)
bryn + y + cadair (gair cyffredin am 'bryn' neu fryn caerog)
the crenellated hill

Bryn-y-groes *fferm* (SO 0658)
Powys (Maesyfed)
bryn + y + croes
hill of the cross

Bryn y Gydfa *bryn* (SO 1280)
Powys (Maesyfed)
bryn + y + cydfa (man cyfarfod, man i ddod ynghyd)
hill at the meeting place

Bryn-y-maen *ardal* (SH 8376)
Conwy (Dinbych)
bryn + y + maen (carreg)
the stony hill

Bryn yr Hen Bobl *heneb* (SH 5168)
Môn
bryn + y + hen bobl
hill of the ancient folk

Brynyrodyn *fferm* (SH 4756)
Gwynedd (Caernarfon)
bryn + yr + odyn
the (lime) kiln hill

Bryn yr Oerfa *mynydd* (SN 9094)
Powys (Trefaldwyn)
bryn + yr + oer + man (lle oer)
hill in the chilly place

Bryn y Saethau *heneb* (SJ 1210)
Powys (Trefaldwyn)
bryn + y + saethau
hill of the arrows

Buan *plwyf* (SH 3036)
Gwynedd (Caernarfon)
Buan (sant)
(parish of saint) Buan

Buddugre *bryn* (SO 0870)
Powys (Maesyfed)
buddug (fel yn 'buddugoliaeth') + bre (bryn)
bryn y fuddugoliaeth
victory hill

Buellt *cantref*
bu (buwch) + gwellt (tir pori gwartheg)
pasture land (hundred)

Bugeildy *enw lle* (SO 1979)
Powys (Maesyfed)
llety'r bugail
shepherd's abode
Beguildy

Bugeilyn *llyn* (SN 8292)
Powys (Trefaldwyn)
llyn bugail
shepherd's lake

bwci *hwn*
drychiolaeth, ysbryd
ghost, spirit

Bwcle *enw lle* (SJ 2764)
Fflint
ffurf Gymraeg ar yr enw Saesneg, sef *bucks*
(ceirw + *leah* (llannerch))
beech glade
Buckley

bwch *hwn*
gafr wryw, carw gwryw
a buck

bŵl:bwlan *hwn*
pelen; Ynys-y-bŵl
ball

Bwlch *enw lle* (SO 1521)
Powys (Brycheiniog)
bwlch (adwy)
pass

Bwlchaeddan *bwlch* (SJ 1710)
Powys (Trefaldwyn)
bwlch + Aeddan (enw person)
Aeddan's pass (personal name)

Bwlch Cwmllan *bwlch* (SH 6052)
Gwynedd (Caernarfon)
bwlch + cwm + llan
pass in the church glen

Bwlchderwin *enw lle* (SH 4546)
Gwynedd (Caernarfon)
bwlch + derwin (ffurf ar 'derw'); man lle y mae coed derw'n tyfu
oak tree pass

Bwlch Drws Ardudwy *bwlch* (SH 6527)
Gwynedd (Meirionnydd)
bwlch + drws (gair arall am 'bwlch') i Ardudwy (enw ardal)
pass that opens into Ardudwy

Bwlch Ddeilior *bwlch* (SH 5550)
Gwynedd (Caernarfon)
bwlch + dwy + elor (cludwely cario corff)
two bier pass

Bwlchefengyl *bwlch* (SO 2335)
Powys (Brycheiniog)
bwlch + fyngul (gwddf cul)
narrow-throated pass

Bwlch Goriwaered *bwlch* (SH 7624)
Gwynedd (Meirionnydd)
bwlch + goriwaered (tir sy'n disgyn)
pass in the declivity

Bwlch Gwyn *bwlch* (SH 9054)
Conwy (Dinbych)
bwlch + gwyn
white pass

Bwlch-gwyn:Bwlchgwyn *enw lle* (SS 2653)
Wrecsam (Dinbych)
bwlch + gwyn
white pass

Bwlch-llan *enw lle* (SN 5758)
Ceredigion (Aberteifi)
bwlch + llan
gap by the church

Bwlch Llyn Bach *bwlch* (SH 7412)
Gwynedd (Meirionnydd)
bwlch + llyn + bach
pass by the little lake

Bwlch Mawr *mynydd* (SH 4247)
Gwynedd (Caernarfon)
bwlch + mawr
great pass

Bwlch Mwlchan *bwlch* (SH 6251)
Gwynedd (Caernarfon)
mwyalchen (?)
blackbird (?)

Bwlch Nantyrarian *bwlch* (SN 7181)
Ceredigion (Aberteifi)
bwlch + nant + yr + (lliw) arian
pass in the valley of the silver stream

Bwlchnewydd *enw lle* (SN 3624)
Caerfyrddin
bwlch + newydd
new pass

Bwlch Oerddrws *bwlch* (SH 7917)
Gwynedd (Meirionnydd)
bwlch + oer + drws (gair arall am 'bwlch')
gap through the cold pass

Bwlch Sirddyn *bwlch* (SH 8823)
Gwynedd (Meirionnydd)
bwlch + maes + hir + dynn (fel yn 'tyddyn')
gap in the long-house field

Bwlch Slatas *bwlch* (SH 7245)
Gwynedd (Meirionnydd)
bwlch + *slaters* (crefftwyr y llechi)
slaters pass

Bwlchtocyn *enw lle* (SH 3026)
Gwynedd (Caernarfon)
bwlch + tocyn (twmpath, bryncyn)
gap by the hillock

Bwlch Tyddiad *bwlch* (SH 6530)
Gwynedd (Meirionnydd)
tyddfiad (darn ymwthiol, darn yn bargodi)
pass at the overhang

Bwlchybeudy *plas* (SH 9648)
Dinbych
bwlch + y + beudy
gap by the dairy

Bwlchycibau *enw lle* (SJ 1717)
Powys (Trefaldwyn)
bwlch + y + cibau (plisgyn neu haen allanol hadau)
gap of the husks (the threshing floor)

Bwlch y Clawdd *bwlch* (SS 9494)
Rhondda Cynon Taf (Morgannwg)
bwlch + y + clawdd
gap in the bank

Bwlch y Duwynt *bwlch* (SN 8919)
Powys (Brycheiniog)
bwlch + y + du + gwynt
the black/bitter wind pass

Bwlch y Ddeufaen *bwlch* (SH 7171)
Gwynedd (Caernarfon)
bwlch + y + dau + maen (carreg)
gap between the two rocks

Bwlch y Ddwy Gluder *bwlch* (SH 6457)
Gwynedd (Caernarfon)
bwlch + y + dwy + Gluder (enw mynydd o'r gair 'gludair', sef twmpath o rywbeth (e.e. coed) i'w gludo
gap between the two Gluder (mountains)

Bwlchyfadfa *ardal* (SN 4349)
Ceredigion (Aberteifi)
bwlch + y + defaid + gadfa
(man lle roedd defaid yn cael eu casglu neu eu gwerthu)
pass at the sheepwalk

Bwlch y Fan *bwlch* (SN 9489)
Powys (Trefaldwyn)
bwlch + y Fan (sef Manledd, enw lle gerllaw)
pass by Manledd

Bwlch y Fedwen *bwlch* (SH 9313)
Powys (Trefaldwyn)
bwlch + y + bedwen (y goeden)
the birch tree pass

Bwlch-y-ffridd *enw lle* (SO 0695)
Powys (Trefaldwyn)
bwlch + y + ffridd (rhos fynyddig)
pass to the mountain pasture

Bwlchygarreg *ardal* (SO 0196)
Powys (Trefaldwyn)
bwlch + y + carreg
gap in the rock

Bwlch y Gaseg *bwlch* (SJ 0940)
Gwynedd (Meirionnydd)
bwlch + y + caseg (ceffyl benyw)
the mare's pass

Bwlch y Groes[1] *bwlch* (SH 7551)
Gwynedd (Caernarfon)
bwlch + y + croes
pass of the cross

Bwlch y Groes[2] *bwlch* (SH 9123)
Gwynedd (Meirionnydd)
bwlch + y + croes
pass of the cross

Bwlch-y-groes[1] *capel* (SN 3746)
Ceredigion (Aberteifi)
bwlch + y + croes
pass of the cross

Bwlch-y-groes[2] *enw lle* (SN 2336)
Penfro
bwlch + y + croes
pass of the cross

Bwlch y Gwyddyl *bwlch* (SH 6555)
Gwynedd (Caernarfon)
bwlch + y + Gwyddyl (Gwyddelod)
the Irishmen's pass

Bwlch-y-moch gw. *(see)* **Llyn Bwlch-y-moch**

Bwlchymynydd *enw lle* (SS 5798)
Abertawe (Morgannwg)
bwlch + y + mynydd
the mountain pass

Bwlch y Pentre *bwlch* (SH 8746)
Dinbych
bwlch + y + pentref
gap at the settlement

Bwlch yr Eifl *bwlch* (SH 3645)
Gwynedd (Caernarfon)
bwlch + yr Eifl (mynydd), lluosog 'gafl',
'fforch' (yr ystyr yw 'dwy fforch')
pass through the Eifl (the two forks)

Bwlch y Rhediad *bwlch* (SH 6652)
Gwynedd (Caernarfon)
bwlch + y + rhediad (rhediad dŵr lle mae'n gefnddeuddwr)
pass at the watershed

Bwlch y Rhiwgyr *bwlch* (SH 6220)
Gwynedd (Meirionnydd)
bwlch + y + rhiw (llethr) + gyr (o ddefaid)
steep pass of the flocks

Bwlch y Sarnau *bwlch* (SO 0274)
Powys (Maesyfed)
bwlch + y + sarnau (cerrig wedi'u gosod i groesi tir gwlyb)
pass by the causeway

Bwlchysarnau *ardal* (SO 0274)
Powys (Maesyfed)
bwlch + y + sarnau (cerrig wedi'u gosod i groesi tir gwlyb)
pass by the causeway

Bwlwarcau, Y *heneb* (SS 8388)
Morgannwg
o'r Saesneg *bulwarks* (ceyrydd, magwyr)
the bulwarks

Bwrdd Arthur *heneb* (SJ 0734)
Powys (Meirionnydd)
bwrdd + Arthur
Arthur's table

Bwrdd y Rhyfel *heneb* (SJ 1475)
Fflint
bwrdd + y + rhyfel
the war table

bych *ansoddair*
hen ffurf ar **bach**
Dinbych

Byddegai *nant* (SN 9823)
Brycheiniog
Peddegau (enw person)
Peddegau's stream (personal name)

Bylchau *enw lle* (SH 9672)
Dinbych
bwlch (lluosog 'bylchau')
gaps

Bynea *enw lle* (SN 5499)
Caerfyrddin
o 'bwn' (aderyn y bwn) (lluosog 'byniaid')
bitterns
Y Bynie

Byrllysg *heneb* (SH 5924)
Gwynedd (Meirionnydd)
byr + llys (wedi'i gymysgu â'r arf [*mace*])
short court

Byrwydd, Y *bryn* (SJ 1305)
Powys (Trefaldwyn)
pyrwydd (pinwydd)
the pine trees

Bythych gw. *(see)* **Afon Bythych**

C

Caban-coch *cronfa ddŵr* (SN 9163)
Powys (Maesyfed)
caban + coch
red cabin reservoir

Cachor gw. *(see)* **Afon Cachor**

cadair:cader *hon*
1. pencadlys brenin, cadarnle Cadair Idris; Pencader
the seat of a king or leader
2. darn o fynydd yn debyg i eisteddle
a mountain ridge in the shape of a seat

Cadair Benllyn *mynydd* (SH 9045)
Gwynedd (Meirionnydd)
cadair (gwersyll neu amddiffynfa) + Penllyn (y cantref o gwmpas Llyn Tegid)
Penllyn seat or fort

Cadair Fronwen *mynydd* (SJ 0734)
Gwynedd (Meirionnydd)
cadair (gwersyll neu amddiffynfa) + Bronwen (enw personol, ffurf ar 'Branwen')
Bronwen's seat or fort (a variant of Branwen)

Cadair Idris *mynydd* (SH 6913)
Gwynedd (Meirionnydd)
cadair (gwersyll neu amddiffynfa) + Idris
Idris's seat or fort

cadlas *hon*
buarth, clos
yard

Cadnant gw. *(see)* **Afon Cadnant**

cae *hwn*
yn wreiddiol, clawdd neu wrych, ond yn ddiweddarach y tir o fewn y gwrych (cf. llan, bangor)
originally the hedge or bank enclosing a piece of land; eventually it came to mean the enclosed land

Caeach gw. *(see)* **Nant Caeach**

Caeathro *enw lle* (SH 5061)
Gwynedd (Caernarfon)
cae + Artro/Arthro (afon) neu athro
field by the (river) Arthro or teacher's field

Cae Camp *heneb* (ST 3593)
Mynwy
cae + camp (gwersyll)
camp field

Cae-du *fferm* (SH 9363)
Dinbych
cae + du
black field

Caedudwg gw. *(see)* **Nant Caedudwg**

Caeharris *ardal* (SO 0707)
Merthyr Tudful (Morgannwg)
cae + Harris (enw personol)
Harris's field (personal name)

Caeliber-isaf *ardal* (SO 2092)
Powys (Trefaldwyn)
celli (llwyn o goed) + pêr (pert, hardd) + uchaf
the lower fair copse

Caeliber-uchaf *ardal* (SO 1892)
Powys (Trefaldwyn)
celli (llwyn o goed) + pêr (pert, hardd) + uchaf
the upper fair copse

Cae Maen *heneb* (ST 0495)
Rhondda Cynon Taf (Morgannwg)
cae + maen (maen hir)
field with standing stone

Caeo *enw lle* (SN 6739)
Caerfyrddin
Caeo (enw personol) o 'cae/cau'
(commote of) Caeo (personal name)

caer *hon*
fe'i cysylltir yn aml â chaer Rufeinig, ond fe all gyfeirio at unrhyw safle amddiffynol, e.e. Caerdydd, Caernarfon, Caerfyrddin, Caer Gaint
the term is most often associated with Roman forts, but can apply to any fortified place

Caer gw. hefyd *(see also)* **Gaer**

Caer Arianrhod *basle yn y môr* (SH 4254)
caer + Arianrhod (duwies), enw allan o'r 'Mabinogion', ceir hanes lleol am lys a foddwyd gan y môr, a thair chwaer yn dianc, sef Gwennan, Elan a Maelan, merched Dôn
the court of Arianrhod; a legendary name, with a local tale of an inundated court from which only Gwennan, Elan and Maelan, daughters of Dôn, escaped

Caerau[1] *enw lle* (ST 1375)
Pen-y-bont ar Ogwr (Morgannwg)
ffurf luosog 'caer' (cadarnle)
strongholds

Caerau[2] *enw lle* (SS 8594)
　Caerffili (Morgannwg)
　ffurf luosog 'caer' (cadarnle)
　strongholds

Caerau Gaer *heneb* (SN 1316)
　Penfro
　caerau + (y) + caer
　fortresses at the fort

Caer Beris *heneb* (SO 0250)
　Powys (Brycheiniog)
　caer (cadarnle) + Peris (sant)
　(saint) Peris's stronghold

Cae'r-bryn *ardal* (SN 5913)
　Caerfyrddin
　cae (neu 'caer') + y + bryn
　field on the hill or stronghold on the hill

Caerbwdi *bae* (SM 7624)
　Penfro
　carn (craig) + pwdi (sorri)
　bay by the sullen rock

Caer Caradog *heneb* (SH 9647)
　Conwy (Dinbych)
　caer + Caradog (enw personol)
　Caradog's stronghold (personal name)

Caerdeon *ardal* (SH 6518)
　Gwynedd (Meirionnydd)
　caer + Teon (enw personol)
　Teon's fort (personal name)

Caer Din *heneb* (SO 2789)
　Powys (Trefaldwyn)
　caer + din (lle caerog)
　fortified hilltop

Caer Drewyn *heneb* (SJ 0844)
　Gwynedd (Meirionnydd)
　caer + trewyn (math o flodyn)
　fortress where the loosestrife grows

Caer Du *heneb* (SO 0559)
　Powys (Maesyfed)
　caer + du
　black stronghold

Caerdydd *dinas* (ST 2175)
　Caerdydd (Morgannwg)
　caer + Tyf ffurf ar 'Taf' (afon)
　stronghold on the (river) Taf
　Cardiff

Caer Ddunod *heneb* (SH 9852)
　Conwy (Dinbych)
　caer + Dunod (enw personol)
　Dunod's stronghold (personal name)

Caer Eini *heneb* (SJ 0041)
　Gwynedd (Meirionnydd)
　caer + Eini/Heinif (enw personol)
　Eini/Heinif's fort (personal name)

Caer Einion *heneb* (SO 0653)
　Powys (Maesyfed)
　caer + Einion (enw personol)
　Einion's stronghold

Caereinion *cwmwd*
　Caer + Einion (enw personol)
　(commote at) Einion's fortress (personal name)

Caereinion Fechan *plwyf* (SH 8208)
　Powys (Trefaldwyn)
　caer + Einion (enw personol) + bechan (ffurf ar 'bach')
　Einion's lesser fortress (personal name)

Caer Estyn *heneb* (SJ 3157)
　Fflint
　caer + *east ton* (Saesneg am 'pentref dwyreiniol)
　stonghold at the eastern 'ton'

Caerfaelog *enw lle* (SO 1073)
　Powys (Maesyfed)
　garth (lle amgaeedig) + Maelog (enw person)
　Maelog's enclosure (personal name)

Caerfarchell *ardal* (SM 7927)
　Penfro
　caer + Marchell (santes)
　(saintess) Marchell's stronghold

Caer Fawr *heneb* (SO 0553)
　Powys (Maesyfed)
　caer + mawr
　great stronghold

Caerfyrddin *enw lle* (SN 4120)
　Caerfyrddin
　caer + *moridinum* (*mori* [môr] + *dinum*, sef [lle caerog])
　caer ger y môr
　fortress by the sea
　Carmarthen

Caerffili *enw lle* (ST 1586)
　Caerffili (Morgannwg)
　caer + Ffili (enw sant efallai)
　(saint?) Ffili's stronghold

Caer Gai *heneb* (SH 8731)
　Gwynedd (Meirionnydd)
　caer + Cai (un o arwyr mwyaf y chwedlau Arthuraidd Cymraeg)

Cai's stronghold (king Arthur's companion Kay)

Caer-gai *fferm* (SH 8731)
Gwynedd (Meirionnydd)
caer + Cai (un o arwyr mwyaf y chwedlau Arthuraidd Cymraeg)
Cai's stronghold (king Arthur's companion Kay)

Caergeiliog[1] *ardal* (SH 9541)
Gwynedd (Meirionnydd)
caer + ceiliog
cockerel's stronghold

Caergeiliog[2] *enw lle* (SH 3178)
Môn
caer + ceiliog
cockerel's stronghold

Caer Gwanaf *heneb* (ST 0480)
Rhondda Cynon Taf (Morgannwg)
caer + gwanaf (hynny o ŷd a dorrir ar un trawiad pladur)
fortress of the swath

Caergwrle *enw lle* (SJ 3057)
Fflint
caer + *corn* (hen air Saesneg am 'garan/crychydd') + *lea* (gair Saesneg am 'llannerch')
fort by heron's lea

Caergybi *enw lle* (SH 2482)
Môn
caer + Cybi (sant)
(saint) Cybi's stronghold
Holyhead

Caerhun *plwyf* (SH 7770)
Gwynedd (Caernarfon)
caer + Rhun (ap Maelgwn Gwynedd)
Rhun's stronghold (personal name)

Caeriw *enw lle* (SN 0403)
Penfro
caer + rhiw (llethr)
stronghold on a slope
Carew

Cae'r-lan *enw lle* (SN 8102)
Powys (Brycheiniog)
cae + y + glan (afon)
field on the river bank

Caerllion *enw lle* (ST 3390)
Casnewydd (Mynwy)
caer + llion (gair am 'llengau' Rhufeinig)
fortress of the legions
Caerleon

Caer Llugwy *heneb* (SH 7457)
Gwynedd (Caernarfon)
caer + Llugwy (afon)
fortress on the (river) Llugwy

Caemelwr:Caermelwr *plas* (SH 8060)
Dinbych
cae + y + melwr (un sy'n casglu mêl)
honey field

Caernarfon *enw lle* (SH 4762)
Gwynedd (Caernarfon)
caer + yn + Arfon
fortress in Arfon

Caersŵs *enw lle* (SO 0391)
Powys (Trefaldwyn)
caer + Sŵs neu Swys (enw personol)
Swys's stronghold (personal name)

Caerwedros *enw lle* (SN 3755)
Ceredigion (Aberteifi)
caer + Gwedros (enw personol)
Gwedros's fortress (personal name)

Caer-went *enw lle* (ST 4790)
Mynwy
caer + gwent (marchnadle neu faes)
strongold at the market place

Caerwych gw. *(see)* **Llyn Caerwych**

Caerwys *enw lle* (SJ 1272)
Fflint
caer + gwys (teg, hardd)
fair stronghold

Caer y Bont *heneb* (SJ 0438)
Gwynedd (Meirionnydd)
caer + y + pont
fortress by the bridge

Cae'r Ymryson *heneb* (SH 4862)
Gwynedd (Caernarfon)
cae + y + ymryson (brwydr)
battlefield

Caer y Twr *heneb* (SH 2182)
Gwynedd (Môn)
caer + y + twr (pentwr)
fortress by the stack

caeth *hwn*
un sy'n gaeth i feistr
bondman, serf

cagal *hwn*
baw, tom caglog
dried mud or dung

cain *ansoddair*
 teg, golau
 fair

Cain gw. *(see)* **Afon Cain**

calchfa *hon*
 man lle y ceir calch
 a source of lime

Caletwr *ardal* (SH 9734)
 Gwynedd (Meirionnydd)
 caled + dŵr
 forceful water

callod *hyn*
 gwrysg, coesau planhigion
 haulms, stalks

cam *ansoddair*
 troellog, yn gwyro (mewn enwau nentydd); 'cemais' yw'r lluosog
 twisting, turning (in river names); 'cemais' is the plural form

Camarch gw. *(see)* **Afon Camarch**

Camddwr gw. *(see)* **Afon Camddwr**

Camlan gw. *(see)* **Afon Camlan**

Camlan *ardal* (SH 8511)
 Gwynedd (Meirionnydd)
 cam (heb fod yn syth) + glan (ymyl afon)
 area of meandering river banks

Camlo gw. *(see)* **Afon Camlo**

Camnant[1] *nant* (SO 0955)
 Powys (Maesyfed)
 cam (heb fod yn syth) + nant
 crooked stream

Camnant[2] *nant* (SO 0783)
 Powys (Trefaldwyn)
 cam (heb fod yn syth) + nant
 crooked stream

Camros *enw lle* (SM 9220)
 Penfro
 cam + rhos (tir uchel agored)
 crooked moor
 Camrose

can *ansoddair*
 gwyn
 white

candryll *ansoddair*
 yn deilchion, wedi'i chwalu
 shattered

Cannaid gw. *(see)* **Afon Cannaid**

cant *hwn*
 ymyl neu gylch allanol, gwrych
 encirclement, hedge

cantref *hwn*
 ardal weinydddol ddwywaith yn fwy na chwmwd yn cynnwys tua chan tref (fferm fawr)
 an administrative area consisting of some 100 homesteads

Cantref *plwyf* (SO 0223)
 Brycheiniog
 cantref (hen uned weinyddol)
 hundred (an old administrative unit)

Cantwn *ardal* (ST 1676)
 Caerdydd (Morgannwg)
 Canna (enw personol) + *ton* (Saesneg am 'fferm fawr')
 Canna (personal name) + ton (large farm)
 Canton

capan *hwn*
 cap, gorchudd ar ben rhywbeth
 a cap, a covering

Capel Bangor *enw lle* (SN 6580)
 Ceredigion (Aberteifi)
 capel + bangor (tir cysegredig o fewn clawdd)
 chapel in the sacred enclosure

Capel Cefnberach *capel* (SN 5618)
 Caerfyrddin
 capel + cefn (trum mynydd) + berach (gair Gwyddeleg am 'blaenllym, trwynfain')
 chapel on the pointed ridge

Capel Celyn *ardal* (SH 8540)
 Gwynedd (Meirionnydd)
 capel + Celyn (enw llyn)
 chapel at lake Celyn

Capel Colman *enw lle* (SN 2138)
 Penfro
 capel + Colman (sant Gwyddelig)
 (saint) Colman's chapel

Capel Curig *enw lle* (SH 7258)
 Gwynedd (Caernarfon)
 capel + Curig (sant)
 (saint) Curig's chapel

Capel Cynon *enw lle* (SN 3849)
 Ceredigion (Aberteifi)
 capel + Cynon (sant)
 (saint) Cynon's chapel

Capel Dewi[1] *enw lle* (SN 6382)
 Ceredigion (Aberteifi)

capel + Dewi (sant)
(saint David) Dewi's chapel

Capel Dewi[2] *enw lle* (SN 4542)
Ceredigion (Aberteifi)
capel + Dewi (sant)
(saint David) Dewi's chapel

Capel Garmon *enw lle* (SH 8155)
Conwy (Dinbych)
capel + Garmon (sant)
(saint) Garmon's chapel

Capel Gwladus *heneb* (ST 1299)
Morgannwg
capel + Gwladus (merch Brychan)
Gwladus (daughter of Brychan), her chapel

Capel Gwyn *enw lle* (SH 3475)
Môn
capel + Gwyn (enw personol)
Gwyn's chapel (personal name)

Capel Hendre *enw lle* (SN 5911)
Caerfyrddin
capel + hendre (trigfan y gaeaf)
chapel at the winter dwelling

Capel Isaac *ardal* (SN 5826)
Caerfyrddin
capel + Isaac (enw perchennog tir y capel)
Isaac's chapel (donator of the chapel land)

Capel Iwan *enw lle* (SN 2936)
Caerfyrddin
capel + Iwan (Ioan neu Ieuan Fedyddiwr y Beibl)
Iwan (John the Baptist)'s chapel

Capel Llanlluan *capel* (SN 5515)
Caerfyrddin
capel + llan + Lluan (santes)
(saintess) Lluan's chapel

Capel Newydd *enw lle* (SN 2239)
Penfro
capel + newydd
new chapel

Capel Sain Silin *enw lle* (SN 5150)
Ceredigion (Aberteifi)
capel + Silin (sant)
Saint Silin's chapel

Capel Saron *enw lle* (SJ 0260)
Dinbych
capel + Saron (enw Beiblaidd)
Saron chapel (a Biblical place-name)

Capel Seion *enw lle* (SN 6379)
Ceredigion (Aberteifi)

capel + Seion (enw Beiblaidd)
Seion chapel (a Biblical place-name)

Capel Uchaf[1] *enw lle* (SO 0040)
Powys (Brycheiniog)
capel + uchaf
upper chapel

Capel Uchaf[2] *enw lle* (SH 4349)
Gwynedd (Caernarfon)
capel + uchaf
upper chapel

Capel Ulo *enw lle* (SH 7476)
Gwynedd (Caernarfon)
capel + Ulo neu Lulo (enw personol)
Lulo's chapel (personal name)

Capel-y-ffin *ardal* (SO 2531)
Powys (Brycheiniog)
capel + y + ffin
chapel at the boundary

Capel-y-wig *ardal* (SN 3454)
Ceredigion (Aberteifi)
capel + y + wig (fel yn 'coedwig')
the forest chapel

Câr gw. *(see)* **Afon Câr**

Carcwm *mynydd* (SN 8850)
Powys (Brycheiniog)
car (enw ar nant fyrlymus fel yn 'carrog') + cwm
fast-flowing stream valley

Carfan gw. *(see)* **Nant Carfan**

Carmel[1] *enw lle* (SN 5816)
Caerfyrddin
Carmel (enw mynydd yn y Beibl)
Carmel (a Biblical mountain)

Carmel[2] *enw lle* (SH 4954)
Gwynedd (Caernarfon)
Carmel (enw mynydd yn y Beibl)
Carmel (a Biblical mountain)

Carmel[3] *enw lle* (SS 1676)
Fflint
Carmel (enw mynydd yn y Beibl)
Carmel (a Biblical mountain)

carn:carnedd *hon*
pentwr o gerrig (weithiau, wedi'u codi uwchben hen, hen feddrod)
a stone mound or tumulus (occasionally indicating an ancient burial site)

Carn gw. hefyd *(see also)* **Garn**

Carn Briw *heneb* (SN 0537)
Penfro
carn + briw (yn adfeilio)
crumbling cairn

Carn Caglau *heneb* (SN 8600)
Castell-nedd Port Talbot (Morgannwg)
carn + caglau (cnapiau o faw sych ynghlwm wrth rywbeth)
mud-clotted cairn

Carn-coed *coedwig* (SM 9439)
Penfro
carn + coed
cairn in the forest

Carn Cornel *heneb* (SN 8106)
Morgannwg
carn + cornel
corner cairn

Carndeifiog *rhos* (SM 9931)
Penfro
carn + Teifio (nant)
cairn beside Teifio stream

Carn Fadog *carnedd* (SN 7617)
Caerfyrddin
carn + Madog (enw personol)
Madog's cairn (personal name)

Carn Fadrun *mynydd* (SH 2835)
Gwynedd (Caernarfon)
carn + Madrun
Madrun's cairn (a Celtic goddess)

Carn Ferched *heneb* (SN 1532)
Penfro
carn + merched
ladies' cairn

Carn Foesen *heneb* (SN 9002)
Rhondda Cynon Taf (Morgannwg)
carn + Moesen (ffurf ar yr enw Beiblaidd 'Moses')
Moesen (Moses)'s cairn

Carn Frân *bryn* (SM 9737)
Penfro
carn + Brân (enw personol neu aderyn)
Brân's cairn (personal name); (or) crow's cairn

Carn Gafallt *mynydd* (SN 9464)
Powys (Brycheiniog)
carn (pig mynydd) + Cafall (enw ci y Brenin Arthur yn hanes hela'r Twrch Trwyth)
Cafall's peak (King Arthur's hunting hound)

Carn Gelli *bryn* (SM 9237)
Penfro
carn + celli (llwyn o goed)
cairn in the grove

Carn Guwch[1] *mynydd* (SH 3742)
Gwynedd (Caernarfon)
carn + cuwch (golwg anfodlon fel yn afon Cuch)
brooding cairn

Carn Guwch[2] *fferm* (SH 3642)
Gwynedd (Caernarfon)
carn + cuwch (golwg anfodlon fel yn afon Cuch)
brooding cairn

Carngwcw *fferm* (SM 9930)
Penfro
carn + cwcw
cuckoo tor

Carn Gwilym *heneb* (SN 7990)
Powys (Trefaldwyn)
carn + Gwilym (enw personol)
Gwilym's cairn (personal name)

Carn Gyfrwy *mynydd* (SN 1432)
Penfro
carn + cyfrwy
saddle-back cairn

Carnhedryn *ardal* (SM 7927)
Penfro
carn + Edren (santes)
(saintess) Edren's tor

Carn Ingli *mynydd* (SN 0537)
Penfro
carn + ingli (ffurf ar 'angylion' efallai) neu Ingli (enw cawr)
Ingli's cairn (a giant) or angels' cairn

Carn Lwyd *heneb* (SN 7207)
Castell-nedd Port Talbot (Morgannwg)
carn + llwyd (y lliw ond fe all olygu 'sanctaidd' hefyd)
grey (or) holy cairn

Carn Llechart *heneb* (SN 6906)
Morgannwg
carn + llech (carreg, maen) + garth (esgair, llechwedd), llechwedd creigiog
cairn on the stony hillside

Carn Llidi *bryn* (SM 7328)
Penfro
carn + lludw
ashen cairn

Carn March Arthur *heneb* (SN 6598)
Gwynedd (Meirionnydd)
carn + march + Arthur (y brenin Arthur)
cairn of (King) Arthur's steed

Carn Owen *heneb* (SN 7388)
Ceredigion (Aberteifi)
carn + Owen (enw personol)
Owen's cairn (personal name)

Carn Penrhiw-ddu *heneb* (SN 7218)
Caerfyrddin
carn + pen + rhiw ddu
cairn at the head of the black hill

Carn Penrhiwllwydog *heneb* (SN 7352)
Ceredigion (Aberteifi)
pen + rhiw + llwydog (lled lwyd)
cairn at the head of the greyish hill

Carn Ricet *heneb* (SN 8770)
Powys (Maesyfed)
carn + Ricet (enw person)
Ricet's cairn (personal name)

Carn Twrch *heneb* (SN 8046)
Caerfyrddin
carn + twrch (baedd, mochyn gwyllt)
cairn of the wild boar

Carn Wen[1] *heneb* (SN 9340)
Powys (Brycheiniog)
carn + gwen
blessed cairn

Carn Wen[2] *heneb* (SN 7945)
Caerfyrddin
carn + gwen
blessed cairn

Carn Wnda *bryn* (SM 9339)
Penfro
carn + Gwyndaf (sant)
(saint) Gwyndaf's cairn

Carnwyllion *cwmwd*
Carnewyll (enw person) + -ion = tir Carnewyll
commote of Carnewyll (personal name)

Carn y Bugail *heneb* (SO 1003)
Caerffili (Morgannwg)
carn + y + bugail
the shepherd's cairn

Carn y Castell *heneb* (SO 1529)
Powys (Brycheiniog)
carn + y + castell
cairn by the castle

Carn-y-cefn *mynydd* (SO 1808)
Blaenau Gwent (Mynwy)
carn + y + cefn
cairn on the ridge (mountain)

Carn y Geifr *heneb* (SN 9760)
Powys (Brycheiniog)
carn + y + geifr (lluosog 'gafr')
cairn of the goats

Carn y Gigfran *heneb* (SN 7721)
Caerfyrddin
carn + y + cigfran
the raven's cairn

Carn y Parc *carnedd* (SH 8050)
Gwynedd (Caernarfon)
carn + y + parc (cae)
cairn in the pasture

Carn y Pigwn *mynydd* (ST 0197)
Rhondda Cynon Taf (Morgannwg)
carn + y + pigwrn (côn, tŵr)
cairn on the peak

Carn yr Hyrddod *heneb* (SS 9293)
Blaenau Gwent (Morgannwg)
carn + yr + hyrddod (lluosog 'hwrdd')
the rams' cairn

Carnau Cefn-y-ffordd *heneb* (SN 9560)
Powys (Brycheiniog)
carnau (twmpathau, carneddau) + cefn + y + ffordd
cairns beside the way

Carnau Gwys *bryn* (SN 8120)
Powys (Brycheiniog)
carnau + Gwŷs (afon)
cairns beside the (river) Gwŷs

Carnedd Ddafydd *mynydd* (SH 6662)
Gwynedd (Caernarfon)
carnedd (twmpath, carn) + Dafydd
Dafydd (David)'s tor

Carnedd Iago *mynydd* (SH 7840)
Conwy (Dinbych)
carnedd (twmpath, carn) + Iago (enw personol)
Iago (James)'s tor

Carnedd Illog *heneb* (SJ 0221)
Powys (Trefaldwyn)
carnedd (carn) + Illog (sant)
(saint) Illog's tor

Carnedd Llywelyn *mynydd* (SH 6864)
Gwynedd (Caernarfon)
carnedd + Llywelyn (enw personol)
Llywelyn's tor (personal name)

Carnedd Wen[1] *heneb* (SJ 0035)
Gwynedd (Meirionnydd)
carnedd + gwen (gwyn neu sanctaidd)
blessed tor

Carnedd Wen[2] *mynydd* (SH 9209)
Powys (Trefaldwyn)
carnedd + gwen (gwyn neu sanctaidd)
blessed tor

Carnedd y Ci *mynydd* (SJ 0534)
Gwynedd (Meirionnydd)
carnedd + y + ci
the dog's tor

Carnedd y Cylch *mynydd* (SH 9309)
Powys (Trefaldwyn)
carnedd + y + cylch
the circular tor

Carnedd y Ddelw *heneb* (SH 7070)
Gwynedd (Caernarfon)
carnedd + y + delw
the idol tor

Carnedd y Filiast[1] *mynydd* (SH 6162)
Gwynedd (Caernarfon)
carnedd + y + miliast (milgi benyw)
the greyhound's tor

Carnedd y Filiast[2] *mynydd* (SH 8744)
Gwynedd (Meirionnydd)
carnedd + y + miliast (milgi benyw)
the greyhound's tor

Carneddau[1] *fferm* (SN 9999)
Powys (Trefaldwyn)
carneddau (lluosog 'carnedd')
mounds

Carneddau[2] *mynydd* (SO 0653)
Powys (Maesyfed)
carneddau (lluosog 'carnedd')
mounds

Carneddau Hengwm *heneb* (SH 6120)
Gwynedd (Meirionnydd)
carneddau + hen + cwm
hillocks in the old valley

Carneddi Llwydion *heneb* (ST 1091)
Rhondda Cynon Taf (Morgannwg)
carnedd + llwyd
grey (or) sacred tors

Carno *enw lle* (SN 9696)
Powys (Trefaldwyn)
Carno (afon)
Carno (river)

Caron-is-clawdd *plwyf* (SN 7057)
Ceredigion (Aberteifi)
Caron (sant) + is-clawdd
(parish of saint) Caron below the dyke

Caron-uwch-clawdd *plwyf* (SN 7760)
Ceredigion (Aberteifi)
Caron (sant) + uwch-clawdd
(parish of saint) Caron above the dyke

Carreg Cadno *clogwyni* (SN 8715)
Powys (Brycheiniog)
carreg + cadno (llwynog)
fox's crag

Carreg Cennen *castell* (SN 6618)
Caerfyrddin
carreg (craig) + Cennen (afon)
(castle on) a crag by the (river) Cennen

Carregedrywy *ynys* (SN 0441)
Penfro
carreg (craig) + Edrywy (hen enw llwyth neu afon goll efallai)
Edrywy's rock (an old tribal or river name perhaps)

Carreghwfa *plwyf* (SJ 2521)
Powys (Trefaldwyn)
carreg (craig) + Hwfa (enw personol)
Hwfa's rock (personal name)

Carreg-lefn *enw lle* (SH 3889)
Môn
carreg (craig) + lefn (ffurf fenywaidd 'llyfn')
smooth rock

Carreg Lem *clogwyni* (SN 8017)
Powys (Brycheiniog)
carreg (craig) + lem (ffurf fenywaidd 'llym')
sharp-edged crag

Carreg Lwyd *clogwyni* (SN 8615)
Powys (Brycheiniog)
carreg (craig) + llwyd
grey rock

Carregonnen *bryn* (SM 8841)
Penfro
carreg (craig) + onnen (y goeden)
ash rock (i.e. by the ash tree)

Carreg Pumsaint *heneb* (SN 6640)
Caerfyrddin
carreg (craig) + Pumsaint (enw lle)
Pumsaint rock (of the five saints)

Carreg Ronwy *ynys* (SH 1021)
Gwynedd (Caernarfon)
carreg (craig) + Gronwy/Goronwy (enw person)

Carreg Sawdde   *Cas-mael*

*(island of) Gronwy/Goronwy's rock
(personal name)*

Carreg Sawdde *comin* (SN 7018)
Caerfyrddin
carreg (craig) + Sawdde (afon)
(common of the) rock by the (river) Sawdde

Carreg Wastad *penrhyn* (SM 9240)
Penfro
carreg (craig) + gwastad
smooth rock (peninsula)

Carreg Waun-llech *heneb* (SO 1617)
Powys (Brycheiniog)
carreg (craig) + gwaun + llech (carreg)
rock on slab moor

Carreg Wen *heneb* (SH 8288)
Powys (Trefaldwyn)
carreg + gwen (ffurf fenywaidd 'gwyn')
white rock

Carreg y Defaid *penrhyn* (SH 3432)
Gwynedd (Caernarfon)
carreg (craig) + y + defaid (lluosog 'dafad')
the sheep's rock (peninsula)

Carreg y Foel Gron *clogwyni* (SH 7442)
Gwynedd (Meirionnydd)
carreg (craig) + y + moel (pen mynydd) + gron (ffurf fenywaidd 'crwn')
crag at the domed mountain top

Carreg y Frân *mynydd* (SH 9514)
Powys (Trefaldwyn)
carreg (craig) + y + brân (yr aderyn)
the crow's rock (mountain)

Carreg yr Imbill *penrhyn* (SH 3834)
Gwynedd (Caernarfon)
carreg (craig) + y + gwimbill (math o ebill bychan)
the gimlet rock (headland)

carrog *hon*
nant lifeiriol
a fast-flowing stream

Carrog *enw lle* (SJ 1143)
Gwynedd (Meirionnydd)
Carrog (afon)
Carrog (river name)

Carw gw. *(see)* **Llyn Carw**

Carwe *enw lle* (SN 4606)
Caerfyrddin
Carwed (enw person ac enw nant)
Carwed (personal name + stream name)
Carway

cas *hwn*
castell, e.e. Cas-gwent, Casllwchwr, Casnewydd
castle

Cas-bach *enw lle* (ST 2583)
Casnewydd (Mynwy)
cas (castell) + bach
little fort
Castleton

Cas-blaidd *enw lle* (SM 9526)
Penfro
cas (castell) + blaidd
cyfieithiad o'r enw personol 'Wolf'
Wolf's Castle *(from a personal name)*

Cas-bwnsh *fferm* (SM 8323)
Penfro
cas (castell) + Punch (enw teuluol yn yr ardal)
Punch castle (an old family name)
Pointz Castle

Caseg gw. *(see)* **Afon Caseg**

Cas-fuwch *enw lle* (SN 0228)
Penfro
cas (castell) + buwch
cow's castle
Castlebythe

Casgob *enw lle* (SO 2065)
Powys (Maesyfed)
Casca (enw personol Saesneg) + *hob* (hen air Saesneg am 'cwm')
Casca's vale

Cas-gwent *enw lle* (ST 5393)
Mynwy
cas (castell) + Gwent (enw rhanbarth)
castle in Gwent
Chepstow

Cas-lai *enw lle* (SM 8925)
Penfro
cas (castell) + Hay (enw teuluol yn yr ardal)
Hayscastle *(local family surname)*

Casllwchwr *enw lle* (SS 5798)
Caerfyrddin (Morgannwg)
cas (castell) + Afon Llwchwr (o hen ffurf fel 'llug' yn golygu 'goleuni')
castle on the (river) Llwchwr
Loughor *(castle)*

Cas-mael *enw lle* (SN 0029)
Penfro
cas (castell) + Mael (enw personol)
Mael's castle (personal name)
Puncheston

Casmorys *enw lle* (SM 9031)
Penfro
cas (castell) + Maurice
(Maurice fitz Gerald, *c*.1175)
Castle Morris

Casnewydd (-ar-Wysg) *enw lle* (ST 3088)
Casnewydd (Mynwy)
Castell Newydd ar Wysg (afon) (yn wreiddiol)
Newcastle on Usk
Newport

Casnewydd-bach *enw lle* (SM 9829)
Penfro
cas (castell) + newydd + bach
Little Newcastle

Castell, Y *heneb* (SM 9239)
Penfro
the castle

Castell Aberlleiniog *heneb* (SH 6179)
Môn
castell + aber + Gelleiniog, sef Gellan (enw person) + iog = tir o eiddo Gellan
castle at the river mouth in Gellan's land

Castell Blaenllynfi *heneb* (SO 1422)
Powys (Brycheiniog)
castell + blaen + Llynfi (afon)
castle at the head of the (river) Llynfi

Castell Bugad *heneb* (SN 5948)
Ceredigion (Aberteifi)
castell + bugad (rhuo, bugunad)
bellowing castle

Castell Cadwgan *heneb* (SN 4663)
Ceredigion (Aberteifi)
castell + Cadwgan (enw personol)
castle Cadwgan (personal name)

Castell Caemardy *heneb* (SO 0353)
Powys (Maesyfed)
castell + cae + maerdy (hen breswylfa haf taeogion dan ofal y maer biswail)
castle in the field of the summer dwelling

Castell Caerau *heneb* (SH 5043)
Gwynedd (Caernarfon)
castell + caerau (lluosog 'caer')
castle of the fortresses

Castell Caereinion *enw lle* (SJ 1605)
Powys (Trefaldwyn)
castell + Caereinion (enw cwmwd)
castle at Caereinion (commote)

Castell Carndochan *heneb* (SH 8430)
Gwynedd (Meirionnydd)

castell + carn + Dochau/ Docgwyn (enw personol)
castle at Dochau's cairn (personal name)

Castell Cawr *heneb* (SH 9376)
Conwy (Dinbych)
castell + cawr
giant's castle

Castell Coch[1] *castell* (ST 1382)
Caerffili (Morgannwg)
castell + coch
red castle

Castell Coch[2] *heneb* (SN 9314)
Powys (Brycheiniog)
castell + coch
red castle

Castell Coch[3] *heneb* (SM 8734)
Penfro
castell + coch
red castle

Castell Coch[4]**, Y** *castell* (SJ 2106)
Powys (Trefaldwyn)
y + castell + coch
the red castle
Castell Powys

Castell Collen *heneb* (SO 0562)
Powys (Maesyfed)
castell + Collen (sant)
(saint) Collen's castle

Castell Crychydd *heneb* (SN 2634)
Penfro
castell + cechydd (yn wreiddiol), o'r un bôn â 'cachu'
heron's castle (but originally the shitty castle)

Castell Dinas Brân *heneb* (SJ 2243)
Dinbych
castell + dinas (lle caerog) + Brân
Dinas Brân (personal name) castle

Castell Dolbadarn *heneb* (SH 5859)
Gwynedd (Caernarfon)
castell + dôl (cae) + Padarn (sant)
Dolbadarn castle, i.e. in (saint) Padarn's pasture

Castell Dolforwyn *heneb* (SO 1595)
Powys (Trefaldwyn)
castell + dôl (cae) + morwyn (merch)
castle in the maiden's field

Castell Dolwyddelan *heneb* (SH 7252)
Gwynedd (Caernarfon)

castell + dôl (cae) + Gwyddelan (sant)
Dolwyddelan castle, i.e. fortress in saint Gwyddelan's field

Castell Draenen *heneb* (SM 9434)
Penfro
castell + draenen
thornbush castle

Castelldwyran *ardal* (SN 1418)
Penfro
castell + dwy + ran (man wedi'i rannu'n ddau)
castle in the divided place

Castell Forlan *heneb* (SN 0826)
Penfro
castell + glan + môr (castell ar lan y môr)
castle by the sea

Castell Fflemish[1] *heneb* (SN 6563)
Ceredigion (Aberteifi)
castell a adeiladwyd gan y Fflemiaid
Flemish castle

Castell Fflemish[2] *heneb* (SN 0026)
Penfro
castell a adeiladwyd gan y Fflemiaid
Flemish castle

Castell Goetre *heneb* (SN 6050)
Ceredigion (Aberteifi)
castell + (y) + coed + tref (fferm fawr ger y coed neu yn y coed)
castle by the forest farm

Castell Grogwynion *heneb* (SN 7272)
Ceredigion (Aberteifi)
castell + gro (mân gerrig) + gwynion
castle by the white shingle

Castell Gwalchmai *enw lle* (SM 8711)
Penfro
castell + Gwalchmai (ffurf Gymraeg ar 'Walwyn', enw Eingl-Normanaidd)
Walwyn's Castle

Castell Gwallter *heneb* (SN 6286)
Ceredigion (Aberteifi)
castell + Gwallter (ffurf Gymraeg ar 'Walter')
Walter's castle

Castell Gwrych *plas* (SH 9277)
Conwy (Dinbych)
castell + gwrych (clawdd o lwyni)
hedge castle

Castell Heinif *heneb* (SM 7224)
Penfro
castell + Heinif (enw personol)
Heinif's castle (personal name)

Castell Hendre-wen *heneb* (SM 9233)
Penfro
castell + hendre (preswylfod y gaeaf) + wen (gwyn)
castle at the favoured summer dwelling

Castellhenri *enw lle* (SN 0427)
Penfro
castell + Henri (enw personol)
Henri's castle
Henry's Moat

Castellhywel *fferm* (SN 4448)
Ceredigion (Aberteifi)
castell + Hywel (enw personol)
Hywel's castle

Castell-llan *plwyf* (SN 1935)
Penfro
castell + llan
castle church

Castellmai *fferm* (SH 4960)
Gwynedd (Caernarfon)
castell + Mai (enw mis)
May castle

Castellmarch *heneb* (SH 3129)
Gwynedd (Caernarfon)
castell + March (Amheirchion)
March (ap Meirchion)'s castle

Castellmartin *enw lle* (SR 9198)
Penfro
castell + Martin (sant)
(saint) Martin's castle
Castlemartin

Castell Meurig *heneb* (SN 7027)
Caerfyrddin
castell + Meurig (enw personol)
Meurig's castle (personal name)

Castell Moeddyn *heneb* (SN 4851)
Ceredigion (Aberteifi)
castell + mei (canol, perfedd) + din (man caerog)
castle at the middle fort

Castell Moel *heneb* (SN 3816)
Caerfyrddin
castell + moel
bare castle

Castell Nadolig *heneb* (SN 2950)
Ceredigion (Aberteifi)
castell + Nadolig
Christmas castle

Castell-nedd *enw lle* (SS 7597)
Castell-nedd Port Talbot (Morgannwg)
castell + Nedd (enw'r afon)
castle by the (river) Nedd
Neath

Castellnewydd, Y *enw lle* (SS 9097)
Pen-y-bont ar Ogwr (Morgannwg)
y + castell + newydd
Newcastle

Castellnewydd Emlyn *enw lle* (SN 3040)
Caerfyrddin
castell + newydd + Emlyn (cantref)
Newcastle (*in* cantref*) **Emlyn***

Castellnewydd Uchaf *plwyf* (SS 8882)
Morgannwg
castell + newydd + uchaf
upper newcastle

Castell-paen *enw lle* (SO 1646)
Powys (Maesyfed)
castell + Pain (sef Pain fitz John), Normaniad
Painscastle (*named after the Norman, Pain fitz John*)

Castell Pen-yr-allt *heneb* (SN 1542)
Penfro
castell + pen + yr allt (rhiw goediog)
castle at the head of the wooded slope

Castell Pictwn *castell* (SN 0013)
Penfro
castell + pic (gair Saesneg yn cyfateb i 'pig mynydd') + *tun* (Saesneg yn cyfateb i 'din')
Picton castle

Castell Pigyn *fferm* (SN 4322)
Caerfyrddin
castell + pigyn (pig fel pen main mynydd)
castle at the peak

Castellrhingyll *ardal* (SN 5714)
Caerfyrddin
castell + rhingyll (y swyddog oedd yn gyfrifol am gasglu trethi)
steward's castle

Castell Rhyfel *heneb* (SN 7359)
Ceredigion (Aberteifi)
castell + rhyfel
war castle

Castell Tal-y-fan *heneb* (ST 0277)
Bro Morgannwg (Morgannwg)
castell + tal (pen) + y + ban (brig, pen uchaf mynydd)
castle at the head of the mountain peak

Castell Tomen-y-mur *heneb* (SH 7038)
Gwynedd (Meirionnydd)
castell + tomen + y + mur
castle of the motte within the walls

Castell Weble *castell* (SS 4792)
Abertawe (Morgannwg)
o'r Saesneg Canol *webbe* (gwehydd) + *lea* (dôl) neu Weobley (cyfenw)
castle in the weaver's meadow or Weobley Castle (surname)

Castell y Bere *heneb* (SH 6608)
Gwynedd (Meirionnydd)
castell + y + bera (mwdwl neu dwmpath, sef y bryn yr adeiladwyd y castell arno)
castle on the motte

Castell y Gaer *heneb* (SH 5909)
Gwynedd (Meirionnydd)
castell + y + caer (lle caerog)
castle at the fort

Castell y Garn *heneb* (SO 0173)
Powys (Maesyfed)
castell + y + carn (twmpath o gerrig)
castle by the cairn

Castell y Geifr *clogwyni* (SN 8216)
Powys (Brycheiniog)
castell + y + geifr (lluosog 'gafr')
castle of the goats

Castell y Mynach *heneb* (ST 0881)
Caerffili (Morgannwg)
castell + y + Mynach (afon a redai drwy dir mynachlog)
castle by the (river) Mynach

Castell y Rhodwydd *heneb* (SJ 1751)
Dinbych
castell + y + rhod (fel 'rhodio') + gŵydd (crugyn coffa)
castle of the route by a cairn

Castellau *fferm* (ST 0586)
Rhondda Cynon Taf (Morgannwg)
castellau (lluosog castell)
castles

Castellor *fferm* (SH 5474)
Môn
castellor (man lle y ceir nifer o gaerau)
place of forts

Caswilia *heneb* (SM 8827)
Penfro
cas (castell) + Wilia (enw person?)
Wilia's castle (personal name?)

Cas-wis *enw lle* (SN 0217)
Penfro
cas (castell) + Wizo (enw Ffrengig)
Wiston (from French name 'Wizo')

Cathedin *plwyf* (SO 1425)
Powys (Brycheiniog)
cathe (efallai lluosog 'cath' neu enw personol) + din (lle caerog)
cats' fortress (or a personal name)

cau:cou *ansoddair*
â cheudod, pantiog
hollowed, concave

Cau gw. *(see)* **Llyn Cau**

cawn *hyn*
brwyn ('conyn' yw'r ffurf unigol)
rushes

cawsai *hon*
sarn, ffordd ar draws tir corsog, e.e. Llangawsai
causeway

Cedewain *cwmwd*
Powys (Trefaldwyn)
Cadaw (person) + - ain = tir Cadaw
Cadaw's land (personal name) (a commote)

Cedig gw. *(see)* **Afon Cedig**

cefn *hwn*
esgair, trum
ridge

Cefn[1] *enw lle* (SJ 0171)
Wrecsam (Dinbych)
cefn (esgair mynydd, trum)
ridge

Cefn[2] *enw lle* (SJ 1866)
Fflint
cefn (esgair mynydd, trum)
ridge

Cefn[3] *enw lle* (SJ 2610)
Powys (Trefaldwyn)
cefn (esgair mynydd, trum)
ridge

Cefn[4] *enw lle* (ST 2788)
Casnewydd (Mynwy)
cefn (esgair mynydd, trum)
ridge

Cefnamwlch *plas* (SH 2335)
Gwynedd (Caernarfon)
cefn + am + bwlch
gapped ridge

Cefn Blewog *bryn* (SN 6972)
Ceredigion (Aberteifi)
cefn + blewog
bushy ridge (hill)

Cefn Brith *mynydd* (SH 9800)
Powys (Trefaldwyn)
cefn + brith (amryliw)
mottled ridge (mountain)

Cefn-brith[1] *enw lle* (SH 9350)
Conwy (Dinbych)
cefn + brith (amryliw)
mottled ridge

Cefn-brith[2] *fferm* (SN 9145)
Powys (Brycheiniog)
cefn + brith (amryliw)
mottled ridge

Cefn-brith[3] *fferm* (SH 9800)
Powys (Trefaldwyn)
cefn + brith (amryliw)
mottled ridge

Cefn Brwynog *mynydd* (SN 8165)
Ceredigion (Aberteifi)
cefn + brwynog (tir a brwyn yn tyfu arno)
rush ridge (mountain)

Cefn Bryn *bryn* (SS 4890)
Morgannwg
cefn + bryn
ridge on the hill

Cefn Carnfadog *mynydd* (SN 7616)
Caerfyrddin
cefn + carn (carnedd o gerrig) + Madog (enw personol)
ridge of Madog's cairn

Cefn Cerrigellgwm *mynydd* (SH 8447)
Dinbych
cefn + cerrig + cell + cwm
ridge of Cerrigellgwm (stony [celled?] valley)

Cefn Cilsanws *mynydd* (SO 0209)
Powys (Brycheiniog)
cefn + cil (cilfach) + Sanos (merch Brychan)
ridge at Sanos's (daughter of Brychan) retreat

Cefncleisiog *enw lle* (SJ 0816)
Powys (Trefaldwyn)
cefn + cleisiog (o 'clais', ffos/pant)
pitted ridge

Cefn-coch *fferm* (SJ 1457)
 Conwy (Dinbych)
 cefn + coch
 red ridge

Cefn-coed *fferm* (SH 8136)
 Caerfyrddin
 cefn + coed
 wooded ridge

Cefncoedycymer *enw lle* (SO 0307)
 Powys (Brycheiniog)
 cefn + coed + y + cymer (man cyfarfod dwy afon)
 wooded ridge at the confluence

Cefn Cribwr *bryn* (SS 8582)
 Pen-y-bont ar Ogwr (Morgannwg)
 cefn + cribwr (o 'crib', cefnen, trum)
 ridge-backed hill

Cefncribwr *enw lle* (SS 8582)
 Bro Morgannwg (Morgannwg)
 cefn + cribwr, o 'crib' (cefnen, trum), ond ceir hanesion am gawr o'r enw Cribwr a laddwyd gan y brenin Arthur
 back of the ridge (but there are tales of a giant named Cribwr, slain by King Arthur)

Cefn Cymerau *ardal* (SH 6127)
 Gwynedd (Meirionnydd)
 cefn + cymerau (lluosog 'cymer', man cyfarfod dwy afon)
 ridge at the confluences

Cefn Digoll *mynydd* (SO 2601)
 Powys (Trefaldwyn)
 cefn + digoll (heb fwlch)
 unbroken mountain
 Long Mountain

Cefn Du[1] *mynydd* (SH 5460)
 Gwynedd (Caernarfon)
 cefn + du
 black-backed mountain

Cefn Du[2] *mynydd* (SJ 0454)
 Dinbych
 cefn + du
 black-backed mountain

Cefnddwygraig *ardal* (SH 9233)
 Gwynedd (Meirionnydd)
 cefn + (y) + dwy + craig
 ridge of the two rocks

Cefnddwysarn *enw lle* (SH 9638)
 Gwynedd (Meirionnydd)
 cefn + (y) + dwy + sarn (hen ffordd galed ei hwyneb, neu ffordd Rufeinig)
 ridge of (the) two causeways

Cefneithin *enw lle* (SN 5513)
 Caerfyrddin
 cefn + eithin
 gorse-covered ridge

Cefn Fanog *mynydd* (SN 8251)
 Powys (Brycheiniog)
 cefn + bannog (â bannau neu gyrn)
 spiked ridge

Cefn Glas *mynydd* (SH 9420)
 Powys (Trefaldwyn)
 cefn + glas (llwyd)
 blue-grey ridge

Cefngorwydd *enw lle* (SN 9045)
 Powys (Brycheiniog)
 cefn + gorwydd (ymyl llethr goediog)
 ridge by the wooded slope

Cefn Gwryd *mynydd* (SN 7207)
 Castell-nedd Port Talbot (Morgannwg)
 cefn + gwryd (hyd gŵr, tua chwe throedfedd, efallai bwlch o'r lled yma)
 fathom-wide ridge

Cefn Hergest *mynydd* (SO 2455)
 Powys (Maesyfed)
 cefn + her (ansicr, 'hir' efallai) + cest (bol); bol hir o gefnen
 long-bellied ridge

Cefn Hirfynydd *mynydd* (SJ 1531)
 Dinbych
 cefn + mynydd + hir
 ridge on the long mountain

Cefn Hirgoed *bryn* (SS 9283)
 Pen-y-bont ar Ogwr (Morgannwg)
 cefn + hir + coed
 long ridge in the wood (hill)

Cefni gw. *(see)* **Afon Cefni**

Cefn Llwydlo *mynydd* (SN 8542)
 Powys (Brycheiniog)
 cefn + enw Cymraeg ar Ludlow
 Ludlow ridge

Cefn-llys *plwyf* (SO 0961)
 Powys (Maesyfed)
 cefn + llys (safle hen faenor)
 ridge by the manor house

Cefn Llysgŵr *mynydd* (SH 9258)
 Conwy (Dinbych)
 cefn + llys (safle hen faenor) + gŵr
 ridge by a gentleman's manor house

Cefnllys-isaf *ardal* (SH 0005)
 Powys (Trefaldwyn)

cefn + llys (safle hen faenor) + isaf
lower ridge by the manor house

Cefnllys-uchaf *ardal* (SH 9607)
Powys (Trefaldwyn)
cefn + llys (safle hen faenor) + uchaf
upper ridge by the manor house

Cefn Llystyn *mynydd* (SJ 0133)
Gwynedd (Meirionnydd)
cefn + llys (safle hen faenor) + dynn (lle wedi'i amddiffyn fel 'din')
ridge at the fortified manor

Cefnmabli *plas* (ST 2284)
Morgannwg
cefn + Mabli (enw merch)
Mabli's ridge (girl's name)

Cefn Man-moel *mynydd* (SO 1606)
Blaenau Gwent (Mynwy)
cefn + Macmoil (sant)
(saint) Macmoil's ridge

Cefn Mawr *mynydd* (SN 7915)
Powys (Brycheiniog)
cefn + mawr
great ridge

Cefn-mawr *enw lle* (SS 2842)
Wrecsam (Dinbych)
cefn + mawr
great ridge

Cefn Meiriadog:Cefnmeiriadog *bryn* (SJ 0072)
Dinbych
cefn + Meriadoc (sant)
(saint) Meriadoc's ridge

Cefnmelgoed *fferm* (SN 5774)
Ceredigion (Aberteifi)
cefn + mêl (melys) + coed
honeytree ridge

Cefn Onn *bryn* (ST 1885)
Caerffili (Morgannwg)
cefn + onn (coed ynn)
ash trees ridge

Cefn Onnau *mynydd* (SO 1616)
Powys (Brycheiniog)
cefn + onnau (coed ynn)
ridge of the ash trees

Cefnpennar *enw lle* (SO 0300)
Rhondda Cynon Taf (Morgannwg)
cefn + pennardd (crib mynydd)
mountain summit ridge

Cefn Pyllauduon *mynydd* (SO 1012)
Blaenau Gwent (Mynwy)
cefn + pyllau (lluosog 'pwll') + du(on)
ridge of the black pools

Cefn Rhyswg *mynydd* (ST 2294)
Caerffili (Mynwy)
cefn + rhysod (sercol)?
ridge where charcoal was burned

Cefn Sidan *traeth* (SN 3205)
Caerfyrddin
cefn + sidan (planhigion sidanaidd eu golwg, sef sidan y waun, sidan y brain)
cotton-grass ridge

Cefn Tresbyty *mynydd* (SH 9620)
Powys (Trefaldwyn)
cefn + tref + ysbyty (sef lle a ddarperid i deithwyr gan Farchogion Ifan, yr Ysbytywyr)
ridge by the dwelling of the hospitallers

Cefn-y-bedd[1] *ardal* (SO 0051)
Powys (Brycheiniog)
cefn + y + bedd
ridge of the grave

Cefn-y-bedd[2] *enw lle* (SJ 3156)
Wrecsam (Fflint)
cefn + y + bedd
ridge of the grave

Cefn y Castell *bryn* (SJ 3013)
Powys (Trefaldwyn)
cefn + y + castell
ridge of the castle

Cefnydfa *fferm* (SS 8786)
Bro Morgannwg (Morgannwg)
cefn + cnydfa (o 'cnwd') = lle da am gnydau
fruitful ridge

Cefn yr Ogof *bryn* (SH 9177)
Conwy (Dinbych)
cefn + yr + ogof
ridge of the cave

Cegidfa *enw lle* (SJ 2211)
Powys (Trefaldwyn)
man lle y mae cegid yn tyfu
place where hemlock grows
Guilsfield

Cegidog gw. *(see)* **Afon Cegidog**

cegin[1] *hwn*
cefn, esgair dalpiog
hogsback

cegin² *hon*
　lle gwneud bwyd
　kitchen

Cegin gw. *(see)* **Afon Cegin**

Cegyr gw. *(see)* **Afon Cegyr**

Cei Connah *enw lle* (SJ 2969)
　Fflint
　cei (glanfa) + Connah (cyfenw person)
　Connah's Quay *(personal surname)*

Ceidio *eglwys* (SH 2838)
　Gwynedd (Caernarfon)
　Ceidio (sant)
　(saint) Ceidio's (church)

Ceidiog gw. *(see)* **Afon Ceidiog**

Ceidrych gw. *(see)* **Afon Ceidrych**

ceimion *ansoddair*
　ffurf luosog 'cam'
　bent, twisting

Ceinewydd *enw lle* (SN 3859)
　Ceredigion (Aberteifi)
　cei + newydd
　New Quay

Ceinmeirch *cwmwd*
　cain (cefnen, trum, esgair) + meirch (ceffylau)
　ridge of the horses (commote)

Ceint *ardal* (SH 4974)
　Môn
　Ceint (afon), o cant (fel yn 'cantel'), ymyl afon sy'n ffin neu'n oror
　boundary river

Ceinws *ardal* (SH 7605)
　Powys (Trefaldwyn)
　Cain (neu Ceinwen) wyry + -ws = tir Cain
　(saintess) Cain's land

ceirchog *hon*
　man lle y mae ceirch yn tyfu
　a place where oats grow

Ceirig gw. *(see)* **Afon Ceirw**

Ceiriog gw. *(see)* **Afon Ceiriog**

Ceirw gw. *(see)* **Afon Ceirw**

Celyn gw. *(see)* **Llyn Celyn**

Celynnen *enw lle* (ST 2295)
　Caerffili (Mynwy)
　coeden celyn
　holly tree

Ceirw gw. *(see)* **Afon Ceirw**

Celynnog *enw lle* (SJ 1225)
　Powys (Trefaldwyn)
　man lle y mae coed celyn yn tyfu
　place where holly trees grow

Cellan *enw lle* (SN 6149)
　Ceredigion (Aberteifi)
　cell (eglwysig) + -an (ffurf fychanig)
　cell bach
　small monastic cell

celli *hon*
　llwyn o goed, e.e. Y Gelli, Gellideg, Gellilydan, Gellionnen
　a grove

Celli gw. hefyd *(see also)* **Gelli**

Cemaes¹ *enw lle* (SH 3793)
　Môn
　sef 'cemais', lluosog 'cam, camas', tro mewn afon neu ar arfordir
　meanders (bay)
　Cemaes Bay

Cemaes² *enw lle* (SH 8306)
　Powys (Trefaldwyn)
　sef 'cemais', ffurf luosog 'cam, camas', tro mewn afon
　the place on the river meanders

cemais *hyn*
　lluosog 'camas', sef tro neu ystum mewn afon neu ddarn o'r arfordir, sydd yn cael ei sillafu 'cemaes' weithiau
　river bends or an indented coastline

Cemais¹ *cantref*
　Dyfed
　troeon neu ddolennau (am arfordir cilfachog neu afon ddolennog)
　meandering river or coast (hundred)

Cemais² *cwmwd*
　Penfro
　troeon neu ddolennau (am arfordir cilfachog neu afon ddolennog)
　meandering river or coast (commote)

Cemais³ *enw lle* (ST 3892)
　Mynwy
　troeon neu ddolennau
　place on the river meanders
　Kemeys

Cemais Comawndwr *enw lle* (SO 3404)
　Mynwy
　troeon neu ddolennau + *commander* (caer i Farchogion y Deml)

commandery (of the Knights Templar) on the meandering river
Kemeys Commander

Cenarth *enw lle* (SN 2641)
Caerfyrddin
garth (cefnen o dir) + cen (y llysiau sy'n tyfu ar gerrig)
lichen-covered hillside

cenau:cenaw *hwn*
ci (neu lwynog, blaidd, etc) bach
a pup or cub

Cendl *enw lle* (SO 1611)
Blaenau Gwent (Mynwy)
o Edward Kendall a sefydlodd waith haearn tua 1780
Kendall (the name of the founder of the ironworks c.1780)
Beaufort

Ceniarth *fferm* (SN 7797)
Powys (Trefaldwyn)
ffurf ar 'Cenarth', garth (cefnen o dir) + cen (y llysiau sy'n tyfu ar gerrig)
lichen-covered hillside

Cennen gw. *(see)* **Afon Cennen**

Cerdin gw. *(see)* **Afon Cerdin**

cerdd *hon*
gris, darn o dir yn gogwyddo i lawr (gw. *Gogarth*)
a step

Ceredigion (Aberteifi) *rhanbarth*
Ceredig (enw brenin) + -ion = gwlad
Ceredig
Ceredig's land

Ceri[1] *cwmwd* (SN SO46)
Câr (enw person) + -i (tir yn eiddo i Câr)
(commote in) Câr's land

Ceri[2] *enw lle* (SO 1490)
Powys (Trefaldwyn)
Câr (enw person) + -i (yn eiddo i tir Câr)
(place in) Câr's land

Cerist gw. *(see)* **Afon Cerist**

Cerniog gw. *(see)* **Afon Cerniog**

Cernioge *fferm* (SH 9050)
Conwy (Dinbych)
cerniog + au (tir carneddog, twmpathog)
(farm on) hill slopes

Cernyw
'Cornwall', neu yn deillio o 'carn'
'Cornwall', or deriving from 'carn', cairn

Cerrig Cedny *heneb* (SN 8046)
Caerfyrddin
cerrig + cedny (lluosog 'cadno')
foxes' rocks

Cerrigceinwen *plwyf* (SH 4173)
Môn
cerrig + Ceinwen (santes)
(saintess) Ceinwen's rocks

Cerrig Chwibanog *mynydd* (SH 8230)
Gwynedd (Meirionnydd)
cerrig + chwibanogl y mynydd (y gylfinir)
curlew's stones (mountain)

Cerrig Duon *mynydd* (SJ 1238)
Wrecsam (Dinbych)
cerrig + du
black rocks

Cerrig Llwydion gw. *(see)* **Llyn Cerrig Llwydion**

Cerrig Mawr *heneb* (SJ 2549)
Wrecsam (Dinbych)
cerrig + mawr
large rocks

Cerrigydrudion *enw lle* (SH 9548)
Conwy (Dinbych)
cerrig + y + drudion (pobl ddewr)
stones of the brave

Cerrig y Gof *heneb* (SN 0339)
Penfro
cerrig + y + gof
the smith's rocks

Cerrig-y-gro gw. *(see)* **Nant Cerrig-y-gro**

Cerrig-y-myllt gw. *(see)* **Llyn Cerrig-y-myllt**

Cerrig yr Iwrch *mynydd* (SH 8229)
Gwynedd (Meirionnydd)
cerrig + yr + iwrch (carw bach)
the roe-buck's rock

cerwyn *hon*
math o faril mawr neu rywbeth sy'n edrych yn debyg iddo
a tub or barrel

Cetheiniog *cwmwd*
Cathen (enw sant) + -iog = tir Cathen
(commote in) (saint) Cathen's land

ceubal *hon*
math o gwch
skiff

Ceufronnydd gw. see **Cyfronnydd**

ceuffos *hon*
ffos ddofn
a deep ditch

Ceulan-a-Maesmor *enw lle* (SN 6789)
Ceredigion (Aberteifi)
ceulan (ymyl afon lle y mae'r dŵr wedi torri dan y lan) + a + maes mawr
undermined river bank in the big field

ceunant *hwn*
cwm cul, dwfn â nant yn ei waelod fel arfer (ond nid bob tro)
gorge with a stream

Ceunant *ardal* (SH 5361)
Gwynedd (Caernarfon)
ceunant (cwm dwfn a chul a nant yn rhedeg drwyddo)
narrow gorge

Ceunant Mawr *nant (x 2)* (SH 7645) (SH 6653)
Gwynedd (Caernarfon)
ceunant + mawr
large canyon

cil *hwn/hon*
lle cysgodol, lloches, cwr, cornel
a nook, a sheltered retreat

Cilâ *enw lle* (SS 6092)
Abertawe (Morgannwg)
cil (cilfach) (efallai 'ciliau', y ffurf luosog)
narrow retreats
Killay

Cilan¹ *ardal* (SH 2924)
Gwynedd (Caernarfon)
cil (cilfach) bach
little nook

Cilan² *ardal* (SJ 0237)
Gwynedd (Meirionnydd)
cil (cilfach) bach
little nook

Cilcain *enw lle* (SJ 1765)
Fflint
cil neu clun (cilfach) + cain (hyfryd)
fair retreat

Cilcennin *enw lle* (SN 5260)
Ceredigion (Aberteifi)
cil + cennin (y planhigion)
leek patch

Cilcochwyn *llechwedd* (SJ 1302)
Powys (Trefaldwyn)
cil + cychwyn (tarddiad neu fan cychwyn ffrwd)
(spring) source on the slope

cilfach *hon*
1. lle cysgodol, lloches
   a nook, a shelter
2. bae bach cul, lloches ar lan y môr
   a little bay or shelter from the sea

Cilfach gw. hefyd *(see also)* **Gilfach**

Cilfaenor *enw lle* (SO 1724)
Powys (Brycheiniog)
cil + maenor (rhaniad tir yn cynnwys pedair 'tref' [fferm fawr])
shelter of the maenor (four large farms)

Cilfái *ardal* (SS 6896)
Abertawe (Morgannwg)
cil (lle cysgodol) + -fai (lle agored)
nook in the open place
Kilvey

Cil-frwch *plas* (SS 5589)
Abertawe (Morgannwg)
cil + broch/brwch (ewyn)
foaming enclave

Cilfwnwr *fferm* (SS 6398)
Abertawe (Morgannwg)
cil (cilfach) + mwnwr (gŵr mwyn)
gentleman's retreat

Cilfynydd *enw lle* (ST 0892)
Rhondda Cynon Taf (Morgannwg)
cil + mynydd (cilfach ar fynydd)
sheltered place on the mountain

Cil-ffriw *enw lle* (SN 7600)
Castell-nedd Port Talbot (Morgannwg)
cil + ffriw (trwyn, duryn)
(place in the) shelter of the prominence

Cilgerran *enw lle* (SN 1942)
Penfro
cil + Cerran (enw person wedi'i gymysgu â 'garan' [crychydd])
Cerran's retreat (sometimes confused with 'heron')

Cilgeti *enw lle* (SN 1207)
Penfro
cil + Ceti (enw person)
Ceti's nook (personal name)
Kilgetty

Cilgwrrwg *plwyf* (ST 4598)
Mynwy
cil + corrog (o 'cor') neu gwrog (o 'gŵr', dyn)
little retreat or man's retreat

Cilgwyn[1] *ardal* (SH 4954)
Gwynedd (Caernarfon)
cil + gwyn
fair and sheltered spot

Cilgwyn[2] *fferm* (SN 6054)
Ceredigion (Aberteifi)
cil + gwyn
fair and sheltered spot

Cilgwyn[3] *plas* (SN 3141)
Ceredigion (Aberteifi)
cil + gwyn
fair and sheltered spot

Cilhepste *rhaeadr* (SN 9210)
Powys (Brycheiniog)
cil + Hepste (afon)
(waterfall) in the nook on the (river) Hepste

Ciliau Aeron *enw lle* (SN 5058)
Ceredigion (Aberteifi)
ciliau (lluosog 'cil') + Aeron (afon)
sheltered places on the (river) Aeron

Cilieni *nant* (SN 9330)
Powys (Brycheiniog)
cilan (encil, lle i gilio) + -i (a ddefnyddir ar gyfer enwau afonydd)
(stream with) sheltered places

Cilmachallt *enw lle* (SN 9683)
Powys (Trefaldwyn)
cil + ma (lle agored) + carn (yn wreiddiol)
nook with cairn in a field

Cilmaen-gwyn *ardal* (SN 7406)
Castell-nedd Port Talbot (Morgannwg)
cil + maen + gwyn
white-stoned shelter

Cilmeri *enw lle* (SH 0051)
Powys (Brycheiniog)
cil + Meri (enw person)
Meri's shelter

Cilowen *nant* (SO 1379)
Powys (Maesyfed)
cil + Owen (enw personol)
Owen's shelter (personal name)
Killowent

Cilrhedyn[1] *plwyf* (SN 2734)
Penfro
cil + rhedyn
bracken-covered retreat

Cilrhedyn[2] *ardal* (SN 0034)
Penfro
cil + rhedyn
bracken-covered retreat

Cil-sant *plas* (SN 2623)
Caerfyrddin
cil + sant
saint's retreat

Cilwendeg *plas* (SN 2238)
Penfro
cil + wen + teg
fair and blessed shelter

Cilybebyll *enw lle* (SN 7404)
Castell-nedd Port Talbot (Morgannwg)
cil + y + pebyll (hen ffurf unigol 'pabell')
lloches, noddfa, gwersyllfa
encampment shelter

Cil-y-cwm *enw lle* (SN 7540)
Caerfyrddin
cil + y + cwm
shelter in the valley

Cilymaenllwyd *plwyf* (SN 1424)
Caerfyrddin
cil + y + maen + llwyd
the grey-stoned shelter

Cilyrychen *chwarel* (SN 6116)
Caerfyrddin
cil + yr + ychen
the oxen shelter

Cilybion *fferm* (SS 5191)
Abertawe (Morgannwg)
celli (llwyn) + gwlybion (lluosog 'gwlyb')
dank grove

Cim *ardal* (SH 4452)
Caernarfon
cim (cytir, comin)
common

Cimla *ardal* (SS 7696)
Castell-nedd Port Talbot (Morgannwg)
cimle (cytir, comin)
common

cimle *hwn*
tir comin
common (land)

Cinmel *plas* (SH 9874)
Dinbych
cil (cilfach) + mael (tywysog)
prince's shelter
Kinmel

Cipin *ardal* (SN 1348)
Penfro
cipyn (sypyn, pecyn bach)
little parcel

cipyll *hwn*
  boncyff, bonyn
  tree trunk

Claerddu gw. *(see)* **Afon Claerddu**

Claerwen gw. *(see)* **Afon Claerwen**

clafwr *hwn* (clafoerion)
  un yn dioddef o'r gwahanglwyf
  leper

clais *hwn*
  ffos, nant
  stream bed

Clarach *enw lle* (SN 6084)
  Ceredigion (Aberteifi)
  o *'claragh'*, gair Gwyddeleg am 'lle gwastad'
  flat land

Clas-ar-Wy, Y *enw lle* (SO 1739)
  Powys (Maesyfed)
  clas (hen fynachdy'r eglwys Geltaidd) ar lan + Gwy (afon)
  clas (Celtic monastery) on the (river) Wye
  Glasbury

clastir *hwn*
  tir yn perthyn i 'clas' neu fynachdy
  grange land (belonging to a monastery)

Clawdd-coch *ardal* (SJ 2420)
  Powys (Trefaldwyn)
  clawdd + coch
  red dyke

Clawdd Du *heneb* (SO 5012)
  Mynwy
  clawdd + du
  black dyke

Clawdd Mawr *heneb* (SJ 0621)
  Powys (Trefaldwyn)
  clawdd + mawr
  great dyke

Clawddnewydd *enw lle* (SJ 0852)
  Dinbych
  clawdd + newydd
  new dyke

Clawdd y Mynach *heneb* (SS 9070)
  Bro Morgannwg (Morgannwg)
  clawdd + y + mynach
  the monk's dyke

Cledan gw. *(see)* **Afon Cledan**

Cledlyn gw. *(see)* **Nant Cledlyn**

Cledwyn gw. *(see)* **Afon Cledwyn**

Cleddau/Cleddyf gw. *(see)* **Afon Cleddau/Cleddyf**

clegyr *hyn*
  lluosog 'clog'
  rocks, cliffs

Clegyrfwya *heneb* (SM 7325)
  Penfro
  clegyr (creigiau) Boia (Gwyddel a gormeswr y bu'n rhaid i Dewi Sant ei ddisodli o ardal Tyddewi)
  Boia's rocks (the Irish invader with whom Saint Dewi had to contend before being able to establish his church)

Clegyrog-wen *fferm* (SN 6597)
  Gwynedd (Meirionnydd)
  clegyrog (creigiog) + wen (ffurf fenywaidd 'gwyn')
  blessed stony place

Cleidda *plas* (SO 3609)
  Mynwy
  cil + eithaf
  furthest point of shelter
  Clytha

Cleirwy *enw lle* (SO 2143)
  Powys (Maesyfed)
  clir/clair (fel yn 'disglair') + Gwy (afon)
  shining (river) Wye
  Clyro

Clenennau *fferm* (SH 5342)
  Gwynedd (Caernarfon)
  celynennau (lluosog 'celyn')
  holly trees

Cletwr gw. *(see)* **Afon Cletwr**

Clipiau[1] *bryn* (SH 4146)
  Gwynedd (Caernarfon)
  lluosog 'clip/clipyn', ymyl dibyn neu glogwyn
  brinks

Clipiau,[2] **Y** *bryn* (SH 8410)
  Gwynedd (Meirionnydd)
  lluosog 'clip/clipyn', ymyl dibyn neu glogwyn
  the brinks

Clip y Gylfinir *bryn* (SH 2228)
  Gwynedd (Caernarfon)
  clip (ymyl dibyn) + y + gylfinir (aderyn)
  the curlew's edge

clipyn *hwn*
  ymyl dibyn, ymyl clogwyn
  cliff edge

Clocaenog *enw lle* (SJ 0854)
Dinbych
clog (craig) + caenog (wedi'i gorchuddio â haen o gen)
moss-encrusted rock

clochog *ansoddair*
â sain debyg i gloch, e.e. Maenclochog
plangent, bell-like

Cloddiau *ardal* (SJ 2009)
Powys (Trefaldwyn)
lluosog 'clawdd'
hedges

clog *hon*
craig, maen (ffurfiau lluosog 'clogwyn' a 'clegyr')
rock, cliff

Clogau *mwynglawdd* (SH 6720)
Gwynedd (Meirionnydd)
clogwyni, llethrau serth
(mine on the) hillside

Clogwyn Brith gw. *(see)* **Llyn Clogwyn Brith**

Clogwyn Candryll *clogwyni* (SH 7244)
Gwynedd (Meirionnydd)
clogwyn + candryll (chwilfriw, wedi'i falurio)
crumbling cliffs

Clogwyn Du'r Arddu *clogwyni* (SH 5955)
Gwynedd (Caernarfon)
clogwyn + du + yr Arddu (mynydd)
black cliffs of yr Arddu (mountain)

Clogwyn Graig-ddu *clogwyni* (SH 8346)
Dinbych
clogwyn + (y) + craig + du
(the) black rock cliffs

Clogwyn Melyn *bryn* (SH 4853)
Gwynedd (Caernarfon)
clogwyn + melyn
yellow cliffs (hill)

Clogydd, Y *mynydd* (SJ 0628)
Powys (Trefaldwyn)
lluosog 'clogwyn'
the cliffs

Cloigyn *enw lle* (SN 4314)
Caerfyrddin
sypyn o rawn neu wellt a ddefnyddir i doi (tas neu fwdwl)
bundle of hay or straw (to thatch a stook)

clos *hwn*
buarth fferm
farmyard

clud:clyd *ansoddair*
cynnes, cyfforddus
comfortable

clun *hwn*
cae neu ddôl, e.e. Clunderwen
field, meadow

Clun gw. *(see)* **Afon Clown**

Clun, Y *enw lle* (SN 8000)
Castell-nedd Port Talbot (Morgannwg)
clun (dôl, gwaun)
the pasture
Clyne

Clunderwen *enw lle* (SN 1219)
Penfro
clun (dôl, gwaun) + derwen
oak pasture

Cluneithinog *fferm* (SN 9005)
Castell-nedd Port Talbot (Morgannwg)
clun (dôl, gwaun) + eithin
gorse pasture

Clwchdernog *fferm* (SH 3386)
Môn
clwch (ffurf ar 'cnwch', chwydd, twmpath) + dyrnog (fel dwrn)
knobbly farm

Clwt-y-bont *enw lle* (SH 5763)
Gwynedd (Caernarfon)
clwt (slabyn o garreg neu lechen) + y + pont
the bridge's slab

Clwyd gw. *(see)* **Afon Clwyd**

Clwydyfagwyr *ardal* (SO 0206)
Merthyr Tudful (Morgannwg)
clwyd (gât) + y + magwyr (mur caerog)
gate in the ramparts

clydach *hwn*
nant garegog, gyflym ei rhediad
stony, swift-flowing river

Clydach[1] *enw lle* (SO 2213)
Powys (Brycheiniog)
enw Gwyddeleg yn dynodi afon yn rhedeg mewn lle gwastad, caregog
Irish name for a river flowing on a flat, rocky bed

Clydach[2] *enw lle* (SN 6901)
Abertawe (Morgannwg)
enw Gwyddeleg yn dynodi afon yn rhedeg mewn lle gwastad, caregog
Irish name for a river flowing on a flat, rocky bed

Clydach Vale *enw lle* (SS 9792)
Rhondda Cynon Taf (Morgannwg)
enw Gwyddeleg yn dynodi afon yn rhedeg mewn lle gwastad, caregog
Irish name for a river flowing on a flat, rocky bed

Clydau *enw lle* (SN 2434)
Penfro
Clydai, merch Brychan (santes)
(saintess) Clydai's (church)
Clydey

Clynnog *plwyf* (SH 4448)
Gwynedd (Caernarfon)
celynnog (man lle y mae coed celyn yn tyfu)
hollies

Clynnog Fawr *enw lle* (SH 4149)
Gwynedd (Caernarfon)
celynnog (man lle y mae coed celyn yn tyfu) + mawr
greater hollies

Clywedog gw. *(see)* **Afon Clywedog**

Cnicht, Y *mynydd* (SH 6446)
Gwynedd (Caernarfon)
y gair Saesneg, 'knight' (marchog)
the knight (mountain)

cnocell *hon*
bryncyn, cnwc
hillock

cnwc:cnwch *hwn*
bryncyn, bryn bach
tump

Cnwclas *enw lle* (SO 2574)
Powys (Maesyfed)
cnwc (bryncyn) + glas (gwyrdd)
greenhill
Knucklas

Cnwch gw. *(see)* **Llyn Cnwch**

Cnwch-coch *enw lle* (SN 6775)
Ceredigion (Aberteifi)
cnwch (bryncyn, chwydd) + coch
red hillock

cnyw *hwn*
un o rai bychain anifail, ceffyl, mochyn, ci etc.
young animal

Cocyd, Y *enw lle* (SS 6294)
Abertawe (Morgannwg)
cock (Hen Saesneg, 'twmpath') + *-et* (un bach)

little hill
Cockett

Coch gw. *(see)* **Llyn Coch**

Coch-hwyad gw. *(see)* **Llyn Coch-hwyad**

Cochwillan *plas* (SH 6069)
Gwynedd (Caernarfon)
coch + gwinllan (lle tyfu grawnwin)
red vineyard

Coed Alun *plas* (SH 4762)
Gwynedd (Caernarfon)
coed + Alun (enw personol)
Alun's wood (personal name)

Coedana *enw lle* (SN 4382)
Môn
coed + Ane(f) ap Caw (sant Celtaidd o'r 5ed ganrif)
(saint) Anef's wood (a 5th century Celtic saint)

coedcae *hwn*
clawdd yn tyfu'n gyflym, yna'r tir a amgylchynwyd gan y clawdd, yn arbennig ar dir uchel
hedged in land

Coedcanlas *plwyf* (SN 0009)
Penfro
coed + Cynlas (enw personol)
Cynlas's wood (personal name)

Coedcernyw *plwyf* (ST 2683)
Mynwy
coed + cernyw (Cornwall)
Cornwall's woods

Coed-duon *enw lle* (ST 1797)
Caerffili (Mynwy)
coed + duon (lluosog 'du')
Blackwood

Coed-elái *ardal* (ST 0285)
Rhondda Cynon Taf (Morgannwg)
coed + Elái (afon)
(river) Ely wood

Coed-ffranc *plwyf* (SS 7095)
Morgannwg
coed + ffranc (enw ar y Normaniaid)
Frenchman's wood

Coed-llai *enw lle* (SJ 2759)
Fflint
coed + llai (o'r Saesneg 'ley' yn golygu 'dôl')
wood by the pasture
Leeswood

Coedmor *plas* (SN 1943)
 Ceredigion (Aberteifi)
 coed + mawr
 great wood

Coed-pen-maen *ardal* (ST 0890)
 Rhondda Cynon Taf (Morgannwg)
 coed + pen + maen (carreg)
 wood at the head stone

Coed-poeth *enw lle* (SJ 2851)
 Wrecsam (Dinbych)
 coed + poeth (wedi'u llosgi)
 burnt wood

Coedrhiglan *plas* (ST 1075)
 Bro Morgannwg (Morgannwg)
 coed + Raglan (cyfenw teuluol)
 Raglan's wood (family name)

Coedtalog *enw lle* (SH 0510)
 Powys (Trefaldwyn)
 coed + halog (brwnt, halogedig)
 grimy trees

Coed-talon *enw lle* (SJ 2659)
 Fflint
 coed + talwrn (lle agored ar dir uchel)
 wood in the open place

Coedway *enw lle* (SJ 3414)
 Powys (Trefaldwyn)
 coed + tref (fferm fawr, trigfan bwysig)
 homestead by the wood

Coed-y-bryn *enw lle* (SN 3545)
 Ceredigion (Aberteifi)
 coed + y + bryn
 wood on the hill

Coedymwstwr *plas* (SS 9480)
 Pen-y-bont ar Ogwr (Morgannwg)
 coed + y +mystwyr (hen air am 'mynachlog')
 the monastery wood

Coed-y-paun *enw lle* (ST 3398)
 Mynwy
 coed + y + paun
 the peacock wood

coeg *ansoddair*
 gwag, dall, (am ffynnon) heb le i'r dŵr fynd
 hollow or enclosed

Coelbren, Y *enw lle* (SN 8511)
 Powys (Brycheiniog)
 coelbren (pren a ddefnyddid gan yr Hebreaid i ddyfalu ewyllys Duw)
 chapel of the lot (the omen stick in the Bible)

Coelion *cwmwd*
 Coel (un o feibion Cunedda?) + -ion = tir

Coel
 (commote in) Coel's land

coeten *hon*
 disg o haearn a deflir mewn rhai gêmau. Sonnir am gerrig gwastad mawrion fel 'coeten' cawr arbennig neu arwr (megis Arthur)
 quoit

Coeten Arthur *heneb* (SM 7228)
 Penfro
 coeten (enw ar lafar am gromlech) + Arthur (brenin)
 (King) Arthur's quoit

coetref *hon*
 fferm neu annedd yn y coed
 a dwelling in the wood

Coety *enw lle* (SS 9281)
 Pen-y-bont ar Ogwr (Morgannwg)
 coed + tŷ (tŷ yn y coed)
 house in the wood

côg *hon*
 y gwcw
 cuckoo

Cogan *enw lle* (ST 1772)
 Bro Morgannwg (Morgannwg)
 o 'cog', gair Norseg am dir wedi'i adfer o'r môr
 polder (land rescued from the sea)

Conglog gw. *(see)* **Llyn Conglog**

coi *ansoddair*
 ffurf lafar ar **cau** neu bantiog
 hollow, cup-shaped

col:cola *hwn*
 y darnau fel blewiach sy'n tyfu ar ŷd; us
 bread of corn

Colbrwg *plas* (SO 3112)
 Mynwy
 yn wreiddiol o'r Saesneg, '*coal brook*'
 Coldbrook

Colfa *plwyf* (SO 2052)
 Powys (Maesyfed)
 colfa (cangen)
 branch

Col-huw *dyfroedd bas* (SS 9567)
 Bro Morgannwg (Morgannwg)
 coed + llwch (llyn neu le gwlyb)
 wood by the shallows
 Colhugh

colwyn *hwn*
 ci bach; cenau
 pup, cub

Colwyn gw. *(see)* **Afon Colwyn**

collwyn *hwn*
llwyn o gyll
hazel grove

Comin Cefn-poeth *comin* (SN 9852)
Powys (Brycheiniog)
comin (tir agored) + cefn (esgair, trum) + poeth (wedi'i losgi)
common on the burnt ridge

Comin Coch *comin* (SN 9954)
Powys (Brycheiniog)
comin + coch
red common

Comins-coch[1] *ardal* (SN 6082)
Ceredigion (Aberteifi)
comins (ffurf ar 'comin') + coch
red common

Comins-coch[2] *enw lle* (SH 8403)
Powys (Trefaldwyn)
comins (ffurf ar 'comin') + coch
red common

Conach gw. *(see)* **Llyn Conach**

Concwest gw. *(see)* **Afon Conwest**

conell *hon*
cynffon
tail

Conwy *enw lle* (SH 7877)
Conwy (Caernarfon)
enw afon, o 'cawn' (cyrs)
Conwy (river)
Conway

conyn *hwn*
cawnyn, cawnen, brwynen
reed

Copa Ceiliog *mynydd* (SH 8748)
Dinbych
copa (brig) + ceiliog
cockscomb (mountain)

cordd *hon*
teulu, llwyth
tribe

cored *hon*
rhwystr mewn afon (i ddal pysgod)
weir

Corlannau *ardal* (SS 7690)
Castell-nedd Port Talbot (Morgannwg)
corlannau (lluosog 'corlan', lloc defaid)
pinfolds

Corn Du *mynydd* (SO 0021)
Powys (Brycheiniog)
corn (brig, pigyn) + du
black stack (mountain)

Corneli *enw lle* (SS 8280)
Pen-y-bont ar Ogwr (Morgannwg)
lluosog 'cornel' (tro)
bends
Cornelly

cornicyll *hwn*
lapwing, plover

Corntwn *enw lle* (SS 9177)
Bro Morgannwg (Morgannwg)
corun (brig, copa) + *dun*
(hen Saesneg yn cyfateb i '*down*'), bryn, tir uchel
peak of the hill
Corntown

Coron gw. *(see)* **Llyn Coron**

corres *hon*
cor (dynan) benyw
female dwarf

Corris *enw lle* (SH 7507)
Gwynedd (Meirionnydd)
Corris (afon) yn cynnwys yr elfen 'cor' (fel yn 'corrach')
dwarf stream

Corrwg gw. *(see)* **Afon Corrwg**

corryn *hwn*
1. dynan, dyn bach
dwarf
2. pryf copyn
spider

cors *hon*
y man lle y mae corsen a chyrs yn tyfu
marsh

Cors gw. hefyd *(see also)* **Gors**

Cors Ddyga *cors* (SH 4471)
Môn
cors + Dygai (enw person)
Dygai's marsh (personal name)
Malltraeth Marsh

Cors Fochno *cors* (SN 6290)
Ceredigion (Aberteifi)
cors + Mochno (amrywiaeth ar yr enw personol Machno)
Mochno/Machno's marsh (personal name)
Borth Bog

Cors Garon gw. *(see)* **Cors Goch Glanteifi**

Cors Geirch *cors* (SH 3136)
Gwynedd (Caernarfon)
ceirch
marsh where oats grow

Cors Goch Glanteifi *cors* (SN 6863)
Ceredigion (Aberteifi)
cors + coch + glan + Teifi (afon)
red marsh on the banks of the (river) Teifi
Cors Garon

Corsybarcud gw. *(see)* **Llyn Corsybarcud**

Cors-y-bol *cors* (SH 3885)
Môn
cors + y + bol (yn cyfeirio at dirlun tonnog, pantiog)
the undulating marsh

Corsygedol *plas* (SH 6023)
Gwynedd (Meirionnydd)
cors + y + cedol (o 'ced', hen air am 'tâl, rhodd')
the gift marsh

Corwen *enw lle* (SJ 0743)
Dinbych (Meirionnydd)
côr (cangell eglwys) + maen (carreg)
stone chancel

Cotrel, Y *plas* (ST 0774)
Morgannwg
y + Cott(e)rel (cyfenw Saesneg) (dull o greu enwau llefydd, e.e. Y Prat, Y Mansel)
the Cottrel's (mansion)

Cothi gw. *(see)* **Afon Cothi**

Cowlyd gw. *(see)* **Llyn Cowlyd**

Cownwy Llangadfan *enw lle* (SH 9918)
Powys (Trefaldwyn)
Cownwy (afon) + Llangadfan (enw lle)
(river) Cownwy at Llangadfan

Cownwy Llanwddyn *enw lle* (SJ 0117)
Powys (Trefaldwyn)
Cownwy (afon) + Llanwddyn (enw lle)
(river) Cownwy at Llanwddyn

crachen *hon*
craith, darn o dir gwael
scabby land

Crafnant gw. *(see)* **Llyn Crafnant**

Crai *enw lle* (SN 8924)
Powys (Brycheiniog)
Crai (afon) (dŵr ffres, croyw)
fresh flowing (river)

Craig gw hefyd *(see also)* **Graig**

Craig Bedw *enw lle* (SO 1502)
Caerffili (Morgannwg)
craig + bedw
birch rock

Craig Berth-lwyd *bryn* (ST 0995)
Merthyr Tudful (Morgannwg)
craig + perth (clawdd) + llwyd
rock at the grey hedge

Craig Blaenrhondda *clogwyni* (SN 9100)
Rhondda Cynon Taf (Morgannwg)
craig + Blaenrhondda
Blaenrhondda rock

Craig Blaen-y-cwm *clogwyni* (SH 7347)
Gwynedd (Caernarfon)
craig + blaen + y + cwm
crag at the head of the valley

Craig Bronbannog *mynydd* (SJ 0252)
Conwy (Dinbych)
craig + bron (pen mynydd) + bannog (uchel, amlwg)
crag at the summit of the prominent mountain

Craig-cefn-parc *enw lle* (SN 6703)
Abertawe (Morgannwg)
craig + cefn (esgair, trum) + parc
rock on the ridge of the pasture

Craig Cerrig-gleisiad *clogwyni* (SN 9621)
Powys (Brycheiniog)
craig + cerrig + gleisiad (eog ifanc)
cliff by the rock-strewn, young salmon stream

Craig Cwmbychan *clogwyni* (SH 5455)
Gwynedd (Caernarfon)
craig + Cwm Bychan
Cwm Bychan rock

Craig Cwmdulyn *clogwyni* (SH 4949)
Gwynedd (Caernarfon)
craig + Cwm Dulyn
Cwm Dulyn rock

Craig Cwmsilyn *clogwyni* (SH 5150)
Gwynedd (Caernarfon)
craig + Cwm Silyn (Silin)
Cwm Silyn rock

Craig Cywarch *clogwyni* (SH 8318)
Gwynedd (Meirionnydd)
craig + cywarch (planhigyn)
hempen rock (cliffs)

Craig Derlwyn *clogwyni* (SN 7215)
Caerfyrddin
craig + derw + llwyn (llwyn o dderw)
crag by the oak grove

Craig Dwrch *mynydd* (SN 6649)
Caerfyrddin
craig + twrch (baedd gwyllt)
boar's rock

Craig Ddu[1] *clogwyni* (SH 7010)
Gwynedd (Caernarfon)
craig + du
black rock (cliffs)

Craig Ddu[2] *clogwyni* (SH 6152)
Gwynedd (Meirionnydd)
craig + du
black rock (cliffs)

Craig-gelli-nedd *enw lle* (SN 7304)
Castell-nedd Port Talbot (Morgannwg)
craig + Gelli-nudd (Nudd)
Gelli-nudd rock

Craig Gwaun Taf *clogwyni* (SO 0020)
Powys (Brycheiniog)
craig + gwaun (tir corsog) + Taf (afon)
rock in the marsh by the (river) Taf

Craig Gwent *mynydd* (ST 2599)
Torfaen (Mynwy)
craig + Gwent (enw ardal)
Gwent rock (mountain)

Craig Gyfynys *bryn* (SH 6838)
Gwynedd (Meirionnydd)
craig + ynys (dôl), cyfynys dwy ddôl ar bwys ei gilydd
rock in the adjacent river meadows

Craig Nythygigfran *clogwyni* (SH 6845)
Gwynedd (Meirionnydd)
craig + nyth + y + cigfran
raven's nest rock

Craig Orllwyn *mynydd* (SJ 1625)
Powys (Dinbych)
craig + gor + llwyn (coedwig fawr)
rock in the great forest

Craig Portas *clogwyni* (SH 8014)
Gwynedd (Meirionnydd)
craig + portas (llyfr gwasanaeth eglwys)
book-shaped slab

Craig Pysgotwr *clogwyni* (SN 7549)
Ceredigion (Aberteifi)
craig + pysgotwr
fisherman's rock

Craig Rhiweirth *mynydd* (SJ 0526)
Powys (Trefaldwyn)
craig + rhiw + Eirth (afon) (lluosog 'arth')
crag on the slope of the river Eirth (bears)

Craig Selsig *clogwyni* (SS 9197)
Rhondda Cynon Taf (Morgannwg)
craig + Selsig (nant) (pwdin gwaed – yn cyfeirio at liw'r dŵr)
crag by the black-pudding-like stream

Craig Swffryd *bryn* (ST 2199)
Mynwy
craig + siffrwd
whispering rock

Craig Syfyrddin *mynydd* (SO 4021)
Mynwy
craig + Serwynnydd (bro Serwan [enw personol])
rock on Serwan's land (personal name)

Craig Wion *mynydd* (SH 6632)
Gwynedd (Meirionnydd)
craig + Gwion (enw personol)
Gwion's rock (personal name)

Craig y Bera *clogwyni* (SH 5354)
Gwynedd (Caernarfon)
craig + y + bera (barcud – yr aderyn ysglyfaethus)
the kite's rock

Craig y Bychan *clogwyni* (SH 8235)
Gwynedd (Meirionnydd)
craig + y + bychan (un bach)
the little one's rock

Craig y Deryn *bryn* (SH 6406)
Gwynedd (Meirionnydd)
craig + y + aderyn
the bird's rock (hill)

Craig y Dinas[1] *bryn* (SN 9108)
Powys (Brycheiniog)
craig + y + dinas (caer, lle caerog)
the fortress crag

Craig y Dinas[2] *heneb* (SH 4452)
Gwynedd (Caernarfon)
craig + y + dinas (caer, lle caerog)
the fortress tor

Craig y Dinas[3] *heneb* (SH 6223)
Gwynedd (Meirionnydd)
craig + y + dinas (caer, lle caerog)
the battlement rock

Craig y Don *enw lle* (SH 7981)
Conwy (Caernarfon)
craig + y + ton
the wave rock

Craig y Frân gw. *(see)* **Nant Craig y Frân**

Craig y Llyn *clogwyni* (SN 9003)
Rhondda Cynon Taf (Morgannwg)
craig + y + llyn
the lake rock

Craig-y-nos *clogwyni* (SN 8315)
Powys (Brycheiniog)
craig + y + nos
the rock of night

Craig y Penrhyn *enw lle* (SN 6592)
Ceredigion (Aberteifi)
craig + y + penrhyn
the peninsula rock

Craig y Pistyll *clogwyni* (SN 7285)
Ceredigion (Aberteifi)
craig + y + pistyll (ffynnon/rhaeadr)
the waterfall rock

Craigypistyll gw. *(see)* **Llyn Craigypistyll**

Craig yr Allt-goch *bryn* (SN 9069)
Powys (Maesyfed)
craig + y + allt (llethr goediog) + goch
rock on the red, wooded hill slope

Craig yr Arian *bryn* (SJ 0136)
Gwynedd (Meirionnydd)
craig + yr + arian
the silver rock

Craig yr Hyrddod *clogwyni* (SH 8237)
Gwynedd (Meirionnydd)
craig + yr + hyrddod (lluosog 'hwrdd', maharen)
the rams' rock

Craig Ysgafn *clogwyni* (SH 6544)
Gwynedd (Meirionnydd)
ysgafn (twmpath neu bentwr)
piled-up cliffs

Craig Ysgïog *mynydd* (SH 6810)
Gwynedd (Meirionnydd)
craig + hysio (casglu defaid ynghyd)
herding rock

cras *ansoddair*
sych
dry

Crawcwellt gw. *(see)* **Afon Crawcwellt**

Crawnon gw. *(see)* **Afon Crawnon**

crechydd:crychydd *hwn*
garan
heron

Cregennan *llyn* (SH 6614)
cregan (am nant yn llawn o gregyn)
(lake of the) shell-filled brook

Cregrina *plwyf* (SO 1252)
Powys (Maesyfed)
craig + Buruna/Muruna (enw personol)
Muruna/Buruna's rock (personal name)

Creigiau *enw lle* (ST 0881)
Caerffili (Morgannwg)
lluosog 'craig'
rocks

Creigiau Eglwyseg *clogwyni* (SJ 2244)
Dinbych
creigiau + Eglwyseg (afon)
rocks by the (river) Eglwyseg

Creigiau Llwydion *mynydd* (SH 8857)
Conwy (Dinbych)
creigiau + llwydion (lluosog 'llwyd')
grey rocks

Creiglyn Dyfi *llyn* (SH 8622)
Gwynedd (Meirionnydd)
craig + llyn + Dyfi (afon)
rock lake on the (river) Dyfi

Creignant *ardal* (SJ 2535)
Dinbych
craig + nant
rocky stream

Creini gw. *(see)* **Llyn Creini**

Creuddyn *cwmwd*
crau (cylch amddiffynnol gyda gwaywffyn yn wynebu am allan) + dynn (hen air am 'bryn')
(commote of the) fortified enclosure

Creunant, Y *enw lle* (SN 7904)
Castell-nedd Port Talbot (Morgannwg)
y + creu (hen air am 'waed/cwt mochyn/amddiffynfa'?) + nant
the (gory/pigsty/fortified?) stream

Crewi gw. *(see)* **Afon Crewi**

Crib gw. hefyd *(see also)* **Grib**

crib *hwn/hon*
brig, ymyl uchaf mynydd
crest

Crib Goch (Y Grib Goch) *clogwyni* (SH 6255)
Gwynedd (Caernarfon)
crib (brig, trum) + coch
the red crest

Crib y Ddysgl *mynydd* (SH 6055)
   Gwynedd (Caernarfon)
   crib (brig, trum) + y + dysgl (pant)
   crest in the dip

cribyn *hwn*
   crib bach
   little crest

Cribyn *enw lle* (SN 5251)
   Ceredigion (Aberteifi)
   crib fechan
   little crest

Cribyn Du *clogwyni* (SN 7548)
   Caerfyrddin
   cribyn (crib fechan) + du
   little black crest

Cricieth *enw lle* (SH 5038)
   Gwynedd (Caernarfon)
   crug (twmpath neu garnedd) + caeth (mwy nag un dyn caeth) bryn y carcharorion
   hill of the prisoners

crin *ansoddair*
   wedi crino, wedi deifio
   withered

Crindai *ardal* (ST 3089)
   Casnewydd (Mynwy)
   crin + tŷ (tai â thoeon o wellt neu gawn wedi crino)
   houses of withered thatch

croca *ansoddair*
   ffurf fenywaidd 'crwca', cam
   crooked

crochan *hwn*
   cawg, llestr
   cauldron

Crochan Llanddwyn *heneb* (SH 4064)
   Môn
   ffynnon Llanddwyn
   Llanddwyn well

Croes gw. hefyd *(see also)* **Groes**

Croes-faen gw. **Groes-faen, Y**

Croes-goch *enw lle* (SM 8230)
   Penfro
   'cors' neu 'rhos' goch yn wreiddiol
   red moor

Croes-lan *enw lle* (SN 3844)
   Ceredigion (Aberteifi)
   croes + llan (eglwys)
   church cross

Croesor *enw lle* (SH 6344)
   Gwynedd (Meirionnydd)
   croes (man yn nodi ffin) + -or (man), man â nifer o groesau ffin
   meeting point of boundaries

Croesoswallt *enw lle*
   y man lle y codwyd croes a phen y brenin Oswald arni wedi iddo gael ei orchfygu yn 642
   cross of King Oswald's head following his defeat in 642
   Oswestry

Croesyceiliog[1] *enw lle* (SN 4016)
   Caerfyrddin
   croes + y + ceiliog (y Ceiliog, enw tafarn)
   the cock's cross

Croesyceiliog[2] *enw lle* (ST 3096)
   Torfaen (Mynwy)
   croes + y + ceiliog
   the cock's cross

Croes-y-mwyalch *ardal* (ST 3092)
   Torfaen (Mynwy)
   croes + y + mwyalch (lluosog 'mwyalchen' – y deryn du)
   cross of the blackbirds

crog *hon*
   croes neu grocbren
   cross or gallows

Crogen *plas* (SJ 0036)
   Gwynedd (Meirionnydd)
   cragen (fel cragen malwoden neu bysgodyn)
   shell

crogwydd *hon/hwn*
   crocbren
   gallows

cron *ansoddair*
   ffurf fenywaidd 'crwn'
   round

Cronwern *plwyf* (SN 1710)
   Penfro
   (Llan) Cronwern (yn wreiddiol), eglwys ger y wern
   church by the alder-swamp
   Crunwear

croyw *ansoddair*
   pur, pêr
   pure

Crucadarn *enw lle* (SO 0842)
   Powys (Brycheiniog)

crug (twmpath neu garnedd), hefyd bryncyn + cadarn
stalwart hillock

Crucornau Fawr *enw lle* (SO 3024)
Mynwy
crug (twmpath neu garnedd) + cornau (pigau neu gyrn) + mawr
greater horned mound
Crucorney

Crucywel:Crug Hywel *enw lle* (SO 2118)
Powys (Brycheiniog)
crug (twmpath neu garnedd), hefyd bryncyn + Hywel (enw personol)
Hywel's mound (personal name)
Crickhowell

crug *hwn*
bryncyn, twmpath
hillock

Crug Eryr *bryn* (SO 1559)
Powys (Maesyfed)
crug (twmpath neu garnedd), hefyd bryncyn + eryr
eagle's cairn

Crugiau Ladis *heneb* (SN 7245)
Caerfyrddin
crug (twmpath neu garnedd) + ladis
ladies' cairns

Crugiau Rhos-wen *heneb* (SN 4833)
Caerfyrddin
crug (twmpath neu garnedd) + rhos (moor) + wen (ffurf fenywaidd 'gwyn')
mound on the white moor

Crugion *plas* (SJ 2915)
Powys (Trefaldwyn)
Curug (sant) + ion (tir Curug)
(saint) Curug's land
Criggion

Crug Llwyn-llwyd *heneb* (SN 2048)
Ceredigion (Aberteifi)
crug + llwyn + llwyd
grey-hedged mound

Crugnant gw. *(see)* **Llyn Crugnant**

Crug Perfa *heneb* (SN 3534)
Caerfyrddin
crug + perfedd (anghysbell)
remote mound

Crug-y-bar *enw lle* (SN 6537)
Caerfyrddin

crug + y + bar (rhwystr neu fancyn o dywod mewn afon)
mound by the sand bank

Crug yr Afan *heneb* (SS 9295)
Castell-nedd Port Talbot (Morgannwg)
crug + yr + Afan (enw sant)
the (saint) Afan mound

Crugyn Gwyddel *heneb* (SN 9168)
Powys (Maesyfed)
crug bach + Gwyddel
Irishman's tump

Crwbin *enw lle* (SN 4713)
Caerfyrddin
crwb (codiad crwm) + -in (bachigyn)
hummock

crwm *ansoddair*
wedi plygu, cam
bent

crwyn *hyn*
lluosog 'croen'
skins

crwys *hyn*
lluosog 'croes'
crosses

Crwys, Y *enw lle* (SS 5794)
Abertawe (Morgannwg)
mwy nag un 'croes' (i nodi ffin; neu groes grefyddol)
the crosses
Three Crosses

Crychan gw. *(see)* **Afon Crychan**

Crychddwr gw. *(see)* **Afon Crychddwr**

Crychell gw. *(see)* **Nant Crychell**

Crych-y-waun gw. *(see)* **Llyn Crych-y-waun**

Cryddan gw. *(see)* **Afon Cryddan**

Crygnant *nant* (SN 8896)
Powys (Trefaldwyn)
nant croch, cras
rasping spring

Crymlyn[1] *ardal* (SS 7093)
Castell-nedd Port Talbot (Morgannwg)
llyn crwm (llyn a thro ynddo)
lake with a bend

Crymlyn[2] *enw lle* (ST 2193)
Caerffili (Mynwy)
llyn crwm (llyn a thro ynddo)
lake with a bend

Crymych *enw lle* (SN 1833)
Penfro
o 'crwm' (cam)
crooked

Cryngae *fferm* (SN 3439)
Caerfyrddin
crin + cae (gwrych o eithin a drain wedi crino)
withered hedge

Crynwedd *enw lle* (SN 1214)
Penfro
crin (wedi crino) + gwŷdd (coedwig)
blasted wood
Crinow

cu *ansoddair*
annwyl
dear

cuch:cuwch *hwn*
gwg
frown

Cuch gw. *(see)* **Afon Cuch**

cwar:cwarel *hwn*
cloddfa gerrig
quarry

Cwar Blaenonnau *clogwyni* (ST 1516)
Powys (Brycheiniog)
cwar (chwarel) + blaen (pen) + onnau (coed ynn)
quarry at the head of black alders

Cwarter Bach *plwyf* (SN 7216)
Caerfyrddin
cwarter + bach
small quarter

Cwellyn gw. *(see)* **Llyn Cwellyn**

cwm *hwn* (cymoedd)
yn wreiddiol dyffryn fel dysgl, wedyn un dwfn a chul
valley

Cwm[1] *enw lle* (SO 1805)
Blaenau Gwent (Mynwy)
cwm
valley

Cwm,[2] **Y** *enw lle* (SJ 0677)
Dinbych (Fflint)
cwm
the valley

Cwm Afan *cwm* (SS 8195)
Castell-nedd Port Talbot (Morgannwg)
cwm + Afan (afon)
valley of the (river) Afan

Cwmafan *enw lle* (SS 7892)
Castell-nedd Port Talbot (Morgannwg)
cwm + Afan (afon)
valley of the (river) Afan

Cwm Afon *cwm* (SO 2705)
Torfaen (Mynwy)
cwm + afon
river valley

Cwmafon *enw lle* (SO 2706)
Torfaen (Mynwy)
cwm + afon
river valley

Cwm Aman *cwm* (SN 6513)
Caerfyrddin
cwm + Aman (afon)
valley of the (river) Aman

Cwmaman[1] *plwyf* (SN 6714)
Caerfyrddin
cwm + Aman (afon)
valley of the (river) Aman

Cwmaman[2] *enw lle* (ST 0099)
Rhondda Cynon Taf (Morgannwg)
cwm + Aman (afon)
valley of the (river) Aman

Cwm Amarch *cwm* (SH 7110)
Gwynedd (Meirionnydd)
cwm + amarch (gormes?)
vale of oppression

cwman *hwn*
dyffryn bach
a little valley

Cwm-ann *enw lle* (SN 5847)
Caerfyrddin
cwman (cwm bach?)
little valley

Cwm Bach *cwm* (SM 8322)
Penfro
cwm + bach
little valley

Cwm-bach[1] *enw lle (x 2)* (SN 4801) (SN 2525)
Caerfyrddin
cwm + bach
little valley

Cwm-bach[2] *enw lle* (SO 1639)
Powys (Maesyfed)
cwm + bach
little valley

Cwm-bach[3] *enw lle* (SO 0201)
Rhondda Cynon Taf (Morgannwg)

cwm + bach
little valley

Cwm Bargod *cwm* (SO 0801)
Merthyr Tudful (Morgannwg)
cwm + bargod (ymyl neu ffin)
valley at the boundary

Cwmbelan *enw lle* (SN 9481)
Powys (Trefaldwyn)
cwm + pelan (bryncyn)
valley with a hillock

Cwm-blowty *enw lle*
cwm + blawd (can) + tŷ
valley with a mealhouse

Cwmbrân *enw lle* (ST 2994)
Torfaen (Mynwy)
cwm + brân (aderyn)
crow valley

Cwmbrân Uchaf *enw lle* (ST 2796)
Torfaen (Mynwy)
cwm + brân (aderyn) + uchaf
upper valley of the crow

Cwm-brith *enw lle* (SO 0960)
Powys (Maesyfed)
cwm + brith
speckled valley

Cwmbwrla *enw lle* (SS 6494)
Abertawe (Morgannwg)
cwm + y ffurfiau Hen Saesneg *burh-lacu*, sef nant oedd yn ffin i'r faestref
valley of the (borough's) boundary stream

Cwm Bychan[1] *cwm* (SH 6046)
Gwynedd (Caernarfon)
cwm + bychan
little valley

Cwm Bychan[2] *cwm* (SH 6431)
Gwynedd (Meirionnydd)
cwm + bychan
little valley

Cwmbychan *cwm* (SS 7892)
Castell-nedd Port Talbot (Morgannwg)
cwm + bychan
small valley
Cwmafan

Cwm Calch *cwm* (SN 9199)
Powys (Trefaldwyn)
cwm + calch
lime valley

Cwm Caregog *cwm* (SH 5952)
Gwynedd (Caernarfon)

cwm + caregog (llawn cerrig)
stony valley

Cwmcarfan *enw lle* (SO 4707)
Mynwy
cwm + carfan (twmpath, llwyth)
valley with a mound

Cwm-carn *enw lle* (ST 2293)
Caerffili (Mynwy)
cwm + Carn (enw nant)
Carn valley (name of spring)

Cwm Ceulan *cwm* (SN 6990)
Ceredigion (Aberteifi)
cwm + ceulan (glan afon wedi'i herydu gan y dŵr)
valley with the undermined river banks

Cwm Cewydd *cwm* (SH 8713)
Gwynedd (Meirionnydd)
cwm + Cewydd (sant)
(saint) Cewydd's valley

Cwm Ciprwth *cwm* (SH 5148)
Gwynedd (Caernarfon)
cwm + cib (cafn, pant) + rhwth (agored)
valley with the gaping ditch

Cwm Cleisfer *cwm* (SO 1417)
Powys (Brycheiniog)
clais (ffos neu nant fechan) + byr
streamlet valley

Cwm Clydach[1] *cwm* (ST 0595)
Rhondda Cynon Taf (Morgannwg)
cwm + Clydach (enw afon)
(river) Clydach vale

Cwm Clydach[2] *cwm* (SN 6804)
Morgannwg
cwm + Clydach (enw afon)
(river) Clydach vale

Cwm Corrwg *cwm* (SS 8899)
Morgannwg
cwm + Corrwg (afon)
valley of the river Corrwg

Cwmcorsiog gw. *(see)* Llyn Cwmcorsiog

Cwm-cou *enw lle* (SN 2942)
Ceredigion (Aberteifi)
cwm + cou
hollow valley

Cwm Cynnen *cwm* (SN 3622)
Caerfyrddin
cwm + cynnen (anghytundeb)
disputed valley

Cwmdâr *enw lle* (SN 9803)
 Rhondda Cynon Taf (Morgannwg)
 cwm + Dâr (afon)
 valley of the (river) Dare

Cwm Du *cwm* (SH 5355)
 Gwynedd (Caernarfon)
 cwm + du
 black valley

Cwm-du[1] *enw lle* (SN 6330)
 Caerfyrddin
 cwm + du
 black valley

Cwm-du[2] *enw lle* (SS 8691)
 Abertawe (Morgannwg)
 cwm + du
 dark valley

Cwm-du gw. *(see)* **Llanfihangel Cwm Du**

Cwmduad *enw lle* (SN 3731)
 Caerfyrddin
 cwm + Duad (enw'r nant), yn cyfeirio at liw'r dŵr
 valley of the Duad (dark stream)

Cwmdulais *ardal* (SN 6103)
 Caerfyrddin
 cwm + Dulais (enw afon)
 (river) Dulais valley

Cwm Dulyn *cwm* (SH 4949)
 Gwynedd (Caernarfon)
 cwm + llyn + du
 valley of the black lake

Cwm Dwythwch *cwm* (SH 5657)
 Gwynedd (Caernarfon)
 cwm + adwyth(wch) (drwg, niwed)
 cursed valley

Cwm Dyli *cwm* (SH 6354)
 cwm + Dylif (afon)
 (river) Dylif valley

Cwm Ddynhadog *cwm* (SH 6850)
 Gwynedd (Caernarfon)
 cwm + danadl (poethion)
 valley of nettles

Cwm Edno *cwm* (SH 6651)
 Gwynedd (Caernarfon)
 cwm + edn (aderyn)
 bird valley

Cwm Eigiau *cwm* (SH 6963)
 Gwynedd (Caernarfon)
 cwm + Eigien (enw personol efallai)
 Eigien's valley (personal name?)

Cwm Einon *cwm* (SN 7094)
 Ceredigion (Aberteifi)
 cwm + Einon (enw afon)
 valley of the (river) Einon

Cwmerfyn *ardal* (SN 6983)
 Ceredigion (Aberteifi)
 cwm + Erfin (Erfyn)
 valley of the Erfin (stream and an early bishop)

Cwmergyr *ardal* (SN 7982)
 Ceredigion (Aberteifi)
 cwm + ergyr (hen air am 'tafliad', ergyd)
 stone's throw valley

Cwmfelin[1] *enw lle* (SO 0900)
 Merthyr Tudful (Morgannwg)
 cwm + (y) + melin
 valley of the mill

Cwmfelin[2] *enw lle* (SS 8689)
 Bro Morgannwg (Morgannwg)
 cwm + (y) + melin
 valley of the mill

Cwmfelin-boeth *enw lle* (SN 1919)
 Caerfyrddin
 cwm + (y) + melin + poeth (wedi llosgi)
 valley of the burnt mill

Cwmfelin-fach *enw lle* (ST 1891)
 Caerffili (Mynwy)
 cwm + (y) + melin fach
 valley with the little mill

Cwmfelinmynach *enw lle* (SN 2224)
 Caerfyrddin
 cwm + (y) + melin + mynach (mynachdy)
 valley with the monastery's mill

Cwm Ffrwd *cwm* (SO 2505)
 Torfaen (Mynwy)
 cwm + ffrwd (o ddŵr)
 valley of the stream

Cwm-ffrwd *eglwys* (SN 4217)
 Caerfyrddin
 cwm + ffrwd
 valley with a spring

Cwmffynnon gw. *(see)* **Llyn Cwmffynnon**

Cwm-geist *enw lle* (SO 1771)
 Powys (Maesyfed)
 cwm + geist (ci benyw, lluosog 'gast')
 valley of the bitches

Cwmgïedd *enw lle* (SN 7811)
 Powys (Brycheiniog)

cwm + Gïedd (afon), ffyrnig, ar ruthr
valley of the (river) Gïedd (raging stream)

Cwm-gors *enw lle* (SN 7010)
Castell-nedd Port Talbot (Morgannwg)
cwm + (y) + cors
valley with a marsh

Cwm Gwaun *cwm* (SN 0035)
Penfro
cwm + Gwaun (afon), un sy'n llifo drwy weundir
(river) Gwaun valley

Cwmgwili *enw lle (x 2)* (SN 5710) (SN 4223)
Caerfyrddin
cwm + Gwili (afon)
(river) Gwili vale

Cwm-gwrach *enw lle* (SN 8605)
Castell-nedd Port Talbot (Morgannwg)
cwm + Gwrach (enw nant), araf ei rhediad fel gwrach (hen wraig)
Gwrach valley (a stream like a bent old lady)

Cwm Gwyn *cwm* (SH 9630)
Gwynedd (Meirionnydd)
cwm + gwyn
blessed valley

Cwm Haffes *cwm* (SN 8317)
Powys (Brycheiniog)
cwm + haf + hesb
(cwm lle y mae'r dŵr yn peidio ar adegau sych)
valley with a tendency to drought

Cwm-hir *enw lle* (SO 0571)
Powys (Maesyfed)
cwm + hir
long valley

Cwm Hirnant *cwm* (SH 9430)
Gwynedd (Meirionnydd)
cwm + nant + hir
valley of the long stream

Cwm Hwplyn *cwm* (SN 4335)
Caerfyrddin
cwm + Hwplyn (ffurf anwes ar enw personol?)
Hwplyn's valley (personal name?)

Cwmhywel *plas* (SN 5407)
Caerfyrddin
cwm + Hywel (enw personol)
Hywel's valley

Cwmifor *cwm* (SN 6525)
Caerfyrddin
cwm + Ifor (enw personol)
Ifor's valley

Cwm-iou *cwm* (SO 2923)
Mynwy
cwm + iau (ar ffurf 'iau')
yoke-shaped valley

Cwmisfael *enw lle* (SN 4915)
Caerfyrddin
cwm + is + moel (cwm tan y foel)
valley beneath the bare mountain

Cwmllechen gw. *(see)* **Afon Cwmllechen**

Cwm Llefrith *cwm* (SH 5446)
Gwynedd (Caernarfon)
cwm + lled + frith (go frith)
lightly-speckled valley

Cwmllethryd *enw lle* (SN 4911)
Caerfyrddin
cwm + llethr
valley by the hillside

Cwm Lleucu *cwm* (ST 2698)
Torfaen (Mynwy)
cwm + Lleucu (enw santes)
(saintess) Lleucu's valley
Cwm Lickey

Cwmlline *enw lle* (SH 8407)
Powys (Trefaldwyn)
cwm + Llinau (afon), yn deillio o darddiad 'afon o byllau, fel llinellau'
(river) Llinau vale (a string of pools)

Cwm-llwch gw. *(see)* **Llyn Cwm-llwch**

Cwm Llwyd *cwm* (SH 8723)
Gwynedd (Meirionnydd)
cwm + llwyd (lliw)
grey valley

Cwmllygodig *plas* (SH 8209)
Gwynedd (Meirionnydd)
cwm + llygod (ffordd o gyfeirio at gwm bychan, yn hytrach nag un â phla o lygod)
mousy little valley

Cwmllynfell *enw lle* (SN 7412)
Castell-nedd Port Talbot (Morgannwg)
cwm + Llynfell (afon)
valley of the (river) Llynfell

Cwm Mafon *cwm* (ST 0995)
Merthyr Tudful (Morgannwg)
cwm + mafon
raspberry valley

Cwm-mawr *enw lle* (SN 5312)
Caerfyrddin
cwm + mawr
big valley

Cwm Meillionen *cwm* (SH 5648)
Gwynedd (Caernarfon)
cwm + meillionen
clover valley

Cwm-mynach gw. *(see)* **Llyn Cwm-mynach**

Cwm Nantcol *cwm* (SH 6326)
Gwynedd (Meirionnydd)
cwm + nant + Coel (enw personol)
valley of Coel's stream (personal name)

Cwm Nant Meichiad *cwm* (SJ 1215)
Powys (Trefaldwyn)
cwm + nant + meichiad (swineherd); fe'i cysylltir â moch Gwydion yn y Mabinogi
valley of the swineherd's stream

Cwm-ochr gw. *(see)* **Afon Cwm-ochr**

Cwm Ogwr Fach *cwm* (SS 9486)
Pen-y-bont ar Ogwr (Morgannwg)
cwm + Ogwr (afon) + bach
valley of the lesser Ogwr

Cwm Ogwr Fawr *cwm* (SS 9388)
Pen-y-bont ar Ogwr (Morgannwg)
cwm + Ogwr (afon) + mawr
valley of the greater Ogwr

Cwmorthin *cwm* (SH 6746)
Gwynedd (Meirionnydd)
cwm + marthin (gwalch glas)
sparrow hawk valley

Cwm-parc *enw lle* (SS 9495)
Rhondda Cynon Taf (Morgannwg)
cwm + parc
valley in the pasture

Cwm Penamnen *cwm* (SH 7350)
Gwynedd (Caernarfon)
cwm + pennant (pen y nant) + Beinw (enw nant), sef 'moch bach'
valley at the head of the Beinw (spring named after 'little pigs')

Cwm Penanner *ardal* (SH 9046)
Conwy (Dinbych)
cwm + pen + anner (buwch ifanc)
head of heifer's vale

Cwm-pen-graig *enw lle* (SN 3536)
Caerfyrddin
cwm + pen + craig
valley at crag's head

Cwm Penmachno *ardal* (SH 7547)
Gwynedd (Caernarfon)
cwm + pen + nant + Machno (afon ac enw personol)
valley at the head of the (river) Machno (personal name)

Cwm Pennant *cwm* (SH 5247)
Gwynedd (Caernarfon)
cwm + pen + nant
valley at the spring head

Cwmpennar *enw lle* (SO 0400)
Rhondda Cynon Taf (Morgannwg)
cwm + Pennarth (afon), sef afon yn codi ar dir uchel
valley of the river Pennarth (one that rises on high land)

Cwm Prysor *cwm* (SN 7335)
Gwynedd (Meirionnydd)
cwm + Prysor (afon)
the valley of the (river) Prysor

Cwmpydew gw. *(see)* **Nant Cwmpydew**

Cwmrheidol *plwyf* (SN 7380)
Ceredigion (Aberteifi)
cwm + Rheidol (afon)
valley of the (river) Rheidol

Cwm Rhiweirth *cwm* (SJ 3208)
Powys (Trefaldwyn)
cwm + Rhiweirth (afon)
valley of the (river) Rhiweirth

Cwmrhydyceirw *enw lle* (SS 6699)
Abertawe (Morgannwg)
cwm + rhyd + cwrw (yn wreiddiol), man lle y tynnid dŵr ar gyfer bragu cwrw efallai
valley at the ford where ale was brewed (originally)

Cwm Saerbren *cwm* (SS 9397)
Rhondda Cynon Taf (Morgannwg)
cwm + saer + pren
carpenter's valley

Cwm Selsig *cwm* (SS 9197)
Rhondda Cynon Taf (Morgannwg)
cwm + Selsig (afon) (pwdin gwaed), yn cyfeirio at liw'r dŵr
valley of the (river) Selsig (like black pudding)

Cwm-sgwt *ardal* (ST 0591)
Rhondda Cynon Taf (Morgannwg)
enw fferm yn plwyf Llanwynno a ddaeth yn llys-enw am rywle di-raen
farm which became y byword for a run-down place
Pwllhywel

Cwm Silyn *cwm* (SH 5150)
Gwynedd (Caernarfon)
cwm + Silyn (sant)
(saint) Silyn's valley

Cwmstradllyn *llyn* (SH 5644)
Gwynedd (Caernarfon)
cwm + ystrad (llawr dyffryn) + llyn
lake on a valley floor

Cwm Sychan *cwm* (SO 2304)
Torfaen (Mynwy)
cwm + Sychan (afon)
valley of the (river) Sychan

Cwmsychbant *enw lle* (SN 4746)
Ceredigion (Aberteifi)
cwm + sych + pant
valley in the dry hollow

Cwmsyfiog *enw lle* (SO 1502)
Caerffili (Mynwy)
cwm + syfi (mefus bach gwyllt)
strawberry vale

Cwmsymlog *ardal* (SN 6983)
Ceredigion (Aberteifi)
cwm + swmbwl (darn o bren pigog i yrru anifail) + -og
goad valley

Cwm Tafolog *cwm* (SH 8909)
Powys (Trefaldwyn)
cwm + tafol (dail tafol) + -og, lle y mae tafol yn tyfu
valley where dock-leaves grow

Cwmteuddwr gw. *(see)* **Llansanffraid Cwmteuddwr**

Cwm Tirmynach *cwm* (SH 9042)
Gwynedd (Meirionnydd)
cwm + tir + mynach (tir yn perthyn i fynachdy)
valley on the land of the monastery

Cwm Treweren *cwm* (SN 9125)
Powys (Brycheiniog)
cwm + tre (fferm fawr) + gwern (alder)
valley of the settlement by the alders

Cwm Trwsgl *cwm* (SH 5449)
Gwynedd (Caernarfon)
cwm + trwsgl (garw)
rough valley

Cwmtudu *cilfach/ardal* (SN 3557)
Ceredigion (Aberteifi)
cwm + Tudur (enw personol, hefyd cysylltiad â Harri Tudur)
Tudur's valley (there is a connection with Henry VII and his march to Bosworth)

Cwm-twrch[1] *enw lle* (SN 7610)
Powys (Brycheiniog)
cwm + Twrch (afon)
afon sy'n tyrchu ei ffordd drwy'r ddaear
valley of the (river) Twrch

Cwm-twrch[2] *ardal* (SN 6850)
Caerfyrddin
cwm + Twrch (afon)
afon sy'n tyrchu ei ffordd drwy'r ddaear
valley of the (river) Twrch

Cwmtyleri *enw lle* (SO 2105)
Blaenau Gwent (Mynwy)
cwm + Tyleri (afon)
valley of the (river) Tyleri

Cwmtylo *fferm* (SH 8434)
Gwynedd (Meirionnydd)
cwm + Tylo (enw personol)
Tylo's valley (personal name)

Cwmtywyll gw. *(see)* **Nant Cwmtywyll**

cwmwd *hwn*
hen ardal weinyddol a llys barn ynddi, tua hanner maint cantref
an old administrative unit approximately half the size of a 'cantref'

Cwmwdig *fferm* (SM 8030)
Penfro
cwm + Eiddig (enw nant, o 'aidd', 'gwres'), gwresog, eiddgar
valley of the hot spring

Cwm-y-glo[1] *enw lle* (SN 5513)
Caerfyrddin
cwm + y + glo (sef golosg)
valley where charcoal is made

Cwm-y-glo[2] *enw lle* (SN 5562)
Gwynedd (Caernarfon)
cwm + y + glo (sef golosg)
valley where charcoal is made

Cwm yr Allt-lwyd *cwm* (SH 7829)
Gwynedd (Meirionnydd)
cwm + y + gallt (llethr goediog) + llwyd
valley with the grey, tree-lined slopes

Cwmyreglwys *enw lle* (SN 0140)
Penfro
cwm + yr + eglwys
the church valley

Cwm yr Haf *cwm* (SH 4946)
Gwynedd (Caernarfon)
cwm + yr + haf (+ hesb, yn wreiddiol)
cwm lle mae'r dŵr yn peidio ar adegau sych
valley that tends to drought (in the summer)

Cwm Ystradllyn *cwm* (SH 5342)
Gwynedd (Caernarfon)
cwm + ystrad (llawr dyffryn) + llyn
valley with a lake at its floor

Cwmystwyth *enw lle* (SN 7973)
Ceredigion (Aberteifi)
cwm + Ystwyth (afon)
valley of the (river) Ystwyth

Cŵn *llyn* (SH 6644)
Gwynedd (Caernarfon)
cŵn (lluosog 'ci')
hounds (lake)

Cwnsyllt *ardal* (SJ 2373)
Fflint
ffurf Gymraeg ar 'Col' neu 'Coel' (enw person) + hill
Coleshill

cwr *hwn*
ymyl, cornel
edge, corner

cwrt *hwn*
llys neu blasty
  court or mansion
(yn ne Cymru) fe all olygu tir sy'n eiddo i fynachlog
(in south Wales) monastic land, grange

Cwrt Bryn-y-beirdd *heneb* (SN 6618)
Caerfyrddin
cwrt + bryn + y + beirdd
court on the hill of the bards

Cwrt Colman *plas* (SS 8881)
Morgannwg
cwrt + Colman (enw personol), sant efallai
(saint, possibly) Colman's court

Cwrt-henri *enw lle* (SN 5522)
Caerfyrddin
cwrt + Henri (enw personol)
Henri's court

Cwrt Herbert *ardal* (SS 7497)
Castell-nedd Port Talbot (Morgannwg)
cwrt + Herbert (enw personol)
Herbert's court

Cwrtllechryd *heneb* (SO 0253)
Powys (Maesyfed)
cwrt + llech + rhyd (rhyd o lechau)
court at the ford with stone slabs

Cwrtnewydd *enw lle* (SN 4847)
Ceredigion (Aberteifi)
cwrt + newydd
new court

Cwrt-sart *enw lle* (SS 7495)
Castell-nedd Port Talbot (Morgannwg)
cwrt (tir mynachlog) + *assart* (gair Saesneg am dir wedi'i glirio o goed)
grange (monastic land) cleared of wood

Cwrtycadno *ardal* (SN 6944)
Caerfyrddin
cwrt + y + cadno (llwynog)
reynard's court

Cwrtycarnau *plas* (SN 5700)
Morgannwg
cwrt (tir mynachlog) + carnau (crugiau)
cairns grange

Cwrt y Person *heneb* (SJ 1513)
Powys (Trefaldwyn)
cwrt + y + person
parson's court

Cwrtyrala *plas* (ST 1473)
Morgannwg
cwrt + y + Raleigh (enw teuluol o hil Syr Walter Raleigh)
the Raleigh's court

cwt *hwn*
cynffon
tail

cwta *ansoddair*
byr
short

cwtws *hon*
cynffon, pen ôl
backside

Cwys yr Ychen Bannog *heneb* (SN 7261)
Ceredigion (Aberteifi)
cwys gan ychen chwedlonol
furrow of the (legendary) horned ox

Cydweli[1] *cantref*
Cedweli yn wreiddiol
Cadwal (enw personol) + -i = tir Cadwal
(hundred in) Cadwal's land (personal name)

Cydweli[2] *enw lle* (SN 4006)
Caerfyrddin
Cedweli yn wreiddiol Cadwal (enw personol) + -i = tir Cadwal

Cadwal's land
Kidwelly

Cyfarthfa *ardal* (SO 0407)
Merthyr Tudful (Morgannwg)
cyfarth (hen ystyr o 'frwydr', neu sefyll tir a herio) + -ma (man, lle)
place of confrontation

Cyfeiliog *cwmwd*
Cyfael (enw person) + -iog = tir Cyfael
(commote in) Cyfael's land (personal name)

cyfer:cyfair *hwn/hon*
cymaint o dir ag yr oedd modd ei aredig mewn diwrnod, acer
acre

Cyfronnydd:Ceufronnydd *ardal* (SJ 1408)
Powys (Trefaldwyn)
bronnydd (bryniau) + cy- = bryniau ar bwys ei gilydd
adjacent hills

cyff *hwn*
bôn, boncyff
stock, trunk

Cyffin gw. *(see)* **Afon Cyffin**

Cynghordy *ardal* (SN 8040)
Caerfyrddin
cynghordy, man lle y mae pobl yn cyfarfod i drafod, tŷ cwrdd
meeting house

Cyllyfelin gw. *(see)* **Afon Cyllyfelin**

Cymaron *ardal* (SO 1367)
Powys (Maesyfed)
Cymaron (afon) o 'cymar', brwydr, terfysg; afon lawn terfysg
boiling, swirling river

Cymau *enw lle* (SJ 2955)
Fflint
cymau (lluosog 'cwm')
valleys

cymer *hwn*
man lle y mae dwy afon yn cyfarfod, e.e. Abercymer
a confluence of two or more rivers

Cymer *abaty* (SH 7219)
Gwynedd (Meirionnydd)
cymer (man lle y mae dwy afon yn dod ynghyd)
(monastery at) the confluence

Cymer,[1] **Y** *enw lle* (ST 0290)
Rhondda Cynon Taf (Morgannwg)
cymer (man lle y mae dwy afon yn dod ynghyd)
the confluence

Cymer,[2] **y** *enw lle* (SS 8696)
Castell-nedd Port Talbot (Morgannwg)
cymer (man lle y mae dwy afon yn dod ynghyd)
confluence

Cymerig gw. *(see)* **Afon Cymerig**

Cymru *hon*
yn wreiddiol yr oedd 'Cymry' yn dynodi'r wlad a'r bobl, ac fe ddaeth yr amrywiad 'Cymru' yn ffordd gyfleus i osgoi'r amwysedd
'Cymry' originally referred to both land and people, the variant 'Cymru' became a means of distinguishing between the two

Cymrun gw. *(see)* **Nant Cymrun**

Cymydmaen *cwmwd*
cwmwd + maen (maen melyn enwog ar benrhyn gyferbyn ag Enlli)
yellow-rock commote

Cyncoed *ardal* (ST 1979)
Caerdydd (Morgannwg)
cefn (cefnen, esgair) + coed
wooded ridge

cynefin *hwn*
darn o dir agored y mae anifeiliaid wedi'u cartrefu arno
habitat

Cynfal *ardal* (SH 6101)
Gwynedd (Meirionnydd)
Cynfael (enw personol)
Cynfael (personal name)

Cynffig *enw lle* (SS 8081)
Bro Morgannwg (Morgannwg)
Cynffig (hen enw personol)
Cynffig (personal name)

Cynhawdre *fferm* (SN 6767)
Ceredigion (Aberteifi)
Cynhaeaf + tref, lle i dreulio adeg y cynhaeaf (cf. Hendref)
autumn dwelling

Cynheidre *fferm* (SN 5007)
Caerfyrddin
Cynhaeaf + tref, lle i dreulio adeg y cynhaeaf (cf. Hendref)
autumn dwelling

Cynhinfa *enw lle* (SJ 0911)
Powys (Trefaldwyn)
cennin + fa neu 'bach' = cilfach y cennin
nook where leeks grow

Cynin gw. *(see)* **Afon Cynin**

Cynlas *fferm* (SH 9538)
Gwynedd (Meirionnydd)
Cynlas, sef Cynlas Goch ap Owain Danwyn, brenin (5ed ganrif)
Cynlas (a 5th century ruler)

Cynllaith *cwmwd*
enw personol yn cynnwys yr hen eiriau 'ci', 'milwr', 'llaith' ac 'angau' (un sy'n achosi angau milwyr)
commote of Cynllaith (slayer of warriors)

Cynllwyd *ardal* (SH 9025)
Gwynedd (Meirionnydd)
cefn + llwyd
grey ridge

Cynnen gw. *(see)* **Nant Cynnen**

cynnor *hwn/hon*
arweinydd, ymladdwr
leader, warrior

Cynon gw. *(see)* **Afon Cynon**

Cynrig gw. *(see)* **Afon Cynrig**

Cynwyd *enw lle* (SJ 0541)
Gwynedd (Meirionnydd)
Cynwyd (sant)
(saint) Cynwyd

Cynwyl Elfed *enw lle* (SN 3727)
Caerfyrddin
Cynwyl (sant) + Elfed (enw bro)
(saint) Cynwyl's in the district of Elfed

Cynwyl Gaeo *enw lle* (SN 6742)
Caerfyrddin
Cynwyl (sant) + Caeo (enw bro)
(saint) Cynwyl in the district of Caeo

cynydd *hwn*
yr heliwr sy'n gyfrifol am y cŵn
master of the hounds

cyrn *hon*
twmpath pigfain
cone, pyramid

Cyrniau Nod *mynydd* (SH 9827)
Gwynedd (Meirionnydd)
cyrniau (twmpathau pigfain)
(mountain of) conical mounds

Cyrn y Brain *mynydd* (SJ 2149)
Dinbych
cyrn (carnedd neu dwmpath pigfain ar frig mynydd) + y + brain (yr adar)
the crows' cairn (on the mountain top)

cytir *hwn*
tir comin
common land

Cytir *llechwedd* (SH 8715)
Gwynedd (Meirionnydd)
cytir (tir comin)
(slope on the) common

cyw *hwn*
aderyn ifanc, hefyd anifail ifanc
chick or young animal

Cywarch *ardal* (SH 8518)
Gwynedd (Meirionnydd)
cywarch (planhigyn)
place where hemp grows

Cywyn gw. *(see)* **Afon Cywyn**

chwaen *hon*
   lle gwyntog, drafftiog
   windy place

Chwefri gw. *(see)* **Afon Chwefri**

chwiler *hwn*
   cynrhonyn, trychfilyn neu neidr
   maggot, insect or snake

Chwiler gw. *(see)* **Afon Chwiler**

Ch

Chwilog *enw lle* (SH 4338)
   Gwynedd (Caernarfon)
   chwilod (man lle y mae chwilod)
   place where insects gather

Chwitffordd *enw lle* (SJ 1478)
   Fflint
   ffurf wedi'i Chymreigeiddio o 'Whitford'
   Whitford

D

da *hyn*
   buchod
   cattle

Dafen *enw lle* (SN 5301)
   Caerfyrddin
   dafen (enw nant y byddai defaid neu wartheg (da) yn pori ar hyd ei glannau)
   spring where animals graze

Dan-y-graig *enw lle* (SS 6793)
   Abertawe (Morgannwg)
   dan + y + craig
   beneath the rock

Dan yr Ogof *ogofâu* (SN 8316)
   Powys (Brycheiniog)
   dan + yr + ogof
   below the cave

dar *rhagddodiad*
   hen ragddodiad yn golygu 'mawr'
   an old prefix meaning 'large'

dâr *hon*
   derwen
   oak tree

Dâr gw. *(see)* **Afon Dâr**

Daron gw. *(see)* **Afon Daron**

Darowen *enw lle* (SH 8301)
   Powys (Trefaldwyn)
   dâr (derwen) + Owain (enw personol)
   Owain's oak (personal name)

darren gw. *(see)* **tarren**

Darren Ddu,[1] **Y** *clogwyni* (SH 8920)
   Gwynedd (Meirionnydd)
   y + tarren (esgair, tir creigiog) + du
   the black outcrop

Darren Ddu,[2] **Y** *clogwyni* (SO 1505)
   Blaenau Gwent (Mynwy)
   y + tarren (esgair, tir creigiog) + du
   the black outcrop

Darren Fach, Y *clogwyni* (SO 0210)
   Powys (Brycheiniog)
   y + tarren (esgair, tir creigiog) + bach
   the little outcrop

Darren Fawr, Y *clogwyni* (SO 0816)
   Powys (Brycheiniog)
   y + tarren (esgair, tir creigiog) + mawr
   the large outcrop

Darren Felen, Y *clogwyni* (SO 2212)
   Powys (Brycheiniog)
   y + tarren (esgair, tir creigiog) + melen (ffurf fenywaidd 'melyn')
   the yellow outcrop

Darren Lwyd, Y *clogwyni* (SO 2333)
   Powys (Brycheiniog)
   y + tarren (esgair, tir creigiog) + llwyd
   the grey outcrop

Darren Widdon, Y *clogwyni* (SN 7707)
   Castell-nedd Port Talbot (Morgannwg)
   y + tarren (esgair, tir creigiog) + gwiddon (gwrach)
   the witch's outcrop

Daugleddau *cantref*
   dau + Cleddau/Cleddy (afon)
   the two rivers Cleddau (hundred)

Daugleddau:Daugleddyf *aber* (SN 0009)
   Penfro
   dau + Cleddau/Cleddy (afon)
   two sword-like rivers

Defynnog *enw lle* (SN 9227)
   Powys (Brycheiniog)
   Dyfwn (enw personol) + -og = tir Dyfwn
   Dyfwn's land (personal name)

Deganwy *enw lle* (SH 7779)
('Degannwy' sy'n fanwl gywir, ond
'Deganwy' yw'r ffurf arferedig)
Gwynedd (Conwy)
Dygant (o enw'r llwyth hynafol, y Decantae)
+ -wy = tir Dygant
land of the Decantae (an ancient tribe)

deifio *berfenw*
llosgi
to singe, scorch

deiliad *hwn*
un sy'n byw mewn bwthyn sy'n eiddo i
berchennog y tir
tenant

Deiniolen *enw lle* (SH 5863)
Gwynedd (Caernarfon)
Deiniolen (sant), mab Deiniol
(saint) Deiniolen

Deneio *plwyf* (SH 3735)
Gwynedd (Caernarfon)
Deiniol (sant)
(saint) Deiniol

Derbyniad gw. *(see)* **Nant Derbyniad**

Deri *enw lle* (SO 1301)
Castell-nedd (Morgannwg)
deri (coed derw)
oaks

Derlwyn[1] *enw lle* (SN 4430)
Caerfyrddin
derw + llwyn
oak grove

Derlwyn[2] *enw lle* (SN 9598)
Powys (Trefaldwyn)
derw + llwyn
oak grove

Derllys *cwmwd*
dar (hen ragddodiad yn golygu 'mawr') +
llys (cartref arglwydd)
great court

Derllys *plas* (SN 3520)
Caerfyrddin
dar (hen ragddodiad yn golygu 'mawr') +
llys (cartref arglwydd)
great court or mansion

Derwen *enw lle* (SJ 0750)
Dinbych
derwen (coeden dderw)
oak tree

Derwen-fawr *ardal* (SN 5822)
Caerfyrddin
derwen + mawr
Broad Oak

Derwen-gam *enw lle* (SN 4558)
Ceredigion (Aberteifi)
derwen + cam (crooked)
bent oak
Oakford

Derwen-las *enw lle* (SN 7299)
Powys (Trefaldwyn)
derwen + glas (gwyrdd, ir)
green oak

Derwennydd gw. *(see)* **Afon Derwennydd**

Derwydd *ardal* (SN 6117)
Caerfyrddin
derwydd
druid

Desach gw. *(see)* **Afon Desach**

Deunant gw. *(see)* **Afon Deunant**

Dewi gw. *(see)* **Afon Dewi**

diffwys *ansoddair*
lle serth, gwrthwyneb 'gwastad'
steep-sided

Diffwys[1] *llyn* (SH 6546)
Gwynedd (Meirionnydd)
diffwys (dwfn iawn am ddŵr neu serth
am fynydd)
deep (lake)

Diffwys[2] *mynydd* (SH 6623)
Gwynedd (Meirionnydd)
diffwys (dwfn iawn am ddŵr neu serth
am fynydd)
steep (mountain)

Digedi gw. *(see)* **Afon Digedi**

Dihewyd *enw lle* (SN 4855)
Ceredigion (Aberteifi)
dihewyd (dyhead, awydd), am le dymunol
desirable place

din *hwn*
lle amgaeedig, amddiffynfa a roes y gair
'dinas'; Dinbych (Din + bych), Dindyrn
('Tintern' yn wreiddiol)
a defensive enclosure or fort

Dinam gw. *(see)* **Llyn Dinam**

dinas *hon (hwn)*
benywaidd erbyn heddiw yn yr ystyr '*city*';
ond enw gwrywaidd yn wreiddiol gyda'r
ystyr 'lle caerog' neu 'amddiffynfa'
city, but originally a fortified place

Dinas[1] *enw lle* (SN 2730)
Caerfyrddin
dinas (caer)
fortress

Dinas[2] *enw lle* (SS 0091)
Rhondda Cynon Taf (Morgannwg)
dinas (caer)
fortress

Dinas[3] *enw lle* (SN 0138)
Penfro
dinas (caer)
fortress

Dinas[4] *llyn* (SH 6149)
Gwynedd (Caernarfon)
Dinas Emrys
(lake by) Dinas (Emrys)

Dinas Basing *abaty* (SJ 1977)
Fflint
dinas (caer, fortress) + Basa (enw personol Saesneg)
Basingwerk

Dinas Brân *castell* (SJ 2243)
Dinbych
dinas (caer, fortress) + Brân (enw personol neu aderyn)
Brân's castle or crow castle

Dinas Dinlle *enw lle* (SH 4356)
Gwynedd (Caernarfon)
dinas (lle caerog) + din (yr un ystyr) + Lleu (Lleu Llaw Gyffes, un o arwyr y Mabinogi)
Lleu (Llaw Gyffes's) fortress (legendary wizard)

Dinas Dinoethwy *heneb* (SH 4759)
Gwynedd (Caernarfon)
dinas (lle caerog) + din (yr un ystyr) + Daethwy (enw ar lwyth Celtaidd)
fortress of the Daethwy (an ancient tribe)

Dinas Emrys *heneb* (SH 6049)
Gwynedd (Caernarfon)
dinas (caer) Emrys (Emrys Wledig neu Ambrosius Aurelianus)
fortress of Emrys (legendary Ambrosius Aurelianus)

Dinas Gynfor *heneb* (SH 3994)
Môn
dinas (caer) + Cynfor (enw personol)
fortress of Cynfor (personal name)

Dinas Mawddwy *enw lle* (SH 8514)
Gwynedd (Meirionnydd)
dinas (caer) + Mawddwy, enw bro yn seiliedig ar yr enw personol Mawdd
fortress in Mawddwy (Mawdd's land)

Dinas Penmaen *heneb* (SH 7075)
Powys (Caernarfon)
dinas (caer) ar y Penmaen (pen + craig)
fortress on the headland

Dinas Powys *enw lle* (ST 1571)
Bro Morgannwg (Morgannwg)
dinas (caer) + Powys (o'r Lladin '*pagenses*', pobl yn byw mewn 'pau', sef darn o wlad)
fortress of Powys

Dinbych *enw lle* (SJ 0566)
Dinbych
din (caer) + bach
little fortress
Denbigh

Dinbych-y-pysgod *enw lle* (SN 1300)
Penfro
din (caer) + bach + y + pysgod
little fortress of the fish
Tenby

Dinefwr *castell* (SN 6121)
Caerfyrddin
din (caer) + efwr (planhigyn tebyg i'r banasen)
stronghold where cow-parsnips grow

Dinieithon *swydd*
Powys (Maesyfed)
'swydd' yw enw un o raniadau cantref Maelienydd
din (caer) + Ieithon (afon)
'swydd': a division of the Maelienydd hundred
fortress on the (river) Ieithon

Dinllugwy *heneb* (SH 4986)
Môn
din (caer) + Llugwy (afon) (o 'llug', goleuni)
stronghold on the (river) Llugwy

Dinmael *enw lle* (SJ 0044)
Conwy (Dinbych)
din (caer) + mael (tywysog)
prince's fortress

Dinorben *ardal* (SH 9674)
Conwy (Dinbych)
din + Brân (enw person?)
Brân's fortress (personal name?)

Dinorwig *enw lle* (SH 5961)
Gwynedd (Caernarfon)
din + ffurf ar '*Ordovices*', sef yr Ordofigiaid, y llwyth a drigai yn yr ardal
fort in the land of the Ordovices (an ancient tribe)

diserth *hon*
1. cell meudwy
   a hermit's cell
2. lle anial, anghysbell
   a remote, barren place

Diserth *enw lle* (SJ 0579)
Fflint
lle anial, anghysbell
wilderness

Diserth a Thre-coed *plwyf* (SO 0256)
Powys (Maesyfed)
diserth (lle anial, anghysbell) + a + tref (fferm fawr) + (yn y) coed
forest settlement in the wild

Disgoed *enw lle* (SO 2764)
Powys (Maesyfed)
o '*disc*' (dyke) + '*cot*' (cwt)
hut by (Offa's) Dyke

Disgwylfa *mynydd* (SN 8117)
Powys (Brycheiniog)
man disgwyl
look-out (mountain)

Diwlais:Diwlas gw. *(see)* **Afon Diwlais: Diwlas**

Doethïe gw. *(see)* **Afon Doethïe**

Dogfeiling *cwmwd*
Dogfael, un o feibion Cunedda + -ing = tir Dogfael
(commote in) Dogfael's land

Dolanog *enw lle* (SJ 0612)
Powys (Trefaldwyn)
dolan (cae bach yn ymyl afon) + -og
little meadow

Dolarddun *plas* (SJ 1506)
Powys (Trefaldwyn)
dôl + Arddun, merch Pabo Post Prydyn
Arddun's meadow (girl's name)

Dolau[1] *ardal* (SO 1467)
Powys (Maesyfed)
dolau (mwy nag un ddôl)
meadows

Dolau[2] *ardal* (ST 0082)
Rhondda Cynon Taf (Morgannwg)

dolau (mwy nag un ddôl)
meadows

Dolau Cothi *plas* (SN 6640)
Caerfyrddin
dolau (mwy nag un ddôl) ar lannau afon Cothi
meadows beside the (river) Cothi

Dolbadarn *plas* (SH 5859)
Gwynedd (Caernarfon)
dôl + Padarn (sant)
(saint) Padarn's meadow

Dolbenmaen *enw lle* (SH 5043)
Gwynedd (Caernarfon)
dôl + pen + maen (pen + craig)
meadow at crag's head

Dolcorslwyn *plas* (SH 8409)
Powys (Trefaldwyn)
dôl + cors + llwyn (o goed)
meadow beside the bog by the wood

Doldowlod *plas* (SN 9962)
Powys (Maesyfed)
dôl + taflod (llofft cadw gwair mewn beudy)
hayloft meadow

Dolfonddu *fferm* (SH 8306)
Powys (Trefaldwyn)
dôl + bôn (gwaelod, sylfaen) + du
black-bottomed meadow

Dolfor *enw lle* (SO 1087)
Powys (Trefaldwyn)
dôl + mawr
big meadow

Dolforwyn *castell* (SO 1595)
Powys (Trefaldwyn)
dôl + morwyn
maiden's field

Dolgadfan *ardal* (SH 8800)
Powys (Trefaldwyn)
dôl + Cadfan (sant)
(saint) Cadfan's meadow

Dolgarrog *enw lle* (SH 7667)
Gwynedd (Caernarfon)
dôl + Carrog (afon)
meadow beside the (river) Carrog

Dolgellau *enw lle* (SH 7217)
Gwynedd (Meirionnydd)
dôl + cellau (stondinau marchnad)
field of market stalls

Dôl-goch *enw lle* (SH 6504)
Gwynedd (Meirionnydd)

dôl + coch
red meadow

Dolguog *plas* (SH 7601)
Powys (Trefaldwyn)
dôl + cu (annwyl, hyfryd) + -og
pleasant field

Dolhendre *ardal* (SH 8531)
Gwynedd (Meirionnydd)
dôl + hendre (trigfan y gaeaf)
meadow at the winter dwelling

Dôl Ifan Gethin *fferm* (SH 5349)
Gwynedd (Caernarfon)
dôl + Ifan Gethin (enw person)
Ifan Gethin's meadow (personal name)

Dolmelynllyn *plas* (SH 7223)
Gwynedd (Meirionnydd)
dôl + melyn + llyn
field by the sallow lake

Dolobran *plas* (SJ 1112)
Powys (Trefaldwyn)
dôl + ebran (bwyd anifeiliaid)
fodder field

Dolwar-fach *fferm* (SJ 0614)
Powys (Trefaldwyn)
dôl + gwar (trum o fynydd, neu fryncyn) + bach
little Dolwar (meadow on the ridge)

Dôl-wen *enw lle* (SH 8874)
Conwy (Dinbych)
dôl + wen (gwyn)
white meadow

Dolwilym *plas* (SN 1726)
Caerfyrddin
dôl + Gwilym (enw person)
Gwilym's meadow (personal name)

Dolwyddelan *enw lle* (SH 7352)
Gwynedd (Caernarfon)
dôl + Gwyddelan (sant)
(saint) Gwyddelan's meadow

Dôl-y-bont *enw lle* (SN 6288)
Ceredigion (Aberteifi)
dôl + y + pont
meadow by the bridge

Dôl-y-cae *ardal* (SH 7211)
Gwynedd (Meirionnydd)
dôl + y + cae
field meadow

Dôl-y-gaer *heneb* (SO 0514)
Powys (Brycheiniog)

dôl + y + caer
meadow by the stronghold

Domen Ddu *heneb* (SO 0282)
Powys (Trefaldwyn)
(y) + tomen (twmpath, crugyn) + du
(the) black mound

Domen yr Allt *heneb* (SJ 1221)
Powys (Trefaldwyn)
(y) tomen (twmpath, crugyn) + y + allt (llechwedd goediog)
mound on the slope

Domgae *enw lle* (SJ 2819)
Powys (Trefaldwyn)
(y) tom (carthion anifail) + cae
dungfield

Dorwen ar Gïedd *llechwedd* (SN 8015)
Powys (Brycheiniog)
(y) + tor (ymchwydd ar ochr mynydd) + wen (ffurf fenywaidd 'gwyn'); Cïedd (enw afon) o 'ciaidd', cas
(the) light-coloured outcrop on the (river) Ciedd

Dowlais *enw lle* (SO 0608)
Merthyr Tudful (Morgannwg)
du + glais (nant, ffrwd)
black spring

Dre-fach[1] *enw lle* (x 2) (SN 5213) (SN 3538)
Caerfyrddin
(y) + tref (preswylfa) + bach
(the) small homestead

Dre-fach[3] *enw lle* (SN 5045)
Ceredigion (Aberteifi)
(y) + tref (preswylfa) + bach
(the) small homestead

Drefelin *enw lle* (SN 3637)
Caerfyrddin
(y) + tref + melin (y rhan o'r fferm fawr lle roedd y felin)
(the) mill (part) of the homestead

Drenewydd, Y *enw lle* (SO 1091)
Powys (Trefaldwyn)
y + tref + newydd
Newtown

Drenewydd Gelli-farch *enw lle* (ST 4793)
Mynwy
(y) + tref (fferm fawr) + newydd + celli (llwyn o goed) + marchog (y siryf yn yr achos yma)
knight (or sheriff)'s copse + new town
Shirenewton

Drenewydd yn Notais *enw lle* (SS 8377)
Bro Morgannwg (Morgannwg)
(y) + tref (fferm fawr)+ newydd + Notais,
ffurf Gymraeg ar '*Nottage*' (hen Saesneg
knot + aesc [onnen foel])
(the) new homestead by the knotty ash
Newton Nottage

drosgl gw. *(see)* **trwsgl/trosgl**

Drosgl, y *mynydd (x 2)* (SH 7071) (SH 6668)
Gwynedd (Caernarfon)
y + trwsgl (garw, anwastad, gwrthwyneb
'llyfn') (ffurf fenywaidd yw 'trosgl')
the rough (mountain)

drud *hwn*
arwr, un dewr
hero, brave

drum *hwn*
cefn, trum
ridge

Drumau, Y *plas* (SS 7198)
Morgannwg
y + drum, hen ffurf ar 'trum' (cefnen, esgair)
the ridges

drws *hwn*
bwlch neu adwy mynydd
pass, gap

Drws-y-coed *bwlch* (SH 5453)
Gwynedd (Caernarfon)
drws (bwlch neu adwy) + y + coed
(mountain) pass in the trees

Drws-y-nant *bwlch* (SH 8122)
Gwynedd (Meirionnydd)
drws (bwlch neu adwy) + y + nant (cwm)
pass in the valley

Drygarn Fawr *mynydd* (SN 8658)
Powys (Brycheiniog)
carn + try (yn golygu 'mawr' neu 'niferus')
great cairn

Drysgol[1] *mynydd* (SN 6815)
Caerfyrddin
trwsgl (garw, anwastad, gwrthwyneb 'llyfn')
rough (mountain)

Drysgol[2] *mynydd* (SN 7587)
Ceredigion (Aberteifi)
trwsgl (garw, anwastad, gwrthwyneb 'llyfn')
rough (mountain)

Drysgol[3] *mynydd* (SJ 8721)
Gwynedd (Meirionnydd)
trwsgl (garw, anwastad, gwrthwyneb 'llyfn')
rough (mountain)

drysi *hyn*
mieri, dryswch
tangle of thorns

Dryslwyn *ardal* (SN 5520)
Caerfyrddin
dyrys (drysi) + llwyni (coedach,
prysglwydd)
tanglewood

Drywi gw. *(see)* **Afon Drywi**

Dubach gw. *(see)* **Llyn Dubach**

Dugoed gw. *(see)* **Afon Dugoed**

Dugoedydd *fferm* (SN 7741)
Caerfyrddin
du + coed
black woods

Dulais gw. *(see)* **Afon Dulais**

Dulais Isaf *plwyf* (SN 7704)
Morgannwg
du + glais (nant, ffrwd) + isaf (er mwyn
gwahaniaethu rhwng dau le)
lower dark stream

Dulais Uchaf *plwyf* (SN 8106)
Morgannwg
du + glais (nant, ffrwd) + uchaf (er mwyn
gwahaniaethu rhwng dau le)
upper dark stream

Dulas gw. *(see)* **Afon Dulas**

Dulyn gw. *(see)* **Llyn Dulyn**

Dunoding *cantref*
Dunod, mab Cunedda + -ing = gwlad neu
bobl Dunod
(hundred in) Dunod's land (personal name)

Du'r Arddu gw. *(see)* **Llyn Du'r Arddu**

Duweunydd gw. *(see)* **Llyn Duweunydd**

Dwn-rhefn *plas* (SS 8872)
Bro Morgannwg (Morgannwg)
dun (tref, fferm fawr) + Hraefn (enw person,
Hen Saesneg)
Hraefn's homestead
Dunraven

dwy *hon*
duw neu dduwies, yn arbennig mewn hen
enwau afonydd, e.e. Dwyfor (dwy + fawr);
Dwyfach; Dyfrdwy; Ystumdwy
divinity

Dwyfach gw. *(see)* **Afon Dwyfach**

Dwyfor gw. *(see)* **Afon Dwyfor**

Dwygyfylchi *enw lle* (SH 7377)
Conwy (Caernarfon)
dwy + cyfylchi (amddiffynfa gylchog)
two circular fortifications

Dwyran *enw lle* (SH 4465)
Môn
dwy + rhan (wedi'i rhannu'n ddwy)
two divisions

Dwyryd gw. *(see)* **Afon Dwyryd**

Dwythwch gw. *(see)* **Afon Dwythwch**

Dyar gw. *(see)* **Afon Dyar**

Dyfed *rhanbarth*
o'r llwyth o bobl a drigai yn y rhan yma o'r wlad, sef y Demetae
from the tribal name of the Demetae

Dyfi gw. *(see)* **Afon Dyfi**

dyfn *ansoddair*
dwfn
deep

Dyfngwm *mwynfeydd* (SN 8493)
Powys (Trefaldwyn)
dyfn + cwm
(mine) in the deep valley

Dyfrdwy gw. *(see)* **Afon Dyfrdwy**

dyffryn *hwn*
o 'dyfr + hynt' (llwybr afon, gwastadedd, pantle hir)
long, flat valley

Dyffryn[1] *enw lle* (SH 5823)
Gwynedd (Meirionnydd)
dyffryn (cwm llydan)
broad vale

Dyffryn[2] *enw lle* (SS 8593)
Pen-y-bont ar Ogwr (Morgannwg)
dyffryn (cwm llydan)
broad vale

Dyffryn[3] *enw lle* (SO 0603)
Merthyr Tudful (Morgannwg)
dyffryn (cwm llydan)
broad vale

Dyffryn[4] *plwyf* (ST 2884)
Mynwy
dyffryn (cwm llydan)
broad vale

Dyffryn Clydach *enw lle* (SS 7299)
Morgannwg
dyffryn + Clydach (afon)
(river) Clydach vale

Dyffryn Crawnon *enw lle* (SO 1218)
Powys (Brycheiniog)
dyffryn + Crawnon (afon) (lle mae garlleg gwyllt yn tyfu)
valley of the Crawnon (river through wild garlic)

Dyffryndywarch *fferm* (SM 8833)
Penfro
dyffryn + melin + Llywarch (enw personol)
valley of Llywarch's mill (personal name)

Dyffryn Edeirnion *dyffryn* (SJ 0743)
Gwynedd (Meirionnydd)
dyffryn + Edern + -ion = tir Edern
valley in Edeirnion (Edern's land)

Dyffryn Golych *plas* (ST 0972)
Bro Morgannwg (Morgannwg)
dyffryn + golych (hen air am 'mawl, addoliad')
praiseworthy vale

Dyffryn Nantlle *dyffryn* (SH 5052)
Gwynedd (Caernarfon)
dyffryn + Nantlle
Nantlle vale

Dyffryn Tanad *dyffryn* (SJ 0924)
Powys (Trefaldwyn)
dyffryn + Tanad (afon)
valley of the (river) Tanad

dylif *hwn*
llifeiriant o ddŵr
a torrent

Dylif gw. *(see)* **Afon Dylif**

Dylife *enw lle* (SN 8694)
Powys (Trefaldwyn)
dylifau (lluosog 'dylif', arllwysiad)
torrents

Dynfant *enw lle* (SS 5993)
Abertawe (Morgannwg)
dwfn + nant (y cwm rhagor na'r ffrwd)
deep valley

dynn
lle wedi'i amgáu (fel yn 'tyddyn' [lle i dŷ], trefddyn [cartrefle])
enclosed place

Dyserth *enw lle* (SJ 0579)
Dinbych (Fflint)
diserth, sef cell meudwy
hermit's cell

Dysynni gw. *(see)* **Afon Dysynni**

Dd

Ddawan gw. *(see)* **Afon Ddawan**

Ddraenen Wen, Y *enw lle* (ST 0987)
Rhondda Cynon Taf (Morgannwg)
y + draenen wen
Hawthorn

Dduallt,[1] **Y** *fferm* (SH 6741)
Gwynedd (Meirionnydd)
y + allt (llethr) + du
the black hillside

Dduallt,[2] **Y** *mynydd* (SH 8027)
Gwynedd (Meirionnydd)
y + allt (llethr) + du
black-sloped mountain

Dduallt,[3] **Y** *mynydd* (SN 8890)
Powys (Trefaldwyn)
y + allt (llethr) + du
black-sloped mountain

Ddwyryd, Y *enw lle* (SJ 0443)
Gwynedd (Meirionnydd)
y + dwy + rhyd (lle i groesi afon)
the two fords

E

Ebwy gw. *(see)* **Afon Ebwy**

Ebyr gw. *(see)* **Llyn Ebyr**

Edeirnion *cwmwd*
Edern (enw person) + -ion = tir Edern
(commote in) Edern's land (personal name)

Eden gw gw. *(see)* **Afon Eden**

Edern *enw lle* (SH 2739)
Gwynedd (Caernarfon)
Edern (enw personol)
Edern (personal name)

Edlogan *cwmwd*
Edelig (enw person) + -ion = tir Edelig
(commote in) Edelig's land (personal name)

Edno gw. *(see)* **Llyn Edno**

Ednol *plwyf* (SO 2264)
Powys (Maesyfed)
Eada (hen enw Saesng) + *wall* (mur) neu *well* (ffynnon)
Eada's wall/well

Edw gw. *(see)* **Afon Edw**

efail gw. *(see)* **gefail**

Efail-fach *enw lle* (SS 7895)
Castell-nedd Port Talbot (Morgannwg)
(y) + gefail (gweithdy'r gof) + bach
(the) little smithy

Efailisaf *enw lle* (ST 0884)
Rhondda Cynon Taf (Morgannwg)
(y) + gefail (gweithdy'r gof) + isaf
(the) lower forge

Efailnewydd *enw lle* (SH 3535)
Gwynedd (Caernarfon)
(y) + gefail (gweithdy'r gof) + newydd
(the) new forge

Efelfre *cwmwd*
(y) + gefel (pinsiwrn) + bre (bryn), sef bryn ar ffurf gefail
(commote with) the tongs shaped hill

Efenechdyd *enw lle* (SJ 1155)
Dinbych
y + menechtid (mynachdy, mynachlog)
the monastery

Efyrnwy gw. *(see)* **Llyn Efyrnwy**

egel *hon*
planhigyn y coed o deulu bara'r hwch a fwteir gan foch
sowbread

Egel gw. *(see)* **Afon Egel**

Eglwys-bach *enw lle* (SH 8070)
Conwy (Dinbych)
(yn wreiddiol) eglwys + bach (congl, cilfach)
church in a nook

Eglwys Brewys *plwyf* (ST 0069)
Bro Morgannwg (Morgannwg)
eglwys + Brewys (enw personol yn seiliedig ar 'braw')
church of Brewys (personal name)

Eglwyseg *ardal* (SJ 2147)
Dinbych
eglwyseg (afon)
river by the church

Eglwys-fach *enw lle* (SN 6895)
Ceredigion (Aberteifi)
eglwys + bach
little church

Eglwys Fair a Churig *eglwys* (SN 2026)
Caerfyrddin
eglwys + Mair + Curig (sant)
the church of Saint Mary and Saint Curig

Eglwys Fair y Mynydd *enw lle* (SS 9678)
Bro Morgannwg (Morgannwg)
eglwys + Mair + y + mynydd
St Mary Hill

Eglwys Gymyn *plwyf* (SN 2310)
Caerfyrddin
eglwys + cymyn (fel yn 'cymynrodd')
church of the endowment

Eglwysilan *plwyf* (ST 1288)
(Morgannwg)
eglwys + Ilan (sant)
(saint) Ilan's church

Eglwys Lwyd, Yr *plwyf* (SN 1410)
Caerfyrddin
addasiad Cymraeg o'r Saesneg 'Ludchurch' gyda'r enw Lud yn troi'n 'llwyd'
Ludchurch

Eglwys Newydd, Yr *enw lle* (SO 2150)
Powys (Maesyfed)
yr + eglwys + newydd
the new church

Eglwys Newydd, yr *enw lle* (ST 1580)
Caerffili (Morgannwg)
y + eglwys + newydd
the new church

Eglwys Newydd ar y Cefn, Yr *eglwys* (ST 4597)
Mynwy
yr + eglwys + newydd + cefn (esgair, cefn mynydd)
the new church on the ridge
Newchurch

Eglwys Nynnid *ardal* (SS 8084)
Castell-nedd Port Talbot (Morgannwg)
eglwys + Nynnid (enw person ond nid yw'n hollol glir ai sant ynteu santes ydyw)
church of (saint) Nynnid

Eglwys Wen *plwyf* (SN 1535)
Penfro
eglwys + gwen (ffurf fenywaidd 'gwyn')
Whitechurch

Eglwyswrw *enw lle* (SN 1438)
Penfro
eglwys + Urw (santes?)
(saintess) Urw's church

Eglwys Wythwr *plwyf* (SN 1343)
Penfro
eglwys + Gwythur (sant)
church of (saint) Gwythur
Monington

Eglwys y Drindod *enw lle* (ST 3849)
Casnewydd (Mynwy)
eglwys + y + trindod
church of the Trinity
Christchurch

Egnant gw. *(see)* **Llyn Egnant**

Egrmwnt *plas* (SN 0920)
Caerfyrddin
o'r Ffrangeg, 'aigre', (blaenllym) + *mont* (bryn)
sharp-pointed hill
Egremont

Egryn *ardal* (SH 5920)
Gwynedd (Meirionnydd)
Egryn (sant)
(saint) Egryn

Eidda *plwyf* (SH 8047)
Gwynedd (Caernarfon)
Iddan/Iddon (hen enw personol)
Iddan (personal name)

Eiddwen gw. *(see)* **Llyn Eiddwen**

Eifionydd *cwmwd*
Eifion (enw personol) + -ydd = tir Eifion
(commote in the) land of Eifion (personal name)

Eifl, Yr *mynydd* (SH 3645)
Gwynedd (Caernarfon)
geifl (teclyn â dwy fforch)
the fork (mountain)

Eigiau gw. *(see)* **Llyn Eigiau**

Einon gw. *(see)* **Afon Einon**

eisingrug:singrug *hwn*
pentwr o us, cibau
chaff heap

Eisteddfa Gurig *fferm* (SN 7984)
Ceredigion (Aberteifi)
eisteddfa (man eistedd) + Curig (sant)
(saint) Curig's seat

Elái gw. *(see)* **Afon Elái**

Elan, Yr *mynydd* (SH 6765)
Gwynedd (Caernarfon)
yr + Elan (enw merch ac enw afon)
the Elan (river and personal name)

Elenid *ardal*
Powys
tir Elan (enw afon a pherson), sef y mynydd-dir rhwng afonydd Elan a Gwy
highland between the rivers Elan and Wye

Elerch *enw lle* (SN 6886)
Ceredigion (Aberteifi)
Eleirch (enw merch)
Eleirch (personal feminine name)

Eleri gw. *(see)* **Afon Eleri**

Elfael *cantref*
el (llawer) + mael (tywysog)
(hundred in the land of) many princes

Elidir Fach *mynydd* (SH 6061)
Gwynedd (Caernarfon)
Elidir (enw personol)
lesser Elidir (personal name)

Elidir Fawr *mynydd* (SH 6060)
Gwynedd (Caernarfon)
Elidir (enw personol)
greater Elidir (personal name)

Elwy gw. *(see)* **Afon Elwy**

Elwyn *nant* (SN 2328)
Caerfyrddin
Elwyn (sant)
(saint) Elwyn's (stream)

Emlyn *cantref*
am (ar neu o gwmpas) y glyn, sef Glyn Cuch
(hundred) encompassing Glyn (Cuch)

Erbistog *enw lle* (SJ 3541)
Dinbych
o'r Hen Saesneg *Erp, enw person efallai + *stoc* (treflan)
Erp's settlement
Erbistock

Erch gw. *(see)* **Afon Erch**

Erddig *plas* (SJ 3248)
Dinbych
o ffurf Saesneg yn cynnwys 'hierda' (bugail) a 'cot' (pentref), pentref bugeiliaid
shepherds' settlement

ergyd *hwn*
darn o dir (o fewn ergyd bwyall oedd y traddodiad ynghylch y tai unnos)
range (of land)

Ergyd Isaf *heneb* (SS 7988)
Castell-nedd Port Talbot (Morgannwg)
ergyd (darn o dir) + isaf
lower range

Ergyd Uchaf *heneb* (SS 8088)
Castell-nedd Port Talbot (Morgannwg)
ergyd (darn o dir) + uchaf
upper range

Erwent gw. *(see)* **Afon Erwent**

Erwyd gw. *(see)* **Afon Erwyd**

Eryrys *enw lle* (SJ 2057)
Dinbych
eryres, sef man lle y ceir llawer o eryr (fel 'branes', llawer o frain)
eagles' haunt

esgair *hon*
crib hir o graig, trum
ridge, escarpment

Esgairdawe *ardal* (SN 6140)
Caerfyrddin
esgair (cefnen o fynydd) + Tawe (afon)
ridge by the (river) Tawe

Esgair Ddu *mynydd* (SH 8710)
Powys (Trefaldwyn)
esgair (cefnen o fynydd) + du
black ridge

Esgair Elan *mynydd* (SN 8374)
Ceredigion (Aberteifi)
esgair (cefnen o fynydd) + Elan (afon)
ridge by the (river) Elan

Esgair Fraith[1] *mwynfeydd* (SN 7391)
Ceredigion (Aberteifi)
esgair (cefnen o fynydd) + braith (ffurf fenywaidd 'brith')
(mine on) the speckled ridge

Esgair Fraith[2] *mynydd* (SN 7157)
Ceredigion (Aberteifi)
esgair (cefnen o fynydd) + braith (ffurf fenywaidd 'brith')
speckled ridge

Esgair Garthen *mynydd* (SN 8264)
Powys (Brycheiniog)
esgair (cefnen o fynydd) + carthen (gorchudd gwely)
the mantle ridge

Esgairgeiliog *enw lle* (SH 7505)
Powys (Trefaldwyn)
esgair (cefnen o fynydd) + ceiliog (fel crib ceiliog)
cock-crested ridge

Esgair Irfon *mynydd* (SN 8454)
Powys (Brycheiniog)

esgair (cefnen o fynydd) + Irfon (afon)
ridge by the (river) Irfon

Esgair Llwyn-gwyn *mynydd* (SN 8879)
Powys (Trefaldwyn)
esgair (cefnen o fynydd) + llwyn
(cylch o goed) + gwyn
ridge by the white copse

Esgair-mwyn *ardal* (SN 7569)
Ceredigion (Aberteifi)
esgair + mwyn (fel yn 'mwyngloddio')
ridge by the mine

Esgair Nantau *mynydd* (SO 1762)
Powys (Maesyfed)
esgair + nantau (lluosog nant)
ridge of the springs

Esgair y Groes *mynydd* (SN 9593)
Powys (Trefaldwyn)
esgair + y + croes
ridge of the cross

Esgair y Maes *mynydd* (SH 9511)
Powys (Trefaldwyn)
esgair + y + maes
ridge in the pasture

Euarth *plas* (SJ 1254)
Dinbych
*eu (rhagddodiad yn awgrymu 'dymunol') + garth
a pleasant place on a hill slope

Eutun *enw lle* (SJ 3345)
Dinbych
o'r Hen Saesneg *eg* (tir sych mewn cors) + *tun* (fferm fawr)
farmstead on well-drained land
Eyton

Ewenni *enw lle* (SS 9077)
Bro Morgannwg (Morgannwg)
enw afon o ffurf hynafol *Aventio* yn golygu 'dŵr'
an ancient river name containing a Celtic element meaning 'water'

F

fach gw. hefyd *(see also)* **bach**

Fachelych *ardal* (SM 7825)
Penfro
ffurf ar 'bachell' (cornel, congl fach)
little nook

Fach-wen, Y *enw lle* (SH 5761)
Gwynedd (Caernarfon)
y fach (nant) + wen (ffurf fenywaidd 'gwyn')
the little white stream

faenor gw. hefyd *(see also)* **maenor**

Faenor, Y *enw lle* (SO 0510)
Powys (Brycheiniog)
y + maenor (rhaniad tir yn cynnwys pedair neu ragor o drefi)
the maenor (administrative unit)
Vaynor

Faenor Gaer *heneb* (SN 0917)
Penfro
(y) + maenor (rhaniad tir yn cynnwys pedair neu ragor o drefi) + caer (castell)
(the) fortified maenor (administrative unit)

Faenor Uchaf *plwyf* (SN 6182)
Ceredigion (Aberteifi)
(y) + maenor (rhaniad tir yn cynnwys pedair neu ragor o drefi) + uchaf
(the) upper maenor

faerdref gw. hefyd *(see also)* **maerdref**

Faerdre *enw lle* (SN 6901)
Abertawe (Morgannwg)
(y) + maerdref (rhandir lle y codid cnydau dan ofal maer neu stiward)
an area where crops were grown under the supervision of the stiward

Fan,[1] **Y** *ardal* (ST 1686)
Caerffili (Morgannwg)
y + ban (pigyn, corn, pen mynydd)
the summit

Fan,[2] **Y** *enw lle* (SN 9487)
Powys (Trefaldwyn)
y + manledd, yn wreiddiol (man llaith, neu fan gwastad efallai)
the damp spot

Fan Bwlch Chwyth *mynydd* (SN 9121)
Powys (Brycheiniog)
ban + bwlch (adwy mewn mynydd) + chwyth (fel yn 'chwythu')
summit with a windy gap

Fan Fawr, Y *mynydd* (SN 9618)
Powys (Brycheiniog)
y + ban (pigyn, corn, pen mynydd) + mawr
the great summit

Fan Fraith *mynydd* (SN 8818)
Powys (Brycheiniog)
(y) + ban (pigyn, corn, pen mynydd) + braith (ffurf fenywaidd 'brith')
(the) speckled summit

Fan Frynych *mynydd* (SN 9522)
Powys (Brycheiniog)
ban + Brynach (sant)
(saint) Brynach's summit

Fan Gyhirych *mynydd* (SN 8818)
Powys (Brycheiniog)
(y) + ban + 'cireach' (Gwyddeleg am 'crib' neu 'frig'); hefyd enw nant o 'cyhir' (?)
(the) ridged-summit mountain (also a stream name, 'sinewy stream'?)

Fan Hir *mynydd* (SN 8319)
Powys (Brycheiniog)
(y) + ban + hir
(the) long summit mountain

Fan Llia *mynydd* (SN 9318)
Powys (Brycheiniog)
ban + Llia (enw personol ac enw nant)
Llia's summit (personal and stream name)

Fan Nedd *mynydd* (SN 1891)
Powys (Brycheiniog)
ban + Nedd (afon)
summit by the (river) Nedd

Fanod gw. *(see)* **Llyn Fanod**

Farteg,[1] **y** *enw lle* (SN 7707)
Powys (Brycheiniog)
y + march (yn yr ystyr o rywbeth mwy nag arfer) + teg (hardd), lle mwy hardd na'r arfer
the most beautiful place

Farteg,[2] **Y** *bryn* (SO 2606)
Torfaen (Powys)
y + march (yn yr ystyr o rywbeth mwy nag arfer) + teg (hardd), sef lle mwy hardd na'r arfer
the most beautiful place

felin gw. hefyd *(see also)* **melin**

Felindre[1] *plwyf* (SO 1836)
Powys (Brycheiniog)

Felindre   87   *Foel Benddin*

(y) + melin + tref (fferm fawr yn wreiddiol), y rhan o'r dref lle roedd y felin
(the) mill settlement

Felindre[2] *enw lle (x 3)* (SN 7027) (SN 5521) (SN 3538)
Caerfyrddin
(y) + melin + tref (fferm fawr yn wreiddiol), y rhan o'r dref lle roedd y felin
(the) mill settlement

Felindre[5] *enw lle* (SO 1681)
Powys (Maesyfed)
(y) + melin + tref (fferm fawr yn wreiddiol), y rhan o'r dref lle roedd y felin
(the) mill settlement

Felindre[6] *enw lle* (SN 6302)
Abertawe (Morgannwg)
(y) + melin + tref (fferm fawr yn wreiddiol), y rhan o'r dref lle roedd y felin
(the) mill settlement

Felin-fach[1] *enw lle* (SO 0933)
Powys (Brycheiniog)
(y) + melin + bach
(the) little mill

Felin-fach[2] *enw lle* (SN 5255)
Ceredigion (Aberteifi)
(y) melin + bach
(the) little mill

Felin-foel *enw lle* (SN 5102)
Caerfyrddin
(y) + melin + moel (pen bryn) (y felin ar y bryn)
mill by the hill

Felin-frân *ardal* (SS 6998)
Abertawe (Morgannwg)
(y) + melin + brân (aderyn)
crow's mill

Felinganol *enw lle* (SM 8025)
Penfro
(y) + melin + canol
Middle Mill

Felin-gwm-isaf *enw lle* (SN 5023)
Caerfyrddin
(y) + melin + cwm + isaf, sef y felin yn y cwm
lower valley mill

Felin-gwm-uchaf *enw lle* (SN 5024)
Caerfyrddin
(y) + melin + cwm + uchaf, sef y felin yn y cwm
upper valley mill

Felinheli, Y *enw lle* (SH 5267)
Gwynedd (Caernarfon)
y + melin + heli (dŵr y môr), melin a yrrir gan ddŵr y môr
the tidal mill
Port Dinorwic

Felin-wen *enw lle* (SN 4621)
Caerfyrddin
(y) + melin + gwen (ffurf fenywaidd 'gwyn')
white mill

Fenni, Y *enw lle* (SO 2914)
Mynwy
y + Gafenni (afon) o *Gobannio,* yr enw ar y gaer Rufeinig yn cynnwys yr elfen 'gof'
the place where smiths worked
Abergavenny

Fenni-fach, Y *plwyf* (SO 0230)
Powys (Brycheiniog)
y + Gafenni (afon) + bach
the lesser river by the smithies

Ferwig, Y *enw lle* (SN 1849)
Ceredigion (Aberteifi)
y + *berwic* (hen air Saesneg am 'fferm haidd')
the oat farm

Fign, Y *llyn* (SH 8329)
Gwynedd (Meirionnydd)
y + mign (cors)
the lake in the marsh

Filltir Aur, Y (SS 9576)
Bro Morgannwg (Morgannwg)
y + milltir + aur
The Golden Mile

Fochriw *enw lle* (SO 1005)
Caerffili (Morgannwg)
(y) + boch + rhiw, sef rhiw ar ffurf boch
(the) cheek-shaped hill

Foel gw. hefyd *(see also)* **Moel**

Foel,[1] **Y** *bryn* (SH 4550)
Gwynedd (Caernarfon)
y + moel (pen bryn)
the bare hill-top

Foel,[2] **Y** *enw lle* (SH 9911)
Powys (Trefaldwyn)
y + moel (pen bryn)
the bare hill-top

Foel Benddin *mynydd* (SH 8516)
Gwynedd (Meirionnydd)
(y) + moel (pen bryn) + pen + din (hen air am le caerog)
(the) fortified bare hill-top

Foel Boeth *mynydd (x 2)* (SH 7834) (SH 8642)
Gwynedd (Meirionnydd)
(y) + moel + poeth (llosgwyd yr eithin)
(the) burnt hill-top

Foel Cnwch *mynydd* (SH 7320)
Gwynedd (Meirionnydd)
moel (pen bryn di-goed) + cnwch (bryncyn)
(the) treeless hill

Foel Cwmcerwyn *mynydd* (SN 0931)
Penfro
moel (pen bryn) + cwm + Cerwyn (afon)
(the) barren hill in the valley of (river) Cerwyn

Foel Chwern, Y *heneb* (SN 8903)
Castell-nedd Port Talbot (Morgannwg)
(y) + moel + chwern (ffurf fenywaidd 'chwyrn', gwyllt, llym, garw)
the wild bare hill-top

Foel Drygarn *mynydd* (SN 1533)
Penfro
(y) + moel + tri + carn (pentwr cerrig sy'n hen gladdfa)
the bare hill-top with three (Bronze Age) cairns

Foel Dyrch *mynydd* (SN 1530)
Penfro
moel + tyrch (ffurf ar 'twrch', baedd)
(the) boar's bare hill-top

Foel Ddu[1] *clogwyni* (SH 6909)
Gwynedd (Meirionnydd)
(y) + moel + du
(the) black, bare hill-top

Foel Ddu[2] *mynydd* (SH 8147)
Dinbych
(y) + moel + du
(the) black, bare hill-top

Foel Ddu[3] *mynydd (x 3)* (SH 8323) (SH 6328) (SH 8124)
Gwynedd (Meirionnydd)
(y) + moel + du
(the) black, bare hill-top

Foel Eryr *mynydd* (SN 0632)
Penfro
moel + eryr
(the) eagle's bare hill-top

Foel Fawr[1] *bryn* (SH 3031)
Gwynedd (Caernarfon)
(y) + moel + mawr
(the) big bare hill-top

Foel Fawr[2] *mynydd* (SN 8990)
Powys (Trefaldwyn)
(y) + moel + mawr
(the) big bare hill-top

Foel Feddau *mynydd* (SN 1032)
Penfro
moel + beddau
(the) bare hill-top of the graves

Foel Fenlli *mynydd* (SJ 1660)
Dinbych
(y) + moel + Benlli (cawr)
Benlli's bare summit

Foel Figenau *mynydd* (SH 9128)
Gwynedd (Meirionnydd)
(y) + moel + migenau (lluosog 'mignen', cors)
(the) bare hill-top with bogs

Foel Fras[1] *mynydd* (SH 6967)
Gwynedd (Caernarfon)
(y) + moel + bras (mawr)
(the) broad, bare summit

Foel Fras[2] *mynydd* (SH 7248)
Gwynedd (Meirionnydd)
(y) + moel + bras (mawr)
(the) broad, bare summit

Foel Frech *mynydd* (SH 8746)
Dinbych
(y) + moel + brych (y ffurf fenywaidd yw 'brech')
(the) spotted, bare summit

Foelgastell *enw lle* (SN 5414)
Caerfyrddin
moel + castell
castle hill

Foel Gasydd *mynydd* (SJ 0262)
Dinbych
moel + Cathus (enw person)
Cathus' hill (personal name)

Foel Goch[1] *bryn* (SN 0743)
Penfro
(y) + moel + coch
(the) crown of the red hill

Foel Goch[2] *mynydd* (SH 5656)
Gwynedd (Caernarfon)
(y) + moel + coch
(the) crown of the red mountain

Foel Goch[3] *mynydd (x 2)* (SH 9060) (SH 8645)
Dinbych
(y) + moel + coch
(the) crown of the red mountain

Foel Gopyn *mynydd* (SH 8248)
Gwynedd (Caernarfon)
(y) + moel + copyn (fel yn 'copa, pen, brig')
(the) bare summit

Foel Grach *mynydd* (SH 6865)
Gwynedd (Caernarfon)
(y) + moel + crach
(the) scarred summit

Foel Greon *mynydd* (SH 9763)
Dinbych
(y) + moel + gre (haid o geffylau)
(the) horses' summit

Foel Gron *mynydd* (SH 5656)
Gwynedd (Caernarfon)
(y) + moel + crwn (y ffurf fenywaidd yw 'cron')
(the) bare, round summit

Foel Gurig *mynydd* (SN 9178)
Powys (Trefaldwyn)
foel + Curig (sant)
(saint) Curig's bare summit

Foel Isbri *mynydd* (SH 7020)
Gwynedd (Meirionnydd)
foel + Isbri (enw personol?)
Isbri's bare summit (personal name?)

Foel Las *heneb* (SH 8752)
Conwy (Dinbych)
(y) + moel + glas (gwyrdd)
(the) green summit

Foel Mallwyd *mynydd* (SH 8711)
Gwynedd (Meirionnydd)
(y) + moel + Mallwyd
Mallwyd bare mountain

Foel Offrwm *mynydd* (SH 7420)
Gwynedd (Meirionnydd)
(y) + moel + offrwm (offrwm eglwys)
(the) summit of sacrifice (or offering)

Foel Rudd[1] *mynydd* (SH 7645)
Gwynedd (Caernarfon)
(y) + moel + rhudd (coch)
(the) bare, red summit

Foel Rudd[2] *mynydd* (SH 8924)
Gwynedd (Meirionnydd)
(y) + moel + rhudd (coch)
(the) bare, red summit

Foel Rhiwlas *mynydd* (SJ 2032)
Dinbych
(y) + moel + rhiw + glas
(the) bare crest of the green hill

Foel Wen *mynydd (x 2)* (SJ 0933) (SH 8143)
Dinbych
(y) + moel + gwyn
(the) white summit

Foel Wylfa *mynydd* (SJ 1933)
Dinbych
(y) + moel + gwylfa (man i wylio)
(the) viewing summit

Foel y Belan *bryn* (SN 1993)
Powys (Trefaldwyn)
moel + y + belan (anifail tebyg i wenci)
(the) pine marten's bare hill

Foel y Geifr *mynydd* (SH 9327)
Gwynedd (Meirionnydd)
moel + y + geifr (lluosog 'gafr')
(the) bare summit of the goats

Foel y Gwynt *mynydd* (SJ 1040)
Gwynedd (Meirionnydd)
moel + gwynt
the wind's bare summit

Foel yr Hydd *mynydd* (SH 8716)
Gwynedd (Meirionnydd)
moel + hydd (carw gwryw)
the stag's bare summit

Forlan, Y *fferm* (SN 0724)
Penfro
y + morlan, sef tir corsog yn ymyl y môr neu afon
the sea-marsh

Foryd,[1] **Y** *ardal* (SH 9980)
Conwy (Dinbych)
y + moryd, sef aber afon yn rhedeg i'r môr
the estuary

Foryd,[2] **Y** *bae* (SH 4459)
Gwynedd (Caernarfon)
y + moryd, sef aber afon yn rhedeg i'r môr
the estuary

Frenni Fach, Y *bryn* (SN 2234)
Penfro
y + brenni (pen blaen llong) + bach
the lesser prow-shaped hill

Frenni Fawr, Y *mynydd* (SN 2034)
Penfro
y + brenni (pen blaen llong) + mawr
the greater prow-shaped summit

Friog, Y *enw lle* (SH 6112)
Gwynedd (Meirionnydd)
y + mieri + og (man lle y mae mieri yn tyfu)
the brambles
Fairbourne

Frogan gw. *(see)* **Afon Frogan**

Fron *enw lle* (SJ 2952)
Wrecsam (Dinbych)
(y) + bron (ochr mynydd)
(the) hillside

Froncysyllte *enw lle* (SJ 2640)
Dinbych
bron + cysyll (o 'syllu') + lle
viewing place on the hillside

Fron-deg, Y *enw lle* (SJ 2749)
Wrecsam (Dinbych)
y + bron (ochr bryn) + teg
the fair hillside

Fron-goch *enw lle* (SH 9039)
Gwynedd (Meirionnydd)
(y) + bron (ochr bryn) + coch
(the) red hillside

Fyrddon gw. *(see)* **Llyn Fyrddon**

Ff

Ffair-fach *enw lle* (SN 6221)
Caerfyrddin
ffair + bach
(place where the) little fair (was held)

Ffair-rhos *enw lle* (SN 7368)
Ceredigion (Aberteifi)
ffair + rhos (tir comin agored)
place on the common where the fair was held

Ffaldau *fferm* (SS 9997)
Rhondda Cynon Taf (Morgannwg)
ffald (lloc neu gorlan)
pinfolds, pens

Ffaldybrenin *enw lle* (SN 6344)
Caerfyrddin
ffald (lloc neu gorlan) + brenin
king's pinfold

Ffarmers *enw lle* (SN 6544)
Caerfyrddin
farmers (arms)

Ffestiniog *enw lle* (SH 7041)
Gwynedd (Meirionnydd)
Ffestin (enw personol) + -iog = tir Ffestin
Ffestin's land

Fflint, Y *enw lle* (SJ 2473)
Fflint
y + fflint (gair Saesneg, 'craig, callestr')
Flint

Fflur gw. *(see)* **Afon Fflur**

Ffontygari *bae* (ST 0566)
Bro Morgannwg (Morgannwg)
ffont + y + carrai (llain o dir) neu Tygari (enw personol)
Tygari's well; well in a strip of land
Font-y-gary

Fforchaman *cymer* (SN 7415)
Caerfyrddin
fforch + Aman (afon)
the fork or confluence on the (river) Aman

Fforchegel *fferm* (SN 7309)
Castell-nedd Port Talbot (Morgannwg)
fforch + Egel (afon ac enw planhigyn)
a fork or confluence on the river Egel (where the sowbread grows)

Fforchorci *fferm* (SS 9598)
Rhondda Cynon Taf (Morgannwg)
fforch + Gorci (afon)
a fork or confluence on the (river) Gorci

Ffordun *enw lle* (SJ 2200)
Powys (Trefaldwyn)
ford (ond gydag ystyr 'ffordd') + tun (preswylfod)
settlement by the way
Forden

Ffordd Gamelin *heneb* (SJ 0635)
Gwynedd (Meirionnydd)
ffordd + cam + elin
bent-elbow road

Ffordd Saeson *heneb* (SJ 1536)
Dinbych
ffordd (heol) + Saeson
Englishmen's road

Ffordd y Gyfraith *heneb* (SS 8683)
Bro Morgannwg (Morgannwg)
ffordd (heol) + cyfraith
the way of the law, law road

Fforest[1] *bryn* (SN 9490)
Powys (Trefaldwyn)
tir coediog neu dir heb ei gau i mewn
forest hill

Fforest,[2] **Y** *enw lle* (SN 5804)
Caerfyrddin
tir coediog neu dir heb ei gau i mewn
the forest

Fforest-fach *enw lle* (SS 6395)
Abertawe (Morgannwg)
tir coediog neu dir heb ei gau i mewn + bach
little wood

Fforest Fawr *mynydd* (SN 8219)
Powys (Brycheiniog)
tir coediog neu dir heb ei gau i mewn + mawr
great forest

Fforest-goch *ardal* (SN 7401)
Caerfyrddin
tir coediog neu dir heb ei gau i mewn + coch
red forest

Ffostrasol *enw lle* (SN 3747)
Ceredigion (Aberteifi)
ffos (transh) + trosol (?)
crow-bar ditch (?)

Ffosybleiddiaid *fferm* (SN 6867)
Ceredigion (Aberteifi)
ffos + bleiddiaid (lluosog 'blaidd')
ditch of the wolves

Ffos-y-ffin *enw lle* (SN 4460)
Ceredigion (Aberteifi)
ffos (clawdd) + ffin
the boundary hedge

Ffrancon gw. *(see)* **Nant Ffrancon**

Ffraw gw. *(see)* **Afon Ffraw**

ffridd *hon*
porfa arw, fynyddig; cynefin defaid
hill pasture; sheep territory

Ffridd (-y-bwlch) gw. *(see)* **Llyn Ffridd (-y-bwlch)**

Ffridd Bryn-coch *fferm* (SH 7028)
Gwynedd (Meirionnydd)
ffridd (tir pori mynyddig) + bryn + coch
pasture by the red hill

Ffridd Cwm Hesgin *llethr* (SH 8741)
Gwynedd (Meirionnydd)
ffridd (tir pori mynyddig) + cwm + hesgin (man lle y mae hesg yn tyfu)
mountain in the valley of the sedge

Ffridd Faldwyn *bryn* (SH 2197)
Powys (Trefaldwyn)
ffridd (tir pori mynyddig) + Baldwyn (person)
Baldwyn's pasture (personal name)

Ffridd Ganol *mynydd* (SH 9208)
Powys (Trefaldwyn)
ffridd (tir pori mynyddig) + canol
(mountain of the) middle pasture

Ffrith, Y *enw lle* (SJ 2855)
Fflint
y + ffridd (tir pori mynyddig)
the mountain pasture

ffriw *hon*
trwyn, ffroen
muzzle

ffrwd *hwn* (ffrydiau)
llifeiriant chwyrn
torrent

Ffrwd-fâl *fferm* (SN 6438)
Caerfyrddin
ffrwd + (y) + bâl (copa)
stream at the summit

Ffrwd Wen gw. *(see)* **Afon Ffrwd Wen**

Ffrydan:Ffrydlan gw. *(see)* **Afon Ffrydan: Ffrydlan**

Ffwl-y-mwn *enw lle* (ST 0467)
Bro Morgannwg (Morgannwg)
ffurf Gymraeg ar 'Fonmon', o *'valmont'*, Ffrangeg am 'cwm y mynydd'
valmont (French mountain valley)
Fonmon

Ffrydlas gw. *(see)* **Afon Ffrydlas**

Ffynhonnau *plas* (SN 2438)
Penfro
mwy nag un 'ffynnon'
well springs

ffynnon *hon* (ffynhonnau)
tarddle, pydew dŵr
well, spring source

Ffynnon Allgo *heneb* (SH 4984)
Môn
ffynnon + Gallgo (sant)
(saint) Gallgo's well

Ffynnon Bedr *heneb* (SN 5747)
Ceredigion (Aberteifi)
ffynnon + Pedr (sant Llanbedr)
Peterwell

Ffynnon Cegin Arthur *heneb* (SH 5564)
Gwynedd (Caernarfon)
ffynnon + Cegin (afon) + Arthur (cawr a brenin)
well in Arthur's kitchen (king and giant's name)

Ffynnon Deilo *heneb* (ST 0676)
Bro Morgannwg (Morgannwg)
ffynnon + Teilo (sant)
(saint) Teilo's well

Ffynnon Derfel *heneb* (SH 9737)
Gwynedd (Meirionnydd)
ffynnon + Derfel (sant)
(saint) Derfel's well

Ffynnon Dogfan *heneb* (SH 9822)
Powys (Trefaldwyn)
ffynnon + Doewan (sant)
(saint) Doewan's well

Ffynnonddewi *enw lle* (SN 3852)
Ceredigion (Aberteifi)
ffynnon + Dewi (sant)
(saint) Dewi's well

Ffynnon-ddofn *fferm* (SN 0541)
Penfro
ffynnon + dwfn (y ffurf fenywaidd yw 'dofn')
deep well

Ffynnon-ddrain *enw lle* (SN 4021)
 Caerfyrddin
 ffynnon + drain
 bramble well

Ffynnon Ddygfael *heneb* (SH 3590)
 Môn
 ffynnon + Dogfael (sant)
 (saint) Dogfael's well

Ffynnon Eilian *heneb* (SH 4693)
 Môn
 ffynnon + Eilian (sant)
 (saint) Eilian's well

Ffynnon Faglan *heneb* (SH 4560)
 Gwynedd (Caernarfon)
 ffynnon + Baglan (sant)
 (saint) Baglan's well

Ffynnon Garmon *heneb* (SJ 1920)
 Powys (Trefaldwyn)
 ffynnon + Garmon
 Garmon's well

Ffynnongroyw *enw lle* (SJ 1382)
 Fflint
 ffynnon + croyw (heb ei llygru)
 fresh well

Ffynnonhenri *capel* (SN 3930)
 Caerfyrddin
 ffynnon + Henri (enw personol)
 (chapel at) Henri's well

Ffynnon Illog *heneb* (SJ 0423)
 Powys (Trefaldwyn)
 ffynnon + Illog (sant)
 (saint) Illog's well

Ffynnon Lloer *llyn* (SH 6662)
 Gwynedd (Caernarfon)
 ffynnon + Lloer (afon a chwm a llyn)
 (lake by the) well of the moon

Ffynnon Llugwy *llyn* (SH 6962)
 Gwynedd (Caernarfon)
 ffynnon + Llugwy (afon)
 lake at the well on the (river) Llugwy

Ffynnon Maenmilgi *cors* (SJ 0634)
 Gwynedd (Meirionnydd)
 ffynnon + maen + milgi
 well at the hound's stone

Ffynnon Sulien *heneb* (SJ 0644)
 Gwynedd (Meirionnydd)
 ffynnon + Sulien (sant)
 (saint) Sulien's well

Ffynnon Taf *enw lle* (ST 1283)
 Rhondda Cynon Taf (Morgannwg)
 ffynnon + Taf (afon)
 well on the river Taff
 Taff's Well

Ffynnon Trillo *heneb* (SJ 0337)
 Gwynedd (Meirionnydd)
 ffynnon + Trillo (sant)
 (saint) Trillo's well

Ffynnon-y-gwas gw. *(see)* **Llyn Ffynnon-y-gwas**

G

Gabalfa[1] *ardal* (ST 1679)
Caerdydd (Morgannwg)
(y) + ceubal (cwch) + -fa (man lle y ceir cwch i groesi afon)
(the) ferry place

Gabalfa[2] *plas* (SO 2346)
Powys (Maesyfed)
(y) + ceubal (cwch) + -fa (man lle y ceir cwch i groesi afon, ond ystyr tebycach yw pant neu geudod mewn mannau lle nad oes afon)
(the) hollow

Gadlys, Y *enw lle* (SN 9902)
Rhondda Cynon Taf (Morgannwg)
y + cad (brwydr) + llys (mur amddiffynnol yn wreiddiol, lle y byddai milwyr yn ymgasglu i ymarfer efallai)
the bailey

gaer gw. hefyd *(see also)* **Caer**

Gaer[1]**, Y** *heneb* (SN 9226)
Powys (Brycheiniog)
y + caer (amddiffynfa gaeedig)
the fortress

Gaer,[2] **Y** *heneb* (ST 0874)
Bro Morgannwg (Morgannwg)
y + caer (amddiffynfa gaeedig)
the fortress

Gaer,[3] **Y** *heneb* (SJ 2015)
Powys (Trefaldwyn)
y + caer (amddiffynfa gaeedig)
the fortress

Gaer Fach *heneb* (SO 0036)
Powys (Brycheiniog)
(y) + caer (amddiffynfa gaeedig) + bach
(the) lesser fortress

Gaer Fawr *heneb* (SO 0238)
Powys (Brycheiniog)
(y) + caer (amddiffynfa gaeedig) + mawr
(the) greater fortress

Gaer-lwyd *enw lle* (ST 4496)
Mynwy
(y) + caer (amddiffynfa gaeedig) + llwyd
(the) grey fortress

Gaerwen, Y *enw lle* (SH 4871)
Môn
(y) + caer (amddiffynfa gaeedig) + gwen (ffurf fenywaidd 'gwyn')
the white fortress

gafael *hwn neu hon*
darn o dir
a holding (parcel of land)

Gafenni gw. *(see)* **Afon Gafenni**

Gafr gw. *(see)* **Llyn Gafr**

Gain gw. *(see)* **Afon Gain**

gallt:allt *hon*
llethr goediog
wooded hillside

Gallt gw. hefyd *(see also)* **Allt**

Galltfaenan *plas* (SJ 0269)
Dinbych
gallt (llethr goediog) + Maenan (enw lle), 'maen bach'
wooded slope at Maenan

Gallt yr Ogof *clogwyni* (SH 6858)
Gwynedd (Caernarfon)
gallt (llethr goediog) + yr + ogof
wooded slope with a cave

Gamallt *llyn* (SH 7444)
Gwynedd (Meirionnydd)
(y) + cam (troellog) + gallt (llethr goediog)
(the) twisted, wooded slope

Gamriw, Y *mynydd* (SN 9461)
Powys (Brycheiniog)
y + cam (ar dro) + rhiw
the twisted hill

Ganllwyd, Y *enw lle* (SH 7224)
Gwynedd (Meirionnydd)
y + can (gwyn) + llwyd (lle cysgodol)
the blessed place with shelter

Garn gw. hefyd *(see also)* **Carn**

Garn,[1] **Y** *enw lle* (SM 8821)
Penfro
y + carn (craig neu dwmpath o gerrig)
the cairn/rock
Roch

Garn,[2] **Y** *heneb* (SH 5552)
Gwynedd (Caernarfon)
y + carn (craig neu dwmpath o gerrig)
the cairn

Garn,[3] **Y** *mynydd* (SH 6359)
Gwynedd (Caernarfon)
y + carn (craig neu dwmpath o gerrig)
the cairn

Garn,[4] **Y** *heneb (x 2)* (SN 7360) (SN 7785)
Ceredigion (Aberteifi)
y + carn (craig neu dwmpath o gerrig)
the cairn

Garnant, Y *enw lle* (SN 6913)
Caerfyrddin
y + garw + nant
the choppy stream

Garn Bach *mynydd* (SH 2834)
Gwynedd (Caernarfon)
carn (craig neu dwmpath o gerrig) + bach
little cairn (mountain)

Garn Bentyrch *heneb* (SH 4241)
Gwynedd (Caernarfon)
carn (craig neu dwmpath o gerrig) + pen + tyrch (ffurf ar ' twrch', baidd gwyllt)
boar's head cairn

Garn Bica, Y *heneb* (SN 9400)
Rhondda Cynon Taf (Morgannwg)
y + carn (craig neu dwmpath o gerrig) + pica (â phig)
the pointed cairn

Garnbica *fferm* (SN 6316)
Caerfyrddin
carn (craig neu dwmpath o gerrig) + pica (â phig)
pointed cairn

Garn Boduan *mynydd* (SH 3139)
Gwynedd (Caernarfon)
carn + bod (preswylfa) + Buan (sant)
cairn at (saint) Buan's abode

Garndiffaith *enw lle* (SO 2604)
Torfaen (Mynwy)
carn (craig neu dwmpath o gerrig) + diffaith
wasted cairn

Garndolbenmaen *enw lle* (SH 4944)
Gwynedd (Caernarfon)
garn + dôl + penmaen (maen sy'n do ar gromlech)
cairn in the meadow of the capstone

Garndwyran *fferm* (SM 9431)
Penfro
carn + dwyrain
eastern cairn

Garnedd, Y *heneb* (SH 8900)
Powys (Trefaldwyn)
y + carnedd (craig neu dwmpath o gerrig)
the cairn

Garnedd Fawr, Y *mynydd* (SH 9342)
Gwynedd (Meirionnydd)
y + carnedd (craig neu dwmpath o gerrig) + mawr
the great cairn

Garnedd Wen *heneb* (SJ 0035)
Gwynedd (Meirionnydd)
(y) + carnedd + gwen (ffurf fenywaidd 'gwyn')
(the) blessed cairn

Garnedd-wen[1] *ardal* (SJ 1770)
Fflint
(y) + carnedd + gwen (ffurf fenywaidd 'gwyn')
(the) blessed cairn

Garnedd-wen[2] *fferm* (SH 7608)
Gwynedd (Meirionnydd)
(y) + carnedd + gwen (ffurf fenywaidd 'gwyn')
(the) blessed cairn

Garn Fadrun *mynydd* (SH 2735)
Gwynedd (Caernarfon)
carn + Madrun, sef ffurf ar yr enw Modron (duwies)
Madrun's cairn (a variation of Modron)

Garnfadrun *enw lle* (SH 2834)
Gwynedd (Caernarfon)
carn + Madrun, sef ffurf ar yr enw Modron (duwies)
Madrun's cairn (a variation of Modron)

Garn Fawr *heneb* (SN 7057)
Ceredigion (Aberteifi)
(y) + carn + mawr
(the) large cairn

Garn Felen *heneb* (SN 7056)
Ceredigion (Aberteifi)
(y) + carn + melen (ffurf fenywaidd 'melyn')
(the) yellow cairn

Garn Folch *bryn* (SM 9139)
Penfro
(y) + carn + molch(-weden) (malwod?)
(the) snails cairn (?)

Garn Goch,[1] **Y** *bryn* (SN 6824)
Caerfyrddin
y + carn + coch
the red cairn

Garn Goch,[2] **Y** *heneb* (SN 8110)
Powys (Brycheiniog)
y + carn + coch
the red cairn

Garn Goch,[3] **Y** *heneb* (SN 9001)
Rhondda Cynon Taf (Morgannwg)
y + carn + coch
the red cairn

Garn Lwyd *heneb* (SN 7207)
Castell-nedd Port Talbot (Morgannwg)
(y) + carn + llwyd
(the) grey cairn or blessed cairn

Garn-swllt *enw lle* (SN 6208)
Abertawe (Morgannwg)
carn + swllt (darn o arian neu drysor)
shilling (or treasure) cairn

Garreg *enw lle* (SH 6141)
Gwynedd (Meirionnydd)
(y) + carreg (craig)
(the) rock

Garreg-Fraith *mynydd* (SN 7117)
Caerfyrddin
(y) + craig + braith (ffurf fenywaidd 'brith')
(the) speckled rock

Garreg Goch *clogwyni* (SN 8116)
Powys (Brycheiniog)
(y) + craig + coch
(the) red rock (cliffs)

Garreg Lwyd *clogwyni* (SN 8615)
Powys (Brycheiniog)
craig + llwyd
(the) grey rock (cliffs)

Garreg-wen *fferm* (SH 5637)
Gwynedd (Caernarfon)
y + craig + gwen (ffurf fenywaidd 'gwyn')
(the) white rock (farm)

garth hwn
1. pentir, cefnen o dir, penrhyn, e.e. Penarth
   promontary or crest of high land
2. lle wedi'i gau i mewn (buarth, gardd)
   an enclosed space, yard or garden

garth hon
gallt coediog, tir gwyllt, e.e. Peniarth, Llwydiarth, Talgarth, Sycharth
a wooded hillside or slope

Garth[1] *enw lle* (SN 9449)
Powys (Brycheiniog)
garth (esgair mynydd neu lethr goediog)
wooded escarpment

Garth[2] *enw lle* (SJ 2542)
Dinbych
garth (esgair mynydd neu lethr goediog)
wooded escarpment

Garthbeibio *plwyf* (SH 9812)
Powys (Trefaldwyn)
garth + Peibio (brenin)
(King) Peibio's escarpment

Garthbrengi *plwyf* (SO 0433)
Powys (Brycheiniog)
garth + Brengi (enw personol)
Brengi's hillside (personal name)

Gartheilyn *fferm* (SO 0896)
Powys (Trefaldwyn)
garth + Heilyn (enw personol)
Heilyn's hill (personal name)

Gartheli *enw lle* (SN 5856)
Ceredigion (Aberteifi)
garth + Heli (un o feibion Brychan a sant yng Nghernyw)
Heli's hill (personal name)

Garthewin *plas* (SH 9170)
Dinbych
garth + Deheuwaint (enw personol)
Deheuwaint's hill (personal name)

Garthgelyn *ardal* (SO 1296)
Powys (Trefaldwyn)
garth + celyn (y goeden)
holly tree escarpment

Garthgynfor *fferm* (SH 7318)
Gwynedd (Meirionnydd)
garth + Cynfor (enw personol)
Cynfor's hill (personal name)

Garthmeilio *fferm* (SH 9544)
Dinbych
garth + Beilo (merch Brychan[?])
Beilo (daughter of Brychan [?])'s hill

Garthmyl *enw lle* (SO 1999)
Powys (Trefaldwyn)
garth + *mill* ('melin' Saesneg)
mill hill

Garw gw. *(see)* **Afon Garw**

Garwfynydd *mynydd* (SH 9440)
Gwynedd (Meirionnydd)
garw + mynydd
harsh mountain

gefail hon
gweithdy gof, siop y gof
smithy, forge

Geirch gw. *(see)* **Afon Geirch**

Geirionnydd gw. *(see)* **Llyn Geirionnydd**

Geirw gw. *(see)* **Afon Geirw**

Gele gw. *(see)* **Afon Gele**

Gelli[1] *ardal* (SN 0819)
Penfro
(y) + celli (llwyn o goed)
(the) grove

Gelli,[2] **Y** *enw lle* (SS 9794)
Rhondda Cynon Taf (Morgannwg)
y + celli (llwyn o goed)
the grove

Gelli-aur *plas* (SN 5919)
Caerfyrddin
(y) + celli (llwyn o goed) + aur
(the) **Golden Grove**

Gellidochlaethe *plas* (SN 7906)
Abertawe (Morgannwg)
celli (llwyn o goed) + tochleth (lle anniben) neu drychiolaethau (ysbrydion)
grove in an unkempt place; or grove of apparitions

Gellidywyll *plas* (SN 8898)
Powys (Trefaldwyn)
(y) + celli (llwyn o goed) + tywyll
(the) dark grove

Gellifelen *enw lle* (SO 2111)
Powys (Brycheiniog)
(y) + celli (llwyn o goed) + melen (ffurf fenywaidd 'melyn')
(the) yellow copse

Gellifor *enw lle* (SJ 1262)
Dinbych
(y) + celli + mawr
(the) large grove

Gelli-gaer *enw lle* (ST 1396)
Caerffili (Morgannwg)
(y) + celli (llwyn o goed) + caer (lle creigiog amddiffynnol)
(the) grove round a fortress

Gelli-gain *llyn* (SH 7332)
Gwynedd (Meirionnydd)
(y) + celli (llwyn o goed) + cain (hardd)
(the) handsome grove (lake)

Gelli Gandryll, Y *enw lle* (SO 2242)
Powys (Brycheiniog)
y + celli (llwyn o goed) + candryll (darniog)
the fragmented copse
Hay

Gelli-groes *enw lle* (ST 1794)
Caerffili (Mynwy)
(y) + celli (llwyn o goed) + croes
(the) cross grove

Gelli-gron *fferm* (SN 7104)
Morgannwg
(y) + celli (llwyn o goed) + cron (ffurf fenywaidd 'crwn')
(the) round grove

Gellilydan *enw lle* (SH 6839)
Gwynedd (Meirionnydd)
(y) + celli (llwyn o goed) + llydan
(the) broad grove

Gellilyfdy *fferm* (SJ 1473)
Fflint
celli + Loveday (enw personol)
Loveday's grove

Gelli-nudd *enw lle* (SN 7304)
Castell-nedd Port Talbot (Morgannwg)
celli (llwyn o goed) + Nudd (enw chwedlonol)
Nudd's grove (legendary name)

Gellïoedd *ardal* (SH 9344)
Dinbych
lluosog 'celli'
groves

Gelli'r fid *fferm* (SS 9487)
Morgannwg
celli (llwyn o goed) + y + bid (gwrych, perth)
grove hedge

Gelli-wen *enw lle* (SN 2723)
Caerfyrddin
(y) + celli (llwyn o goed) + gwen (ffurf fenywaidd 'gwyn')
(the) white grove

Genau'r Glyn *cwmwd*
sef y glyn a luniwyd gan afon Eleri
(commote at the) mouth of the valley (of the river Eleri)

Genau'r-glyn *plwyf* (SN 6288)
Ceredigion (Aberteifi)
genau (safnau, ceg) + y + glyn
the valley mouth

Gendros *ardal*
Abertawe (Morgannwg)
cefn (esgair, trum) + rhos (gwaun/morfa)
ridge on the moor

Gerlan *enw lle* (SH 6366)
Gwynedd (Caernarfon)
(y) + cerdd (gris, cam i fyny) + glan, sef cam i fyny
the step up

Gerwin *nant*
Caerfyrddin
o 'garw', sef nant wyllt ei rhediad
wild (stream)

Gesailgyfarch, Y *fferm* (SH 5441)
Gwynedd (Caernarfon)
y + cesail (cilfach) + cywarch (y planhigyn)
the shelter where hemp grows

Geuallt, Y *clogwyni* (SH 6051)
Gwynedd (Caernarfon)
y + cau (wedi'i gau i mewn) + gallt (llethr goediog)
the enclosed wooded slope

Geuffordd *enw lle* (SJ 2114)
Powys (Trefaldwyn)
gau (pant) + ffordd (heol)
road through the hollow

Gïas *mynydd* (SN 8686)
Powys (Trefaldwyn)
mount Gïas

Giler, Y *fferm* (SH 8849)
Dinbych
y + cil + erw neu 'giler', sef llestr crwn bas
the corner acre; or the shallow basin

Gilfach (Fargoed) *enw lle* (ST 1598)
Caerffili (Morgannwg)
(y) + cilfach (encil)
(the) shaded spot

Gilfach-goch, Y *enw lle* (SS 9889)
Rhondda Cynon Taf (Morgannwg)
y + cilfach + coch
the red nook

Gilfachreda *enw lle* (SN 4058)
Ceredigion (Aberteifi)
cilfach + rhedfa (?)
water course

Gilfach-wen *plas* (SN 4040)
Ceredigion (Aberteifi)
(y) + cilfach + gwen (ffurf fenywaidd 'gwyn')
(the) blessed retreat

Gilfachyrheol *fferm* (SO 2150)
Powys (Maesyfed)
cilfach + yr + heol
the road through a sheltered place

Gilwern *enw lle* (SO 2414)
Powys (Brycheiniog)
cil (encil) + gwern (y coed)
shelter of the alder trees

glais:glas *hwn*
nant, e.e. Camlais, Dowlais, Dulais, Gwynlais, Morlais
brook

Glais, Y *enw lle* (SN 7000)
Abertawe (Morgannwg)
y + clais (ffrwd, nant)
the brook

glan *hon*
1. ymyl afon, e.e. Rhuddlan
   river bank
2. llethr, bryncyn, e.e. Pen-y-lan
   hillock or slope

Glanadda *enw lle* (SH 5770)
Gwynedd (Caernarfon)
glan (ymyl afon) + Adda (afon)
bank of the (river) Adda

Glanaman *enw lle* (SN 6713)
Caerfyrddin
glan (ymyl afon) + Aman (afon)
bank of the river Aman

Glan-bad *enw lle* (ST 1087)
Rhondda Cynon Taf (Morgannwg)
glan (ymyl afon) + bad (cwch)
Upper Boat

Glanbrân *plas* (SN 7938)
Caerfyrddin
glan (ymyl afon) + Brân (afon)
bank of the river Brân

Glanbrydan *plas* (SN 6626)
Caerfyrddin
glan + Brydan (nant)
bank of the Brydan (stream)

Glandŵr *ardal* (SN 6596)
Abertawe (Morgannwg)
glan (ymyl afon) + dŵr
bank beside the water
Landore

Glandŵr *enw lle (x 2)* (SN 1928) (SM 9825)
Penfro
glan (ymyl afon) + dŵr
bank beside the water

Glandyfi *enw lle* (SN 6996)
Ceredigion (Aberteifi)
glan + Dyfi (afon)
bank of the (river) Dyfi

Glanelái *plas* (ST 0382)
Bro Morgannwg (Morgannwg)
glan + Elái (afon)
bank of the (river) Elái

Glanfrogan *fferm* (SJ 1818)
Powys (Trefaldwyn)
glan + Brogan (nant)
bank of the Brogan (stream)

Glangwili *enw lle* (SN 4322)
Caerfyrddin
glan + Gwili (afon)
bank of the (river) Gwili

Glangrwyne gw. *(see)* **Llangrwyne**

Glanieithon *fferm* (SO 0563)
Powys (Maesyfed)
glan + Ieithon (afon)
bank of the (river) Ieithon

Glan-llyn[1] *ardal* (SH 8831)
Gwynedd (Meirionnydd)
glan + llyn
lake shore

Glan-llyn[2] *enw lle* (ST 1284)
Rhondda Cynon Taf (Morgannwg)
glan + llyn
lake shore

Glanmawddach *fferm* (SH 6316)
Gwynedd (Meirionnydd)
glan + Mawddach (afon/moryd)
bank of the (river) Mawddach

Glanmeheli *enw lle* (SO 1690)
Powys (Trefaldwyn)
glan + ma (maes agored) + Heli (enw person)
bank in Heli's field (personal name)

Glan-miwl *ardal* (SO 1690)
Powys (Trefaldwyn)
glan + Miwl (afon)
bank of the (river) Miwl

Glan-rhyd *enw lle (x 2)* (SH 4758) (SH 2838)
Gwynedd (Caernarfon)
glan + rhyd
side of the ford

Glansefin *plas* (SN 7328)
Caerfyrddin
llan (yn wreiddiol) + Sefin (santes)
(saintess) Sefin's church

Glan-tren *fferm* (SN 5242)
Caerfyrddin
glan + Tren (afon)
bank of the (river) Tren

Glantwymyn *enw lle* (SH 8204)
Powys (Trefaldwyn)
glan + Twymyn (afon)
bank of the (river) Twymyn
Cemmaes Road

Glanyfferi *enw lle* (SN 3610)
Caerfyrddin
glan + y + fferi (man croesi afon ar gwch)
Ferryside

Glan-y-gors *fferm* (SH 9349)
Conwy (Dinbych)
glan + y + cors
side of the marsh

Glanyrafon *enw lle (x 2)* (SJ 1967) (SJ 1181)
Fflint
glan + yr + afon
the riverside

Glanyrannell *plas* (SN 6437)
Caerfyrddin
glan + Grannell (afon), ffurf ar Ariannell
bank of the (river) Grannell

Glasbwll *ardal* (SN 7397)
Powys (Trefaldwyn)
glas + pwll
blue pool

Glasfryn *enw lle* (SH 9150)
Conwy (Dinbych)
glas (gwyrdd) + bryn
green hill

Glasgoed[1] *ardal* (SO 3201)
Mynwy
glas (gwyrdd) + coed
green wood

Glasgoed[2] *enw lle* (SH 5464)
Gwynedd (Caernarfon)
glas (gwyrdd) + coed
green wood

Glasgwm[1] *enw lle* (SO 1553)
Powys (Maesyfed)
glas (gwyrdd) + cwm
green valley

Glasgwm[2] *plas* (SH 7750)
Gwynedd (Caernarfon)
glas (gwyrdd) + cwm
green valley

Glasinfryn *enw lle* (SH 5868)
Gwynedd (Caernarfon)
glesyn (blodyn lliw glas) + bryn
borrage hill

Glaslyn *llyn* (SN 8294)
  Powys (Trefaldwyn)
  glas + llyn
  blue lake

Gleiniant *enw lle* (SN 9791)
  Powys (Trefaldwyn)
  glain (disglair) + nant
  shining stream

Gleserch gw. *(see)* **Afon Gleserch**

Gloddaith *plas* (SH 8080)
  Gwynedd (Caernarfon)
  clawdd + aith (eithin)
  gorse hedge

Glog¹, Y *ardal* (SN 2132)
  Penfro
  y + clog (craig yn wreiddiol, hefyd bryn)
  the knoll

Glog², Y *mynydd (x 2)* (SJ 0920) (SO 0985)
  Powys (Trefaldwyn)
  y + clog (craig yn wreiddiol, hefyd bryn)
  the cliff

Gloywlyn *llyn* (SH 6429)
  Gwynedd (Meirionnydd)
  gloyw + llyn
  shining lake

Gluder Fach *mynydd* (SH 6558)
  Gwynedd (Caernarfon)
  (y) + cludair (pentwr wedi'i gasglu ynghyd)
  (the) lesser mound

Gluder Fawr *mynydd* (SH 6457)
  Gwynedd (Meirionnydd)
  (y) + cludair (pentwr wedi'i gasglu ynghyd)
  (the) greater mound

glyn *hwn*
  dyffryn cul, e.e. Amlyn (am + glyn);
  Crymlyn (crwm + glyn)
  glen, narrow valley

Glyn *plwyf* (SN 9621)
  Powys (Brycheiniog)
  glyn (dyffryn)
  the glen

Glyn (Cywarch) *plas* (SH 6034)
  Gwynedd (Meirionnydd)
  glyn + cywarch (planhigyn)
  valley where hemp grows

Glynarthen *enw lle* (SN 3148)
  Ceredigion (Aberteifi)
  glyn + Arthen (brenin)
  (King) Arthen's glen

Glynbrochan *enw lle* (SN 9283)
  Powys (Trefaldwyn)
  glyn + Brochan (enw nant), ffurf ar 'Brychan'
  valley of Brychan('s stream) (personal name)

Glyncorrwg *enw lle* (SS 8799)
  Castell-nedd Port Talbot (Morgannwg)
  glyn + Corrwg (afon), sef o 'cor', 'afon fechan'
  vale of the river Corrwg (a little river)

Glyndyfrdwy *enw lle* (SJ 1542)
  Gwynedd (Meirionnydd)
  glyn + Dyfrdwy (afon)
  vale of (river) Dyfrdwy

Glynebwy *enw lle* (SO 1706)
  Blaenau Gwent (Mynwy)
  glyn + Ebwy (afon)
  vale of (river) Ebwy
  Ebbw Vale

Glynegwestl *abaty* (SJ 2044)
  Dinbych
  glyn + gwystl (gwarant, ernes Crist)
  vale of redemption
  Vale Crucis *(abbey)*

Glyn-fach *plwyf* (SO 2432)
  Powys (Brycheiniog)
  glyn + bwch (bwch gafr, bwchadanas)
  valley of the buck

Glyn-hir¹ *ardal* (SN 5904)
  Bro Morgannwg (Morgannwg)
  glyn + hir
  long valley

Glyn-hir² *plas* (SN 6315)
  Caerfyrddin
  glyn + hir
  (the mansion in the) long valley

Glynllifon *plas* (SH 4555)
  Gwynedd (Caernarfon)
  glyn + Llifon (afon), o 'llifeirio'
  vale of (river) Llifon

Glyn-nedd *enw lle* (SN 8806)
  Castell-nedd Port Talbot (Morgannwg)
  glyn + Nedd (afon)
  vale of (river) Nedd (Neath)
  Glyn-neath

Glyn-taf *enw lle* (ST 0889)
  Rhondda Cynon Taf (Morgannwg)
  glyn + Taf (afon)
  vale of (river) Taf
  Glyn-taff

Glyn Tarell *ardal* (SN 9722)
Powys (Brycheiniog)
glyn + Tarell (afon), o 'tarddu'
valley of the (river) Tarell

Glyntawe *enw lle* (SN 8416)
Powys (Brycheiniog)
glyn + Tawe (afon)
vale of (river) Tawe

Glyntraean *plwyf* (SJ 2235)
Dinbych
glyn + traean (un rhan o dair)
valley with one third of the land

Glyntrefnant *ardal* (SN 9192)
Powys (Trefaldwyn)
glyn + tref (fferm fawr) + nant
vale with a spring and settlement

Glyn-y-groes *abaty* (SJ 2044)
Dinbych
glyn + y + croes
valley of the cross
Vale Crucis

Glywysing *rhanbarth*
Glywys (brenin) + -ing = tir neu bobl Glywys
realm of Glywys (personal name)

gobell *hon*
trum rhwng dau gopa
crest between two summits

Goch gw. *(see)* **Afon Goch**

Godir-y-bwch *clogwyni* (SN 0542)
Penfro
godir (tir uwchben clogwyni) + y + bwch (bwch gafr, bwchadanas)
cliff-top of the buck

Godre'r-graig *enw lle* (SN 7506)
Castell-nedd Port Talbot (Morgannwg)
godre (ymylon) + y + craig
the rock edge

Goedol gw. *(see)* **Afon Goedol**

Goetre, Y *enw lle* (SS 5993)
Castell-nedd Port Talbot (Morgannwg)
y + coed + tref, sef fferm fawr ger y coed
the settlement by the wood

Goetre Fawr *enw lle* (SO 3206)
Mynwy
(y) + coed + tref, sef fferm fawr ger y coed
greater settlement by the wood

Goetre-hen, Y *enw lle* (SS 8985)
Bro Morgannwg (Morgannwg)
(y) + coed + tref, sef fferm fawr ger y coed + hen
the old settlement by the wood

gofer *hwn/hon*
man lle y mae dŵr sy'n goferu (gorlifo) yn rhedeg
an overflow ditch

Gofilon *enw lle* (SO 2613)
Mynwy
cyf + eilltion (dwy allt ar bwys ei gilydd) neu 'gofail' (gefail) + ion
friends; or smithies

Gogarth[1] *ardal* (SH 7682)
Gwynedd (Caernarfon)
go (lled) + cerdd (cam), yn golygu 'gris'
ledge or step

Gogarth[2] *fferm* (SH 6798)
Gwynedd (Meirionnydd)
go (lled) + cerdd (cam), yn golygu 'gris'
ledge or step

Gogerddan *plas* (SN 6283)
Ceredigion (Aberteifi)
go (lled) + cerdd (cam), yn golygu 'gris' + an (ffurf fachigol)
little ledge or step

Goginan *enw lle* (SN 6881)
Ceredigion (Aberteifi)
Ceginan, yn seiliedig ar 'cegin' (esgair, cefnen) + -an (ffurf fachigol)
little high-backed ridge

Gogofau *ardal* (SN 6640)
Caerfyrddin
lluosog 'ogof'
caves

Gogoian *ardal* (SN 6354)
Ceredigion (Aberteifi)
go + goiäen (oer, rhynllyd)
chilly (area)

Gopa, Y *ardal* (SN 6003)
Bro Morgannwg (Morgannwg)
y + copa (rhan uchaf y pen a mynydd)
the peak

Gorast gw. *(see)* **Llyn Gorast**

Gorddinan gw. *(see)* **Afon Gorddinan**

Gorddwr *cwmwd*
gorddwr afon Hafren, sef y man y byddai llifogydd yr afon yn ymestyn iddo
floodplain (of the Severn)

Gored Beuno *ynys* (SH 4150)
Gwynedd (Caernarfon)
cored (math o argae dal pysgod) + Beuno (sant)
(saint) Beuno's fish trap

gorest *hwn/hon*
tir comin, tir agored
common or waste land

Gorfynydd *cantref*
Gwrin (enw personol) + ydd = tir Gwrin
(commote in) Gwrin's land

Gorffwysfa *ardal* (SH 6455)
Gwynedd (Caernarfon)
gorffwys + ma (man gorffwys)
resting-place

Gorsedd Brân *mynydd* (SH 9759)
Dinbych
gorsedd (bryncyn fel sedd i gawr) + Brân (enw chwedlonol)
Brân's throne (legendary name)

Gorseinon *enw lle* (SS 5998)
Abertawe (Morgannwg)
cors + Einon (enw personol)
Einon's marsh (personal name)

Gorsen gw. *(see)* **Afon Gorsen**

Gors Goch *cors* (SN 8963)
Powys (Maesyfed)
(y) + cors + coch
(the) red marsh

Gors-goch *ardal* (SN 5713)
Caerfyrddin
(y) + cors + coch
(the) red marsh

Gors-las *enw lle* (SN 5713)
Caerfyrddin
(y) + cors + glas
(the) green marsh

Graig[1] *ardal* (SJ 0872)
Fflint
(y) + craig
(the) rock

Graig[2] *enw lle* (ST 2487)
Mynwy
(y) + craig
(the) rock

Graig Ddu,[1] **Y** *clogwyni (x 2)* (SH 2327) (SH 3544)
Gwynedd (Caernarfon)
y + craig + du
the black rock

Graig Ddu,[3] **Y** *clogwyni* (SH 7010)
Gwynedd (Meirionnydd)
y + craig + du
the black rock (cliffs)

Graig Fawr[1] *clogwyni* (SS 9296)
Rhondda Cynon Taf (Morgannwg)
(y) + craig + mawr
(the) great rock

Graig Fawr[2] *mynydd (x 2)* (SN 6106) (SS 7986)
Morgannwg
(y) + craig + mawr
(the) great rock

Graigfechan *enw lle* (SS 1454)
Dinbych
(y) + craig + bechan (ffurf fenywaidd 'bychan')
(the) little rock

Graig Goch *clogwyni* (SH 7008)
Gwynedd (Meirionnydd)
(y) + craig + coch
(the) red rock

Graig Las *clogwyni* (SH 6713)
Gwynedd (Meirionnydd)
(y) + craig + glas
(the) blue stone

Graig Lwyd[1] *clogwyni* (SM 9932)
Penfro
(y) + craig + llwyd
(the) grey rock

Graig Lwyd[2] *mynydd* (SH 7175)
Gwynedd (Caernarfon)
(y) + craig + llwyd
(the) grey rock

Graig Wen *mynydd* (SH 7339)
Gwynedd (Meirionnydd)
(y) + craig + gwen (ffurf fenywaidd 'gwyn')
(the) white rock

Grannell gw. *(see)* **Afon Grannell**

Gregynog *plas* (SO 0897)
Powys (Trefaldwyn)
Grugyn (enw personol) + og = tir Grugyn
Grugyn's realm (personal name)

Gresffordd *enw lle* (SJ 3554)
Wrecsam (Dinbych)
grass + ford (Saesneg)
Gresford

Grib Goch, Y *clogwyni* (SH 6255)
Gwynedd (Caernarfon)
y + crib (esgair ar gopa mynydd) + coch
the red crest

Gribin, Y *mynydd* (SH 8417)
Gwynedd (Meirionnydd)
y + cribin (esgair ar gopa mynydd)
the crest

Gribin Fawr, Y *clogwyni* (SH 7915)
Gwynedd (Meirionnydd)
y + cribin + mawr
the great crest

Gribin Oernant *mynydd* (SJ 1747)
Dinbych
(y) + cribin + nant (y cwm) + oer
(the) crest of the cold river valley

Groes, Y *ardal* (SJ 0064)
Conwy (Dinbych)
y + croes (naill ai crefyddol ynteu'n nodi ffin)
the cross

Groes-faen, Y *enw lle* (ST 0780)
Rhondda Cynon Taf (Morgannwg)
y + croes + maen (carreg yn nodi ffin)
the stone cross

Groesffordd *ardal* (SH 7675)
Gwynedd (Caernarfon)
(y) + croes + ffordd
(the) cross roads

Groesffordd Marli *enw lle* (SJ 0073)
Dinbych
croesffordd + Marli (enw person)
Marli's crossroad (personal name)

Groeslon, Y *enw lle* (SH 4755)
Gwynedd (Caernarfon)
y + croes + lôn (croesffordd)
the crossroads

Groes-wen, Y *enw lle* (ST 1286)
Caerffili (Morgannwg)
y + croes + gwen (ffurf fenywaidd 'gwyn')
the holy cross

Gronant *enw lle* (SJ 0983)
Fflint
gro (cerrig mân) + nant
shingle stream

Grondre *plwyf* (SN 1118)
Penfro
(y) + crwn (y ffurf fenywaidd yw 'cron') + tref (settlement)
(the) round settlement

Grongaer, Y *bryn* (SN 5721)
Caerfyrddin
y + cron (ffurf fenywaidd 'crwn') + caer (amddiffynfa gaerog)
the circular fortress
Grongar Hill

Gronw gw. *(see)* **Afon Gronw**

grug *hon*
y man lle y mae grug yn tyfu, e.e. Y Rug; Llanrug
(as a feminine singular noun) a place where heather grows

grwn *hwn*
tir rhwng dwy rych
earth between two furrows

Grwyne gw. *(see)* **Afon Grwyne**

Grysmwnt, Y *enw lle* (SO 4024)
Mynwy
(Ffrangeg) gros (mawr) + mont (mynydd)
Grosmont

Gurn, Y *mynydd* (SH 6468)
Gwynedd (Caernarfon)
y + curn, sef ffurf gron, bigfain
the cone-shaped summit

Gurn Ddu, Y *mynydd* (SH 3946)
Gwynedd (Caernarfon)
y + curn + du
the black cone

Gurn Goch, Y *mynydd* (SH 4047)
Gwynedd (Caernarfon)
y + curn + coch
the red cone

Gurn Moelfre *mynydd* (SJ 1829)
Dinbych
curn + moel (copa) + bre (mynydd)
cone-shaped mountain top

Gurnos,[1] **Y** *enw lle* (SN 7709)
Castell-nedd Port Talbot (Morgannwg)
y + nifer o 'curniau' bychain
the little cones

Gurnos,[2] **Y** *plas* (SO 0408)
Merthyr Tudful (Morgannwg)
y + nifer o 'curniau' bychain
the little cones

Gurn Wigau *mynydd* (SH 6567)
Gwynedd (Caernarfon)
(y) + curn + gwig (coedwig fach)
(the) woods on the mountain top

Gwaelod-y-garth *enw lle* (ST 1184)
Caerffili (Morgannwg)
gwaelod + y + garth (llethr goediog)
foot of the slope

Gwalchmai *enw lle* (SH 3876)
Môn
Gwalchmai (enw bardd)
Gwalchmai (the name of a poet)

Gwâl y Filiast *heneb* (SN 1725)
Caerfyrddin
gwâl (nyth) + y + miliast (cymar y milgi)
the hound's lair

Gwarafog *fferm* (SN 9548)
Powys (Brycheiniog)
gwar (lle wedi codi)
humped place

Gwarthaf *cantref*
gwarthaf 'uchaf'
upper (hundred)

Gwastadros *ardal* (SH 8835)
Gwynedd (Meirionnydd)
rhos + gwastad
flat moorland

Gwaun gw. *(see)* **Afon Gwaun**

Gwaun gw. hefyd *(see also)* **Waun**

Gwauncaegurwen *enw lle* (SN 7011)
Castell-nedd Port Talbot (Morgannwg)
cegyr + gwern (yn wreiddiol) gwaun (rhostir gwlyb) + cae + cegyr (planhigyn) + gwen (ffurf fenywaidd 'gwyn')
marshy field where hemlock grows

Gwaunleision *enw lle* (SN 7012)
Castell-nedd Port Talbot (Morgannwg)
gwaun (rhostir gwlyb) + gleision (lluosog 'glas')
green marshy land

Gwaunysgor *enw lle* (SJ 0781)
Fflint
gwaun + ysgor (gwersyll neu fuarth)
field with a yard

Gwaunyterfyn *enw lle* (SJ 3352)
Wrecsam (Dinbych)
gwaun + y + terfyn (ffin)
marshland at the border
Acton

Gwawr gw. *(see)* **Afon Gwawr**

Gwbert *enw lle* (SN 1649)
Ceredigion (Aberteifi)

Cubert neu Cwbert (sant a oedd yn gydymaith i Carannog Sant, yn ôl hanes saint Cernyw)
(saint) Cubert

Gwehelog (Fawr) *enw lle* (SO 3803)
Mynwy
gwehelog (amryliw)
motley

Gwely Gwyddfarch *heneb* (SJ 1412)
Powys (Trefaldwyn)
gwely Gwyddfarch (sant)
(saint) Gwyddfarch's resting-place

Gwely Melangell *heneb* (SJ 0226)
Powys (Trefaldwyn)
gwely + Melangell (santes)
(saint) Melangell's resting-place

Gwendraeth gw. *(see)* **Afon Gwendraeth**

Gwenddwr *enw lle* (SO 0643)
Powys (Brycheiniog)
dŵr + gwen (ffurf fenywaidd 'gwyn')
white water

Gwenfô *enw lle* (ST 1272)
Bro Morgannwg (Morgannwg)
gwaun + fa
moorland field
Wenvoe

Gwenfro gw. *(see)* **Afon Gwenfro**

Gwenlais gw. *(see)* **Afon Gwenlais**

Gwennol gw. *(see)* **Nant Gwennol**

Gwent *rhanbarth*
gwent = maes neu farchnadle, sef canolfan llwyth y Silwriaid a drigai yn y de-ddwyrain
place where the market was held

Gwenynog[1] *fferm* (SJ 0811)
Powys (Trefaldwyn)
man â gwenyn
place of bees

Gwenynog[2] *plas* (SJ 0365)
Dinbych
man â gwenyn
place of bees

Gwepra *enw lle* (SJ 2968)
Fflint
enw nant (nant sy'n llifo drwy laid)
stream through a muddy place
Wepre

gwerfa *hon*
lle cysgodol neu awelog
a sheltered or airy place

gwern *hon*
y man lle y mae gwern a gwernydd yn tyfu,
e.e. Y Wern
(as a feminine singular noun) a place where alders grow, which is wet, marshy ground

Gwern gw. hefyd *(see also)* **Wern**

Gwernan gw. *(see)* **Llyn Gwernan**

Gwerneigron *ardal* (SJ 0275)
Fflint
gwern (lle corsog) + Eigron (enw person)
Eigron's marsh (personal name)

Gwernesgob *ardal* (SO 1286)
Powys (Trefaldwyn)
gwern (tir corsog) + hesgog (llawn hesg)
sedge marsh

Gwernesni *enw lle* (SO 4101)
Mynwy
gwern (tir corsog) + Esni (enw personol?)
Esni's marsh (personal name?)

Gwernogle *enw lle* (SN 5333)
Caerfyrddin
lle + gwernog
marshy place

Gwern y Capel *heneb* (SH 5724)
Gwynedd (Meirionnydd)
gwern (tir corsog lle y mae gwern yn tyfu) + capel
marsh by the chapel

Gwernyclepa *plas* (ST 2785)
Mynwy
gwern (tir corsog) + y + clepa (lluosog 'clap', twmpath?)
marsh of the tumps

Gwernyfed *plas* (SO 1737)
Powys (Brycheiniog)
gwern (coed) + nyfed (llwyn)
alder copse

Gwernymynydd *enw lle* (SS 2162)
Fflint
gwern + y + mynydd
mountain of the alders

Gwersyllt *enw lle* (SJ 3152)
Dinbych
wearg (Hen Saesneg, 'troseddwr') + *hull* (bryn)
offenders hill

Gwerthrynion *cwmwd*
Gwrtheyrn (enw person) + -ion = tir Gwrtheyrn
(commote in the) land of Gwrtheyrn

Gwesbyr *enw lle* (SJ 1183)
Fflint
ffurf Gymraeg ar yr enw Saesneg
Westbury

Gwesyn gw. *(see)* **Afon Gwesyn**

gwig *hon*
1. coedwig
   forest
2. bae, cilfach
   creek, cove
3. fferm fawr
   settlement

Gwili gw. *(see)* **Afon Gwili**

Gwilym gw. *(see)* **Nant Gwilym**

gwlad *hon*
1. tiriogaeth brenin, e.e. Glamorgan (Gwlad Morgan)
   a king's realm
2. cefn gwlad (rhagor na'r dref)
   the countryside (rather than the town)

gwndwn *hwn*
tir heb ei aredig
unploughed land

Gwndy *enw lle* (ST 4386)
Mynwy
gwin + tŷ (?)
wine house (?)
Undy

Gwnnws Isaf *plwyf* (SN 6970)
Ceredigion (Aberteifi)
Gwynnws (ffurf hoffus ar yr enw Gwyn)
lower Gwnnws (hypochoristic form of Gwyn)

Gwnnws Uchaf *plwyf* (SN 7468)
Ceredigion (Aberteifi)
Gwynnws (ffurf hoffus ar yr enw Gwyn)
upper Gwnnws (hypochoristic form of Gwyn)

Gwredog *enw lle* (SH 4086)
Môn
gwaered + og (yn rhedeg i lawr i)
downward incline

gwreiddyn *hwn*
yng nghyd-destun enwau lleoedd fe all olygu tarddiad nant, e.e. Rhydygwreiddyn
root or spring source

Gwrtheyrn gw. *(see)* **Nant Gwrtheyrn**

Gwryd *ardal* (SN 7308)
Castell-nedd Port Talbot (Morgannwg)
gwrhyd (lled dwy fraich ar led)
span of two arms (fathom)

Gwy gw. *(see)* **Afon Gwy**

Gwydir *plas* (SH 7961)
Gwynedd (Caernarfon)
gwo- + tir (tir isel, pant)
(country house in the) hollow

gŵydd *hon*
pentwr neu garnedd o gerrig; neu le uchel yng ngŵydd pawb, e.e. Yr Wyddfa, Yr Wyddgrug
commemorative cairn or prominent place

gwŷdd *hyn*
coed, coedwig
trees, a wood

gwyddel *hwn*
prysgwydd, llwyn
coppice, thicket

Gwyddelwern *enw lle* (SJ 0746)
Gwynedd (Meirionnydd)
gwyddel (prysgwydd) + gwern
thicket on the marshland

Gwydderig gw. *(see)* **Afon Gwydderig**

Gwyddgrug *enw lle* (SN 4635)
Caerfyrddin
gŵydd (carnedd goffa) neu le uchel, amlwg + crug (pentwr o gerrig)
cairn of rememberance

Gwyddïor gw. *(see)* **Llyn Gwyddïor**

gwyn *ansoddair*
lliw, golau, bendigaid, cysegredig
white, bright, blessed, holy

Gwynant gw. *(see)* **Nant Gwynant**

Gwynedd *rhanbarth*
gwlad neu bobl y Feni (Venii), llwyth o bobl a geid hefyd yn Iwerddon
land of the Venii

Gwynfe *ardal* (SN 7221)
Caerfyrddin
gwyn + -ma/-mei = lle/maes gwyn
white field

Gwynfil *plwyf* (SN 6158)
Ceredigion (Aberteifi)
ffurf wrywaidd ar Gwenfil (santes)
Gwynfil (masculine form of Gwenfil, a saintess)

Gwynfryn *enw lle* (SJ 2552)
Wrecsam (Dinbych)
gwyn + bryn
white (or the blessed) hill

Gwynfynydd *heneb* (SO 0393)
Powys (Trefaldwyn)
gwyn + mynydd
white or blessed mountain

Gwynionydd *cwmwd*
Gwynion (enw person) + -ydd = tir Gwynion
(commote in) Gwynion's land (personal name)

Gwynllŵg *cantref*
Gwynllyw (mab y brenin Glywys) + -iwg = tir Gwynllyw
(hundred in) Gwynllyw's realm (personal name)
Wentloog

Gŵyr *rhanbarth*
gŵyr (penrhyn ar dro)
curved promontory
Gower

Gwyrfai gw. *(see)* **Afon Gwyrfai**

Gwysane *plas* (SJ 2266)
Fflint
gwŷs (mochyn), enw ar nant + Aneu (enw personol)
Aneu's brook (personal name)

Gwystre *enw lle* (SO 0665)
Powys (Maesyfed)
gwŷs (moch) + tref
settlement of the pigs

Gwytherin *enw lle* (SH 8761)
Conwy (Dinbych)
Gwytherin (enw personol)
Gwytherin

Gyfeillion *ardal* (ST 0491)
Rhondda Cynon Taf (Morgannwg)
cyf + eilltion (dwy allt ar bwys ei gilydd)
companion slopes

Gyfylchi *fferm* (SS 8095)
Castell-nedd Port Talbot (Morgannwg)
(y) + cyfylchi (amddiffynfa gylchog)
(the) circular fortification

Gyffin, Y *enw lle* (SH 7776)
Gwynedd (Caernarfon)
y + cyffin (ffin)
the confines

Gyffylliog, Y *enw lle* (SJ 0557)
Dinbych
y + cyffyll (boncyff coeden) + -iog (lle'r cyffyll)
the place of tree stumps

Gyhirych gw. *(see)* **Nant Gyhirych**

Gylchedd, Y *mynydd* (SH 8544)
Dinbych
y mynydd ar ffurf cylch
the circular mountain

Gynon gw. *(see)* **Llyn Gynon**

gyrfa *hon*
gyr (o wartheg), e.e. Maes-yr-Yrfa
a herd

H

Hafesb gw. *(see)* **Nant Hafesb**

Hafnant *nant* (SH 8046)
Gwynedd (Caernarfon)
haf + nant (nant yn sychu yn ystod yr haf)
stream that tends to dry in the summer

hafod *hon*
preswylfa yn ystod yr haf; byddai'r gweision yn symud yr anifeiliaid i bori ar dir uchel yn ystod yr haf (a dyma'r hafod), ac yna yn dychwelyd i'r hen dref (Hendre) dros y gaeaf
animals (and serfs) were moved to the summer pasture (Hafod) before returning to the old settlement (Hendre) for the winter

Hafod[1] *ardal* (SS 6594)
Abertawe (Morgannwg)
haf + bod (preswylfa tir uchel lle yr âi'r gweision a'r anifeiliaid yn yr haf)
summer dwelling

Hafod[2] *enw lle* (ST 0491)
Rhondda Cynon Taf (Morgannwg)
haf + bod (preswylfa tir uchel lle yr âi'r gweision a'r anifeiliaid yn yr haf)
summer dwelling

Hafod[3] *plas* (SS 6192)
Abertawe (Morgannwg)
haf + bod (preswylfa tir uchel lle yr âi'r gweision a'r anifeiliaid yn yr haf)
summer dwelling and pasture

Hafodol gw. *(see)* **Llyn Hafodol**

Hafod Uchdryd *plas* (SN 7573)
Ceredigion (Aberteifi)
hafod + Uchdryd (enw personol)
Uchdryd's summer dwelling (personal name)

Hafodunos *plas* (SH 8667)
Dinbych
hafod + un + nos
a summer dwelling built overnight

Hafodyrynys *enw lle* (ST 2299)
Caerffili (Mynwy)
hafod + yr + ynys (tir yn ymyl afon)
summer dwelling beside a water-meadow

Hafren gw. *(see)* **Afon Hafren**

Haffes gw. *(see)* **Afon Haffes**

hâl *hon*
rhos, rhostir
moorland

Halchdyn *enw lle* (SJ 4143)
Wrecsam (Fflint)
ffurf Gymraeg ar '*haugh*' (tir ar lan afon) + *tun* (fferm fawr)
farm beside a river
Halghton

Hanmer *enw lle* (SJ 4539)
Wrecsam (Fflint)
Hagena (enw personol) + *mere* (llyn)
Hagena's mere (personal name)

Harlech *enw lle* (SH 5831)
Gwynedd (Meirionnydd)
hardd + llech (craig)
fair rock

Hawen *enw lle* (SN 3446)
Ceredigion (Aberteifi)
Hawen (afon), o 'haf'
a stream that tends to dry in the summer

Hebron *enw lle* (SN 1827)
Caerfyrddin
Hebron (enw Beiblaidd a roddir ar gapel)
a Biblical (chapel) name

Heilyn gw. *(see)* **Llyn Heilyn**

Helyg gw. *(see)* **Llyn Helyg**

Helygain[1] *enw lle* (SJ 2127)
Fflint
Helygen (enw personol)
Helygen (a personal name)

Helygain[2] *mynydd* (SJ 1872)
Fflint
Helygen (enw personol)
(mount) Helygen (a personal name)

Helygi gw. *(see)* **Afon Helygi**

Henblas,[1] **Yr** *plas* (SH 9837)
Gwynedd (Meirionnydd)
yr + hen + plas (plasty)
the former/old mansion

Henblas,[2] **Yr** *plas* (SH 4272)
Môn
yr + hen + plas (plasty)
the former/old mansion

Hen Domen *heneb* (SJ 2418)
Powys (Trefaldwyn)
hen + tomen
old mound

hendref *hon*
  preswylfa'r gaeaf
  the winter settlement (cf. hafod)

Hendrefoilan *plas* (SS 6193)
  Morgannwg
  hendref + (y) foel (pen bryn) + -an (bachigyn)
  winter dwelling on the little peak

Hendreforfudd *fferm* (SJ 1245)
  Gwynedd (Meirionnydd)
  hendre (preswylfa'r gaeaf) + Morfudd (enw personol)
  Morfudd's winter residence (feminine personal name)

Hendreforgan *fferm* (SS 9887)
  Rhondda Cynon Taf (Morgannwg)
  hendre + Morgan (enw personol)
  Morgan's winter dwelling (personal name)

Hendre Ifan Goch *fferm* (SS 9788)
  Bro Morgannwg (Morgannwg)
  hendre (preswylfa'r gaeaf) + Ifan Goch (enw personol)
  Ifan Goch's winter dwelling (personal name)

Hendreladus *ardal* (SN 8010)
  Powys (Brycheiniog)
  hendre + Gwladus (enw personol)
  Gwladus's winter dwelling (feminine personal name)

Hendreowen *ardal* (SS 8395)
  Castell-nedd Port Talbot (Morgannwg)
  hendre + Owen (enw personol)
  Owen's winter dwelling (personal name)

Hendwr *fferm* (SJ 0338)
  Gwynedd (Meirionnydd)
  hen + tŵr
  old tower

Hendy, Yr *enw lle* (SN 5803)
  Caerfyrddin
  yr + hen + tŷ
  the old house

Hendy-gwyn *abaty* (SN 2018)
  Caerfyrddin
  hen + tŷ + gwyn
  old white house

Hendy-gwyn ar Daf *enw lle* (SN 1916)
  Caerfyrddin
  hen + tŷ + gwyn + ar + Taf (afon)
  old white house on the (river) Taf
  Whitland

Hen Ddinbych *heneb* (SH 9956)
  Dinbych
  hen + Dinbych
  former (site of) Dinbych (Denbigh)

Heneglwys *plwyf* (SH 4276)
  Môn
  hen + eglwys
  old church

Henfeddau *ardal* (SN 2431)
  Penfro
  hen + bedd(au)
  old graves

Henfynyw *plwyf* (SN 4461)
  Ceredigion (Aberteifi)
  hen + mynyw (llwyn o goed)
  old thicket

Hen Gastell *heneb* (SO 2116)
  Powys (Brycheiniog)
  hen + castell
  old castle

Hengastell, Yr *ardal* (SS 9179)
  Pen-y-bont ar Ogwr (Morgannwg)
  yr + hen + castell
  Oldcastle

Hen Gerrig *mynydd* (SH 9418)
  Powys (Trefaldwyn)
  hen + cerrig
  old stones

Hengoed, Yr *enw lle* (ST 1595)
  Castell-nedd Port Talbot (Morgannwg)
  yr + hen + coed
  the old woods

Hen Golwyn *enw lle* (SH 8678)
  Colwyn (Dinbych)
  hen + Colwyn (afon)
  old river Colwyn
  Old Colwyn

Hengwm[1] *fferm* (SH 4346)
  Gwynedd (Caernarfon)
  hen + cwm
  old cwm

Hengwm[2] *fferm* (SH 5920)
  Gwynedd (Meirionnydd)
  hen + cwm
  old cwm

Hengwm Cyfeiliog *fferm* (SN 7894)
  Powys (Trefaldwyn)
  hen + cwm + Cyfeiliog (hen enw = tir Cyfael)
  old vale in Cyfeiliog (Cyfael's land)

Hengwrt *plas* (SH 7118)
Gwynedd (Meirionnydd)
hen + cwrt (llys, plasty)
old court or grange

Hen Gynwydd *ardal* (SN 9882)
Powys (Trefaldwyn)
hen + cynwydd (coed, prysglwyn)
old copse

Heniarth *plas* (SJ 1108)
Powys (Trefaldwyn)
hen + garth (fel yn 'gardd')
old enclosure

Henllan[1] *enw lle* (SN 3540)
Ceredigion (Aberteifi)
hen + llan
old church

Henllan[2] *enw lle* (SJ 0268)
Dinbych
hen + llan
old church

Henllan Amgoed *eglwys* (SN 1720)
Caerfyrddin
hen + llan + Amgoed (cwmwd)
old church in (the commote of) Amgoed

Henllan Fallteg *plwyf* (SN 1620)
Caerfyrddin
hen + llan + Mallteg (santes)
(saintess) Mallteg's old church

Henllys[1] *plwyf* (ST 2593)
Torfaen (Mynwy)
hen + llys
old court

Henllys[2] *enw lle* (SN 1039)
Penfro
hen + llys
old court

Henryd[1] *enw lle* (SH 7674)
Gwynedd (Caernarfon)
hen + rhyd
old ford

Henryd[2] *rhaeadr* (SN 8512)
Powys (Brycheiniog)
hen + rhyd
old ford

Hensol *plas* (ST 0479)
Bro Morgannwg (Morgannwg)
hen sofl (adladd gwair)
old stubble

Heolgaled *enw lle* (SN 6226)
Caerfyrddin
heol + caled
hard (metalled) road (highway)

Heolgerrig *enw lle* (SO 0205)
Merthyr Tudful (Morgannwg)
heol + cerrig
stone road

Heol-las *enw lle* (SS 6998)
Abertawe (Morgannwg)
heol + glas
green road

Heol Porth-mawr *heneb* (SS 9781)
Bro Morgannwg (Morgannwg)
heol + porth + mawr
road to the great gate

Heolsenni *enw lle* (SN 9223)
Powys (Brycheiniog)
heol + Senni (afon)
road by the (river) Senni

Heol-y-cyw *enw lle* (SS 9484)
Bro Morgannwg (Morgannwg)
heol + y + cyw (aderyn neu anifail ifanc)
the young bird/animal's road

Hepste gw. *(see)* **Afon Hepste**

Hermon[1] *enw lle* (SH 3868)
Môn
enw Beiblaidd ar gapel yn wreiddiol
a Biblical (chapel) name

Hermon[2] *enw lle* (SN 2031)
Penfro
enw Beiblaidd ar gapel yn wreiddiol
a Biblical (chapel) name

Hesbin gw. *(see)* **Afon Hesbin**

Hesgin gw. *(see)* **Llyn Hesgin**

Hesgog gw. *(see)* **Nant Hesgog**

Hesgyn gw. *(see)* **Afon Hesgyn**

hin
1. *(hon)* tywydd
   the weather
2. *(hwn)* ymyl neu ochr (fel yn 'rhiniog', fframyn y drws)
   side or frame

Hiraethlyn *llyn* (SH 7437)
Gwynedd (Meirionnydd)
hiraeth (darn eang, maith, hir) + llyn
long lake

Hiraethog *ardal*
hir + aithog (o 'eithin')
long gorse-covered (mountain)

Hirfynydd *mynydd* (SN 8105)
Castell-nedd Port Talbot (Morgannwg)
mynydd + hir
long mountain

Hirnant *enw lle* (SJ 0522)
Powys (Trefaldwyn)
nant + hir
long valley

Hirwaun *enw lle* (SN 9505)
Rhondda Cynon Taf (Morgannwg)
gwaun + hir + Gwrgant (un o frenhinoedd Morgannwg)
Gwrgant's long meadow (personal name)

Hôb, Yr *enw lle* (SJ 3058)
Fflint
hop (gair Hen Saesneg am ddarn o dir amgaeedig o fewn cors)
Hope

Hoddni gw. *(see)* **Afon Hoddni**

Hoffnant *nant* (SN 3151)
Ceredigion (Aberteifi)
hawdd (dymunol, tawel) + nant
(y cwm y mae'r ffrwd yn rhedeg ynddo)
placid vale

Honddu gw. *(see)* **Afon Honddu**

Horeb *enw lle* (SN 3942)
Ceredigion (Aberteifi)
Horeb (enw Beiblaidd ar gapel yn wreiddiol)
a Biblical (chapel) name

Horon gw. *(see)* **Afon Horon**

Hwlffordd *enw lle* (SM 9515)
Penfro
o 'Haverford', enw Saesneg yn golygu 'rhyd y myn gafr'
Haverfordwest

Hydfer gw. *(see)* **Afon Hydfer**

Hyddgen gw. *(see)* **Afon Hyddgen**

Hyrdd gw. *(see)* **Afon Hyrdd**

Hywel gw. *(see)* **Llyn Hywel**

Hywig *plas* (ST 5095)
Mynwy
hoh + wic (o'r Saesneg)
farm on the spur of land
Howick

I

-i *terfyniad*
o'i ychwanegu at enw person mae'n gallu golygu 'tir y mae person arbennig yn berchen arno', e.e. Arwystli (tir Arwystl). Rhaid cofio bod ychwanegu -i at fôn gair yn Gymraeg yn achosi y newid a elwir yn affeithiad (e.e. o'r ferf 'caru', caraf i, ceri di), Ceri (tir Câr), Cydweli (tir Cadwel).
suffix indicating 'the land of' (it can cause affection in the preceding vowel)

Iaen gw. *(see)* **Afon Iaen**

Iâl *cwmwd*
iâl (llain o dir, tir a'r coed wedi'u clirio oddi arno)
(commote in a) stretch of cleared land

Idole *enw lle* (SN 4215)
Caerfyrddin
dolau
pastures

Idwal gw. *(see)* **Llyn Idwal**

Ieithon gw. *(see)* **Afon Ieithon**

Ifftwn *enw lle* (ST 4688)
Mynwy
ffurf Gymraeg ar Ifa (enw) + *tun* (fferm fawr)
Ifton

-ion:-iog *terfyniad*
o'i ychwanegu at enw person mae'n gallu golygu 'tir y mae person arbennig yn berchen arno', e.e. Ceredigion (Aberteifi) (tir/gwlad Ceredig); Brycheiniog (tir/gwlad Brychan), Tudweiliog (tir Tudwal); Cyfeiliog (tir/gwlad Cynfael).
suffix indicating 'the land of'

Irddyn gw. *(see)* **Llyn Irddyn**

Irfon gw. *(see)* **Afon Irfon**

is *ansoddair*
1. o dan, tu hwnt i (yn ddaearyddol)
   beyond, lower (geographically)
2. yr ochr yma i (am weinyddiaeth ardal)
   this side (regional administration)

Is Aled *cwmwd*
is (y tu yma [i Ddinbych]) + Aled (afon)
(commote on) this side of the (river) Aled

Is Artro *cwmwd*
is (y tu yma i) + Artro (afon)
(commote on) this side of the (river) Artro

Is-clydach *plwyf* (SN 9030)
Powys (Brycheiniog)
is + Clydach (afon)
this side of the (river) Clydach

Is-coed *plwyf* (SJ 5042)
Fflint
is + coed
this side of the wood

Is Dulas *cwmwd*
is (y tu yma [i Gaer Dinorben]) + Dulas (afon) *(commote on) this side of the (river) Dulas*

Is Gwyrfai *cwmwd*
is (y tu yma [i Gaernarfon]) + Gwyrfai (afon)
(commote on) this side of the (river) Gwyrfai

Islaw'r-dref *ardal* (SH 6815)
Gwynedd (Meirionnydd)
islaw + tref
below the settlement

Islyn gw. *(see)* **Nant Islyn**

Is Meloch *cantref*
is (y tu yma i) + Meloch (afon)
(commote on) this side of the (river) Meloch

Is-y-coed *plwyf* (SS 4049)
Dinbych
is + y + coed
this side of the wood

Is-y-coed *ardal* (SH 7600)
Powys (Trefaldwyn)
is + y + coed
this side of the wood

Isygarreg *plwyf* (SN 7198)
Powys (Trefaldwyn)
is + y + carreg (craig)
this side of the stone

Iwerddon *mynydd* (SH 7852)
Gwynedd (Caernarfon)
y + gwerddon (llecyn glas)
(mountain) by the glade

Iwrch gw. *(see)* **Afon Iwrch**

L

Lacharn *enw lle* (SN 3010)
Caerfyrddin
nant Coran (?)
Coran stream (?)
Laugharne

Landimôr *enw lle* (SS 4693)
Abertawe (Morgannwg)
llan + Tyfor (enw sant o 'Môr', yr un gwreiddyn â Myfor?)
(saint) Tyfor's church (?)

Larnog *enw lle* (ST 1768)
Bro Morgannwg (Morgannwg)
ffurf Gymraeg ar 'Lavernock', o'r Saesneg '*lawerce*' (ehedydd) + *knock* (bryncyn)
lark's hill
Lavernock

Lasynys, Y *fferm* (SH 5932)
Gwynedd (Meirionnydd)
y + glas (gwyrdd) + ynys (darn creigiog o dir yn codi uwchlaw'r morfa)
the rocky island rising above the sea-marsh

Lecwydd *enw lle* (ST 1574)
Caerdydd (Morgannwg)
Helygwydd (sant)
(saint) Helygwydd
Leckwith

Leidiog gw. *(see)* **Nant Leidiog**

Libanus *enw lle* (SN 9925)
Powys (Brycheiniog)
Libanus (enw Beiblaidd ar gapel yn wreiddiol)
a Biblical (chapel) name

Licswm *enw lle* (SJ 1671)
Fflint
ffurf Gymraeg ar 'Lixwm' (*Likesome*), 'braf, hoffus'

Lochdwrffin *fferm* (SM 8529)
Penfro
loch ('llyn' neu 'llwch') + Tryffin (enw personol)
Tryffin's lake (personal name)

Loch-fân *fferm* (SM 8223)
Penfro
loch ('llyn' neu 'llwch') + maen (carreg), sef llyn ger y garreg
lake beside the stone
Lochvane

Login *enw lle* (SN 1623)
Caerfyrddin
halogyn, enw ar nant fudr, 'halogedig'
mired (stream)

Lôn-las *ardal* (SS 7097)
Abertawe (Morgannwg)
lôn (ffordd) + glas (gwyrdd)
green way

Ll

Llaethdy *ardal* (SO 0680)
Powys (Maesyfed)
llaethdy
dairy

Llafar gw. *(see)* **Afon Llafar**

Llagi gw. *(see)* **Llyn Llagi**

Llai *enw lle* (SJ 3355)
Wrecsam (Dinbych)
o *'leah'*, Hen Saesneg, sef 'llain yn y coed'
wood clearing

llain *hon*
darn o dir
slang, strip of land

Llain-goch *enw lle* (SH 2382)
Môn
llain (darn o dir) + coch (lliw'r pridd)
red strip of land

Llamyrewig *plwyf* (SO 1593)
Powys (Trefaldwyn)
llam (naid) + yr + ewig (carw ifanc)
the hart's leap

llan *hon*
darn o dir a amgaewyd (fel yn 'perllan',
'gwinllan') a'i gysegru gan sant Celtaidd yn
wreiddiol ar gyfer claddu Cristnogion ac
weithiau ar gyfer sefydlu eglwys. Yn
ddiweddarach, golygai'r eglwys ei hun.
Weithiau cymysgir rhwng 'glan' a 'llan',
sydd eu dau yn treiglo'n 'lan'.
Enclosed ground (e.g perllan, 'orchard',
gwinllan, 'vineyard') then such a piece of
ground consecrated by a Celtic saint for
burying Christians. Eventually it came to
mean a church built on that ground, usually
dedicated to one of these early saints. There
is occasionally confusion between the forms
'glan' (riverside) and 'llan' which both
mutate to 'lan'.

Llanaber *enw lle* (SH 6017)
Gwynedd (Meirionnydd)
llan (safle eglwys gynnar) + aber (afon
Mawddach)
church by the river mouth

Llanaelhaearn *enw lle* (SH 3844)
Gwynedd (Caernarfon)
llan + Aelhaearn (sant)
church of (saint) Aelhaearn

Llanafan *enw lle* (SN 6872)
Ceredigion (Aberteifi)
llan + Afan (sant)
church of (saint) Afan

Llanafan Fechan *enw lle* (SN 9750)
Powys (Brycheiniog)
llan + Afan (sant) + bechan (ffurf fenywaidd
'bychan')
lower church of (saint) Afan

Llanafan Fawr *enw lle* (SN 9655)
Powys (Brycheiniog)
llan + Afan (sant) + mawr
greater church of (saint) Afan

Llanallgo *enw lle* (SH 5085)
Môn
llan + Gallgof (sant)
church of (saint) Gallgof

Llanandras *enw lle* (SO 3164)
Powys (Maesyfed)
llan + Andras (yr apostol Andreas); mae'r
arfer o ddefnyddio enwau apostolion yn fwy
diweddar na'r defnydd o saint Celtaidd
church of (saint) Andrew (the use of
apostolic names is more recent than the use
of the names of the Celtic saints)
Presteigne

Llananno *plwyf* (SO 0974)
Powys (Maesyfed)
Anno (enw anwes efallai ar sant)
church of (saint) Anno

Llanarmon *enw lle* (SH 4239)
Gwynedd (Caernarfon)
llan + Garmon (sant)
church of (saint) Garmon

Llanarmon Dyffryn Ceiriog *enw lle* (SJ 1532)
Dinbych
llan + Garmon (sant) + Dyffryn Ceiriog
church of (saint) Garmon in Dyffryn Ceiriog

Llanarmon Mynydd Mawr *enw lle* (SJ 1327)
Dinbych
llan + Garmon (sant) + Mynydd Mawr
church of (saint) Garmon on the High
Mountain

Llanarmon-yn-Iâl *enw lle* (SJ 1956)
Dinbych
llan + Garmon (sant) + yn + Iâl (enw
cwmwd)
church of (saint) Garmon in (the commote
of) Yale

Llan-arth *enw lle* (SO 3711)
Mynwy
llan + garth (bryn, cefnen, trum)
church on the crest

Llan-arth Fawr *plwyf* (SO 3711)
Mynwy
llan + garth (bryn, cefnen, trum) + mawr
greater church on the crest

Llanarthne *enw lle* (SN 5320)
Caerfyrddin
llan + Arthneu (sant, ond ni wyddys dim amdano)
church of (saint) Arthneu

Llanasa *enw lle* (SJ 1081)
Fflint
llan + Asa (sant)
church of (saint) Asa

Llanbabo *enw lle* (SH 3786)
Môn
llan + Pabo (sant)
church of (saint) Pabo

Llanbadarn Fawr[1] *enw lle* (SN 6080)
Ceredigion (Aberteifi)
llan + Padarn (sant) + mawr
greater church of (saint) Padarn

Llanbadarn Fawr[2] *plwyf* (SO 0864)
Powys (Maesyfed)
llan + Padarn (sant)
greater church of (saint) Padarn

Llanbadarn Fynydd *enw lle* (SO 0977)
Powys (Maesyfed)
llan + Padarn (sant) + mynydd
church of (saint) Padarn on the hill

Llanbadarn Garreg *enw lle* (SO 1148)
Powys (Maesyfed)
llan + Padarn (sant) + carreg
church of (saint) Padarn of the rock

Llanbadarn Odwyn *plwyf* (SN 6361)
Ceredigion (Aberteifi)
llan + Padarn (sant) + odyn (sef odyn galch)
church of (saint) Padarn by the lime-kiln

Llanbadarn Trefeglwys *plwyf* (SN 5463)
Ceredigion (Aberteifi)
llan + Padarn (sant) + tref + eglwys
(saint) Padarn's in the settlement with a church

Llanbadarn-y-Creuddyn Isaf *plwyf* (SN 6077)
Ceredigion (Aberteifi)
llan + Padarn (sant) + y + Creuddyn (plwyf) + isaf
church of (saint) Padarn in (the parish of) lower Creuddyn

Llanbadarn-y-Creuddyn Uchaf *plwyf* (SN 6677)
Ceredigion (Aberteifi)
llan + Padarn (sant) + Creuddyn (plwyf) + uchaf
church of (saint) Padarn in (the parish of) upper Creuddyn

Llanbadog Fawr *enw lle* (SO 3700)
Mynwy
llan + Padog (sant?) + mawr
greater church of (saint) Padog

Llanbadrig *plwyf* (SH 3893)
Môn
llan + Padrig (Padrig ab Alfryd, sant o'r 6ed ganrif, ond bu cymysgu rhyngddo a nawddsant Iwerddon)
church of (saint) Padrig

Llanbeblig *plwyf* (SH 4863)
Môn
llan + Peblig (o 'pabl', bywiog, nwyfus), mab Macsen Wledig; sant cynnar o'r 4edd ganrif
church of (saint) Peblig (son of Magnus Maximus)

Llanbedr *enw lle* (SH 5826)
Gwynedd (Meirionnydd)
llan + Pedr (yr Apostol); mae defnyddio enwau'r apostolion yn fwy diweddar na'r defnydd o enwau'r saint Celtaidd
(saint) Pedr's (Peter) church (the use of apostolic names is more recent than that of the Celtic saints)

Llan-bedr *enw lle* (ST 3890)
Mynwy
llan + Pedr (yr Apostol)
(saint) Pedr's (Peter) church

Llanbedr-ar-fynydd *plwyf* (SS 9885)
Bro Morgannwg (Morgannwg)
llan + Pedr (sant) + mynydd
(saint) Pedr's (Peter) church on the hill
Peterston-super-montem

Llanbedr Castell-paen *plwyf* (SO 1446)
Powys (Maesyfed)
llan + Pedr (yr Apostol) + castell + Pain (sef Pain fitz John, Normaniad o'r 12fed ganrif)
(saint) Pedr's (Peter) church by the castle of Pain fitz John, a 12th century Norman
Llanbedr Painscastle

Llanbedr Dyffryn Clwyd *enw lle* (SJ 1459)
Dinbych
llan + Pedr (yr Apostol) + Dyffryn Clwyd
(saint) Pedr's (Peter) church in the Vale of Clwyd

Llanbedr Felffre *enw lle* (SN 1514)
Penfro
llan + Pedr (sant) + efel (gefel [pinsiwn]) + fre, sef bryn ar ffurf gefail
(saint) Pedr's (Peter) church on the tongs-shaped hill

Llanbedr-goch *enw lle* (SH 5080)
Môn
llan + Pedr (sant) + coch
red (saint) Pedr's (Peter) church

Llan-bedr Gwynllŵg *enw lle* (ST 2680)
Casnewydd (Mynwy)
llan + Pedr (sant) + Gwynllyw + -iwg = tir yn eiddo i Gwynllyw
(saint) Pedr's (Peter) church in the domain of Gwynllyw
Peterstone Wentloog

Llanbedrog *enw lle* (SH 3231)
Gwynedd (Caernarfon)
llan + Pedrog (sant)
church of (saint) Pedrog

Llanbedr Pont Steffan *enw lle* (SN 5748)
Ceredigion (Aberteifi)
llan + Pedr (sant) + pont + Steffan (cwnstabl y castell)
(saint) Pedr's (Peter) church by Stephen's Bridge
Lampeter

Llanbedrycennin *enw lle* (SH 7569)
Gwynedd (Caernarfon)
llan + Pedr (sant) + cennin (eglwys ger cae cennin)
(saint) Pedr's (Peter) church by the leek field

Llanbedr-y-fro *enw lle* (ST 0876)
Bro Morgannwg (Morgannwg)
llan + Pedr (sant) + bro (hen Fro Morgannwg)
(saint) Pedr's (Peter) church in the vale
Peterston-super-Ely

Llanbedr Ystrad Yw *enw lle* (SO 2320)
Powys (Brycheiniog)
llan + Pedr (sant) + ystrad (gwaelod dyffryn) + yw (coed yw)
(saint) Pedr's (Peter) church in the valley of the yews

Llanberis *enw lle* (SH 5760)
Gwynedd (Caernarfon)
llan + Peris (sant)
church of (saint) Peris

Llanbeulan *eglwys* (SH 3775)
Môn
llan + Peulan (sant)
church of (saint) Peulan

Llanbister *enw lle* (SO 1073)
Powys (Maesyfed)
llan + Pister neu Pistan
Pister or Pistan's church

Llanboidy *enw lle* (SN 2123)
Caerfyrddin
nant + beudy (yn wreiddiol)
cowshed stream

Llanbradach *enw lle* (ST 1490)
Caerffili (Morgannwg)
nant + bradach (nant), o 'brad' am nant yn tueddu i orlifo yn ddirybudd
Bradach stream (one which tends to flood)

Llanbryn-mair *enw lle* (SH 8800)
Powys (Trefaldwyn)
eglwys mewn lle o'r enw Bryn Mair
church on Mary's hill

Llanbydderi *enw lle* (ST 0369)
Bro Morgannwg (Morgannwg)
bydderi o 'byddar' (yn fyddar i alwad Crist)
church of those deaf (to the calling of Christ)
Llanbethery

Llancaeach *enw lle* (ST 1196)
Caerffili (Morgannwg)
glan + Caeach (afon)
bank of the (river) Caeach

Llancaeo *ardal* (SO 3603)
Mynwy
llan + Caeo (naill ai enw yn cynnwys 'cae' fel Caeach neu ffurf anwes ar yr enw personol Cai)
Caeo's church

Llancarfan *enw lle* (ST 0570)
Bro Morgannwg (Morgannwg)
nant Carfan (carfan = cefnen neu drum o dir a fyddai'n ffin efallai)
stream on the upland boundary

Llancatal *enw lle* (ST 0368)
Bro Morgannwg (Morgannwg)
llan + Cadell (enw person)
church of Cadell

Llan-crwys *plwyf* (SN 6245)
Caerfyrddin
Llanddewi'r Crwys ('croes' neu 'croesau' oedd y ffurf wreiddiol)
church of (saint David's) cross

Llandaf *enw lle* (ST 1578)
Caerdydd (Morgannwg)
llan + Taf (afon), sef yr eglwys ar lan afon Taf
church on the (river) Taff

Llandanwg *enw lle* (SH 5728)
Gwynedd (Meirionnydd)
llan + Tanwg (sant)
church of (saint) Tanwg

Llan-dawg *eglwys* (SN 2811)
Caerfyrddin
llan + Tanwg (sant?)
church of (saint) Tanwg

Llandecwyn *plwyf* (SH 6337)
Gwynedd (Meirionnydd)
llan + Tegwyn (sant)
church of (saint) Tegwyn

Llandegfan *enw lle* (SH 5674)
Môn
llan + Tegfan (sant)
church of (saint) Tegfan

Llandegfedd *enw lle* (ST 3395)
Mynwy
llan + Tegfedd (santes)
church of (saintess) Tegfedd

Llandegla *enw lle* (SJ 1952)
Dinbych
llan + Tegla (santes)
(saintess) Tegla's church

Llandegley *enw lle* (SO 1362)
Powys (Maesyfed)
llan + Tegla (santes)
(saint) Tegla's church

Llandeilo[1] *plwyf* (SO 3917)
Mynwy
llan + Teilo (sant)
church of (saint) Teilo

Llandeilo[2] *plwyf* (SN 0929)
Penfro
llan + Teilo (sant)
church of (saint) Teilo

Llandeilo Abercywyn *eglwys* (SN 3013)
Caerfyrddin
llan + Teilo (sant) + aber + Cywyn (afon)
church of (saint) Teilo at the mouth of the river Cywyn

Llandeilo Bertholau *enw lle* (SO 3116)
Mynwy
llan + Teilo (sant) + Porth Halog
(yn cofnodi rhyw ddrwgweithrediad ym mhorth yr eglwys, efallai?)
church of (saint) Teilo of the sullied porch

Llandeilo (Fawr) *enw lle* (SN 6322)
Caerfyrddin
llan + Teilo (sant) + mawr
greater (saint) Teilo's church

Llandeilo Ferwallt *enw lle* (SS 5789)
Abertawe (Morgannwg)
llan + Teilo (sant) + Merwallt
(abad tua chanol y 7fed ganrif)
(abbot) Merwallt's church of (saint) Teilo
Bishopston

Llandeilo Graban *plwyf* (SO 0944)
Powys (Maesyfed)
llan + Teilo (sant) + graban (chwyn â blodau melyn), sef eglwys gerllaw cae graban
(saint) Teilo's church beside the field of corn marigold

Llandeilo Gresynni *enw lle* (SO 3914)
Mynwy
llan + Teilo (sant) + croes + Ynyr (enw person) neu Cresynych (enw person)
(saint) Teilo's church by Ynyr's cross (personal name) or Cresynych's (personal name)
Church of (saint) Teilo
Llantilio Crossenny

Llandeilo'r-fân *enw lle* (SN 8934)
Powys (Brycheiniog)
llan + Teilo (sant) + y + Bawan (afon)
yn seiliedig ar 'baw', bryntni
(saint) Teilo's church beside the dirty stream

Llandeilo Rwnws *fferm* (SN 4920)
Caerfyrddin
llan + Teilo (sant) (Maenor Frwynws yn wreiddiol; y frwynos, man lle y mae brwyn yn tyfu
(saint) Teilo's church (in the manor) where rushes grow

Llandeilo Tal-y-bont *plwyf* (SN 6004)
(Morgannwg)
llan + Teilo (sant) + tal (pen, fel yn 'talcen') + y + pont
(saint) Teilo's church at Tal-y-bont (the head of the bridge)

Llandenni *enw lle* (SO 4103)
Mynwy
llan + Tenni (sant)
church of (saint) Tenni
Llandenny

Llandevaud *enw lle* (ST 4090)
Mynwy
llan + Tyfawg (sant?)
(saint?) Tyfawg's church

Llandevenny *enw lle* (ST 4186)
Mynwy
llan + ty (rhagddodiad yn dynodi parch) + benyw
church of the honoured lady

Llandinam *enw lle* (SO 0288)
Powys (Trefaldwyn)
Llandynan oedd y ffurf wreiddiol, sef llan + dinan, sef 'din (lle caerog) fychan'
church by the little stronghold

Llandingad *plwyf* (SN 7734)
Caerfyrddin
llan + Dingad (sant)
church of (saint) Dingad

Llandoche *enw lle (x 2)* (ST 1673) (SS 9972)
Bro Morgannwg (Morgannwg)
llan + Dochau (sant)
church of (saint) Dochau (or Docgwyn)
Landough

Llandogo *enw lle* (SO 5204)
Mynwy
llan + Euddogwy (nai Teilo ac un o esgobion cynnar Llandaf)
church of Euddogwy

llandre *hon*
'llodre' yn wreiddiol, yn golygu safle tyddyn neu eglwys
derives from an older form meaning 'place'

Llandre *enw lle* (SN 6286)
Ceredigion (Aberteifi)
llodre (safle, mangre)
place

Llandridian *ardal* (SM 7825)
Penfro
llan + drudion (dewrion, dynion dewr)
church of the valiant

Llandrillo-yn-Edeirnion *enw lle* (SJ 0377)
Gwynedd (Meirionnydd)
llan + Trillo (sant) + yn + Edeirnion
church of (saint) Trillo in Edeirnion (the land of Edern)

Llandrillo-yn-Rhos *enw lle* (SH 8380)
Dinbych
llan + Trillo (sant) + yn + Rhos (cantref)
church of (saint) Trillo in Rhos (hundred)
Rhos-on-sea

Llandrindod *enw lle* (SO 0561)
Powys (Maesyfed)
llan + y drindod sanctaidd; Llanddow ('dwyw', hen ffurf ar 'duw') oedd yr enw gwreiddiol
holy trinity church
Llandrindod Wells

Llandrinio *enw lle* (SJ 2817)
Powys (Trefaldwyn)
llan + Trunio (sant), cefnder i Cadfan sant ac yn ŵyr i Emyr Llydaw
church of (saint) Trunio

Llandrygarn *plwyf* (SH 3779)
Môn
llan + try (geiryn sy'n cryfhau'r hyn sy'n ei ddilyn) + carn = carn fawr
church by the great cairn

Llandudno *enw lle* (SH 7882)
Gwynedd (Caernarfon)
llan + Tudno (sant)
church of (saint) Tudno

Llandudoch *enw lle* (SN 1645)
Penfro
llan + Dogfael (sant), a adwaenir hefyd fel Tudoch
St Dogmaels

Llandudwen *eglwys* (SH 2736)
Gwynedd (Caernarfon)
llan + Tudwen (santes)
(saintess) Tudwen's church

Llandudwg *enw lle* (SN 8578)
Pen-y-bont ar Ogwr (Morgannwg)
llan + Tudwg (sant)
church of (saint) Tudwg
Tythegston

Llandudwg Isaf *plwyf* (SS 8579)
Pen-y-bont ar Ogwr (Morgannwg)
llan + Tudwg (sant) + isaf
lower (saint) Tudwg's

Llandudwg Uchaf *plwyf* (SS 8481)
Pen-y-bont ar Ogwr (Morgannwg)
llan + Tudwg (sant) + uchaf
upper (saint) Tudwg's

Llandŵ *enw lle* (SS 9473)
Bro Morgannwg (Morgannwg)

llan + Dwyw (hen ffurf ar 'Duw')
church of God
Llandow

Llandwrog *enw lle* (SH 4556)
Gwynedd (Caernarfon)
llan + Twrog (sant)
church of (saint) Twrog

Llandybïe *enw lle* (SN 6115)
Caerfyrddin
llan + Tybïau (santes)
(saintess) Tybïau's church

Llandyfaelog *enw lle* (SN 4111)
Caerfyrddin
llan + ty (rhagddodiad parch) + Maelog (sant)
church of (saint) Maelog

Llandyfaelog Fach *enw lle* (SO 0332)
Powys (Brycheiniog)
llan + ty (rhagddodiad parch) + Maelog (sant) + bach
lesser church of (saint) Maelog

Llandyfaelog Tre'r graig *enw lle* (SO 1229)
Powys (Brycheiniog)
llan + ty (rhagddodiad parch) + Maelog (sant) + tref + y + craig
church of (saint) Maelog in the settlement by the rock

Llandyfái *enw lle* (SN 0100)
Penfro
llan + Tyfái (sant)
church of (saint) Tyfái
Lamphey

Llandyfalle *plwyf* (SO 1035)
Powys (Brycheiniog)
llan + ty (rhagddodiad parch) + Mallai (sant?)
church of (saint?) Mallai

Llandyfân *eglwys* (SN 6417)
Caerfyrddin
llan + ty (rhagddodiad parch) + Maen (sant)
church of (saint) Maen

Llandyfeisant *plwyf* (SN 6222)
Caerfyrddin
llan + Tyfai + sant
church of saint Tyfai

Llandyfodwg *enw lle* (SS 9587)
Morgannwg
llan + Tyfodwg (sant)
church of (saint) Tyfodwg

Llandyfrïog *enw lle* (SN 3341)
Ceredigion (Aberteifi)
llan + ty (rhagddodiad parch) + Briog (sant)
church of (saint) Briog

Llandyfrydog *enw lle* (SH 4385)
Môn
llan + Tyfrydog (sant o'r bumed ganrif), mab Hawystl Gloff
church of (saint) Tyfrydog

Llandygái *enw lle* (SH 5970)
Gwynedd (Caernarfon)
llan + ty (rhagddodiad parch) + Cai, mab Ithel Hael
church of (saint) Cai

Llandygwnning *eglwys* (SH 2630)
Gwynedd (Caernarfon)
llan + Tygwyn (sant)
church of (saint) Tygwyn

Llandygwydd *plwyf* (SN 2443)
Ceredigion (Aberteifi)
llan + Tygwydd (sant)
church of (saint) Tygwydd

Llandynnan *enw lle* (SJ 1844)
Dinbych
llan + din/dynn (lle caerog) + -an (bachigyn), caer bychan (gw. **Llandinam** uchod)
church by the little fortification (see **Llandinam** *above)*

Llandyrnog *enw lle* (SJ 1065)
Dinbych
llan + Teyrnog neu Tyrnog (sant) mab Hawystl Gloff
church of (saint) Tyrnog

Llandysilio[1] *plwyf* (SN 1124)
Caerfyrddin
llan + Tysilio (sant)
church of (saint) Tysilio

Llandysilio[2] *plwyf* (SH 5473)
Môn
llan + Tysilio (sant)
church of (saint) Tysilio

Llandysilio[3] *enw lle* (SN 1221)
Penfro
llan + *Tysilio* (sant)
church of (saint) Tysilio

Llandysilio[4] *plwyf* (SJ 2619)
Powys (Trefaldwyn)
llan + Tysilio (sant)
church of (saint) Tysilio

Llandysiliogogo *enw lle* (SN 3657)
Ceredigion (Aberteifi)
llan + Tysilio (sant) + Gogof (hen enw plwyf Llangrannog)
church of (saint) Tysilio in (the parish of) Gogof

Llandysilio-yn-Iâl *enw lle* (SJ 1943)
Dinbych
llan + Tysilio (sant) + Iâl (enw cwmwd)
church of (saint) Tysilio in (the commote of) Yale

Llandysul[1] *enw lle* (SN 4140)
Ceredigion (Aberteifi)
llan + Tysul (sant)
church of (saint) Tysul

Llandysul[2] *enw lle* (SO 1995)
Powys (Trefaldwyn)
llan + Tysul (sant)
church of (saint) Tysul

Llanddaniel-fab *enw lle* (SH 4970)
Môn
llan + Daniel-fab, enw arall ar Deiniolen fab Deiniol
church of (saint) Daniel (Deiniol's) son

Llanddarog *enw lle* (SN 5016)
Caerfyrddin
llan + Darog (sant), enw yn seiliedig ar 'dar', bôn y geiriau 'deri' a 'derwen'
church of (saint) Darog

Llanddeiniol *enw lle* (SN 5672)
Ceredigion (Aberteifi)
llan + Deiniol (sant)
church of (saint) Deiniol

Llanddeiniolen *enw lle* (SH 5466)
Caernarfon
llan + Deiniolen (sant)
(saint) Deiniolen's church

Llandderfel[1] *enw lle* (SH 9837)
Gwynedd (Meirionnydd)
llan + Derfel (sant)
church of (saint) Derfel

Llandderfel[2] *heneb* (ST 2695)
Mynwy
llan + Derfel (sant)
church of (saint) Derfel

Llanddeti *plwyf* (SO 1120)
Powys (Brycheiniog)
llan + Dedyw (sant), mab Clydwyn fab Brychan
church of (saint) Dedyw

Llanddeusant[1] *enw lle* (SN 7724)
Caerfyrddin
llan + dau + sant, sef Simon a Jude
church of the two saints (Simon and Jude)

Llanddeusant[2] *enw lle* (SH 3485)
Môn
llan + dau + sant, sef Marcellus a Marcellinus
church of the two saints (Marcellus a Marcellinus)

Llan-ddew *enw lle* (SO 0530)
Powys (Brycheiniog)
Dwyw (hen ffurf ar 'Duw') yw'r ffurf wreiddiol
God's church

Llanddewi[1] *enw lle* (SS 4689)
Abertawe (Morgannwg)
llan + Dewi (sant)
church of (saint) Dewi (David)

Llanddewi[2] *enw lle* (ST 4688)
Mynwy
llan + Dewi (sant)
church of (saint) Dewi (David)
Dewstow

Llanddewi[3] **(Nant Hodni)** *enw lle* (SO 2827)
Mynwy
llan + Dewi (sant) + Hoddni (nant), o 'hoddni', hen air o 'hawdd' am afon dawel, ddigyffro
church of (saint) Dewi (David) by Nant Hoddni (the placid stream)
Llanthony

Llanddewi Aber-arth *plwyf* (SN 4763)
Ceredigion (Aberteifi)
llan + Dewi (sant) + aber + Arth (afon)
church of (saint) Dewi (David) by the river Arth

Llanddewi Abergwesyn *plwyf* (SN 8155)
Powys (Brycheiniog)
llan + Dewi (sant) + aber + Gwesyn (afon)
church of (saint) Dewi (David) by the mouth of the (river) Gwesyn

Llanddewibrefi *enw lle* (SN 6655)
Ceredigion (Aberteifi)
llan + Dewi (sant) + Brefi (afon), o 'bref', afon swnllyd
church of (saint) Dewi (David) beside the river Brefi (braying river)

Llanddewi Fach[1] *plwyf* (SO 1445)
Powys (Maesyfed)

Llanddewi Fach   *Llanddwywe-uwch-y-graig*

llan + Dewi (sant) + bach
lesser church of (saint) Dewi (David)

Llanddewi Fach[2] *eglwys* (ST 3395)
Mynwy
llan + Dewi (sant) + bach
lesser church of (saint) Dewi (David)

Llanddewi Felffre *plwyf* (SN 1415)
Penfro
llan + Dewi (sant) + gefel (pinsiwrn) + bre (bryn), sef bryn ar ffurf gefel
church of (saint) Dewi (David) on the pincer-shaped hill
Llanddewi Velfrey

Llanddewi Gaer *heneb* (SN 1416)
Penfro
llan + Dewi (sant) + caer
church of (saint) Dewi (David) by the fortress

Llanddewi'r-cwm *plwyf* (SO 0348)
Powys (Brycheiniog)
llan + Dewi (sant) + cwm
church of (saint) Dewi (David) in the valley

Llanddewi Rhydderch *enw lle* (SO 3412)
Mynwy
llan + Dewi (sant) + Rhydderch (noddwr lleol efallai)
Rhydderch's church of (saint) Dewi (David)

Llanddewi-yn-Heiob *plwyf* (SO 2374)
Powys (Maesyfed)
llan + Dewi (sant) + *Heyop* (gair Saesneg yn golygu 'dyffryn uchel caeedig'
church of (saint) Dewi (David) in the high valley
Heyope

Llanddewi Ysgyryd *enw lle* (SO 3417)
Mynwy
llan + Dewi (sant) + Ysgyryd (creigiog) (enw mynydd)
church of (saint) Dewi (David) on the rocky mountain
Llanthewy Skirrid

Llanddewi Ystradenni *enw lle* (SO 1068)
Powys (Maesyfed)
Dewi (sant) + ystrad (llawr dyffryn) + Nynnid (enw personol)
church of (saint) Dewi (David) in the vale of Nynnid (personal name)

Llanddingad *castell* (SO 4510)
Mynwy
llan + Dingad (sant)
church of (saint) Dingad
Dingestow

Llanddinol *ardal* (ST 4895)
Mynwy
llan + Deiniol (sant)
church of (saint) Deiniol
Itton

Llanddoged *enw lle* (SH 8063)
Conwy (Dinbych)
llan + Doged (sant)
church of (saint) Doged

Llanddona *enw lle* (SH 5779)
Môn
llan + Dona (sant)
church of (saint) Dona

Llanddowror *enw lle* (SN 2514)
Caerfyrddin
llan + dyfrwr (sef arfer sant o ymprydio a derbyn ond ychydig o ddŵr, e.e. Dewi Ddyfrwr)
church of abstinence

Llanddulas[1] *plwyf* (SN 8741)
Powys (Brycheiniog)
llan + Dulas (afon)
church on the (river) Dulas

Llanddulas[2] *enw lle* (SH 9078)
Dinbych
llan + Dulas (afon)
church on the (river) Dulas

Llanddunwyd *enw lle* (ST 0276)
Bro Morgannwg (Morgannwg)
llan + Dunwyd (sant)
church of (saint) Dunwyd
Welsh St Donats

Llanddwyn *bae* (SH 3862)
Môn
llan + Dwynwen (santes)
church of (saintess) Dwynwen

Llanddwywe-is-y-graig *plwyf* (SH 6123)
Meirionnydd
llan + Dwywai (santes) (o 'Dwyw' hen ffurf ar 'Duw'), merch Lleenog + is + y + craig
church of (saintess) Dwywai below the rock

Llanddwywe-uwch-y-graig *plwyf* (SH 6826)
Meirionnydd
llan + Dwywai (santes) (o 'Dwyw', hen ffurf ar 'Duw'), merch Lleenog + uwch + craig
church of (saintess) Dwywai above the rock

Llanddyfnan *plwyf* (SH 4878)
Môn
llan + Dyfnan (sant) (o 'dwfn', gair am 'y byd')
church of (saint) Dyfnan

Llanedern *enw lle* (ST 2182)
Caerffili (Morgannwg)
llan + Edern (sant)
church of (saint) Edern

Llanedi *enw lle* (SN 5806)
Caerfyrddin
llan + Edi (sant)
church of (saint) Edi

Llanedwen *eglwys* (SH 5168)
Môn
llan + Edwen (santes)
church of (saintess) Edwen

Llanefydd *enw lle* (SH 9870)
Conwy (Dinbych)
llan + Ufydd (sant?)
church of (saint?) Ufydd

Llanegryn *enw lle* (SH 6005)
Gwynedd (Meirionnydd)
llan + Egryn (sant)
church of (saint) Egryn

Llanegwad *enw lle* (SN 5121)
Caerfyrddin
llan + Egwad (sant)
church of (saint) Egwad

Llanegwest Glyn-y-Groes *abaty* (SJ 2044)
Dinbych
llan + Egwystl (sant) + Glyn-y-groes (abaty a godwyd yn y 12fed ganrif)
church of (saint) Egwystl in Glyn-y-groes (the vale of the cross)
Valle Crucis Abbey

Llanengan *enw lle* (SH 2926)
Gwynedd (Caernarfon)
llan + Einion (sant), sef Einion Frenin
church of (saint) Einion

Llaneilfyw *plwyf* (SM 8123)
Penfro
llan + Eilfyw (sant), cefnder i Ddewi Sant
the church of (saint) Eilfyw
St Elvis

Llaneilian *enw lle* (SH 4692)
Môn
llan + Eilian/Eilan (sant)
church of (saint) Eil(i)an

Llaneilian-yn-Rhos *enw lle* (SH 8676)
Dinbych
llan + Eilian/Eilan (sant) + Rhos (enw cantref)
church of (saint) Eil(i)an in Rhos (hundred)

Llaneirwg *enw lle* (ST 2381)
Caerdydd (Mynwy)
llan + Lleirwg (sant)
church of (saint) Lleirwg
St Mellons

Llanelen *enw lle* (SO 3010)
Mynwy
llan + Elen (santes), sef Elen Luyddog
church of (saintess) Elen of the hosts

Llaneleu gw. *(see)* **Llanelyw**

Llanelidan *enw lle* (SJ 1050)
Dinbych
llan + Elidan (santes)
church of (saintess) Elidan

Llanelwedd *enw lle* (SO 0451)
Powys (Maesyfed)
llan + Eiliwedd (santes), merch i Brychan Brycheiniog
church of (saintess) Eiliwedd

Llanelwy *enw lle* (SJ 0374)
Dinbych (Fflint)
llan + Elwy (afon), sef yr eglwys ar lan afon Elwy
church on the (river) Elwy
St Asaph

Llanelyw *enw lle* (SO 1834)
Powys (Brycheiniog)
llan + Elyw (sant)
church of (saint) Elyw

Llanelli[1] *enw lle* (SO 2314)
Powys (Brycheiniog)
llan + Elli (sant)
church of (saint) Elli

Llanelli[2] *enw lle* (SN 5000)
Caerfyrddin
llan + Elli (sant)
church of (saint) Elli

Llanelltud *enw lle* (SH 7119)
Gwynedd (Meirionnydd)
llan + Illtud (sant)
church of (saint) Illtud

Llanenddwyn *enw lle* (SH 5823)
Gwynedd (Meirionnydd)
llan + Enddwyn (santes)
church of (saintess) Enddwyn

Llanerfyl *enw lle* (SJ 0309)
Powys (Trefaldwyn)
llan + Erfyl (santes)
church of (saintess) Erfyl

Llaneuddog *eglwys* (SH 4688)
Môn
llan + Euddog (sant)
church of (saint) Euddog

Llaneugrad *plwyf* (SH 4882)
Môn
llan + Eugrad (sant)
church of (saint) Eurgrad

Llaneurgain *enw lle* (SJ 2468)
Fflint
llan + Eurgain (santes)
church of (saintess) Eurgain
Northop

Llanfable *enw lle* (SO 3614)
Mynwy
llan + Mabli (santes)
church of (saintess) Mabli
Llanvapley

Llanfabon *plwyf* (ST 1093)
Caerffili (Morgannwg)
llan + Mabon
church of Mabon

Llanfaches *enw lle* (ST 4391)
Casnewydd (Mynwy)
llan + Maches (santes)
church of (saintess) Maches
Llanvaches

Llanfachreth *enw lle* (SH 3182)
Môn
llan + Machraeth (sant)
church of (saint) Machraeth

Llanfachreth *enw lle* (SH 5722)
Gwynedd (Meirionnydd)
llan + Machraeth (sant)
church of (saint) Machraeth

Llanfaelog *enw lle* (SH 3372)
Môn
llan + Maelog (sant)
church of (saint) Maelog

Llanfaelrhys *eglwys* (SH 2126)
Gwynedd (Caernarfon)
llan + Maelrhys (sant)
church of (saint) Maelrhys

Llanfaenor *enw lle* (SO 4316)
Mynwy

llan + maenor (darn o dir yn cynnwys o leiaf bedair tref yn ôl y cyfreithiau Cymreig)
church in the manor
Llanfannar

Llan-faes[1] *enw lle* (SO 0328)
Powys (Brycheiniog)
llan + maes (eglwys mewn maes agored yn hytrach nag yn y coed)
church in the open

Llan-faes[2] *enw lle* (SH 6077)
Môn
llan + maes (eglwys mewn maes agored yn hytrach nag yn y coed)
church in the open

Llanfaethlu *enw lle* (SH 3186)
Môn
llan + Maethlu (sant)
church of (saint) Maethlu

Llanfaglan *enw lle* (SH 4660)
Gwynedd (Caernarfon)
llan + Baglan (sant)
church of (saint) Baglan

Llanfair[1] *enw lle* (SH 5729)
Gwynedd (Meirionnydd)
llan + Mair (y Forwyn Fair, mam Iesu)
St Mary's church

Llanfair[2] *eglwys* (SO 3919)
Mynwy
llan + Mair (y Forwyn Fair, mam Iesu)
St Mary's church

Llan-fair *enw lle* (ST 0071)
Bro Morgannwg (Morgannwg)
llan + Mair (y Forwyn Fair, mam Iesu)
St Mary Church

Llanfair-ar-y-bryn *enw lle* (SN 8039)
Caerfyrddin
llan + Mair (y Forwyn Fair, mam Iesu) + bryn
St Mary's church on the hill

Llanfair Caereinion *enw lle* (SJ 1006)
Powys (Trefaldwyn)
llan + Mair (y Forwyn Fair, mam Iesu) + Caereinion (cwmwd)
St Mary's church in (the commote of) Caereinion

Llanfair Cilgedin *eglwys* (SO 3508)
Mynwy
llan + Mair (y Forwyn, mam Iesu) + ?
St Mary's church
Kilgeddin

Llanfair Clydogau *enw lle* (SN 6251)
Ceredigion (Aberteifi)
llan + Mair (y Forwyn Fair, mam Iesu) +
Clywedogau, sef y tair afon Clywedog (afon swnllyd) (uchaf, ganol, isaf)
St Mary's church of the (three) rivers Clywedog (plangent streams)

Llanfair Dinbych-y-pysgod *plwyf* (SN 1201)
Penfro
llan + Mair (y Forwyn Fair, mam Iesu) +
Dinbych-y-pysgod (enw lle)
St Mary's church in Tenby

Llanfair Dyffryn Clwyd *enw lle* (SS 1355)
Dinbych
llan + Mair (y Forwyn Fair, mam Iesu) +
Dyffryn Clwyd
church of St Mary in the Vale of Clwyd

Llanfairfechan *enw lle* (SH 6874)
Gwynedd (Caernarfon)
llan + Mair (y Forwyn Fair, mam Iesu) +
bechan (ffurf fenywaidd 'bychan') (yng Nghonwy oedd yr eglwys fawr)
lesser church of St Mary (as compared with Conwy)

Llanfair-is-gaer *plwyf* (SH 5166)
Gwynedd (Caernarfon)
llan + Mair (y Forwyn Fair, mam Iesu) + is + afon Gwyrfai (yn wreiddiol)
St Mary's church below the (river) Gwyrfai

Llanfair Isgoed *enw lle* (ST 4492)
Mynwy
llan + Mair (y Forwyn Fair, mam Iesu) + is + coed (is y coed)
St Mary's church below the wood
Disgoed

Llanfair Llythynwg *enw lle* (SO 2355)
Powys (Maesyfed)
llan + Mair (y Forwyn Fair, mam Iesu) +
llwyth + Dyfnog (enw person/sant)
St Mary's church in (the realm of) Dyfnog's tribe
Gladestry

Llanfair Mathafarn Eithaf *enw lle* (SH 5083)
Môn
llan + Mair (y Forwyn Fair, mam Iesu) +
Mathafarn + eithaf
St Mary's church in furthest Mathafarn

Llanfair Nant-gwyn *plwyf* (SN 1637)
Penfro
llan + Mair (y Forwyn Fair, mam Iesu) + nant + gwyn
St Mary's church in the blessed valley

Llanfair Nant-y-gof *plwyf* (SM 9732)
Penfro
llan + Mair (y Forwyn Fair, mam Iesu) + nant + y + gof
St Mary's church by the stream of the smith

Llanfairorllwyn *eglwys* (SH 3641)
Ceredigion (Aberteifi)
llan + Mair (y Forwyn Fair, mam Iesu) + gor + llwyn (coedwig fawr)
church of St Mary beside the big wood

Llanfair Pwllgwyngyll *enw lle* (SH 5371)
Môn
llan + Mair (y Forwyn Fair, mam Iesu) +
pwll (pwll yn afon Menai) + cyll (mwy nag un 'collen') + gwyn
church of St Mary of the white hazel trees by the pool

Llanfair Talhaearn *enw lle* (SH 9270)
Conwy (Dinbych)
llan + Mair (y Forwyn Fair, mam Iesu) +
Talhaearn (enw arweinydd lleol)
Talhaearn's church of St Mary's (personal name)

Llanfair Trelygen *heneb* (SN 3444)
Ceredigion (Aberteifi)
llan + Mair (y Forwyn Fair, mam Iesu) + tref (cartref pennaeth lleol) + Helygen (enw personol)
church of St Mary in Helygen's settlement (personal name)

Llanfair-yng-Nghornwy *enw lle* (SH 3290)
Môn
llan + Mair (y Forwyn Fair, mam Iesu) +
Cornwy (hen enw yn cynnwys enw'r llwyth a fu'n byw yma)
church of St Mary in (the land of the) Corn(wy)

Llanfair-ym-Muallt *enw lle* (SO 0450)
Powys (Brycheiniog)
llan + Mair (y Forwyn Fair, mam Iesu) + yn + Buellt (enw cantref)
church of St Mary in Buellt (Hundred)
Builth Wells

Llanfair-yn-neubwll *enw lle* (SH 3076)
Môn
llan + Mair (y Forwyn Fair, mam Iesu) + yn + dau bwll (sef Llyn Dinam a Llyn Penrhyn)

St Mary's church by the two pools (Lakes Dinam and Penrhyn)

Llanfair-yn y-cwmwd enw lle (SH 4466)
Môn
llan + Mair (y Forwyn Fair, mam Iesu) + yn + y + cwmwd (Menai)
church of St Mary in the commote (of Menai)

Llanfallteg[1] enw lle (SN 1519)
Caerfyrddin
llan + Mallteg (santes)
church of (saintess) Mallteg

Llanfallteg[2] plwyf (SN 1319)
Penfro
llan + Mallteg (santes)
church of (saintess) Mallteg

Llanfaredd plwyf (SO 0750)
Powys (Maesyfed)
llan + Mariedd (sant)
church of (saint) Mariedd

Llanfarian (Pentre-bont) enw lle (SN 5977)
Ceredigion (Aberteifi)
llan + marian (traeth) + pentref + pont
church by the strand of the village with a bridge

Llanfarthin enw lle (ST 3989)
Casnewydd (Mynwy)
llan + Martin (sant o Tours yn Ffrainc)
church of (saint) Martin (of Tours)

Llanfechain enw lle (SJ 1820)
Powys (Trefaldwyn)
ffurf ar Llanarmon-ym-Mechain; llan + [Garmon] sant + yn) + Mechain (cantref)
church (of St Garmon) in Mechain hundred

Llanfechell enw lle (SH 3691)
Môn
llan + Mechyll (sant)
church of (saint) Mechyll

Llanfedw plwyf (ST 2185)
Morgannwg
llan + bedw (y coed)
church of the birches

Llanfellte enw lle (SO 1422)
Powys (Brycheiniog)
glan/llan? + Mellte (afon)
the bank of/church on the (river) Mellte

Llanferres enw lle (SJ 1860)
Dinbych
llan + Berrys neu Berreis (sant) (o'r gair 'bar', pen neu gopa)
church of (saint) Berrys

Llanfeugan enw lle (SO 0924)
Powys (Brycheiniog)
llan + Meugan (sant)
church of (saint) Meugan
Llanfigan

Llanfeuthin plwyf (ST 0471)
(Morgannwg)
llan + Meuthin (sant), sant Gwyddelig yr oedd Cadog yn ddisgybl iddo
church of (saint) Meuthin (an Irish saint)

Llanfigel eglwys (SH 3282)
Môn
llan + Bugail (sant)
church of (saint) Bugail

Llanfihangel (Rogiet) enw lle (ST 4587)
Mynwy
llan + Mihangel (sant)
church of (saint) Michael
Llanvihangel near Roggiett

Llanfihangel Aberbythych enw lle (SN 5819)
Caerfyrddin
llan + Mihangel (sant) + aber + Bythych (afon)
church of (saint) Michael at the mouth of the Bythych

Llanfihangel Abercywyn eglwys (SN 2916)
Caerfyrddin
llan + Mihangel (sant) + Cywyn (afon)
church of (saint) Michael at the mouth of the Cywyn

Llanfihangel Abergwesyn plwyf (SN 8456)
Powys (Brycheiniog)
llan + Mihangel (sant) + aber + Gwesyn (afon)
church of (saint) Michael at the mouth of the Gwesyn

Llanfihangel-ar-arth enw lle (SN 4539)
Caerfyrddin
Llanfihangel Orarth, yn wreiddiol, llan + Mihangel (sant) + gor (uwch) + garth (gallt goediog)
church of (saint) Michael on the wooded hillside

Llanfihangel-ar-Elái enw lle (ST 1176)
Bro Morgannwg (Morgannwg)
llan + Mihangel (sant) + Elái (afon)
church of (saint) Michael on the river Elái
Michaelston-super-Ely

Llanfihangel Bachellaeth *eglwys* (SH 3034)
Gwynedd (Caernarfon)
llan + Mihangel + bachell (cilfach)
church of (saint) Michael in the shelter

Llanfihangel Brynpabuan *plwyf* (SN 9856)
Powys (Brycheiniog)
llan + Mihangel + bryn + Pabuan (enw person)
church of (saint) Michael on Pabuan's hill (personal name)

Llanfihangel Cilfargen *eglwys* (SN 5724)
Caerfyrddin
llan + Mihangel + Cilfargen (hen gymuned)
church of St Michael in Cilfargen

Llanfihangel Crucornau *enw lle* (SO 3220)
Mynwy
llan + Mihangel + crug (twmpath) + corn(au) (pigyn ar ben mynydd)
church of (saint) Michael by the peaked mounds
Llanvihangel Crucorney

Llanfihangel Cwm Du *enw lle* (SO 1823)
Powys (Brycheiniog)
llan + Mihangel + cwm + du
church of (saint) Michael in the dark vale

Llanfihangel Dinsylwy *eglwys* (SH 5881)
Môn
llan + Mihangel + din (lle caerog) + Selgovae + -wy = tir llwyth y Silwriaid
church of (saint) Michael by the fortress in the land of the Silures

Llanfihangel Dyffryn Arwy *plwyf* (SO 2450)
Powys (Maesyfed)
llan + Mihangel + dyffryn + Arwy (afon)
church of (saint) Michael in the valley of the river Arrow
Michaelchurch-on-Arrow *(river)*

Llanfihangel Fechan *plwyf* (SO 0336)
Powys (Brycheiniog)
llan + Mihangel + bechan (bach)
lesser church of (saint) Michael

Llanfihangel Genau'r Glyn *enw lle* (SN 6286)
Ceredigion (Aberteifi)
llan + Mihangel + Genau'r Glyn (cwmwd)
church of (saint) Michael in (the commote of) Genau'r Glyn (the mouth of the valley)

Llanfihangel Glyn Myfyr *enw lle* (SH 9949)
Conwy (Dinbych)
llan + Mihangel + glyn + Myfyr (enw personol)
church of (saint) Michael in the vale of Myfyr (personal name)

Llanfihangel Helygen *plwyf* (SO 0464)
Powys (Maesyfed)
llan + Mihangel + Helygen (enw arweinydd lleol)
Helygen's church of (saint) Michael

Llanfihangel Llantarnam *enw lle* (ST 3093)
Torfaen (Mynwy)
llan + Mihangel + nant + Teyrnon (enw personol)
church of (saint) Michael by Teyrnon's stream (personal name)

Llanfihangel Nant Brân *enw lle* (SN 9434)
Powys (Brycheiniog)
llan + Mihangel + Brân (enw afon)
church of (saint) Michael by the Brân stream

Llanfihangel Nant Melan *enw lle* (SO 1758)
Powys (Maesyfed)
llan + Mihangel + nant + Melan (enw personol)
church of (saint) Michael by Melan's stream (personal name)

Llanfihangel Penbedw *plwyf* (SN 2039)
Penfro
llan + Mihangel + bryn lle y mae bedw yn tyfu
(saint) Michael's church on birch hill

Llanfihangel Pont-y-moel *enw lle* (SO 3001)
Torfaen (Mynwy)
llan + Mihangel + pont + y + moel (llysenw ar ddyn)
church of (saint) Michael by baldy's bridge

Llanfihangel Rhos-y-corn *plwyf* (SN 5035)
Caerfyrddin
llan + Mihangel + rhos + cornau (yn wreiddiol)
(saint) Michael's church on the peaked moorland

Llanfihangel Rhydieithon *enw lle* (SO 1566)
Powys (Maesyfed)
llan + Mihangel + rhyd + Ieithon (afon)
church of (saint) Michael by the ford on the (river) Ieithon

Llanfihangel Tal-y-llyn *enw lle* (SO 1128)
Powys (Brycheiniog)
llan + Mihangel + tal (pen) + y + llyn (Syfaddan)
church of (saint) Michael at the head of the lake

Llanfihangel Torymynydd *eglwys* (SO 4601)
Mynwy
llan + Mihangel + tor (bwlch) + y + mynydd
church of (saint) Michael at the mountain pass

Llanfihangel Tre'r-beirdd *plwyf* (SH 4583)
Môn
llan + Mihangel + tref + y + beirdd
church of (saint) Michael in the poets' settlement

Llanfihangel Troddi *enw lle* (SO 4910)
Mynwy
llan + Mihangel + Troddi (afon)
church of (saint) Michael on the (river) Troddi
Mitchel Troy

Llanfihangel-uwch-Gwili *enw lle* (SN 4822)
Caerfyrddin
llan + Mihangel (yr angel a arweiniodd weddill yr angylion yn erbyn Satan) + uwch + Gwili (afon)
church of (saint) Michael supra (river) Gwili

Llanfihangel y Bont-faen *plwyf* (SS 9871)
Bro Morgannwg (Morgannwg)
llan + Mihangel + y + Pont-faen (Cowbridge)
church of (saint) Michael by the stone bridge (Cowbridge)
Llanmihangel

Llanfihangel-y-Creuddyn *enw lle* (SN 6676)
Ceredigion (Aberteifi)
llan + Mihangel + y + Creuddyn (cwmwd)
church of (saint) Michael in (the commote of) Creuddyn

Llanfihangel-y-Creuddyn Isaf *plwyf* (SN 6875)
Ceredigion (Aberteifi)
llan + Mihangel + Creuddyn (cwmwd) + isaf
church of (saint) Michael in lower Creuddyn (commote)

Llanfihangel-y-Creuddyn Uchaf *plwyf* (SN 7676)
Ceredigion (Aberteifi)
llan + Mihangel + y + Creuddyn (cwmwd) + uchaf
church of (saint) Michael in upper Creuddyn (commote)

Llanfihangel-y-fedw *enw lle* (ST 2484)
Mynwy
llan + Mihangel + y + bedw (coed)
church of (saint) Michael in the birch trees
Michaelston-y-Vedw

Llanfihangel-y-gofion *eglwys* (SO 3409)
Mynwy
llan + Mihangel + y + gofion (lluosog 'gof')
church of (saint) Michael of the smiths

Llanfihangel-yng-Ngwynfa *enw lle* (SJ 0816)
Powys (Trefaldwyn)
llan + Mihangel + yn + gwyn + fa (maes gwyn)
church of (saint) Michael in whitefield

Llanfihangel-yn-Nhywyn *enw lle* (SH 3277)
Môn
llan + Mihangel + tywyn (twyni tywod)
church of (saint) Michael in the dunes

Llanfihangel-ynys-Afan *plwyf* (SS 8196)
Castell-nedd Port Talbot (Morgannwg)
llan + Mihangel + ynys (dôl ger afon) + Afan (afon)
church of (saint) Michael beside the (river) Afan
Michaelston

Llanfihangel-y-Pennant[1] *enw lle* (SH 5244)
Gwynedd (Caernarfon)
llan + Mihangel + y + pen + nant (cwm)
church of (saint) Michael at the head of the cwm

Llanfihangel-y-Pennant[2] *enw lle* (SH 6708)
Gwynedd (Meirionnydd)
llan + Mihangel + y + pen + nant (cwm)
church of (saint) Michael the head of the cwm

Llanfihangel-y-pwll *enw lle* (ST 1573)
Bro Morgannwg (Morgannwg)
llan + Mihangel + y + pwll (y pant y mae'r eglwys ynddo)
church of (saint) Michael in the hollow
Michaelston-le-Pit

Llanfihangel Ysgeifiog *plwyf* (SH 4873)
Môn
llan + Mihangel + ysgeifiog (llethrog)
church of (saint) Michael on the hillside

Llanfihangel Ystrad *enw lle* (SN 5256)
Ceredigion (Aberteifi)
llan + Mihangel + ystrad (dyffryn afon)
church of (saint) Michael in the valley

Llanfihangel Ystum Llywern *enw lle* (SO 4313)
Mynwy
llan + Mihangel + ystum (tro) + Llywern (cadno) (enw nant)
church of (saint) Michael on the (river) Llywern (fox)
Llanvihangel Ystern Llewern

Llanfihangel-y-traethau *enw lle* (SH 5935)
Gwynedd (Meirionnydd)
llan + Mihangel + y + traeth(au)
church of (saint) Michael of the beaches

Llanfilo *enw lle* (SO 1133)
Powys (Brycheiniog)
llan + Beilo (santes)
church of (saintess) Beilo
Llanfillo

Llanfleiddan *enw lle* (SS 9873)
Bro Morgannwg (Morgannwg)
llan + Bleiddan (sant), yr enw yn seiliedig ar 'blaidd'
church of (saint) Bleiddan
Llanblethian

Llanfocha *enw lle* (SO 4617)
Mynwy
llan + Mochan (sant)
church of (saint) Mochan
St Maughan's

Llanfor *enw lle* (SH 9336)
Gwynedd (Meirionnydd)
llan + mawr
great church

Llanfrechfa *enw lle* (ST 3193)
Torfaen (Mynwy)
llan + brych/brech (brith) + ma (maes)
church in the dappled field

Llanfrothen *enw lle* (SH 6241)
Gwynedd (Meirionnydd)
llan + Brothen (sant)
church of (saint) Brothen

Llanfrynach[1] *enw lle* (SO 0725)
Powys (Brycheiniog)
llan + Brynach (sant)
church of (saint) Brynach

Llanfrynach[2] *eglwys* (SS 9776)
Bro Morgannwg (Morgannwg)
llan + Brynach (sant)
church of (saint) Brynach

Llanfugail *enw lle*
Môn
llan + Bugail (sant)
church of (saint) Bugail

Llanfwrog[1] *enw lle* (SJ 1157)
Dinbych
llan + Mwrog (sant)
church of (saint) Mwrog

Llanfwrog[2] *enw lle* (SJ 3084)
Môn
llan + Mwrog (sant)
church of (saint) Mwrog

Llanfyllin *plwyf* (SJ 1419)
Powys (Trefaldwyn)
llan + Myllin (sant), efallai'r sant Gwyddelig Moling
church of (saint) Moling (an Irish saint)

Llanfynydd[1] *enw lle* (SN 5527)
Caerfyrddin
llan ar fynydd
church on a hill

Llanfynydd[2] *enw lle* (SJ 2756)
Fflint
llan ar fynydd
church on a hill

Llan-fyrn *ardal* (SM 7930)
Penfro
glan + myrn (enw nant, o 'mwll, trymaidd, clòs', efallai)
bank of the sultry stream

Llanfyrnach *enw lle* (SN 2231)
Penfro
llan + Brynach Wyddel (sant)
church of (saint) Brynach (the Irishman)

Llanffa *ardal* (SS 9275)
Bro Morgannwg (Morgannwg)
llan + Tyfái (sant)
church of (saint) Tyfái
Lampha

Llanffflewin *eglwys* (SH 3489)
Môn
llan + Fflewyn (sant o'r 6ed ganrif) fab Ithel Hael
church of (saint) Fflewyn

Llan-ffwyst Fawr *enw lle* (SO 2813)
Mynwy
llan + Ffwyst (enw sant?)
greater church of (saint?) Ffwyst
Llanfoist

Llangadfan *enw lle* (SJ 0110)
Powys (Trefaldwyn)
llan + Cadfan (sant)
church of (saint) Cadfan

Llangadog *enw lle* (SN 7028)
Caerfyrddin
llan + Cadog (sant)
church of (saint) Cadog

Llangadwaladr[1] *plwyf* (SJ 1635)
Powys (Dinbych)
llan + Cadwaladr (sant)
church of (saint) Cadwaladr

Llangadwaladr[2] *eglwys* (SJ 1830)
Dinbych
llan + Cadwaladr (sant)
church of (saint) Cadwaladr

Llangadwaladr[3] *enw lle* (SH 3869)
Môn
llan + *Cadwaladr* (sant)
church of (saint) Cadwaladr

Llangaffo *enw lle* (SH 4468)
Môn
llan + Caffo (sant)
church of (saint) Caffo

Llan-gain *plwyf* (SN 3815)
Caerfyrddin
llan + Cain (santes)
church of (saintess) Cain

Llangamarch *enw lle* (SN 9347)
Powys (Brycheiniog)
llan + Camarch (afon)
church on the (river) Camarch

Llan-gan[1] *enw lle* (SS 9577)
Caerdydd (Morgannwg)
llan + Canna (sant) (o 'can', sef gwyn)
church of (saint) Canna
Llanganna

Llan-gan[2] *plwyf* (SN 1718)
Penfro
llan + Canna (sant) (o 'can', sef gwyn)
church of (saint) Canna

Llanganten *enw lle* (SN 9851)
Powys (Brycheiniog)
llan + Canten (sant)
church of (saint) Canten

Llangar *enw lle* (SJ 0642)
Gwynedd (Meirionnydd)
llan + Câr (sant?)
church of (saint?) Câr

Llangasty Tal-y-llyn *plwyf* (SO 1326)
Powys (Brycheiniog)
llan + Gastayn, y sant a fedyddiodd Cynog ap Brychan + tal (pen) + y + llyn (llyn Syfaddan)
church of (saint) Gastayn at the head of the lake

Llangatwg[1] *enw lle* (SO 2117)
Powys (Brycheiniog)
llan + Cadog (sant)
church of (saint) Cadog

Llangatwg[2] *enw lle* (SS 7498)
Castell-nedd Port Talbot (Morgannwg)
llan + Cadog (sant)
church of (saint) Cadog
Cadaxton-juxta-Neath

Llangatwg Dyffryn Wysg *enw lle* (SO 3309)
Mynwy
llan + Cadog (sant) + dyffryn afon Wysg
church of (saint) Cadog in the vale of Usk
Llangattock nigh Usk

Llangatwg Feibion Afel *enw lle* (SO 4515)
Mynwy
llan + Cadog (sant) + meibion Afel (enw noddwr lleol)
Afel (a local benefactor)'s sons' church of (saint) Cadog
Llangattock Vibon Avel

Llangatwg Lingoed *enw lle* (SO 3620)
Mynwy
llan + Cadog (sant) + llingoed (coed tal, syth heb ormod o ganghennau)
church of (saint) Cadog in the tall trees
Llangattock Lingoed

Llangathen *enw lle* (SN 5822)
Caerfyrddin
llan + Cathen (sant)
church of (saint) Cathen

Llangedwyn *enw lle* (SJ 1824)
Dinbych
llan + Cedwyn (sant)
church of (saint) Cedwyn (one of the seven who escaped King Arthur's last battle at Camlan)

Llangefni *enw lle* (SH 4575)
Môn
llan + Cefni (afon)
church on the (river) Cefni

Llangeinwen *plwyf* (SH 4365)
Môn
llan + Cain (santes) + wen (cysegredig)
church of (saintess) Cain the blessed

Llangeinwyr *enw lle* (SS 9187)
Pen-y-bont ar Ogwr (Morgannwg)
llan + Cain (santes) + Wyry (morwyn)
church of (saintess) Cain the virgin
Llangeinor

Llangeitho *enw lle* (SN 6259)
 Ceredigion (Aberteifi)
 llan + Ceitho (sant)
 church of (saint) Ceitho

Llangeler *enw lle* (SN 3739)
 Caerfyrddin
 llan + Celer (sant)
 church of (saint) Celer

Llangelynnin[1] *eglwys* (SH 7773)
 Caerfyrddin
 llan + Celynnin (sant)
 church of (saint) Celynnin

Llangelynnin[2] *enw lle* (SH 5707)
 Gwynedd (Meirionnydd)
 llan + Celynnin (sant)
 church of (saint) Celynnin

Llangennech *enw lle* (SN 5601)
 Caerfyrddin
 llan + Cennech neu Cainnech, sant
 Gwyddelig a addysgwyd yn Llancarfan dan
 Cadog Sant
 church of (saint) Cennech (an Irish saint)

Llangenni (Llangeneu) *enw lle* (SO 2417)
 Powys (Brycheiniog)
 llan + Ceneu (sant) ap Corun, esgob Mynyw
 yn y 5ed ganrif
 church of (saint) Ceneu (bishop of Mynyw)

Llangernyw *enw lle* (SH 8767)
 Dinbych
 llan + (Digain ap Custennin Gorneu o'r 5ed
 ganrif, y sant o Gernyw)
 church (of saint Digain ap Custennin
 Gorneu from Cornwall)

Llangewydd *ardal* (SS 8780)
 Pen-y-bont ar Ogwr (Morgannwg)
 llan + Cewydd (sant)
 church of (saint) Cewydd

Llangïan *enw lle* (SH 2928)
 Gwynedd (Caernarfon)
 llan + Cian (sant)
 church of (saint) Cian

Llangiwa *ardal* (SO 3925)
 Mynwy
 llan + Ciwa (santes)
 church of (saintess) Ciwa

Llan-giwg *plwyf* (SN 7205)
 Castell-nedd Port Talbot (Morgannwg)
 llan + Ciwg (sant)
 church of (saint) Ciwg

Llangloffan *enw lle* (SM 9032)
 Penfro
 llan + Cloffan (enw personol o 'cloff') ond
 does dim llan yma
 Cloffan (personal name from 'cloff', lame),
 but no church

Llanglydwen *enw lle* (SN 1826)
 Caerfyrddin
 llan + Clydwen (santes), chwaer Mallteg
 church of (saintess) Clydwen

Llangoed *enw lle* (SH 6079)
 Môn
 llan + coed, sef eglwys gerllaw coed (mawr)
 church in the wood

Llangoedmor *plwyf* (SN 1945)
 Ceredigion (Aberteifi)
 llan + coed mawr, sef eglwys gerllaw coed
 mawr
 church beside the great wood

Llangofen *ardal* (SO 4505)
 Mynwy
 llan + gofen (gofaint, lluosog 'gof')
 church of the smiths

Llangolman *enw lle* (SN 1127)
 Penfro
 llan + Colman (sant Gwyddelig)
 church of (saint) Colman (Irish saint)

Llangollen *enw lle* (SJ 2142)
 Dinbych
 llan + Collen (sant)
 church of (saint) Collen

Llan-gors *enw lle* (SO 1327)
 Powys (Brycheiniog)
 llan + cors, sef eglwys mewn safle corsog
 (ger Llyn Syfaddan)
 church by the bog

Llangorwen *plwyf* (SN 6083)
 Ceredigion (Aberteifi)
 llan + 'côr' eglwys + maen (carreg), sef
 adeilad cysegredig wedi'i wneud o gerrig
 stone-built church

Llangrallo *enw lle* (SS 9379)
 Pen-y-bont ar Ogwr (Morgannwg)
 llan + Crallo (sant)
 church of (saint) Crallo
 Coychurch

Llangrallo Isaf *plwyf* (SS 9380)
 Pen-y-bont ar Ogwr (Morgannwg)
 llan + Crallo (sant)
 lower church of (saint) Crallo

Llangrallo Uchaf *plwyf* (SS 9485)
Pen-y-bont ar Ogwr (Morgannwg)
llan + Crallo (sant)
upper church of (saint) Crallo

Llangrannog *enw lle* (SN 3154)
Ceredigion (Aberteifi)
llan + Carannog (sant)
church of (saint) Carannog

Llangristiolus *enw lle* (SH 4373)
Môn
llan + Cristiolus, sant o'r 5ed ganrif yn fab i Emyr Llydaw
church of (saint) Cristiolus

Llangrwyne *enw lle* (SO 2416)
Powys (Brycheiniog)
llan + Crwyne (afon)
church by the (river) Crwyne

Llangurig *enw lle* (SN 9079)
Powys (Trefaldwyn)
llan + Curig (sant)
church of (saint) Curig

Llangwm[1] *enw lle* (SH 9644)
Conwy (Dinbych)
llan + cwm, sef eglwys yn y cwm
church in the valley

Llangwm[2] *enw lle* (SM 9809)
Penfro
llan + cwm, sef eglwys yn y cwm
church in the valley

Llan-gwm *enw lle* (SO 4299)
Mynwy
llan + cwm, sef eglwys yn y cwm
church in the valley

Llan-gwm Isaf *enw lle* (SO 4200)
Mynwy
llan + cwm, sef eglwys yn y cwm
lower church in the valley

Llangwnnadl *eglwys* (SH 2033)
Gwynedd (Caernarfon)
llan + Gwynhoedl (sant), neu Nant Gwynhoedl
church of (saint) Gwynhoedl or Gwynhoedl's stream

Llangwyfan[1] *enw lle* (SJ 1266)
Dinbych
llan + Cwyfen neu Cwyfan (sant), sant Gwyddelig (?) yn wreiddiol
church of (saint) Cwyfan (an Irish saint?)

Llangwyfan[2] *ardal* (SH 3471)
Môn
llan + Cwyfen neu Cwyfan (sant), sant Gwyddelig(?) yn wreiddiol
church of St Cwyfan (an Irish saint?)

Llangwyllog *plwyf* (SH 4379)
Môn
llan + Cwyllog (santes)
church of (saintess) Cwyllog

Llangwyryfon *enw lle* (SN 5970)
Ceredigion (Aberteifi)
llan + gwyryfon, sef eglwys y gwyryfon
church of the virgins

Llangybi[1] *enw lle* (SH 4241)
Gwynedd (Caernarfon)
llan + Cybi (sant)
church of (saint) Cybi

Llangybi[2] *enw lle* (SN 6053)
Ceredigion (Aberteifi)
llan + Cybi (sant)
church of (saint) Cybi

Llangybi (Fawr) *enw lle* (ST 3796)
Mynwy
llan + Cybi (sant) + mawr
greater church of (saint) Cybi

Llangyfelach *enw lle* (SS 6498)
Abertawe (Morgannwg)
llan + Cyfelach (sant)
church of (saint) Cyfelach

Llangyfiw *eglwys* (SO 3900)
Mynwy
llan + Cynfyw (sant)
church of (saint) Cynfyw
Llangeview

Llangyndeyrn *enw lle* (SN 4515)
Caerfyrddin
llan + Cyndeyrn (sant)
church of (saint) Cyndeyrn

Llangynfelyn *enw lle* (SN 6492)
Ceredigion (Aberteifi)
llan + Cynfelyn (sant)
church of (saint) Cynfelyn

Llangynhafal *enw lle* (ST 1263)
Dinbych
llan + Cynhafal (sant)
church of (saint) Cynhafal

Llangynidr *enw lle* (SO 1519)
Powys (Brycheiniog)
llan + Cynidr (sant)
church of (saint) Cynidr

Llangynin enw lle (SN 2519)
Caerfyrddin
llan + Cynin (sant)
church of (saint) Cynin

Llangynllo[1] plwyf (SN 3543)
Ceredigion (Aberteifi)
llan + Cynllo (sant)
church of (saint) Cynllo

Llangynllo[2] enw lle (SO 2171)
Powys (Maesyfed)
llan + Cynllo (sant)
church of (saint) Cynllo

Llangynnwr enw lle (SN 4320)
Caerfyrddin
llan + Cynfwr neu Cynnwr (sant), disgybl i Teilo sant
church of (saint) Cynnwr

Llangynog[1] plwyf (SO 0245)
Powys (Brycheiniog)
llan + Cynog (sant)
church of (saint) Cynog

Llangynog[2] enw lle (SN 3416)
Caerfyrddin
llan + Cynog (sant)
church of (saint) Cynog

Llangynog[3] enw lle (SJ 0526)
Powys (Trefaldwyn)
llan + Cynog (sant)
church of (saint) Cynog

Llangynwyd enw lle (SS 8588)
Pen-y-bont ar Ogwr (Morgannwg)
llan + Cynwyd (sant)
church of (saint) Cynwyd

Llangynydd enw lle (SS 4291)
Abertawe (Morgannwg)
llan + Cennydd (sant)
church of (saint) Cennydd
Llangennith

Llangynyw plwyf (SJ 1209)
Powys (Trefaldwyn)
llan + Cynfyw (sant)
church of (saint) Cynfyw

Llangystennin eglwys (SH 8279)
Gwynedd (Caernarfon)
llan + Cystennin neu Custennin (sant)
church of (saint) Cystennin

Llangywer enw lle (SH 9032)
Gwynedd (Meirionnydd)
llan + Cywair (santes)
church of (saintess) Cywair

Llanhamlach plwyf (SO 0926)
Powys (Brycheiniog)
llan + am + llwch (llyn neu dir corsog), sef eglwys yr ochr draw i lyn
church on the other side of the lake

Llanharan enw lle (ST 0083)
Rhondda Cynon Taf (Morgannwg)
llan + Aron (sant)
church of (saint) Aron

Llanhari enw lle (ST 0080)
Rhondda Cynon Taf (Morgannwg)
ystyr yn dywyll
meaning is unclear

Llanhenwg enw lle (ST 3592)
Mynwy
llan + Henwg (sant), sef cefnder Samson sant
church of (saint) Henwg

Llanhiledd enw lle (SO 2100)
Caerffili (Mynwy)
llan + Hiledd neu Heledd (santes)
church of (saintess) Heledd
Llanhilleth

Llanhuadain enw lle (SN 0617)
Penfro
llan + Huadain (enw person)
church of Huadain
Llawhaden

Llanhychan eglwys (SJ 1162)
Dinbych
llan + Hychan (sant) fab Brychan
church of (saint) Hychan

Llanhywel plwyf (SM 8127)
Penfro
llan + Hywel (sant)
church of (saint) Hywel
Llanhowel

Llanidan plwyf (SH 4966)
Môn
llan + Nidan (sant), gorwyr Urien Rheged o'r Hen Ogledd (yr Alban heddiw)
church of (saint) Nidan

Llanidloes enw lle (SN 9584)
Powys (Trefaldwyn)
llan + Idloes (sant)
church of (saint) Idloes

Llanieithon ardal (SO 0995)
Powys (Trefaldwyn)
llawnaeth (digonedd) + on
place of plenty

Llaniestyn[1] *plwyf* (SH 2733)
Gwynedd (Caernarfon)
llan + Iestyn (sant)
church of (saint) Iestyn

Llaniestyn[2] *plwyf* (SH 5879)
Môn
llan + Iestyn (sant)
church of (saint) Iestyn

Llanigon, Llaneigon *enw lle* (SO 2139)
Powys (Brycheiniog)
llan + Eigion (sant), mab Gwynllyw a Gwladus a brawd Cadog Sant
church of (saint) Eigion

Llanilar *enw lle* (SN 6275)
Ceredigion (Aberteifi)
llan + Ilar (sant) a adwaenir fel Ilar Bysgotwr
church of (saint) Ilar (known as Ilar the Fisherman)

Llanilid[1] *eglwys* (SN 8924)
Powys (Brycheiniog)
llan + Ilid/Ilud (santes)
church of (saintess) Ilid

Llanilid[2] *plwyf* (SS 9781)
Rhondda Cynon Taf (Morgannwg)
llan + Ilid/Ilud (santes)
church of (saintess) Ilid

Llanilltern *plwyf* (ST 0979)
Caerffili (Morgannwg)
llan + Elldeyrn neu Illteyrn (sant)
church of (saint) Elldeyrn

Llanilltud *eglwys* (SN 9726)
Powys (Brycheiniog)
llan + Illtud (sant)
church of (saint) Illtud

Llanilltud Fach *ardal* (SS 8096)
Castell-nedd Port Talbot (Morgannwg)
llan + Illtud (sant)
lesser church of (saint) Illtud
Llanilltud Nedd

Llanilltud Faerdref *enw lle* (ST 0886)
Rhondda Cynon Taf (Morgannwg)
llan + Illtud/Illtwyd (sant) + maerdref (tir lle y codid bwyd i'r arglwydd gerllaw'r llys)
church of (saint) Illtud/Illtwyd beside the lord's court
Llantwit Fardre

Llanilltud Fawr *enw lle* (SS 9668)
Bro Morgannwg (Morgannwg)
llan + Illtud/Illtwyd (sant)
greater church of (saint) Illtud/Illtwyd
Llantwit Major

Llanilltud Gŵyr *enw lle* (SS 5590)
Abertawe (Morgannwg)
llan + Illtud (sant) + Gŵyr
church of (saint) Illtud on the Gower
Ilston

Llanina *enw lle* (SN 4059)
Ceredigion (Aberteifi)
llan + Ina (santes)
church of (saintess) Ina

Llanisien[1] *enw lle* (ST 1781)
Caerdydd (Morgannwg)
llan + Isan (sant), abad Llanilltud yn ystod oes Illtud
church of (saint) Isan
Llanishen

Llanisien[2] *enw lle* (SO 4703)
Mynwy
llan + Isan (sant), abad Llanilltud yn ystod oes Illtud
church of (saint) Isan
Llanishen

Llanismel *plwyf* (SN 3608)
Caerfyrddin
llan + Ysfael (sant) fab Budic, sant o'r 6ed ganrif sydd â'i wreiddiau yn Llydaw
church of (saint) Ysfael (a Breton saint)
St Ishmael

Llaniwared *ardal* (SN 8877)
Powys (Trefaldwyn)
llan + i waered (eglwys ar yr ochr isaf)
church on the lower side

Llan-lwy *enw lle* (SM 8526)
Penfro
llan + Tylwyf (enw sant yn seiliedig ar 'llwyfen', y goeden)
church of (saint) Tylwyf, based on the Welsh word for an elm tree
Llandeloy

Llanllawddog *plwyf* (SN 4529)
Caerfyrddin
llan + Llawddog (sant) a gysylltir â Chenarth
church of (saint) Llawddog

Llanllawen *enw lle* (SH 1425)
Gwynedd (Caernarfon)
llan + Llewen (sant), un o'r saint a fu yng nghwmni Cadfan ar Ynys Enlli
church of (saint) Llewen

Llanllawern *plwyf* (SM 9836)
Penfro
llan + Llewyrn (enw personol) yn seiliedig ar ffurf luosog 'llawern', cadno
church of (saint) Llewyrn
Llanllawer

Llanllechid *enw lle* (SH 6268)
Gwynedd (Caernarfon)
llan + Llechid (santes) ferch Ithel Hael, santes o'r 6ed ganrif
church of (saintess) Llechid

Llanlleiana *heneb* (SH 3894)
Môn
llan + lleianau (lluosog 'lleian'?)
church of the nuns(?)

Llanllibio *ardal* (SH 3381)
Môn
llan + Llibio (sant)
church of (saint) Llibio

Llanllugan *enw lle* (SJ 0502)
Powys (Trefaldwyn)
llan + Llugan (enw personol), yn seiliedig ar 'llug', goleuni efallai
church of Llugan (personal name)

Llan-llwch *ardal* (SN 3818)
Caerfyrddin
llan + llwch, sef eglwys ger llwch, lle corsog
church by the boggy ground

Llanllwchaearn[1] *plwyf* (SN 3857)
Ceredigion (Aberteifi)
llan + Llwchaearn (sant)
church of (saint) Llwchaearn

Llanllwchaearn[2] *plwyf* (SO 1292)
Powys (Trefaldwyn)
llan + Llwchaearn (sant)
church of (saint) Llwchaearn

Llanllwni *enw lle* (SN 4741)
Caerfyrddin
llan + Llwni (sant)
church of (saint) Llwni

Llanllyfni *enw lle* (SH 4751)
Gwynedd (Caernarfon)
llan + Llyfni (afon)
church on the (river) Llyfni

Llanllŷr *plas* (SN 5455)
Ceredigion (Aberteifi)
llan + Llŷr (santes)
church of (saintess) Llŷr

Llanllŷr(-yn-Rhos) *enw lle* (SO 0462)
Powys (Maesyfed)
llan + Llŷr (santes)
church of (saintess) Llŷr
Llanyre

Llanllywel *enw lle* (ST 3998)
Mynwy
llan + Llywel (sant)
church of (saint) Llywel

Llanllywenfel *plwyf* (SN 9349)
Powys (Brycheiniog)
llan + Llywenfael (enw personol)
church of Llywenfael (personal name)
Llanlleonfel

Llanmadog *enw lle* (SS 4493)
Abertawe (Morgannwg)
llan + Madog (sant), mab Gildas
church of (saint) Madog

Llanmorlais *enw lle* (SS 5294)
Abertawe (Morgannwg)
glan (yn wreiddiol) + Morlais (afon)
bank of the river Morlais

Llannarth *enw lle* (SN 4257)
Ceredigion (Aberteifi)
llan + garth (cefnen neu godiad tir)
church on the ridge

llannerch *hon*
darn o dir agored mewn coedwig
glade

Llannerch[1] *plas* (SJ 0572)
Dinbych
darn o dir agored mewn coedwig
glade

Llannerch[2] *fferm* (SN 0535)
Penfro
darn o dir agored mewn coedwig
glade

Llannerch Aeron *ardal* (SN 4760)
Ceredigion (Aberteifi)
darn o dir agored mewn coedwig yn Nyffryn Aeron
glade in the (vale of) Aeron

Llannerch Banna *enw lle* (SJ 4139)
Fflint
llannerch + Penda (arweinydd y Saeson a frwydrodd yn 633 gyda Chadwallon yn erbyn Edwin, brenin Northumbria)
Penda's glade
Penley

Llannerchfydaf *Llanrhuddlad*

Llannerchfydaf *ardal* (SH 8917)
Gwynedd (Meirionnydd)
llannerch + bydaf (nyth gwenyn gwyllt)
glade where the wild bees nest

Llannerch Hudol *plas* (SJ 2007)
Powys (Trefaldwyn)
llannerch + hudol (gair am ddewin a'i waith)
enchanted glade

Llannerchrochwel *plas* (SJ 1910)
Powys (Trefaldwyn)
llannerch + Brochwel (enw person)
Brochwel's glade (personal name)

Llannerch-y-medd *enw lle* (SH 4184)
Môn
llannerch + medd (man lle y byddai'r ddiod yn cael ei macsu)
glade where mead was brewed

Llannerch-y-môr *ardal* (SJ 1779)
Fflint
llannerch + y + môr
glade by the sea

Llannewydd *plwyf* (SN 3824)
Caerfyrddin
llan + newydd
Newchurch

Llan-non[1] *enw lle* (SN 5408)
Caerfyrddin
llan + Non (santes)
church of (saintess) Non

Llan-non[2] *enw lle* (SN 5167)
Ceredigion (Aberteifi)
llan + Non (santes)
church of (saintess) Non

Llan-non[3] *fferm* (SM 8331)
Penfro
llan + Non (santes)
church of (saintess) Non

Llannor *enw lle* (SH 3537)
Gwynedd (Caernarfon)
llan + mawr
big church

Llanofer Fawr *enw lle* (SO 3108)
Mynwy
llan + Myfor (sant), sef yr hen enw Môr + y rhagddodiad anwylo 'my-'
church of (saint) Myfor
Llanover

Llanpumsaint *enw lle* (SN 4129)
Caerfyrddin
llan y pum sant (Gwyn, Gwynno, Gwynoro, Ceitho a Celynnin)
church of five saints

Llanrug *enw lle* (SH 5363)
Gwynedd (Caernarfon)
Llanfihangel yn Rug (y planhigyn)
(St Michael's) church in the heather

Llanrwst *enw lle* (SH 7961)
Conwy (Dinbych)
llan + Gwrwst (sant)
church of (saint) Gwrwst

Llanrhaeadr-yng-Nghinmeirch *enw lle* (SJ 0863)
Dinbych
llan + rhaeadr + cain ('cefn, trum, esgair') + meirch – cefn mynydd y meirch
church by the waterfall on the ridge of the stallions

Llanrhaeadr-ym-Mochnant *enw lle* (SJ 1226)
Powys (Dinbych)
llan + rhaeadr + Mochnant (cwmwd)
church by the waterfall in the commote of Mochnant

Llanrheithan *enw lle* (SM 8628)
Penfro
llan + Rheithan (sant)
church of (saint) Rheithan

Llanrhian *enw lle* (SM 8131)
Penfro
llan + Rhian (sant)
church of (saint) Rhian (not a female name)

Llanrhidian *enw lle* (SS 4992)
Abertawe (Morgannwg)
llan + Rhidian (sant)
church of (saint) Rhidian

Llan-rhos *enw lle* (SH 7880)
Gwynedd (Caernarfon)
llan + Rhos (cantref)
church in Rhos (hundred)

Llan-rhudd *enw lle* (SJ 1357)
Dinbych
llan + rhudd (coch)
red church

Llanrhuddlad *enw lle* (SH 3389)
Môn
llan + Rhuddlad (santes)
church of (saintess) Rhuddlad

Llanrhwydrys *eglwys* (SH 3293)
Môn
llan + Rhwydrys (sant), sant â chysylltiad â theulu brenhinol Connaught yn Iwerddon
church of (saint) Rhwydrys, a saint connected to the royal family of Connaught

Llanrhychwyn *ardal* (SH 7761)
Gwynedd (Caernarfon)
llan + Rhychwyn (sant)
church of (saint) Rhychwyn

Llanrhymni *ardal* (ST 2181)
Caerdydd (Morgannwg)
llan + Rhymni (afon)
church by the (river) Rhymni
Llanrumney

Llanrhystud *enw lle* (SN 5369)
Ceredigion (Aberteifi)
llan + Rhystud (sant)
church of (saint) Rhystud

Llanrhystud Anhuniog *plwyf* (SN 5767)
Ceredigion (Aberteifi)
llan + Rhystud (saint) + Annun (enw person) + -iog = tir Annun
(parish of saint) Rhystud's church in Annun's land

Llanrhystud Mefenydd *plwyf* (SN 5669)
Ceredigion (Aberteifi)
llan + Rhystud (sant) + Mafan (enw person) + -ydd = tir Mafan
(the parish of saint) Rhystud's church in Mafan's land

Llansadwrn[1] *enw lle* (SN 6931)
Caerfyrddin
llan + Sadwrn (sant), o'r Lladin *Saturnus*
church of (saint) Sadwrn (Saturnus)

Llansadwrn[2] *plwyf* (SH 5575)
Môn
llan + Sadwrn (sant), o'r Lladin *Saturnus*
church of (saint) Sadwrn (Saturnus)

Llansadyrnin *enw lle* (SN 2810)
Caerfyrddin
llan + Sadyrnin (sant), yr un sant â Sadwrn
church of (saint) Sadyrnin (Saturnus)

Llan Sain Siôr *enw lle* (SH 9775)
Dinbych
llan + Siôr, nawddsant Lloegr
the church of St George, England's patron saint
St George

Llan-saint *enw lle* (SN 3808)
Caerfyrddin
llan + saint (lluosog 'sant')
church of the saints

Llansamlet *enw lle* (SS 6997)
Abertawe (Morgannwg)
llan + Samlet (sant)
church of (saint) Samlet

Llansanffraid[1] *enw lle* (SO 1223)
Powys (Brycheiniog)
llan + sant + Ffraid (santes)
church of St Ffraid (Bride/Brigid)

Llansanffraid[2] *enw lle* (SN 5167)
Ceredigion (Aberteifi)
llan + sant + Ffraid (santes)
church of St Ffraid (Bride/Brigid)

Llansanffraid[3] *plas* (SO 3510)
Mynwy
llan + sant + Ffraid (santes)
church of St Ffraid (Bride/Brigid)

Llansanffraid-ar-Elái *enw lle* (ST 0977)
Bro Morgannwg (Morgannwg)
llan + sant + Ffraid (santes) + ar + Elái (afon)
church of St Ffraid (Bride/Brigid) on the (river) Ely
St Bride's-super-Ely

Llansanffraid-ar-Ogwr *enw lle* (SS 9184)
Bro Morgannwg (Morgannwg)
llan + sant + Ffraid (santes) + ar + Ogwr (afon)
lesser church of St Ffraid (Bride/Brigid) on the (river) Ogmore
St Bride's Minor

Llansanffraid Cwmteuddwr *enw lle* (SN 9667)
Powys (Maesyfed)
llan + sant + Ffraid (santes) + cwmwd Deuddwr (sef dyffrynnoedd Elan a Gwy)
church of St Ffraid (Bride/Brigid) (in the commote of) Deuddwr (the Elan and Wye valleys)

Llansanffraid Deuddwr *plwyf* (SJ 2118)
Powys (Trefaldwyn)
llan + sant + Ffraid (santes) + deuddwr, sef afonydd Hafren ac Efyrnwy
church of St Ffraid (Bride/Brigid) at the watershed (of the Severn and the Efyrnwy)
Deythur

Llansanffraid Glan Conwy *enw lle* (SS 8076)
Conwy (Dinbych)
llan + sant + Ffraid (santes) + glan + Conwy (afon)
church of St Ffraid (Bride/Brigid) on the (river) Conwy

Llansanffraid Glynceiriog *enw lle* (SJ 2038)
Wrecsam (Dinbych)
llan + sant + Ffraid (santes) + glyn + Ceiriog (afon)
church of St Ffraid (Bride/Brigid) in the vale of Ceiriog

Llansanffraid Glyndyfrdwy *plwyf* (SJ 0944)
Gwynedd (Meirionnydd)
llan + sant + Ffraid (santes) + glyn + Dyfrdwy (afon)
church of St Ffraid (Bride/Brigid) in the vale of Dee

Llansanffraid Gwynllŵg *enw lle* (ST 2982)
Casnewydd (Mynwy)
llan + sant + Ffraid (santes) + Gwynllŵg (cantref)
church of St Ffraid (Bride/Brigid) in Gwynllŵg (hundred)
St Bride's Wentloog

Llansanffraid-ym-Mechain *enw lle* (SJ 2120)
Powys (Trefaldwyn)
llan + sant + Ffraid (santes) + Mechain (cwmwd)
lesser church of St Ffraid (Bride/Briget) in Mechain (commote)

Llansanffraid-yn-Elfael *enw lle* (SN 9954)
Powys (Maesyfed)
llan + sant + Ffraid (santes) + yn + Elfael (cantref)
church of St Ffraid (Bride/Brigid) in Elfael (hundred)

Llansannan *enw lle* (SH 9365)
Conwy (Dinbych)
llan + Sannan (sant) (o 'Sant/Sanct' + 'an', terfyniad bachigol)
church of (saint) Sannan (the little saint)

Llansanwyr *plwyf* (SS 9977)
Bro Morgannwg (Morgannwg)
llan + Senewyr (sant)
church of (saint) Senewyr

Llansawel[1] *enw lle* (SN 6236)
Caerfyrddin
llan + Sawyl (sant), o'r enw Lladin *Samuelis*
church of (saint) Sawyl (from the Latin Samuelis)

Llansawel[2] *enw lle* (SS 7494)
Castell-nedd Port Talbot (Morgannwg)
llan + Sawyl (sant), o'r enw Lladin *Samuelis*
church of (saint) Sawyl (from the Latin Samuelis)
Briton Ferry

Llansbyddyd *enw lle* (SO 0128)
Powys (Brycheiniog)
llan + ysbyddaid (lluosog 'ysbyddad', y ddraenen wen)
church by the whitethorns

Llansilin *enw lle* (SJ 2028)
Powys (Dinbych)
llan + Silin (sant)
church of (saint) Silin

Llan-soe *enw lle* (SO 4402)
Mynwy
llan + Tysoe (sant), disgybl i Dyfrig Sant
church of (saint) Tysoe

Llanstadwell *enw lle* (SM 9404)
Penfro
llan + sant Tudwal
church of (saint) Tudwal

Llansteffan[1] *enw lle* (SN 3410)
Caerfyrddin
llan + Ystyffan (sant) fab Mawn ap Cyngen ap Cadell
church of (saint) Ystyffan

Llansteffan[2] *plwyf* (SO 1142)
Powys (Maesyfed)
llan + Ystyffan (sant) fab Mawn ap Cyngen ap Cadell
church of (saint) Ystyffan

Llanstinan *plwyf* (SM 9533)
Penfro
llan + Stinan neu Justinian (sant), y dywedir iddo ddod i Ynys Dewi o Lydaw
church of (saint) Justinian (of Brittany)

Llantarnam *abaty* (ST 3192)
Torfaen (Mynwy)
nant + Teyrnon (enw personol) yw'r ffurf wreiddiol
Teyrnon's spring (personal name)

Llan-teg *enw lle* (SN 1810)
Penfro
nant + teg yn wreiddiol
pretty stream

Llantriddyd *enw lle* (ST 0472)
Bro Morgannwg (Morgannwg)
nant + Rhirid (enw personol) yw'r ffurf wreiddiol
Rhirid's stream (personal name)

Llantrisaint *plwyf* (SH 3683)
Môn
llan + tri + sant (Sannan, Afan ac Ieuan)
church of the three saints

Llantrisant/Llantrisaint Fawr *enw lle* (ST 3996)
Mynwy
llan + tri + sant (Euddogwy, Teilo a Dyfrig)
greater church of the three saints

Llantrisant *enw lle* (ST 0483)
Rhondda Cynon Taf (Morgannwg)
llan + tri + sant (Illtud, Gwynno a Dyfodwg)
church of the three saints

Llantwyd *enw lle* (SN 1541)
Penfro
llan + Illtwyd, ffurf ar Illtud (sant)
church of (saint) Illtud
Llantood

Llantydewi *enw lle* (SM 9427)
Penfro
llan + tŷ + Dewi (sant)
church at St David's
St Dogwells

Llanuwchllyn *enw lle* (SH 8730)
Gwynedd (Meirionnydd)
llan + uwch + llyn (Tegid)
church above the lake

Llanwarw *enw lle* (SO 4810)
Mynwy
llan + Gwynoro (sant)
church of (saint) Gwynoro
Wonastow

Llanwddyn *enw lle* (SJ 0219)
Powys (Trefaldwyn)
llan + Gwddyn (enw personol – arwr efallai)
Gwddyn's church (personal name)

Llanwenarth *eglwys* (SO 2714)
Mynwy
llan + Gwenarth (sant)
church of (saint) Gwenarth

Llanwenllwyfo *eglwys* (SH 4789)
Môn
llan + Gwenllwyfo (santes)
church of (saintess) Gwenllwyfo

Llanwenog *enw lle* (SN 4945)
Ceredigion (Aberteifi)
llan + Gwenog (santes)
church of (saintess) Gwenog

Llan-wern *enw lle* (ST 3688)
Casnewydd (Mynwy)
llan + gwern (coed)
church by the alders

Llanwinio *enw lle* (SN 2626)
Caerfyrddin
llan + Gwynio (sant)
church of (saint) Gwynio

Llanwnda[1] *enw lle* (SH 4757)
Gwynedd (Caernarfon)
llan + Gwyndaf (sant)
church of (saint) Gwyndaf

Llanwnda[2] *enw lle* (SM 9339)
Penfro
llan + Gwyndaf (sant)
church of (saint) Gwyndaf

Llanwnnen *enw lle* (SN 5347)
Ceredigion (Aberteifi)
llan + Gwynnen (santes)
church of (saintess) Gwynnen

Llanwnnog *enw lle* (SO 0293)
Powys (Trefaldwyn)
llan + Gwynnog (sant)
church of (saint) Gwynnog

Llanwnnws *eglwys* (SN 6969)
Ceredigion (Aberteifi)
llan + Gwynnws (sant) ap Brychan
church of (saint) Gwynnws

Llanwrda *enw lle* (SN 7131)
Caerfyrddin
llan + Gwrdaf (sant)
church of (saint) Gwrdaf

Llanwrin *enw lle* (SH 7803)
Powys (Trefaldwyn)
llan + Gwrin (sant)
church of (saint) Gwrin

Llanwrtyd *enw lle* (SN 8746)
Powys (Brycheiniog)
llan + Gwrtud (sant), neu 'llan/glan wrth y rhyd'
church of (saint) Gwrtud; or church by the ford
Llanwrtyd Wells

Llanwrthwl *enw lle* (SN 9763)
Powys (Brycheiniog)

llan + Gwthwl (sant)
church of (saint) Gwthwl

Llanwyddelan *enw lle* (SJ 0801)
Powys (Trefaldwyn)
llan + Gwyddelan (enw person) yn cynnwys 'Gwyddel'
Gwyddelan's church

Llanwynell *ardal* (ST 4599)
Mynwy
llan + Gwynell (sant), ffurf ar 'Gwyn' a'r un sant â Tywynell
church of (saint) Gwynell
Wolvesnewton

Llanwynno *plwyf* (SO 0395)
Rhondda Cynon Taf (Morgannwg)
llan + Gwynno (sant)
church of (saint) Gwynno

Llanwytherin *enw lle* (SO 3617)
Mynwy
llan + Gwytherin (sant)
church of (saint) Gwytherin
Llanvetherine

Llan-y-bri *enw lle* (SN 3312)
Caerfyrddin
llan + Morbri (sant)
church of (saint) Morbri

Llanybydder *enw lle* (SN 5244)
Caerfyrddin
llan + y + byddair (rhai a fu'n fyddar i air Duw)
church of those who were once deaf (to the word of the Lord)

Llan-y-cefn *enw lle* (SN 0923)
Penfro
llan + y + cefn (yr esgair neu'r drum lle yr adeiladwyd yr eglwys)
church on the ridge

Llanycil *enw lle* (SH 9134)
Gwynedd (Meirionnydd)
llan + y + cil (eglwys mewn cilfach)
church in the nook

Llanychaearn *plwyf* (SN 5878)
Ceredigion (Aberteifi)
llan + Llwchaearn (?) (sant) fab Cerfael
church of (saint) Llwchaearn(?)

Llanychâr *enw lle* (SM 9835)
Penfro
llannerch + Aedd (enw personol)
Aedd's glade (personal name)

Llanychlwydog *plwyf* (SN 0135)
Penfro
llannerch + Llwydog (enw personol)
Llwydog's glade (personal name)

Llanynghenedl *enw lle* (SH 3180)
Môn
llan + Enghenedl neu Anghenell (santes) ferch Elise ap Gwylog
church of (saintess) Enghenedl/Anghenell

Llanymawddwy *enw lle* (SH 9019)
Gwynedd (Meirionnydd)
llan + yn + Mawddwy (cwmwd)
church in (the commote of) Mawddwy

Llanymddyfri *enw lle* (SN 7634)
Caerfyrddin
llan + yn + dyfri (dyfroedd)
church by the waters
Llandovery

Llanymynech *enw lle* (SJ 2620)
Powys (Trefaldwyn)
llan + y + mynech (lluosog 'mynach'), sef eglwys y mynaich
church of the monks

Llanynys[1] *plwyf* (SN 9949)
Powys (Brycheiniog)
llan + ynys (gwastatir gerllaw afon), sef eglwys ar ynys
church on land beside a river

Llanynys[2] *enw lle* (SJ 1062)
Dinbych
llan + ynys (gwastatir gerllaw afon), sef eglwys ar ynys
church on land beside a river

Llanystumdwy *enw lle* (SH 4738)
Gwynedd (Caernarfon)
llan + ystum (tro mewn afon) Dwy (afon)
church on a bend in the (river) Dwy

Llan-y-tair-mair *enw lle* (SS 4688)
Abertawe (Morgannwg)
yr hanes yw bod Anna, mam y forwyn Fair, wedi priodi dair gwaith a chael tair merch o'r enw Mair
church of the three Marys (based on the legend that Anna, mother of the virgin Mary married three times and bore three daughters named Mary)
Knelston

Llan-y-wern *enw lle* (SO 1028)
Powys (Brycheiniog)
llan + y wern (lle y mae coed gwern yn tyfu)
church among the alders

Llawllech *mynydd* (SH 6321)
Gwynedd (Meirionnydd)
llawr (?) + llech (llechen)
slate ridge mountain

Llawndy *enw lle* (SJ 1183)
Fflint
llong (ffurf fenywaidd 'llwng', gwlyb, corsog) + tŷ
house in the marsh

Llawr-y-glyn *enw lle* (SN 9391)
Powys (Trefaldwyn)
llawr (gwaelod) + y + glyn
the valley floor

llech *hon*
darn o lechfaen, maen, neu garreg arysgrifedig
slate slab, rock, inscribed stone

Llechach gw. *(see)* **Afon Llechach**

Llecheiddior *ardal* (SH 4743)
Gwynedd (Caernarfon)
llech (darn o lechen) + eidd(ew) + ior(wg)
ivy-grown slab

Llech-faen *enw lle* (SO 0828)
Powys (Brycheiniog)
llech + maen
slate slab

Llech Gron *heneb* (SN 5464)
Ceredigion (Aberteifi)
llech + crwn ('gron' yw'r ffurf fenywaidd)
circular stone

Llechgynfarwy *plwyf* (SH 3881)
Môn
llech (goffa) + Cynfarwy (sant)
(saint) Cynfarwy's (memorial) stone

Llech Idris *heneb* (SH 7331)
Gwynedd (Meirionnydd)
llech + Idris (gawr)
Idris (the giant)'s crag

Llechlydan *ynys* (SH 3343)
Gwynedd (Caernarfon)
llech + llydan
broad stone

Llech Owen gw. *(see)* **Llyn Llech Owen**

Llechryd[1] *enw lle* (SN 2143)
Ceredigion (Aberteifi)
llech + rhyd (rhyd o lechi)
stone ford

Llechryd[2] *enw lle* (SO 1009)
Mynwy
llech + rhyd (rhyd o lechi)
stone ford

Llechryd[3] *heneb* (SJ 1916)
Powys (Trefaldwyn)
llech + rhyd (rhyd o lechi)
stone ford

Llechwedd Bryniau Defaid *bryn* (SH 7845)
Gwynedd (Caernarfon)
llechwedd (ochr mynydd) + bryn + dafad
slope of the sheep hills

Llechwedd Hirgoed *mynydd* (SN 8183)
Powys (Trefaldwyn)
llechwedd + coed + hir
slope with the tall trees

Llechwedd Llyfn *llechwedd* (SH 8544)
Gwynedd (Meirionnydd)
llechwedd + llyfn
smooth slope

Llechylched *plwyf* (SH 3476)
Môn
llan neu llech (goffa) + Ylched (sant)
(saint) Ylched's church or memorial stone

Lled Croen yr Ych *heneb* (SH 9000)
Powys (Trefaldwyn)
lled + croen + yr + ych
span of the ox hide

Lledr gw. *(see)* **Afon Lledr**

Lledrod[1] *enw lle* (SN 6470)
Ceredigion (Aberteifi)
lled (hanner) + rhod, o '*ráth*' (Gwyddeleg) = caer gron
semi-circular rampart

Lledrod[2] *fferm* (SJ 2229)
Dinbych
lled (hanner) + rhod, o '*ráth*' (Gwyddeleg) = caer gron
semi-circular rampart

Lledrod Isaf *plwyf* (SN 6368)
Ceredigion (Aberteifi)
lled (hanner) + rhod, o '*ráth*' (Gwyddeleg) = caer gron
lower semi-circular rampart

Lledrod Uchaf *plwyf* (SN 6766)
Ceredigion (Aberteifi)
lled (hanner) + rhod, o '*ráth*' (Gwyddeleg) = caer gron
upper semi-circular rampart

Lledwigan *fferm* (SH 4574)
Môn
lle + Gwigan (enw personol)
Gwigan's place (personal name)

Llefenni gw. *(see)* **Afon Llefenni**

Llennyrch gw. *(see)* **Llyn Llennyrch**

Lle'r Gaer *heneb* (ST 0487)
Rhondda Cynon Taf (Morgannwg)
lle + y + caer (amddiffynfa greigiog)
place of the stronghold

llety *hwn*
hanner tŷ (sef un a rennir gan ddieithriaid dros nos)
half a dwelling (i.e. shared with a stranger overnight), lodging

Lletybrongu *ardal* (SS 8789)
Pen-y-bont ar Ogwr (Morgannwg)
llety (annedd dros dro) + Brangu (enw personol)
Brangu's lodging (personal name)

Lletygynfarch *ardal* (SJ 2502)
Powys (Trefaldwyn)
llety + Cynfarch (sant))
(saint) Cynfarch's lodging

Lleuar *fferm* (SH 4551)
Gwynedd (Caernarfon)
lleufer (goleuni)
(the) well-lit (place)

Lleweni *plas* (SJ 0868)
Dinbych
Llawen (enw personol) + i = tir Llawen
Llawen's land

Llia gw. *(see)* **Afon Llia**

Llidiardau[1] *ardal* (SH 1929)
Gwynedd (Caernarfon)
llidiardau (lluosog 'llidiart'), clwyd, gât
gates

Llidiardau[2] *ardal* (SH 8738)
Gwynedd (Meirionnydd)
llidiardau (lluosog 'llidiart'), clwyd, gât
gates

Llidiartnennog *fferm* (SN 5437)
Caerfyrddin
llidiart + nennog (o nant, nennydd)
gate by the streams

Llidiart y Barwn *enw lle* (SH 9012)
Gwynedd (Meirionnydd)
llidiart + y + barwn
the baron's gate

Llidiart-y-waun *ardal* (SN 9981)
Powys (Trefaldwyn)
llidiart + y + gwaun
the moor gate

Llifior *nant* (SO 1698)
Powys (Trefaldwyn)
llif (rhediad dŵr)
rill

Llifon gw. *(see)* **Afon Llifon**

llinos[1] *hwn*
llysnafedd ar wyneb dŵr
scum, slime on the surface of water

llinos[2] *hon*
aderyn o deulu'r asgell arian
linnet

Llithfaen *enw lle* (SH 3543)
Gwynedd (Caernarfon)
craig fagnetig
lodestone

Lliw gw. *(see)* **Afon Lliw**

Lliwedd, Y *mynydd* (SH 6253)
Gwynedd (Caernarfon)
y + lliw (golau, disglair)
the shining (mountain)

Lloc *enw lle* (SJ 1376)
Fflint
lloc (ffald)
(sheep) fold

Llong *enw lle* (SJ 2662)
Fflint
llong (ffurf fenywaidd 'llwng', gwlyb, corsog)
marshland

Lloran-isaf *fferm* (SJ 1827)
Dinbych
llawr (gwaelod dyffryn) + an (bachigyn) + isaf, sef llawr bach y glyn
lower little valley floor

Lloran-uchaf *plas* (SJ 1627)
Dinbych
llawr (gwaelod dyffryn) + an (bachigyn) + uchaf, sef llawr bach y glyn
upper little valley floor

Llowes *enw lle* (SO 1941)
Powys (Maesyfed)
Llywes (sant)
(saint) Llywes

lluest *hon*
cwt, bwthyn, yn arbennig un a godwyd dros dro neu ar frys, e.e. i gysgodi bugail
a shelter, shepherd's booth

Llugwy[1] *bae* (SH 4886)
Môn
Llugwy (afon), o 'lug', 'goleuni'
(river) Llugwy (bright) bay

Llugwy[2] *plas* (SN 7199)
Gwynedd (Meirionnydd)
Llugwy (afon), o 'lug', 'goleuni'
llugwy (bright mansion)

Llundain-fach *plas* (SN 5556)
Ceredigion (Aberteifi)
Llundain (defnydd gwatwarus o enw'r brifddinas)
little London

llwch *hwn* (llychau)
1. llyn, e.e. Talyllychau
   lake
2. rhywle corsog, gwlyb, lleidiog
   a wet, muddy place
3. 'loch', cilfach y môr, e.e. Amlwch
   inlet

Llwchwr gw. *(see)* **Afon Llwchwr**

Llwydarth *plas* (SS 8590)
Pen-y-bont ar Ogwr (Morgannwg)
llwyd + garth (esgair)
grey hillside

Llwydiarth *fferm* (SJ 0516)
Powys (Trefaldwyn)
llwyd + garth (esgair)
the grey hillside

Llwyn Bryndinas *heneb* (SS 1724)
Dinbych
llwyn + bryn + dinas (lle caerog)
grove on the fortified hill

Llwyncelyn[1] *enw lle* (SN 4459)
Ceredigion (Aberteifi)
llwyn + celyn
holly grove

Llwyncelyn[2] *fferm* (SN 2042)
Penfro
llwyn + celyn
holly grove

Llwyncynog *enw lle* (SO 0833)
Powys (Brycheiniog)
llwyn + Cynog (sant)
(saint) Cynog's grove

Llwyndafydd *enw lle* (SN 3755)
Ceredigion (Aberteifi)
llwyn + Dafydd (enw personol)
David's grove (personal name)

Llwyndyrys *plas* (SN 2343)
Ceredigion (Aberteifi)
llwyn + dyrys (drysi, mieri a drain)
tangle-wood (mansion)

Llwyneliddon *plwyf* (ST 1072)
Bro Morgannwg (Morgannwg)
llwyn + Eliddon (sant)
(saint) Eliddon's grove
St Lythan's

Llwyn-gwair *plas* (SN 0739)
Penfro
llwyn + Gwair (enw personol)
Gwair's grove (personal name)

Llwyngwril *enw lle* (SH 5909)
Gwynedd (Meirionnydd)
llwyn + Gwril (enw person)
Gwril's grove (personal name)

Llwynhendy *enw lle* (SS 5399)
Caerfyrddin
llwyn + hen + tŷ
grove by the old house

Llwyn-llwyd *fferm* (SO 2039)
Powys (Brycheiniog)
llwyn + llwyd
grey grove

Llwyn-mawr *enw lle* (SJ 2236)
Powys (Brycheiniog)
llwyn + mawr
large grove

Llwynpiod[1] *ardal* (SN 1747)
Ceredigion (Aberteifi)
llwyn + piod (yr adar)
magpies' grove

Llwynpiod[2] *capel* (SN 6460)
Ceredigion (Aberteifi)
llwyn + piod (yr adar)
magpies' grove

Llwynrhydowen *capel* (SN 4444)
Ceredigion (Aberteifi)
llwyn + rhyd + Owen (enw person)
grove at Owen's ford (personal name)

Llwyn-y-grant *fferm* (ST 1979)
Morgannwg
llwyn + y + grant (cyfenw Saesneg, cf. parc y Prat)
Grant's grove

Llwyn-y-groes *enw lle* (SN 5956)
Ceredigion (Aberteifi)
llwyn + y + croes
grove at the cross

Llwynypia *enw lle* (SS 9993)
Rhondda Cynon Taf (Morgannwg)
llwyn + piau (lluosog 'pioden')
magpies' grove

Llwyn-yr-hwrdd *ardal* (SN 2232)
Penfro
llwyn + yr + hwrdd
the ram's grove

Llwytgoed *enw lle* (SN 9904)
Rhondda Cynon Taf (Morgannwg)
llwyd + coed
grey wood

Llwytmor *mynydd* (SH 6869)
Gwynedd (Caernarfon)
llwyd + mawr
great grey (mountain)

Llwythyfnwg *cwmwd* (SO 2355)
Powys (Maesyfed)
llwyth (tribe) + Yfnwg (enw personol)
(commote of) Yfnwg's tribe (personal name)

Llydaw gw. *(see)* **Llyn Llydaw**

Llyfanod *enw lle* (SS 1473)
Fflint
llwyfanod (lluosog 'llwyfen')
elms

Llyfeni gw. *(see)* **Afon Llyfeni**

Llyfnant gw. *(see)* **Afon Llyfnant**

Llyfni gw. *(see)* **Afon Llyfni**

llygad *hwn*
tarddle nant neu afon, e.e. 'llygad y ffynnon'
source (of stream)

Llygadcleddy *fferm* (SM 9733)
Penfro
llygad (tarddle) + Cleddy (Cleddau) Wen (afon)
source of the Cleddy (Cleddau) Wen (river)

Llygad Rheidol gw. *(see)* **Llyn Llygad Rheidol**

Llygeirian gw. *(see)* **Llyn Llygeirian**

Llymbren gw. *(see)* **Llyn Llymbren**

Llŷn *rhanbarth*
o'r llwyth a drigai yn y rhan yma o'r wlad, sef y Lageni
land of the Lageni (the people who once inhabited this place)

Llyn Aled *llyn* (SH 9157)
Dinbych
Aled (afon)
Lake Aled (river name)

Llyn Alwen *llyn* (SH 8956)
Dinbych
Alwen (afon)
Lake Alwen (river name)

Llyn Anhafon *llyn* (SH 6969)
Gwynedd (Caernarfon)
Anafon/Anaddon (enw personol)
Lake Anafon/Anaddon (personal name)

Llyn Aran *llyn* (SH 7313)
Gwynedd (Meirionnydd)
Aran (mynydd)
Lake Aran (after the mountain)

Llyn Archaeddon *llyn* (SH 4685)
Môn
arch + Aeddan (personal name)
Lake of Aeddan's coffin

Llyn Arennig Fach *llyn* (SH 8241)
Gwynedd (Meirionnydd)
Arennig Fach (mynydd)
Lake Arennig Fach (after the mountain)

Llyn Arennig Fawr *llyn* (SH 8438)
Gwynedd (Meirionnydd)
Arennig Fawr (mynydd)
Lake Arennig Fawr (after the mountain)

Llyn Bach gw. *(see)* **Llyn y Tri Greyenyn**

Llyn Barfog *llyn* (SN 6598)
Powys (Meirionnydd)
barf (y brwyn yn tyfu o gwmpas y llyn)
beard-fringed lake

Llyn Berwyn *llyn* (SN 7456)
Ceredigion (Aberteifi)
bar (pen, copa) + gwyn
Lake Berwyn (from the mountain)

Llyn Bochlwyd *llyn* (SH 6559)
Gwynedd (Caernarfon)
Bochlwyd, (cwm) gwelw, llwyd
lake in the pale valley

Llyn Bowydd *llyn* (SH 7246)
Gwynedd (Meirionnydd)
bywi (cnau daear, clôr)
lake where pig nuts grow

Llyn Brân *llyn* (SH 9659)
Dinbych
brân (aderyn) neu Brân (enw personol)
lake of the crow or Brân's Lake (personal name)

Llyn Bwlch-y-moch *llyn* (SH 5653)
Gwynedd (Caernarfon)
bwlch + y + moch
lake at the pigs' pass

Llyn Caerwych *llyn* (SH 6435)
Gwynedd (Meirionnydd)
caer + gwych
lake at the splendid stronghold

Llyn Carw *llyn* (SN 8561)
Powys (Brycheiniog)
yr anifail
deer lake

Llyn Cau *llyn* (SH 7112)
Gwynedd (Meirionnydd)
cau (mewn pant)
lake in the hollow

Llyn Celyn *llyn* (SH 8540)
Gwynedd (Meirionnydd)
celyn (y goeden)
holly lake

Llyn Cerrig Llwydion *llyn* (SN 8469)
Powys (Maesyfed)
cerrig + llwyd
lake of the grey rocks

Llyn Cerrig-y-myllt *llyn* (SH 6347)
Gwynedd (Caernarfon)
cerrig + y + myllt (lluosog 'mollt', maharen)
the wethers' (sheep) rocks lake

Llyn Clogwyn Brith *llyn* (SH 6646)
Gwynedd (Meirionnydd)
clogwyn + brith
lake of the dappled cliffs

Llyn Cnwch *llyn* (SH 7320)
Gwynedd (Meirionnydd)
cnwch (bryncyn, bryn bach)
hillock lake

Llyn Coch *llyn* (SH 5954)
Gwynedd (Caernarfon)
y lliw
red lake

Llyn Coch-hwyad *llyn* (SN 9211)
Powys (Trefaldwyn)
coch hwyad (grugiar)
grouse lake

Llyn Conglog *llyn* (SH 6747)
Gwynedd (Meirionnydd)
congl (cornelog)
angular lake

Llyn Conach *llyn* (SH 7393)
Ceredigion (Aberteifi)
Conach, enw person o dras Wyddelig(?) neu o 'cawn', brwyn
a personal name of Irish extraction or reeds lake

Llyn Conwy *llyn* (SH 7846)
Conwy (Caernarfon)
o 'cawn', cyrs
Lake Conwy (river name)

Llyn Coron *llyn* (SH 3770)
Môn
coron neu gorun
crown lake

Llyn Corsybarcud *llyn* (SH 7639)
Gwynedd (Meirionnydd)
cors + y + barcud (yr aderyn)
lake by the red kite's marsh

Llyn Cowlyd *llyn* (SH 7262)
Gwynedd (Caernarfon)
Caw (enw person) + llwyd (cysegredig)
Caw the blessed's lake

Llyn Crafnant *llyn* (SH 7460)
Gwynedd (Caernarfon)
craf (garlleg) + nant (dyffryn)
lake in the valley where the garlic plants grow

Llyn Craigypistyll *llyn* (SN 7285)
Ceredigion (Aberteifi)
craig + y + pistyll
Lake Craig y Pistyll (after the cliffs)

Llyn Creini *llyn* (SH 9840)
Gwynedd (Meirionnydd)
caer + Eini/Heini (enw personol fel 'Caereini'?)
lake at Eini/Heini's fort (?)

Llyn Croesor *llyn* (SH 6645)
Gwynedd (Meirionnydd)
croes + or, sef man â nifer o groesau ffin
Lake Croesor (meeting point of boundaries)

Llyn Crugnant *llyn* (SN 7561)
Ceredigion (Aberteifi)
crug (twmpath, crugyn) + nant
lake by the hummocked valley

Llyn Crych-y-waun *llyn* (SH 8129)
   Gwynedd (Meirionnydd)
   crych + y + gwaun (rhostir)
   rippling lake on the moor

Llyn Cwellyn *llyn* (SH 5555)
   Gwynedd (Caernarfon)
   cawell (llestr neu fasged) + llyn
   creel lake

Llyn Cwmbychan *llyn* (SH 6431)
   Gwynedd (Meirionnydd)
   cwm + bychan
   lake in the small valley

Llyn Cwmcorsiog *llyn* (SH 6647)
   Gwynedd (Meirionnydd)
   cwm + cors(og)
   lake in the marsh valley

Llyn Cwmdulyn *llyn* (SH 4949)
   Gwynedd (Caernarfon)
   cwm + llyn du
   valley of the dark lake

Llyn Cwmffynnon *llyn* (SH 6456)
   Gwynedd (Caernarfon)
   cwm + ffynnon
   lake in a valley with a well

Llyn Cwm-llwch *llyn* (SO 0022)
   Powys (Brycheiniog)
   cwm + llwch (gair am 'llyn')
   lake-valley lake

Llyn Cwm-mynach *llyn* (SH 6723)
   Gwynedd (Meirionnydd)
   cwm + mynach
   lake in monk's valley

Llyn Cwmorthin *llyn* (SH 6746)
   Gwynedd (Meirionnydd)
   cwm + marthin (gwalch glas)
   lake in sparrow-hawk valley

Llyn Cwmystradllyn *llyn* (SH 5644)
   Gwynedd (Caernarfon)
   cwm + ystrad (dyffryn afon) + llyn
   valley with a lake at its base

Llyn Dinam *llyn* (SH 3177)
   Môn
   dinan (efallai), sef din (lle caerog) bychan
   little fort lake

Llyn Dinas *llyn* (SH 6149)
   Gwynedd (Caernarfon)
   dinas, sef Dinas Emrys
   Dinas (Emrys) lake

Llyn Du[1] *llyn* (SN 7661)
   Ceredigion (Aberteifi)
   du (lliw)
   black lake

Llyn Du[2] *llyn* (SO 0096)
   Powys (Trefaldwyn)
   du (lliw)
   sombre lake

Llyn Dubach *llyn* (SH 7146)
   Gwynedd (Meirionnydd)
   du + bach (cilfach)
   black nook lake

Llyn Dulyn *llyn* (SH 7066)
   Gwynedd (Caernarfon)
   du + llyn
   sullen lake

Llyn Du'r Arddu *llyn* (SH 6055)
   Gwynedd (Caernarfon)
   du + Arddu = ardd (o'r Wyddeleg am 'mynydd')
   black lake by the dark mountain

Llyn Duweunydd *llyn* (SH 6853)
   Gwynedd (Caernarfon)
   du + gweunydd (lluosog 'gwaun', tir uchel, gwlyb)
   lake in the black marshlands

Llyn Dwfn *llyn* (SN 7392)
   Ceredigion (Aberteifi)
   dwfn
   deep lake

Llyn Dwythwch *llyn* (SH 5757)
   Gwynedd (Caernarfon)
   adwythwch (niwed, drwg)
   blighted lake

Llyn Ebyr *llyn* (SN 9788)
   Powys (Trefaldwyn)
   ebyr, lluosog 'aber' (mannau lle y mae llyn yn gorlifo)
   places where the lake overflows

Llyn Edno *llyn* (SH 6649)
   Gwynedd (Caernarfon)
   edn, hen ffurf ar 'aderyn'
   bird lake

Llyn Egnant *llyn* (SN 7967)
   Ceredigion (Aberteifi)
   helyg + nant
   willow-stream lake

Llyn Eiddew Bach *llyn* (SH 6434)
Gwynedd (Meirionnydd)
eiddew (iorwg) + bach
little ivy lake

Llyn Eiddew Mawr *llyn* (SH 6433)
Gwynedd (Meirionnydd)
eiddew (iorwg) + mawr
large ivy lake

Llyn Eiddwen *llyn* (SN 6066)
Ceredigion (Aberteifi)
aeddwen (o 'addfwyn', tirion)
gentle lake

Llyn Eigiau *llyn* (SH 7265)
Gwynedd (Caernarfon)
heigiau (o 'bysgod')
lake of the shoals

Llyn Fach *llyn* (SN 9003)
Castell-nedd Port Talbot (Morgannwg)
bach (cilfach)
lake in a nook

Llyn Fanod *llyn* (SN 6064)
Ceredigion (Aberteifi)
mân + ôd
fine snow lake

Llyn Fawr *llyn* (SN 9103)
Rhondda Cynon Taf (Morgannwg)
mawr
big lake

Llyn Fyrddon Fach *llyn* (SN 7970)
Ceredigion (Aberteifi)
gweryddon (gwyryfon, morynion) + bach
lesser lake of the maidens

Llyn Fyrddon Fawr *llyn* (SN 8070)
Ceredigion (Aberteifi)
gweryddon (gwyryfon, morynion) + mawr
greater lake of the maidens

Llyn Ffridd (-y-bwlch) *llyn* (SH 6948)
Gwynedd (Meirionnydd)
ffridd (gwaun fynyddig lle y mae
defaid yn pori) + y + bwlch
lake on the mountain pasture by the gap

Llyn Ffynnon-y-gwas *llyn* (SH 5955)
Gwynedd (Caernarfon)
ffynnon (llyn bach) + y + gwas
lake at the farmhand's little well

Llyn Gafr *llyn* (SH 7114)
Gwynedd (Meirionnydd)
gafr (yr anifail)
goat lake

Llyn Geirionnydd *llyn* (SH 7660)
Gwynedd (Caernarfon)
Ceirion (enw personol) + -ydd = 'tir Ceirion'
lake in Ceirion's land (personal name)

Llyn Gelli-gain *llyn* (SH 7332)
Gwynedd (Meirionnydd)
(y) + celli (coedwig fechan) + cain (hardd)
lake by (the) handsome grove

Llyn Glas *llyn* (SH 6155)
Gwynedd (Caernarfon)
glas (lliw y dŵr)
blue lake

Llyn Glasfryn *llyn* (SH 4042)
Gwynedd (Caernarfon)
glas (lliw'r borfa) + bryn
green hill lake

Llyn Gorast *llyn* (SN 7963)
Ceredigion (Aberteifi)
gorest (tir agored, tir comin)
lake on the waste land

Llyn Gwernan *llyn* (SH 1670)
Gwynedd (Meirionnydd)
gwern (y coed) + -an (un bach)
lake of the little alder tree

Llyn Gwyddïor *llyn* (SH 9307)
Powys (Trefaldwyn)
gwŷdd (coed)
lake at the place of trees

Llyn Gwyn *llyn* (SO 0164)
Powys (Maesyfed)
gwyn (lliw'r dŵr)
white lake

Llyn Gwynant *llyn* (SH 6451)
Gwynedd (Caernarfon)
gwyn + nant (ond y mae ffurfiau hŷn)
lake in a fair valley

Llyn Gynon *llyn* (SN 7964)
Ceredigion (Aberteifi)
Cynon (afon a hen enw personol)
Cynon's lake (personal and river name)

Llyn Hafodol *llyn* (SH 3989)
Môn
hafod (enw fferm)
lake of the summer dwelling and pasture

Llyn Heilyn *llyn* (SO 1658)
Powys (Maesyfed)
Heilyn (enw personol)
Heilyn's lake (personal name)

Llyn Helyg *llyn* (SJ 1177)
Fflint
helyg (coed yn tyfu ger dŵr)
willow lake

Llyn Hendref *llyn* (SH 3976)
Môn
hendref (enw fferm)
lake by the winter dwelling

Llyn Hesgin *llyn* (SH 8844)
Gwynedd (Meirionnydd)
hesg (brwyn)
lake of the rushes

Llyn Hir *llyn* (SN 7867)
Ceredigion (Aberteifi)
hir
long lake

Llyn Hiraethlyn gw. *(see)* **Llyn Hiraethlyn**

Llyn Hywel *llyn* (SH 6626)
Gwynedd (Meirionnydd)
Hywel (enw personol)
Hywel's lake (personal name)

Llyn Idwal *llyn* (SO 6459)
Gwynedd (Caernarfon)
Idwal (enw personol)
lake Idwal (personal name)

Llyn Irddyn *llyn* (SH 6222)
Gwynedd (Meirionnydd)
ir (ffrwythlon)
fruitful lake

Llyn Iwerddon *llyn* (SH 6847)
Gwynedd (Meirionnydd)
y + gwerddon (llecyn glas)
lake in the glade

Llyn Login *llyn* (SO 0044)
Powys (Brycheiniog)
o 'halogyn', am ei fod yn fudr (halogedig)
defiled lake

Llyn Llaethdy *llyn* (SH 4491)
Môn
llaethdy (enw fferm)
dairy lake

Llyn Llagi *llyn* (SH 6448)
Gwynedd (Caernarfon)
lladdgi (ci hela)
lake of the hunting hound

Llyn Llech Owen *llyn* (SN 5615)
Caerfyrddin
llech (craig) + Owen (enw personol)
lake by Owen's rock (personal name)

Llyn Llennyrch *llyn* (SH 6537)
Gwynedd (Meirionnydd)
llennyrch (lluosog 'llannerch')
glades lake

Llyn Llydaw *llyn* (SH 6254)
Gwynedd (Caernarfon)
llydaw (o'r Lladin am 'glan', sef glan llyn)
lakeside

Llyn Llygad Rheidol *llyn* (SN 7987)
Ceredigion (Aberteifi)
llygad (tarddle afon) + Rheidol (afon)
lake at the source of the (river) Rheidol

Llyn Llygeirian *llyn* (SH 3489)
Môn
llygaeron (ceirios y waun)
cranberry lake

Llyn Llymbren *llyn* (SH 8725)
Gwynedd (Meirionnydd)
llymbren (un o'r prennau y rhoddir yr ŷd arnynt i sychu, mewn odyn)
kiln-tree lake

Llyn Llywenan *llyn* (SH 3481)
Môn
Llywenan (afon), o 'llawen'
lake Llywenan (from happy)

Llyn Maelog *llyn* (SH 3272)
Môn
Maelog (sant)
(saint) Maelog's lake

Llyn Maen Bras *llyn* (SH 9239)
Gwynedd (Meirionnydd)
maen + bras (mawr)
great stone lake

Llyn Mair *llyn* (SH 6541)
Gwynedd (Meirionnydd)
Mair (y Forwyn Fair, mam Iesu)
(saint) Mary's lake

Llyn Mawr *llyn* (SO 0097)
Powys (Trefaldwyn)
llyn mawr
great lake

Llyn Moelfre *llyn* (SJ 1728)
Dinbych
moel + bre (bryn noeth)
bare hill lake

Llyn Myngul *llyn* (SH 7109)
Gwynedd (Meirionnydd)
mwnwgl (gwddf) gul
narrow-necked lake

Llyn Mynyllod *llyn* (SJ 0140)
  Gwynedd (Meirionnydd)
  mynyllod (geifr bychain)
  lake of the (goat) kids

Llyn Nadroedd *llyn* (SH 5954)
  Gwynedd (Caernarfon)
  nadroedd (lluosog 'neidr')
  lake of snakes

Llyn Nantlle *llyn* (SH 5153)
  Gwynedd (Caernarfon)
  nant + Lleu (sef Lleu Llaw Gyffes)
  lake at Lleu's valley

Llyn Ogwen *llyn* (SH 6560)
  Gwynedd (Caernarfon)
  og (ffurf ar 'awg', llym, cyflym') + banw (mochyn bach)
  lake of busy little pig

Llyn Padarn *llyn* (SH 5661)
  Gwynedd (Caernarfon)
  Padarn (sant)
  Padarn's lake (saint)

Llyn Padrig *llyn* (SH 3672)
  Môn
  Padrig (enw personol)
  Patrick's lake (personal name)

Llyn Pencarreg *llyn* (SN 5345)
  Caerfyrddin
  pen + carreg
  stone-summit lake

Llynpenmaen *llyn* (SN 6918)
  Gwynedd (Meirionnydd)
  llyn + pen + maen (craig sy'n do ar gromlech)
  lake at the capstone

Llyn Penrhyn *llyn* (SH 3176)
  Môn
  penrhyn (darn o dir uchel yn ymwthio i'r môr)
  lake by the high promontory

Llyn Perfeddau *llyn* (SH 6526)
  Gwynedd (Meirionnydd)
  perfedd (canol)
  lake at the centre

Llyn Peris *llyn* (SH 5959)
  Gwynedd (Caernarfon)
  Peris (sant)
  lake Peris (saint)

Llyn Pryfed *llyn* (SH 6632)
  Gwynedd (Meirionnydd)
  pryfed
  insect (or vermin) lake

Llyn Rhuddnant *llyn* (SN 8078)
  Ceredigion (Aberteifi)
  rhudd (coch) + nant (lliw y dŵr)
  red stream lake

Llyn Serw *llyn* (SH 7742)
  Dinbych
  serw (hen ansoddair am 'tywyll')
  dark lake

Llyn Stwlan *llyn* (SH 6644)
  Gwynedd (Meirionnydd)
  trwstan (fel Bwlch Stwlan)
  lake by the awkward pass

Llyn Syfaddan *llyn* (SO 1326)
  Powys (Brycheiniog)
  Syfaddan (enw person efallai)
  Syfaddan's lake (personal name?)
  Llan-gors lake

Llyn Tecwyn Uchaf *llyn* (SH 6438)
  Gwynedd (Meirionnydd)
  Tegwyn (sant)
  (saint) Tegwyn's upper lake

Llyn Tegid *llyn* (SH 9032)
  Gwynedd (Meirionnydd)
  Tegid (enw personol)
  Tegid's lake (personal name)

Llyn Teifi *llyn* (SN 7867)
  Ceredigion (Aberteifi)
  Teifi (afon)
  lake Teifi (river)

Llyn Teyrn *llyn* (SH 6454)
  Gwynedd (Caernarfon)
  teyrn (brenin)
  king lake

Llyn Traffwll *llyn* (SH 3277)
  Môn
  tra + pwll (pwll mawr iawn)
  great pool

Llyn Trawsfynydd *llyn* (SH 6936)
  Gwynedd (Meirionnydd)
  traws + mynydd, sef enw lle yr ochr draw i fynydd
  lake over the mountain

Llyn Tryweryn *llyn* (SH 7838)
  Gwynedd (Meirionnydd)
  Tryweryn (afon)
  lake Tryweryn (river)

Llynwene *enw lle* (SO 1557)
Powys (Maesyfed)
llynwen (merddwr) + -au (lluosog 'llynwen')
lakes of standing water

Llyn y Bi *llyn* (SH 6726)
Gwynedd (Meirionnydd)
llyn + y + pi (pioden)
the magpie lake

Llyn y Biswail *llyn* (SH 6447)
Gwynedd (Caernarfon)
llyn + y + biswail (baw a llaca), sef llyn brwnt
the polluted lake

Llyn y Cau *llyn* (SH 7112)
Gwynedd (Meirionnydd)
llyn + y + cau (ceudod)
lake in the hollow

Llyn y Cwrt *llyn* (SH 9051)
Dinbych
llyn + cwrt (llys neu fuarth)
the court lake

Llyn y Cyllyll *nant* (SJ 0735)
Gwynedd (Meirionnydd)
llyn + y + cyllyll (lluosog 'cyllell')
(stream by) the blades lake

Llyn y Dywarchen[1] *llyn* (SH 5653)
Gwynedd (Caernarfon)
llyn + y + tywarchen (talp o borfa a phridd)
the turf lake

Llyn y Dywarchen[2] *llyn* (SH 7641)
Gwynedd (Meirionnydd)
llyn + y + tywarchen (talp o borfa a phridd)
the turf lake

Llyn y Fan Fach *llyn* (SN 8021)
Caerfyrddin
llyn + y + ban (copa mynydd) + bach
lake by the little summit

Llyn y Fan Fawr *llyn* (SN 8321)
Powys (Brycheiniog)
llyn + y + ban (copa mynydd) + mawr
lake by the big summit

Llyn y Fign *llyn* (SH 8319)
Gwynedd (Meirionnydd)
llyn + y + mign (cors wlyb)
the marsh lake

Llyn y Fignen-felen *llyn* (SN 7118)
Caerfyrddin
llyn + y + mignen (ffurf ar 'mign', cors wlyb) + melen (y lliw)
the yellow marsh lake

Llyn y Foel Frech *llyn* (SH 9159)
Dinbych
llyn + y Foel (copa moel bryn) + brech (brith, ysmotiog)
lake by the dappled summit

Llyn y Frithgraig *llyn* (SH 7445)
Gwynedd (Caernarfon)
llyn + y + brith (smotiog) + craig
lake by the speckled rock

Llyn y Ffynhoniau *llyn* (SH 5255)
Gwynedd (Caernarfon)
llyn + y + ffynhonnau (lluosog 'ffynnon')
the wells lake

Llyn y Gadair[1] *llyn* (SH 5652)
Gwynedd (Caernarfon)
llyn + y + cadair (gwersyll neu amddiffynfa)
lake by the stronghold

Llyn y Gadair[2] *llyn* (SH 7013)
Gwynedd (Meirionnydd)
llyn + y + cadair (gwersyll neu amddiffynfa)
lake by the stronghold

Llyn y Garnedd Uchaf *llyn* (SH 6542)
Gwynedd (Meirionnydd)
llyn + y + carnedd (pentwr o gerrig er coffâd) + uchaf
the upper memorial cairn

Llyn y Gorlan *llyn* (SN 7866)
Ceredigion (Aberteifi)
llyn + y + corlan (lloc defaid)
the sheep-fold lake

Llyn y Gro *nant* (SN 9262)
Powys (Brycheiniog)
llyn + y + gro (graean, mân gerrig)
the pebbles lake (stream)

Llyn y Groes *nant* (SH 7541)
Gwynedd (Meirionnydd)
llyn + y + croes
the cross lake (stream)

Llyn y Gwaith *llyn* (SN 6750)
Ceredigion (Aberteifi)
llyn + y + gwaith
the works lake

Llyn y Manod *llyn* (SH 7144)
Gwynedd (Meirionnydd)
llyn + y + manod (mân ôd, sef eira mân)
lake by Manod hill

Llyn y Moch *nant* (SN 7687)
Ceredigion (Aberteifi)
llyn + y + moch
stream of the pigs' lake

Llyn y Morynion *llyn (x 2)* (SH 7342)
(SH 6530)
Gwynedd (Meirionnydd)
llyn + y + morynion (lluosog 'morwyn')
the maidens' lake

Llyn y Mynydd *llyn* (SH 5964)
Gwynedd (Caernarfon)
llyn + y + mynydd
the mountain lake

Llyn yr Adar *llyn* (SH 6548)
Gwynedd (Caernarfon)
llyn + yr + adar
lake of the birds

Llyn yr Oerfel *llyn* (SH 7138)
Gwynedd (Meirionnydd)
llyn + yr + oerfel
the cold lake

Llyn y Tarw *llyn* (SO 0297)
Powys (Trefaldwyn)
llyn + y + tarw
the bull's lake

Llyn y Tri Greyenyn *llyn* (SH 7513)
Gwynedd (Meirionnydd)
llyn + y + tri + greyenyn (carreg fach)
the three pebbles lake

Llynnau Barlwyd *llyn* (SH 7148)
Gwynedd (Meirionnydd)
llynnau + bar (pen, copa) + llwyd
grey-topped lakes

Llynnau Cerrig-y-myllt *llyn* (SH 6347)
Gwynedd (Caernarfon)
llynnau + cerrig + y + myllt (lluosog 'mollt', maharen)
the wethers' (sheep) rock lakes

Llynnau Cregennan *llyn* (SH 6614)
Gwynedd (Meirionnydd)
llynnau + cregenannau, o 'cragen' am afon a'i gwely'n llawn cregyn
lakes of the shell-strewn river

Llynnau Cwm Silyn *llyn* (SH 5150)
Gwynedd (Caernarfon)
llynnau + cwm + silyn (o 'sil', had pysgod + llyn)
lakes in the valley with pools of fish spawn

Llynnau Diffwys *llyn* (SH 6546)
Gwynedd (Meirionnydd)
llynnau + diffwys (dwfn iawn am ddŵr, neu serth am fynydd)
deep lakes

Llynnau Duweunydd *llyn* (SH 6853)
Gwynedd (Caernarfon)
llynnau + du + gweunydd (lluosog 'gwaun', tir uchel gwlyb)
lakes on the dark moors

Llynnau Gamallt *llyn* (SH 7444)
Gwynedd (Meirionnydd)
llynnau + cam (troellog) + gallt (llethr goediog)
lakes by the twisting wooded slope

Llynnau Mymbyr *llyn* (SH 7057)
Gwynedd (Caernarfon)
llynnau + Membyr neu Mymbyr (enw personol)
Mymbyr's lakes (personal name)

Llynnau'r Cŵn *llyn* (SH 6648)
Gwynedd (Caernarfon)
llynnau + y + cŵn (lluosog 'ci')
lakes of the hounds

Llynnoedd Ieuan *llyn* (SN 7981)
Ceredigion (Aberteifi)
llynnoedd + Ieuan (enw personol)
Ieuan's lakes (personal name)

llys *hwn* neu *hon*
yn wreiddiol, y clawdd neu wrych o gwmpas y tŷ lle y byddai brenin neu dywysog yn byw. Ymhen amser, daeth i olygu'r tŷ ei hun.
originally the hedge enclosing the king's house. Eventually it came to mean the house itself.

Llys Bradwen *heneb* (SH 6513)
Gwynedd (Meirionnydd)
llys (cartref arglwydd) + Bradwen
Bradwen's court

Llysdinam *plwyf* (SO 0058)
Powys (Brycheiniog)
llys (cartref arglwydd) + dinan 'din', lle caerog bychan)
court at the small fortress

Llys Dinmael *heneb* (SJ 0044)
Dinbych
llys + Dinmael, sef cartref penaethiaid cwmwd Dinmael
Dinmael's court

Llys Dinorwig *heneb* (SH 5465)
Gwynedd (Caernarfon)
llys + din (caer) + Ordofigiaid (enw hen lwyth)

court at the fort of the Ordovices (old tribal name)

Llys Dorfil *heneb* (SH 6944)
Gwynedd (Meirionnydd)
llys + Dorfil (enw personol)
Dorfil's court (personal name)

Llys Euryn *heneb* (SH 8380)
Dinbych
Llys Maelgwn Gwynedd (yn wreiddiol)
court of Maelgwn Gwynedd (original form)

Llysfaen *enw lle* (SH 8977)
Conwy (Dinbych)
llys + maen
stone court

Llys-faen *enw lle* (ST 1983)
Caerdydd (Morgannwg)
llys + maen
stone court
Lisvane

Llysfasi *fferm* (SJ 1452)
Dinbych
llys + Massey (enw teulu Normanaidd)
Massey's court

Llystyn-gwyn *fferm* (SH 4845)
Gwynedd (Caernarfon)
llys + dynn, sef llys neu amddiffynfa ar fryn + gwyn (braf, hardd)
bright court on the hill

Llys-wen *enw lle* (SO 1337)
Powys (Brycheiniog)

llys + gwyn (y ffurf fenywaidd yw 'gwen')
fair court

Llyswyrny *enw lle* (SS 9674)
Bro Morgannwg (Morgannwg)
llys + Gwrin + -ydd (= tir Gwrin)
court on Gwrin's land (personal name)
Llysworney

Llys-y-frân *enw lle* (SN 0424)
Penfro
llys + y + brân (aderyn)
the crow's court

Llywel *enw lle* (SN 8730)
Powys (Brycheiniog)
Llywel (sant)
(saint) Llywel's

Llywele *fferm* (SN 5736)
Caerfyrddin
Llywel (sant)
(saint) Llywel's

Llywenan *llyn* (SH 3481)
Môn
Llywenan (afon), o 'llawen'
(lake) Llywenan (from happy)

Llywernog *ardal* (SN 7380)
Ceredigion (Aberteifi)
llywern (cadno) + -og (man lle y ceir cadnoid)
a place of foxes

M

ma¹:mai *hon*
fel olddodiad: 'cae', 'man', 'lle'; mae'n digwydd yn aml ar ddiwedd gair wedi'i dreiglo'n *-fa*, e. e. Cyfarthfa; Gwynfa, Disgwylfa. Mae *-mai* yn ffurf amrywiol, e.e. Myddfai, Pen-y-fai
A suffix which mutates to -fa; and in an alternative form -mai/fai, it can mean 'field or open place'

ma²:ba *rhagddodiad*
mae'n digwydd ar ddechrau gair (gyda'r ystyr 'tir, gwlad, maes + enw person') ac yn gallu achosi treiglad llais, e.e. Machen, Mechain, Mathafarn, Mathrafal, Machynlleth. Ceir *ba-* yn ffurf amrywiol arni, e.e. Bathafarn, Bachynbyd.
As a prefix with 'ba' as an alternative form it can mean 'field, open place, territory'. It triggers an aspirate mutation, e.g. Mathafarn, Bathafarn.

Mabelfyw *cwmwd*
mab + Elfyw (enw personol)
Elfyw's son's (commote) (personal name)

Mabudrud *cwmwd*
mab + Udrud (enw personol)
Udrud's son's (commote) (personal name)

Mabws *fferm* (SN 5668)
Ceredigion (Aberteifi)
mabwys, sef tir yn perthyn i un wedi'i fabwysiadu
(farm of the) adopted (child)

Machen *enw lle* (ST 2189)
Caerffili (Mynwy)
ma (maes) + Cein (santes)
(saintess) Cein's field

Machno *nant*
Gwynedd (Caernarfon)
amrywiaeth ar yr enw Mochno
Mochno's stream (personal name)

Machonwy gw. *(see)* **Afon Machonwy**

Machynlleth *enw lle* (SH 7400)
Powys (Trefaldwyn)
ma (maes) + Cynllaith (enw personol fel enw'r cwmwd)
Cynllaith's field (personal name)

Machynys *ardal* (SM 5198)
Caerfyrddin
ma (maes) + Cynys (enw person)
Cynys's field (personal name)

Madrun *plas* (SH 2836)
Gwynedd (Caernarfon)
o 'Matrona', mam dduwies y Celtiaid
Madrun (from Matrona, the Celtic mother goddess)

Maelienydd *ardal* (SO 1270)
Powys (Maesyfed)
Mael (enw personol) + -ien + -ydd = tir Maelien
Mael's land (personal name)

Maelog *llyn* (SH 3272)
Môn
Maelog (sant)
(saint) Maelog's (lake)

Maelor *cwmwd*
tir 'mael', hen air am 'tywysog'
(commote in the) prince's land

Maen Achwyfan *heneb* (SJ 1278)
Fflint
maen + Cwyfan (sant) neu Mychwyfan (y ffurf anwes)
(saint) Cwyfan's stone

Maen Addwyn *heneb* (SH 4683)
Gwynedd (Caernarfon)
maen (carreg sefyll) + Addwyn (enw personol)
Addwyn's stone (personal name)

Maenaddwyn *enw lle* (SH 4584)
Môn
maen (carreg sefyll) + Addwyn (enw personol)
Addwyn's stone (personal name)

Maenan *plwyf* (SH 7866)
Gwynedd (Caernarfon)
maenan (maen bychan)
little stone

Maen Beuno *heneb* (SJ 2001)
Powys (Trefaldwyn)
maen (carreg sefyll) + Beuno (sant)
(saint) Beuno's stone

Maen Bras *heneb* (SH 5855)
Gwynedd (Caernarfon)
maen + bras
great stone

Maenclochog *enw lle* (SN 0827)
Penfro
main (lluosog 'maen') + clochog (yn canu fel cloch)
ringing rocks

Maen Colman *heneb* (SN 2138)
Penfro
maen (carreg sefyll) + Colman (sant)
(saint) Colman's stone

Maen-du'r Arddu *mynydd* (SH 5956)
Gwynedd (Caernarfon)
maen + du + yr + (ardd, 'mynydd') + du
dark stone on the black mountain

Maendy[1] *ardal* (ST 1678)
Caerdydd (Morgannwg)
maen + tŷ (tŷ o gerrig)
stone house

Maendy[2] *ardal* (ST 3289)
Mynwy
maen + tŷ (tŷ o gerrig)
stone house
Maindee

Maendy[3]**, Y** *enw lle* (ST 0076)
Bro Morgannwg (Morgannwg)
y + maen + tŷ (tŷ o gerrig)
the stone house

Maendy[4]**, Y** *fferm* (ST 0778)
Bro Morgannwg (Morgannwg)
y + maen + tŷ (tŷ o gerrig)
the stone house

Maen Dylan *craig* (SH 4252)
Gwynedd (Caernarfon)
maen + Dylan (enw chwedlonol)
Dylan's rock (legendary name)

Maen Iau *ynys* (SH 1122)
Caernarfon
maen + iau (coler ar gyfer gwddf anifail)
yoke-(shaped) rock

Maen Llwyd *heneb* (SN 8200)
Powys (Trefaldwyn)
maen + llwyd (naill ai'r lliw neu 'cysegredig')
grey or sacred stone

Maen Madog *heneb* (SN 9115)
Powys (Brycheiniog)
maen + Madog (enw person)
Madog's stone (personal name)

maenol:maenor *hon*
yn ôl y Cyfreithiau Cymraeg, darn o dir yn cynnwys pedair tref (sef cymunedau y rhydd-ddeiliaid o fewn pob cwmwd) wedi'u tynnu ynghyd er mwyn casglu trethi'r arglwydd neu frenin. Wrth gael ei gymysgu â'r Saesneg *manor* daeth i olygu'r tŷ lle roedd arglwydd (neu esgob) yn byw ac yn cadw trefn ar ei eiddo.

According to old Welsh law, an administrative unit of four tref *(communities of freemen) formed as a single unit for the purposes of tax collection. By association with the English 'manor' it came to mean the main dwelling and administrative centre of a lord or bishop.*

Maenorbŷr *enw lle* (SS 0697)
Penfro
maenor (yn wreiddiol, uned o dir yn cynnwys pedair 'tref', wedyn pencadlys) + Pŷr (enw abad)
Pŷr's estate (abbot's name)
Manorbier

Maenordeifi *plwyf* (SN 2240)
Penfro
maenor (rhaniad cwmwd yn cynnwys pedair tref) + Teifi (afon)
estate on the (river) Teifi

Maenordeilo *enw lle* (SN 6726)
Caerfyrddin
maenor (rhaniad cwmwd yn cynnwys pedair tref) + Teilo (sant)
(saint) Teilo's estate

Maen Pebyll *heneb* (SH 8456)
Dinbych
maen + pebyll (hen ffurf unigol 'pabell', sef lloches, noddfa, gwersyllfa
sheltering rock

Maen Penddu *heneb* (SH 7373)
Gwynedd (Caernarfon)
maen + pen + du
black-headed rock

Maen Twrog *heneb* (SH 6640)
Gwynedd (Meirionnydd)
maen + Twrog (sant)
(saint) Twrog's rock

Maentwrog *enw lle* (SH 6640)
Gwynedd (Meirionnydd)
maen + Twrog (sant)
(saint) Twrog's rock

Maen y Bugail *goleudy* (SH 3094)
Môn
maen + y + Bugail (sant)
(saint) Bugail's rock
West Mouse

Maen y Morynion *heneb* (SO 0029)
Powys (Brycheiniog)
maen + y + morynion (lluosog 'morwyn')
rock of the maidens

maerdref *hon*
tir gerllaw llys y cwmwd lle y codai'r taeogion fwyd ac ati i'r llys dan ofal y maer biswail
land adjacent to the court of a commote (cwmwd) worked by tenants supervised by the maer biswail to provide food, etc., for the court

Maerdy¹, Y *enw lle* (SJ 0144)
Conwy (Dinbych)
tŷ yn eiddo i faer (swyddog arglwydd neu bennaeth yn gyfrifol am waith fferm)
steward's house

Maerdy², Y *enw lle* (SS 9798)
Rhondda Cynon Taf (Morgannwg)
tŷ yn eiddo i faer (swyddog Arglwydd neu bennaeth yn gyfrifol am waith fferm)
steward's house

Maerdy³, Y *enw lle* (SO 3015)
Mynwy
tŷ yn eiddo i faer (swyddog Arglwydd neu bennaeth yn gyfrifol am waith fferm)
steward's house

Maerun *enw lle* (ST 2682)
Mynwy
o 'mere' (Saesneg, cors)
Marshfield

Maes-car *plwyf* (SN 9425)
Powys (Brycheiniog)
maes + Câr (afon) (o 'caru', annwyl, hoffus)
field on the (river) Câr (from 'caru', to love)

Maes-glas¹:Maesglas *enw lle* (SJ 1977)
Fflint
maes + glas (gwyrdd)
Greenfield

Maes-glas² *ardal* (ST 3085)
Mynwy
maes + glas (gwyrdd)
greenfield

Maesglasau *mynydd* (SH 8114)
Gwynedd (Meirionnydd)
maes + glas (gwyrdd) + bre (bryn)
field on the green hill

Maesgwm gw. *(see)* **Afon Maesgwm**

Maes-gwyn *plas* (SN 2023)
Caerfyrddin
maes + gwyn (y lliw)
white field

Maes-llwch *castell* (SO 1740)
Powys (Maesyfed)
maes + llwch (pwll mewn afon)
field by the pool

Maesllymystyn *ardal* (SH 9711)
Powys (Trefaldwyn)
maes + llamysten (cudyll glas)
field of the sparrow hawk

Maes-llyn *plwyf* (SN 3644)
Ceredigion (Aberteifi)
maes + llyn
lake field

Maesmachre *fferm* (SH 8305)
Powys (Trefaldwyn)
maes + Machraith (sant)
(saint) Machraith's field

Maes-mawr *ardal* (SO 0590)
Powys (Trefaldwyn)
maes + mawr
big field

Maesmor *plas* (SJ 0144)
Dinbych
maes + mawr
big field

Maesmynys *plwyf* (SO 0047)
Powys (Brycheiniog)
maes + Mynys (enw personol)
Mynys's field (personal name)

Maesteg *enw lle* (SS 8591)
Pen-y-bont ar Ogwr (Morgannwg)
maes + teg
fair field

Maesteilo *plas* (SN 5826)
Caerfyrddin
maes + Teilo (sant)
(saint) Teilo's field

Maestregymer *ardal* (SN 9692)
Powys (Trefaldwyn)
maes + tref (fferm fawr) + cymer (man cyfarfod dwy afon)
field of the farm at the confluence

Maes-y-bont *enw lle* (SN 5616)
Caerfyrddin
maes + y + pont
the bridge field

Maes y Castell *heneb* (SN 6327)
Caerfyrddin
maes + y + castell
the castle field

Maesycrugiau *enw lle* (SN 3652)
Ceredigion (Aberteifi)
maes + y + crugiau (twmpathau)
field of the mounds

Maesycrugiau *plas* (SN 4740)
Caerfyrddin
maes + y + crugiau (twmpathau)
field of the mounds

Maesycwmer *enw lle* (ST 1594)
Mynwy
maes + y + cymer (man cyfarfod dwy afon)
field at the confluence

Maesyfed[1] *enw lle* (SO 2160)
Powys (Maesyfed)
maes + Hyfaidd (enw person)
Hyfaidd's field (personal name)
New Radnor

Maesyfed[2] *sir*
maes + Hyfaidd (enw person)
Hyfaidd's field (personal name)
Radnorshire

Maes y Gaer *heneb* (SH 6672)
Caernarfon
maes + y + caer
field of the fortress

Maesygarnedd *fferm* (SH 6426)
Gwynedd (Meirionnydd)
maes + y + carnedd (twmpath o gerrig)
field of the cairn

Maesymeillion *ardal* (SN 4146)
Ceredigion (Aberteifi)
maes + y + meillion (y planhigyn)
the clover field

Maesyronnen *capel* (SO 1741)
Powys (Maesyfed)
maes + yr + onnen (y goeden)
field of the ash tree

Magwr gw. *(see)* **Nant Magwr**

Magwyr *enw lle* (ST 4287)
Mynwy
magwyr (mur amddifynnol o gerrig)
stone rampart
Magor

mai *hon*
maes
field

Malpas *enw lle* (ST 3090)
Casnewydd (Mynwy)
mal + pas (Ffrangeg), y bwlch anodd
difficult pass (French)

Malláen *cwmwd*
ma (fel yn 'maes') + llaen (efallai fel yn 'Porthdinllaen' sy'n cyfeirio at enw llwyth Gwyddelig)
(commote in the) field of the Llaen (an Irish tribe)

Malltraeth[1] *cors* (SH 4471)
Môn
mall (pwdr) + traeth
dank shore

Malltraeth[2] *cwmwd*
mall (pwdr, wedi'i ddeifio) + traeth
(commote by the) dank shore

Mallwyd *enw lle* (SH 8612)
Gwynedd (Meirionnydd)
ma (hen air am 'maes') + llwyd
grey field or holy field

Mamheilad *enw lle* (SO 3003)
Mynwy
ma (hen air am 'maes') + Meiliad (enw personol)
Meiliad's field (personal name)

Manafon *enw lle* (SS 1102)
Powys (Trefaldwyn)
ma (hen air am 'maes') + Anafon (enw personol)
Anafon's pasture (personal name)

Man-moel *enw lle* (SO 1803)
Caerffili (Mynwy)
man + moel
bare spot

Manod Bach *mynydd* (SH 7144)
Gwynedd (Meirionnydd)
manod (mân ôd, sef eira mân)
lesser (mountain) with fine snow

Manod Mawr *mynydd* (SH 7244)
Gwynedd (Meirionnydd)
manod (mân ôd, sef eira mân)
greater (mountain) with fine snow

Manorowen *enw lle* (SM 9336)
Penfro
maenor (stad) + Owen (enw person)
Owen's estate (personal name)
Farnowen

Marcroes *enw lle* (SS 9269)
Bro Morgannwg (Morgannwg)
march (ceffyl gwryw) + rhos
stallion's moor
Marcross

Marchlyn gw. *(see)* **Afon Marchlyn**

Marchnant[1] *nant* (SN 9061)
Powys (Brycheiniog)
march (rhywbeth mawr, cryf) + nant
vigorous stream

Marchnant[2] *nant* (SN 7469)
Ceredigion (Aberteifi)
march (rhywbeth mawr cryf) + nant
vigorous stream

Marchwiail *enw lle* (SS 3547)
Wrecsam (Dinbych)
march (rhywbeth praff, cryf) + gwiail
(canghennau ifainc ir)
hardy saplings
Marchwiel

Marddwr *nant* (SH 8344)
Dinbych
merddwr (dŵr llonydd, afloyw)
(spring of) stagnant water

Margam *plwyf* (SS 7986)
Castell-nedd Port Talbot (Morgannwg)
Morgan (efallai Margan o 'Marganus',
o'r un bôn â 'Morgan')
Morgan (or Margan, a personal name)

Marial Gwyn *mynydd* (SH 9955)
Conwy (Dinbych)
marial (gro, mân gerrig, marian) + gwyn
(mountain of) white moraine

Marian-glas *enw lle* (SH 5084)
Môn
gro, mân gerrig + glas
verdant moraine

Marlais gw. *(see)* **Afon Marlais**

Marloes *enw lle* (SM 7908)
Penfro
moel (heb dyfiant) + rhos
bare moor

Marros *enw lle* (SN 2008)
Caerfyrddin
mawr + rhos
great moor

Marteg gw. *(see)* **Afon Marteg**

Mathafarn[1] *enw lle* (SH 5083)
Môn
ma (maes neu dir) + tafarn (lle y gwerthid
nwyddau, bwyd a diod yn arbennig)
field of the tavern

Mathafarn[2] *fferm* (SH 8004)
Powys (Trefaldwyn)
ma (maes agored) + tafarn (lle y gwerthid
nwyddau, bwyd a diod yn arbennig)
tavern field

Mathrafal[1] *castell* (SJ 1310)
Powys (Trefaldwyn)
ma (maes agored) + trafal (darn trionglog o
dir rhwng dwy afon)
(castle in the) field between two rivers

Mathrafal[2] *fferm* (SJ 1211)
Powys (Trefaldwyn)
ma (maes agored) + trafal (darn trionglog o
dir rhwng dwy afon)
field between two rivers

Mathri *enw lle* (SM 8731)
Penfro
o 'merthyri', lluosog 'merthyr' (claddfa
olion sant?)
reliquaries of saints (?)

Mawddach gw. *(see)* **Afon Mawddach**

Mawddwy *ardal*
Mawdd (enw personol) + wy (enw ar fro),
sef bro Mawdd
Mawdd's domain

Mawr *plwyf* (SN 6405)
Morgannwg
big

Mechain *cantref*
ma (fel yn 'maes') + Cain (enw afon yn
golygu 'golau, pefriog)
*(hundred in the) land by the (river) Cain
(shining river)*

Mefenydd *cwmwd*
Mafan (enw person) + -ydd, sef tir Mafan
(commote in) Mafan's land

Meichiad gw. *(see)* **Nant Meichiad**

meidr *hon*
lôn, llwybr (yn nhafodieithoedd de
Ceredigion (Aberteifi) a Phenfro)
*path, lane (South Ceredigion (Aberteifi) and
Pembrokeshire)*

Meidrim *enw lle* (SN 2820)
Caerfyrddin
mei(dd) (hanner) + drum (cefnen neu esgair
o dir)
central (half-way) ridge

Meifod *enw lle* (SJ 1513)
Powys (Trefaldwyn)
mei(dd) (hanner) + bod (preswylfod)
'hanner tŷ' ar gyfer lletya teithwyr
temporary lodging

Meilwch gw. *(see)* **Afon Meilwch**

Meinciau *enw lle* (SN 4610)
Caerfyrddin
mainc (sedd hir)
benches

Meini Gwŷr *heneb* (SN 1426)
Caerfyrddin
maen + gwŷr (lluosog 'gŵr')
heroes' stones

Meiriadog *ardal* (SJ 0472)
Fflint
Meriadoc (sant)
(saint) Meriadoc's

Meirionnydd *cwmwd*
Meirion + -ydd = tir Meirion
(commote in) Meirion's land

Meisgyn *enw lle (x 2)* (ST 0498) (ST 0480)
Rhondda Cynon Taf (Morgannwg)
maes (cae) + Cynn (enw personol)
Cynn's field (personal name)

Melai gw. *(see)* **Nant Melai**

Melin gw. *(see)* **Felin**

Melinbyrhedyn *ardal* (SN 8198)
Powys (Trefaldwyn)
melin + byr + rhedyn
mill in the short bracken

Melincryddan *ardal* (SS 7496)
Castell-nedd Port Talbot (Morgannwg)
melin + Cryddan (enw ar nant brin ei dŵr)
mill on the Cryddan (a brook prone to drought)

Melin-cwrt *enw lle* (SN 8101)
Castell-nedd Port Talbot (Morgannwg)
melin (malu blawd) + cwrt (buarth)
mill's court

Melindwr *plwyf* (SN 7384)
Ceredigion (Aberteifi)
melin sy'n cael ei gweithio gan ddŵr
water mill

Melinddwr gw. *(see)* **Afon Melinddwr**

Meline *plwyf* (SN 1234)
Penfro
melinau (lluosog 'melin')
mills

Melingriffith *ardal* (ST 1480)
Caerffili (Morgannwg)
melin + Griffith (mab efallai i Ifor Bach)
Griffith's mill (personal name)

Melin Ifan Ddu *enw lle* (SS 9386)
Pen-y-bont ar Ogwr (Morgannwg)
melin + Ifan Ddu (enw personol)
black (haired) Ifan's mill (personal name)
Blackmill

Melin-y-coed *enw lle* (SH 8160)
Conwy (Dinbych)
melin + y + coed
the wood mill

Melin-y-wig *enw lle* (SJ 0488)
Gwynedd (Meirionnydd)
melin + y + gwig (coedwig)
mill in the wood

Meloch gw. *(see)* **Afon Meloch**

Mellte gw. *(see)* **Afon Mellte**

Menai *cwmwd*
o afon Menai
(commote of) Menai

Menai, Afon *culfor* (SH 5167)
Môn
*men hen, hen ffurf a geir yn Manaw, Mynwy, Môn
From a Brythonic root found in (Isle of) Man, Môn etc
Menai Strait

Merddwr gw. *(see)* **Afon Merddwr**

merthyr *hwn*
(mewn enwau lleoedd) adeilad wedi'i godi yn ymyl bedd sant, y man lle y mae olion sant wedi'i gladdu, neu fynwent wedi'i chysegru i'w enw, e.e. Merthyr Tudful
(in place-names) saint's reliquary or shrine

Merthyr *eglwys* (SN 3520)
Caerfyrddin
merthyr (mynwent a gysegrwyd gydag esgyrn sant)
shrine

Merthyr Cynog *enw lle* (SN 9837)
Powys (Brycheiniog)
merthyr (mynwent a gysegrwyd gydag esgyrn sant) + Cynog (sant)
resting place of (saint) Cynog

Merthyr Dyfan *enw lle* (ST 1169)
Bro Morgannwg (Morgannwg)
merthyr (mynwent a gysegrwyd gydag esgyrn sant) + Dyfan (sant)
resting place of (saint) Dyfan

Merthyr Mawr *enw lle* (SS 8877)
Pen-y-bont ar Ogwr (Morgannwg)
merthyr + Myfor (sant)
resting place of (saint) Myfor

Merthyr Tudful *enw lle* (SO 0506)
Merthyr Tudful (Morgannwg)
merthyr + Tudful (santes)
resting place of (saintess) Tudful

Methan gw. *(see)* **Nant Methan**

mign *hon* (mignedd)
cors wlyb, leidiog
bog

Migneint, Y *ardal* (SH 7642)
Gwynedd (Caernarfon)
y + mign (cors) + neint (lluosog 'nant')
the marshy streams

Milffwrd *enw lle* (SM 9005)
Penfro
sillafiad Cymraeg o'r enw Sgandinafaidd arno, *melr* (twyn) + *fjordr* (cilfach)
sandy fiord
Milford Haven

Milltir Gerrig *bwlch* (SJ 0230)
Gwynedd (Meirionnydd)
milltir + cerrig
mile of stones (pass)

Minffordd *enw lle* (SH 5938)
Gwynedd (Caernarfon)
min (ymyl) + ffordd (heol)
roadside

Minllyn *enw lle* (SH 8514)
Gwynedd (Meirionnydd)
min (ymyl) + llyn
lakeside

Miwl gw. *(see)* **Afon Miwl**

Mochdre[1] *enw lle* (SH 8278)
Conwy (Dinbych)
moch + tref (fferm fawr yn wreiddiol)
pig holding

Mochdre[2] *enw lle* (SO 0788)
Powys (Trefaldwyn)
moch + tref (fferm fawr yn wreiddiol)
pig holding

Mochnant *cwmwd*
moch + nant yn tyrchu ei ffordd drwy'r tir (fel mochyn)
(commote of) Mochnant (the rutting pig-like stream)

Mochras *gorynys* (SH 5526)
Gwynedd (Meirionnydd)
moch + rhos (penrhyn, darn o dir yn ymwthio i'r môr)
peninsula of the pigs

Modrydd *plwyf* (SN 9922)
Powys (Brycheiniog)
Modrydd (enw person?)
Modrydd (personal name?)

moel *hon*
pen bryn neu fynydd di-goed, e.e. Y Foel; Moelfryn
bare mountain top

moel *hwn*
fel enw gwrywaidd 'pen moel', e.e. Nant-y-moel; Moelwyn
a bald head

Moel gw. hefyd *(see also)* **Foel**

Moel Arthur *mynydd* (SJ 1466)
Dinbych
moel (bryn neu pen bryn) + Arthur
mount Arthur

Moel Bleiddiau *mynydd* (SH 6749)
Gwynedd (Caernarfon)
moel + bleiddiau (lluosog 'blaidd')
wolves' mount

Moel Bronymiod *mynydd* (SH 4145)
Gwynedd (Caernarfon)
moel + bron + y + piod (adar du a gwyn)
magpies' mount

Moel Corsygarnedd *mynydd* (SH 7723)
Gwynedd (Meirionnydd)
moel + cors + y + carn (tomen o gerrig)
bare hill on the cairn-strewn marsh

Moel Cynordy *mynydd* (SS 8890)
Pen-y-bont ar Ogwr (Morgannwg)
moel + cynghordy, sef man lle y mae pobl yn cyfarfod i drafod, tŷ cwrdd
meeting house on the bare hill

Moel Darren *mynydd* (SH 9541)
Gwynedd (Meirionnydd)
moel + tarren (esgair, bryncyn)
mountain of the bare ridge

Moel Derwydd *mynydd* (SH 8856)
Dinbych
moel + derwydd
druid's mount

Moel Druman *mynydd* (SH 6747)
Gwynedd (Caernarfon)
moel + trum (cefnen neu esgair) + an (trum fechan)
small bare ridge

Moel Dyrnogydd *mynydd* (SH 6949)
Gwynedd (Caernarfon)
moel + yr hen ffurf 'danadogyth', man lle y mae danadl yn tyfu
nettle mount

Moel Dywyll *mynydd* (SS 1463)
Fflint
moel + tywyll
dark bare hill-top

Moel Ddolwen *bryn* (SH 9807)
Powys (Trefaldwyn)
moel + dôl + gwen (teg)
bare hill in the fair meadow

Moel Ddu[1] *mynydd* (SH 5744)
Gwynedd (Caernarfon)
moel + du
bare black mountain

Moel Ddu[2] *mynydd* (*x 2*) (SH 8727) (SH 7232)
Gwynedd (Meirionnydd)
moel + du
bare black mountain

Moel Eiddew *mynydd* (SH 8605)
Powys (Trefaldwyn)
moel + eiddew (iorwg)
ivy mount

Moel Eilio *mynydd (x 2)* (SH 7465) (SH 5557)
Gwynedd (Caernarfon)
moel + Eilio (enw personol)
Eilio's mount (personal name)

Moel Eithinen *mynydd* (SJ 1659)
Dinbych
moel + eithinen (unigol 'eithin')
gorse mount

Moel Emoel *mynydd* (SH 9340)
Gwynedd (Meirionnydd)
moel ym moel
bare peak

Moel Fama *mynydd* (SJ 1662)
Dinbych
moel + mama (hen hen ffurf yn golygu 'bron') , sef bryn crwn fel bron
mountain breast

Moel Farlwyd *mynydd* (SH 7048)
Gwynedd (Caernarfon)
moel + bar (pen) + llwyd
grey-topped mount

Moel Feliarth *ardal* (SH 9813)
Powys (Trefaldwyn)
moel + mêl + garth (llechwedd neu esgair)
mountain with the honeyed slopes

Moelfeliarth *bryn* (SH 9911)
Powys (Trefaldwyn)
moel + mêl + garth (llechwedd)
mountain of the honeyed slopes

Moel Fodig *heneb* (SJ 0945)
Gwynedd (Meirionnydd)
moel + Bodig (enw person)
Bodig's mount (personal name)

Moelfre[1] *enw lle* (SJ 1828)
Dinbych
moel + bre (bryn noeth)
bare hill

Moelfre[2] *enw lle* (SH 5186)
Môn
moel + bre (bryn noeth)
bare hill

Moelfre[3] *mynydd* (SN 3235)
Caerfyrddin
moel + bre (bryn noeth)
bare hill

Moelfre[4] *mynydd* (SN 9982)
Powys (Trefaldwyn)
moel + bre (bryn noeth)
bare hill

Moelfre-uchaf *mynydd* (SH 8971)
Dinbych
moel + bre (bryn noeth) + uchaf
greater bare hill

Moel Garegog *mynydd* (SJ 2152)
Dinbych
moel + caregog
stony mount

Moel Goedog *mynydd* (SH 6132)
Gwynedd (Meirionnydd)
moel + coediog
wooded mountain peak

Moel Grugor *mynydd* (SH 9662)
Dinbych
moel + grug + -or (man lle y mae grug yn tyfu)
heather-covered mountain peak

Moel Gwynnys *bryn* (SH 3442)
Gwynedd (Caernarfon)
moel + Gwynys (enw person)
Gwynys's summit

Moel Gyw *mynydd* (SJ 1757)
Dinbych
moel + cyw (aderyn neu anifail ifanc)
cub's mountain

Moel Hebog *mynydd* (SH 5646)
Gwynedd (Caernarfon)
moel + ehedog (adar)
bird mountain

Moel Hiraddug mynydd (SJ 0678)
Fflint
moel + hiraeth (darn eang, hir o dir)
mountain on the long reach

Moel Iart mynydd (SO 0488)
Powys (Trefaldwyn)
moel + garth (lle wedi'i amgáu)
bare mountain in the enclosed space

Moel Lefn mynydd (SH 5548)
Gwynedd (Caernarfon)
moel + llyfn (y ffurf fenywaidd yw 'llefn')
bare mount

Moel Llaethbwlch mynydd (SS 1016)
Powys (Trefaldwyn)
llaeth + pwll (pwll golau neu le godro)
mountain at the milking-place

Moel Llanfair mynydd (SS 1656)
Dinbych
Moel + Llanfair (enw lle)
Llanfair mountain

Moel Llechwedd Hafod mynydd (SH 7548)
Gwynedd (Caernarfon)
moel + llechwedd (tyla) + hafod (enw fferm)
mountain on the slopes of Hafod (farm)

Moel Llyfnant mynydd (SH 8035)
Gwynedd (Meirionnydd)
moel + nant + llyfn
mountain by the placid stream

Moel Llyn mynydd (SH 8957)
Dinbych
moel + llyn
bare mountain by a lake

Moel Llys-y-coed mynydd (SH 1565)
Fflint
moel + llys (cartref uchelwr) + y + coed
hill by the manor in the wood

Moel Maelogan mynydd (SH 8461)
Dinbych
moel + Maelog (sant)
(saint) Maelog's peak

Moel Maenefa mynydd (SJ 0874)
Fflint
moel + maen + Efa (gwraig Adda)
mountain of Efa (Eve)'s stone

Moel Marchyria mynydd (SH 7546)
Gwynedd (Caernarfon)
moel + march + iâ
mountain of the ice stallion

Moel Meirch mynydd (SH 6650)
Gwynedd (Caernarfon)
moel + meirch (lluosog 'march')
mountain of the stallions

Moel Morfudd mynydd (SJ 1545)
Dinbych
moel + Morfudd (enw personol)
Morfudd's mountain (personal name)

Moel Oernant mynydd (SH 7434)
Gwynedd (Meirionnydd)
moel + nant + oer
bare mountain by the cold stream

Moel Orthrwm mynydd (SH 7520)
Gwynedd (Meirionnydd)
moel + gorthrwm
bleak mount of oppression

Moel Penamnen mynydd (SH 7148)
Gwynedd (Caernarfon)
moel + pennant (pen + nant) + beinw
(lluosog 'banw', mochyn bach)
mountain by the stream of the piglets

Moel Penllechog mynydd (SH 3846)
Gwynedd (Caernarfon)
moel + pen + llechog (â phentwr o lechi)
bare mountain with mounds of slate

Moel Pen-y-bryn mynydd (SH 7749)
Gwynedd (Caernarfon)
moel + pen y bryn
mountain with a bare hill top

Moel Plas-yw mynydd (SJ 1566)
Fflint
moel + plas + yw (coed yw)
mountain by the yew tree mansion

Moel Phyllip mynydd (SH 8741)
Gwynedd (Meirionnydd)
moel + Phyllip (enw personol)
Phyllip's mount (personal name)

Moel Rhiwlug mynydd (SH 8855)
Dinbych
moel + rhiw + llug (goleuni)
peak of the bright slope

Moel Siabod mynydd (SH 7054)
Gwynedd (Caernarfon)
moel + ('*shabbed*', Hen Saesneg yn golygu 'creithiog')
scabbed mountain

Moel Slatus mynydd (SH 7836)
Gwynedd (Meirionnydd)
moel + yslatys (llechi)
slate peak

Moel Smytho *mynydd* (SH 5257)
Gwynedd (Caernarfon)
moel + smytho (hen ffurf ar 'smoothe', sef llyfn)
smooth mountain

Moel Sych *mynydd* (SJ 0631)
Dinbych
moel + sych
parched mountain

Moel Trwyn-swch *mynydd* (SH 8044)
Dinbych
moel + trwynswch (trwyn mochyn)
snout mountain

Moel Tywysog *mynydd* (SH 9865)
Dinbych
moel + tywysog
prince's mountain

Moel Wnion *mynydd* (SH 6469)
Gwynedd (Caernarfon)
moel + Wnion (enw personol Gwnion neu Gwynion fel yn 'Gwynionydd')
Gwynion's mount (personal name)

Moelwyn Bach *mynydd* (SH 6543)
Gwynedd (Meirionnydd)
moel + gwyn + bach
lesser bare, white mountain

Moelwyn Mawr *mynydd* (SH 6544)
Gwynedd (Meirionnydd)
moel + gwyn + mawr
greater bare, white mountain

Moel y Cerrigduon *mynydd* (SH 9224)
Gwynedd (Meirionnydd)
moel + y + cerrig + duon
the bare, black-stoned mount

Moel y Dyniewyd *mynydd* (SH 6147)
Gwynedd (Caernarfon)
moel + y + dyniewyd (bustach ifanc)
the young bullock mountain

Moelydd Blaentafolog *mynydd* (SH 8909)
Powys (Trefaldwyn)
moel + blaen + tafolog (man lle y mae tafol yn tyfu)
bare mountain peaks where dock leaves grow

Moel y Faen *mynydd* (SJ 1847)
Dinbych
moel + y + maen (moel o faen/craig)
the stone mountain

Moel y Feidiog *mynydd* (SH 7832)
Gwynedd (Meirionnydd)
moel + y + defeidiog (man lle y mae defaid yn dod ynghyd)
the sheepwalk mountain

Moel y Fronllwyd *mynydd* (SJ 1117)
Powys (Trefaldwyn)
moel + y + bron + llwyd
the grey-breasted mountain

Moel y Gaer *heneb* (SJ 1461)
Dinbych
moel + y + caer
the fortress mountain

Moel y Gaer *heneb* (SJ 2169)
Fflint
moel + y + caer
the fortress mountain

Moel y Gamelin *mynydd* (SJ 1746)
Dinbych
moel + y + cam (wedi plygu) + elin
hill of the crooked elbow

Moelygarnedd *ardal* (SH 9340)
Gwynedd (Meirionnydd)
moel + y + carnedd (pentwr o gerrig)
bare mountain with the stone cairn

Moel y Gaseg-wen *mynydd* (SH 9058)
Dinbych
moel + y + caseg (ceffyl) + gwen (ffurf fenywaidd 'gwyn')
the white mare mountain

Moel y Gest *bryn* (SH 5538)
Gwynedd (Meirionnydd)
moel (pen moel bryn) + y + cest (bol)
the paunch hill

Moel y Golfa *mynydd* (SJ 2812)
Powys (Trefaldwyn)
moel + y + colfa (cangen coed)
mountain by the branch

Moel y Gwelltyn *mynydd* (SJ 1727)
Dinbych
moel + y + gwelltyn (lle y mae gwellt yn tyfu)
mountain where the straw grows

Moel y Llyn *mynydd* (SH 9415)
Powys (Trefaldwyn)
moel + y + llyn
mountain by the lake

Moel y Penmaen *bryn* (SH 3338)
Gwynedd (Caernarfon)
moel + y + pen + maen (pen o faen/craig)
the capstone hill

Moel y Plas *mynydd* (SJ 1655)
Dinbych
moel + y + plas
mountain by the mansion

Moel yr Henfaes *mynydd* (SJ 0738)
Gwynedd (Meirionnydd)
moel + yr + hen + maes
bare hill in the old pasture

Moel yr Hydd *mynydd* (SH 6745)
Gwynedd (Meirionnydd)
moel + yr + hydd (carw gwryw)
the stag's mountain

Moel Ysgediw *fferm* (SJ 0437)
Gwynedd (Meirionnydd)
moel + llys + Cedriw (enw personol)
mountain of Cedriw's court (personal name)

Moel Ystradau *mynydd* (SH 6843)
Gwynedd (Meirionnydd)
moel + ystradau
bare mountain above the valley floors

Moel Yta *mynydd* (SJ 0259)
Dinbych
moel + yta (yr arfer o gasglu ŷd)
mountain where wheat is collected

Morben *plas* (SN 7199)
Powys (Trefaldwyn)
morben (pentir, trwyn o dir)
promontory

Morfa Bychan *enw lle* (SH 5437)
Gwynedd (Caernarfon)
morfa (tir isel ger y môr) + bychan
little sea-marsh

Morfa Conwy *morfa* (SH 7678)
Gwynedd (Caernarfon)
morfa + Conwy (afon)
(river) Conwy sea-marsh
Conway Marsh

Morfa Gwent *morfa* (ST 3884)
Mynwy
morfa + Gwent (ardal)
Gwent sea-marsh

Morfa Gwyllt *morfa* (SH 6041)
Gwynedd (Meirionnydd)
morfa + gwyllt
wild sea-marsh

Morfa Harlech *morfa* (SH 5633)
Gwynedd (Meirionnydd)
morfa + Harlech (enw lle)
Harlech sea-marsh

Morfa Mawr *morfa* (SN 5701)
Bro Morgannwg (Morgannwg)
morfa + mawr
great sea-marsh

Morfa-mawr *fferm* (SN 5065)
Ceredigion (Aberteifi)
morfa + mawr
great sea-marsh

Morfa Nefyn *enw lle* (SH 2840)
Gwynedd (Caernarfon)
morfa + Nefyn (enw lle)
Nefyn sea-marsh

Morfa Rhuddlan *morfa* (SH 9778)
Fflint
morfa + Rhuddlan (enw lle)
Rhuddlan sea-marsh

Morgannwg *rhanbarth*
Morgan (enw brenin) + -wg = gwlad Morgan
Morgan's land

Morlais gw. *(see)* **Afon Morlais**

morlan *hon*
tir corsog yn ymyl y môr neu afon
marshland beside the sea or a river

Morynion gw. *(see)* **Afon Morynion**

Mostyn *enw lle* (SJ 1580)
Fflint
o'r Saesneg, mos (cors) + tun (man preswyl)
Mostyn (the dwelling in the marsh)

Mot, Y *enw lle* (SN 0625)
Penfro
y + mot (bryncyn, safle hen gastell)
the motte (as in motte and bailey)
New Moat

Mwdwl Eithin *mynydd* (SH 9153)
Dinbych
mwdwl (pentwr) + eithin
gorse stack

Mwnt, (Traeth y) *bae* (SN 1951)
Ceredigion (Aberteifi)
traeth + y + mwnt (bryn, bryncyn)
beach by the hillock

Mwynglawdd *enw lle* (SJ 2751)
Dinbych
mwynglawdd (cloddfa mwynau)
mine
Minera

Mydroilyn *enw lle* (SN 4555)
Ceredigion (Aberteifi)

Myddfai

cymer dwy afon, sef y Mydr ac Oulun (?)
confluence of the rivers Mydr and Oulun (?)

Myddfai *enw lle* (SN 7730)
Caerfyrddin
mydd (padell fawr) + mai (lle)
place in the hollow

Myddyfi gw. *(see)* **Afon Myddyfi**

Myfyrian *fferm* (SH 4770)
Môn
Myfyr (enw personol) + -ion = tir Myfyr
(farm) on Myfyr's land (personal name)

Mymbyr *llyn* (SH 7057)
Gwynedd (Caernarfon)
Membyr neu Mymbyr (enw personol)
(lake) Mymbyr (personal name)

Mynach gw. *(see)* **Afon Mynach**

Mynachdy *fferm* (SN 5062)
Ceredigion (Aberteifi)
fferm yn perthyn i fynachlog
grange farm

Mynachlog-ddu *enw lle* (SN 1328)
Penfro
fferm yn perthyn i fynachlog + du
black grange farm

Mynachlog Nedd *enw lle* (SS 7397)
Castell-nedd Port Talbot (Morgannwg)
mynachlog + Nedd (enw lle ac afon)
Neath abbey

Myngul gw. *(see)* **Llyn Myngul**

Mynwar *plwyf* (SN 0312)
Penfro
min (ymyl) + gwern (tir corsog lle tyf gwern)
edge of the alder marsh
Minwear

Mynwent y Crynwyr *enw lle* (ST 0996)
Merthyr Tudful (Morgannwg)
mynwent + y + crynwyr (aelodau o enwad crefyddol)
Quakers Yard

Mynwent y Milwyr *heneb* (SS 9585)
Pen-y-bont ar Ogwr (Morgannwg)
mynwent + y + milwyr
the soldiers' graveyard

Mynwy *sir*
o '*Menapii*' neu '*Menavii*', y llwyth a drigai yn y rhan yma
land of the Menapii tribe
Monmouth

Mynydd Blaenrhondda

Mynydd Abergwynfi *mynydd* (SS 8897)
Castell-nedd Port Talbot (Morgannwg)
mynydd + Abergwynfi (enw lle)
Abergwynfi mountain

Mynydd Anelog *bryn* (SH 1527)
Gwynedd (Caernarfon)
mynydd + anelog (cam, wedi'i blygu)
bent mountain

Mynydd Bach *mynydd* (SN 6065)
Ceredigion (Aberteifi)
mynydd + bach
little mountain

Mynydd-bach[1] *enw lle* (SS 6597)
Abertawe (Morgannwg)
mynydd + bach
small mountain

Mynydd-bach[2] *enw lle* (ST 4894)
Mynwy
mynydd + bach
small mountain

Mynydd Bach Trecastell *mynydd* (SN 8330)
Powys (Brycheiniog)
mynydd + bach + Trecastell (enw lle)
little mountain at Trecastell

Mynydd-bach-y-cocs *bryn* (SS 5593)
Abertawe (Morgannwg)
mynydd + bach + y + cocs (cregynbysgod)
little cockleshell mountain

Mynydd Bedwellte *mynydd* (SO 1406)
Mynwy
mynydd + Bedwellte (enw lle)
Bedwellte mountain

Mynydd Beili-glas *mynydd* (SN 9202)
Morgannwg
beili (crug, amddiffynfa) + glas (gwyrdd)
green-cairned mountain

Mynydd Blaenafan *mynydd* (SS 9096)
Castell-nedd Port Talbot (Morgannwg)
mynydd + Blaenafan (enw lle)
Blaenafan mountain

Mynydd Blaengwynfi *mynydd* (SS 8997)
Castell-nedd Port Talbot (Morgannwg)
mynydd + Blaengwynfi (enw lle)
Blaengwynfi mountain

Mynydd Blaenrhondda *mynydd* (SN 9100)
Rhondda Cynon Taf (Morgannwg)
mynydd + Blaenrhondda (enw lle)
Blaenrhondda mountain

Mynydd Bodafon *bryn* (SH 4684)
Môn
mynydd + Bodafon (enw lle)
Bodafon mountain

Mynydd Bodrychwyn *mynydd* (SH 9372)
Dinbych
mynydd + Bodrychwyn (enw lle)
Bodrychwyn mountain

Mynydd Brithweunydd *mynydd* (ST 0092)
Rhondda Cynon Taf (Morgannwg)
mynydd + brith + gweunydd (tiroedd uchel corsog)
mountain on the brindled moors

Mynydd Bwlch-y-groes *mynydd* (SN 8533)
Powys (Brycheiniog)
mynydd + bwlch + y + croes
mountain with a cross at the pass

Mynydd Caerau *mynydd* (SS 8894)
Castell-nedd Port Talbot (Morgannwg)
mynydd + caerau
mountain of fortresses

Mynydd Caregog *mynydd* (SN 0436)
Penfro
mynydd + caregog
stony mountain

Mynydd Carnguwch *mynydd* (SH 3742)
Gwynedd (Caernarfon)
mynydd + carn (pentwr cerrig) + guwch (gwg, golwg anfodlon)
scowling cairn mountain

Mynydd Carn Ingli *mynydd* (SN 0537)
Penfro
mynydd + carn + ingli (ffurf ar 'angylion')
angels' cairn mountain

Mynydd Carn-y-cefn *mynydd* (SO 1808)
Blaenau Gwent (Mynwy)
mynydd + carn + y cefn
mountain with a cairn on the ridge

Mynydd Carreg *bryn* (SH 1629)
Gwynedd (Caernarfon)
mynydd + carreg
stone mountain

Mynydd Cefnamwlch *bryn* (SH 2233)
Gwynedd (Caernarfon)
mynydd + cefn + bwlch
gapped ridge mountain

Mynydd Cennin *mynydd* (SH 4545)
Gwynedd (Caernarfon)
mynydd + cennin
mountain where leeks grow

Mynydd Cerrig *mynydd* (SN 5013)
Caerfyrddin
mynydd + cerrig
mountain with stones

Mynydd Cerrigllwydion *mynydd* (SO 0298)
Powys (Trefaldwyn)
mynydd + cerrig + llwydion (lluosog llwyd)
grey-stoned mountain

Mynydd Cilan *mynydd* (SH 2924)
Gwynedd (Caernarfon)
mynydd + cilan (cilcyn)
mountain of the little nook

Mynydd Cilciffeth *mynydd* (SN 0032)
Penfro
mynydd + cil + y + caethion (taeogion)
mountain with the bondsmen's enclosure

Mynydd Cilgwyn *mynydd* (SH 4954)
Gwynedd (Caernarfon)
mynydd + cil + gwyn
mountain with a blessed nook

Mynydd Clogau *mynydd* (SO 0399)
Powys (Trefaldwyn)
mynydd + clogau (ffurf luosog 'clogwyni')
mountain with cliffs

Mynydd Coch *mynydd* (SH 9319)
Powys (Trefaldwyn)
mynydd + coch
red mountain

Mynydd Craig-goch *mynydd* (SH 4948)
Gwynedd (Caernarfon)
mynydd + craig + coch
red rock mountain

Mynydd Cricor *mynydd* (SJ 1450)
Dinbych
crug + -or
cairned mountain

Mynydd Crwn *rhostir* (SN 0929)
Penfro
mynydd + crwn
round mountain (moorland)

Mynyddcynffig *enw lle* (SS 8383)
Pen-y-bont ar Ogwr (Morgannwg)
mynydd + Cynffig (enw person)
Cynffig's hill (personal name)
Kenfig Hill

Mynydd Du *mynydd* (SO 2229)
Powys (Brycheiniog)
mynydd + du
black mountain
Black Mountains

Mynydd Du, Y *mynydd* (SN 6816)
Caerfyrddin
mynydd + du
the black mountain
Black Mountain

Mynydd Eglwyseg *mynydd* (SJ 2246)
Dinbych
mynydd + Eglwyseg (afon)
Eglwyseg mountain

Mynydd Eglwysilan *mynydd* (ST 1092)
Rhondda Cynon Taf (Morgannwg)
mynydd + Eglwysilan (enw lle)
Eglwysilan mountain

Mynydd Epynt *mynydd* (SN 9140)
Powys (Brycheiniog)
mynydd + eb (ebol) + hynt (llwybr), sef llwybr ceffyl
horse-track mountain

Mynydd Esgair *mynydd* (SN 8998)
Powys (Trefaldwyn)
mynydd + esgair (crib, trum)
ridge-backed mountain

Mynydd Esgairneiriau *mynydd* (SH 7809)
Powys (Trefaldwyn)
mynydd + esgair + neiriau (o 'anair', gwarth?)
Esgairneiriau mountain

Mynydd Farteg Fach *mynydd* (SO 2506)
Torfaen (Mynwy)
mynydd + march (rhywbeth mawr, porthiannus) + teg + bach
lesser large, fair mountain

Mynydd Farteg Fawr *mynydd* (SO 2406)
Torfaen (Mynwy)
mynydd + march (rhywbeth mawr, porthiannus) + teg + mawr
greater large, fair mountain

Mynyddfawr *mynydd* (SH 5354)
Gwynedd (Caernarfon)
mynydd + mawr
large mountain

Mynydd Fochriw *mynydd* (SO 0904)
Caerffili (Morgannwg)
mynydd + moch + rhiw
pig-slope mountain

Mynydd Gartheiniog *mynydd* (SH 8013)
Gwynedd (Meirionnydd)
garth (llechwedd) + einiog (eneiniog)
mountain of the blessed slope

Mynydd Garthmaelwg *mynydd* (ST 0184)
Rhondda Cynon Taf (Morgannwg)
mynydd + garth (llechwedd) + Maelog (enw person)
mountain of Maelog's slope (personal name)

Mynydd Gellionnen *mynydd* (SN 7004)
Morgannwg
mynydd + celli (llwyn o goed) + onnen (ash tree)
mountain with the ash grove

Mynydd Gelliwastad *mynydd* (SN 6701)
Rhondda Cynon Taf (Morgannwg)
mynydd + celli (llwyn o goed) + gwastad (fflat)
mountain with a flat grove

Mynydd Gorllwyn *mynydd* (SH 5742)
Gwynedd (Caernarfon)
mynydd + gor (mawr) + llwyn
large groved mountain

Mynydd Hiraethog *mynydd* (SH 9155)
Dinbych
mynydd + hir + aithog (o 'eithin')
long gorse-covered mountain

Mynydd Illtud *mynydd* (SN 9625)
Powys (Brycheiniog)
mynydd + Illtud (sant)
(saint) Illtud's mount

Mynyddislwyn *plwyf* (ST 1794)
Mynwy
mynydd + is (tan) + llwyn (celli o goed)
the mountain below the copse

Mynydd Llandysilio *mynydd* (SJ 1345)
Dinbych
mynydd + Llandisilio (enw lle)
Llandisilio mountain

Mynydd Llangatwg *mynydd* (SO 1815)
Powys (Brycheiniog)
mynydd + Llangatwg (enw lle)
Llangatwg mountain

Mynydd Llan-gors *mynydd* (SO 1526)
Powys (Brycheiniog)
mynydd + Llan-gors (enw lle)
Llan-gors mountain

Mynydd Llangynidr *mynydd* (SO 1115)
Powys (Brycheiniog)
mynydd + Llangynidr (enw lle)
Llangynidr mountain

Mynydd Llanhiledd *mynydd* (SO 2302)
Mynwy
mynydd + Llanhiledd (enw lle)
Llanhiledd mountain

Mynydd Llanwenarth *mynydd* (SO 2617)
Mynwy
mynydd + Llanwenarth (enw lle)
Llanwenarth mountain

Mynydd Llanybydder *mynydd* (SN 5339)
Caerfyrddin
mynydd + Llanybydder
Llanybydder mountain

Mynydd Lledrod *mynydd* (SJ 2130)
Dinbych
mynydd + Lledrod (enw lle)
Lledrod mountain

Mynydd Llwydiarth *bryn* (SH 5479)
Môn
mynydd + llwyd + garth (esgair, cefnen)
grey-ridged mountain

Mynydd Llwytgoed *mynydd* (SO 0396)
Powys (Trefaldwyn)
mynydd + llwyd + coed
grey-wooded mountain

Mynydd Llyn Coch-hwyad *mynydd* (SH 9010)
Powys (Trefaldwyn)
mynydd + llyn + coch-hwyad (grugiar)
Coch-hwyad lake mountain

Mynydd Llyndy *mynydd* (SH 6148)
Gwynedd (Caernarfon)
tŷ + llyn (fferm uwch Llyn Dinas)
mountain of the farm by the lake

Mynydd Llysiau *mynydd* (SO 2028)
Powys (Brycheiniog)
mynydd + llysiau
mountain of herbs

Mynydd Maendy[1] *mynydd* (SS 9494)
Rhondda Cynon Taf
mynydd + Maendy (enw lle)
Maendy mountain

Mynydd Maendy[2] *mynydd* (SS 9786)
Morgannwg
mynydd + Maendy (enw lle)
Maendy mountain

Mynydd Maesyrychen *mynydd* (SJ 1945)
Dinbych
mynydd + maes + ychen
ox-field mountain

Mynydd Malláen *mynydd* (SN 7244)
Caerfyrddin
mynydd + ma (gwastadedd/ maes) + Llaen (enw person)
Llaen's field mountain (personal name)

Mynydd Marchywel *mynydd* (SN 7602)
Morgannwg
mynydd + march + Hywel
Hywel's steed's mountain

Mynydd Mawr *bryn* (SH 1325)
Gwynedd (Caernarfon)
mynydd + mawr
large mountain

Mynyddmechell *enw lle* (SH 3589)
Môn
mynydd + Mechell (sant)
(saint) Mechell's mount

Mynydd Meio *mynydd* (ST 1188)
Morgannwg
mynydd + Meio (enw person)
Meio's mount (personal name)

Mynydd Melyn *mynydd* (SN 0236)
Penfro
mynydd + melyn
yellow mountain

Mynydd Moelgeila *mynydd* (SS 8989)
Morgannwg
mynydd + moel + ceilio(?) (bugeilio, casglu ynghyd)
mount of the shepherding peak

Mynydd Morfil *mynydd* (SN 0331)
Penfro
mynydd + morfil (o'r Ffrangeg 'Morville')
Morfil mountain (from the French)

Mynydd Myddfai *mynydd* (SN 8029)
Caerfyrddin
mynydd + Myddfai (enw lle)
Myddfai mountain

Mynydd Mynyllod *mynydd* (SJ 0039)
Gwynedd (Meirionnydd)
mynydd + mynyllod (geifr bychain)
mountain of the kids (young goats)

Mynydd Nefyn *mynydd* (SH 3240)
Gwynedd (Caernarfon)
mynydd + Nefyn (enw lle)
Nefyn mountain

Mynydd Nodol *mynydd* (SH 8639)
Gwynedd (Meirionnydd)
mynydd + nodol (nodweddiadol)
distinctive mountain

Mynydd Parys *bryn* (SH 4390)
Môn
ar ôl Robert Parys, gwas y brenin Harri IV a ddaeth i Ynys Môn yn y flwyddyn 1406

Parys mountain (after Robert Parys, a commissioner of King Henry IV who came to Anglesey in 1406)
Mynydd Trysglwyn

Mynydd Pen-bre *mynydd* (SN 4403)
Caerfyrddin
mynydd + Pen-bre (enw lle)
Pen-bre mountain

Mynydd Pencarreg *mynydd* (SN 5742)
Caerfyrddin
mynydd Pencarreg (enw lle)
Pencarreg mountain

Mynydd Pen-y-fâl *mynydd* (SO 2619)
Mynwy
mynydd + pen + y + bâl (copa)
top peak mountain
Sugar Loaf

Mynydd Penypistyll *mynydd* (SN 8996)
Powys (Trefaldwyn)
mynydd + pen + y + pistyll (ffrwd nant)
mountain at the head of the stream

Mynydd Perfedd *mynydd* (SH 6262)
Gwynedd (Caernarfon)
mynydd + perfedd (canoldir)
mountain in the midland

Mynydd Preselau/Presely *mynydd* (SN 0832)
Penfro
mynydd + Preselau (enw lle)
Presely Hills

Mynydd Pysgodlyn *mynydd* (SN 6304)
Morgannwg
mynydd + pysgod + llyn
fish-lake mountain

Mynydd Rhiwabon *mynydd* (SJ 2446)
Dinbych
mynydd + Rhiwabon (enw lle)
Rhiwabon mountain

Mynydd Rhiwsaeson *mynydd* (SH 9006)
Powys (Trefaldwyn)
mynydd + rhiw + Saeson
Englishmen's hill mountain

Mynydd Rhuthun *bryn* (SS 9679)
Rhondda Cynon Taf (Morgannwg)
mynydd + rhudd (coch) + din (caer)
mountain of the red fort

Mynydd Sylen *mynydd* (SN 5107)
Caerfyrddin
mynydd + Sulien (sant)
(saint) Sulien's mount

Mynydd Talyglannau *mynydd* (SH 9011)
Powys (Trefaldwyn)
mynydd + tal (pen, fel yn 'talcen') + glan (ymyl afon)
mountain at the head of the river banks

Mynydd Talymignedd *mynydd* (SH 5351)
Powys (Trefaldwyn)
mynydd + tal (pen, fel yn 'talcen') + mignedd (cors)
mountain at the head of the bog

Mynydd Tarw *mynydd* (SJ 1132)
Dinbych
mynydd + tarw (anifail)
bull mountain

Mynydd Ton *mynydd* (SS 9594)
Rhondda Cynon Taf (Morgannwg)
mynydd + ton (tir glas)
ley mountain

Mynydd Trawsnant *mynydd* (SN 8148)
Powys (Brycheiniog)
mynydd + traws + nant
mountain on the land round the stream

Mynydd Trenewydd *mynydd* (SN 0232)
Penfro
mynydd + tref + newydd
new town mountain

Mynydd Tri Arglwydd *mynydd* (SH 8109)
Gwynedd (Meirionnydd)
mynydd + tri + arglwydd
three lords mountain

Mynydd Troed *mynydd* (SO 1629)
Powys (Brycheiniog)
mynydd + troed
foot (shaped) mountain

Mynydd Tryfan *mynydd* (SH 9765)
Dinbych
mynydd + try (tra) + ban (copa)
high-peaked mountain

Mynydd Trysglwyn *bryn* (SH 4390)
Môn
mynydd + trwsgl (dyrys, garw) + llwyn (o goed)
tanglewood mountain
Mynydd Parys

Mynydd Twr *bryn* (SH 2183)
Môn
mynydd + twr (fel yn 'pentwr')
piled-up mountain
Holyhead Moutain

Mynydd Tyle-coch *mynydd* (SS 9396)
Rhondda Cynon Taf (Morgannwg)
mynydd + tyle (llethr) + coch
red-sloped mountain

Mynydd Waun-fawr *mynydd* (SJ 0004)
Powys (Trefaldwyn)
mynydd + gwaun (tir gwlyb) + mawr
mountain by the large moorland

Mynydd y Betws *mynydd* (SN 6610)
Caerfyrddin
mynydd + y + betws (capel gweddi)
mountain by the chapel of ease

Mynydd y Bryn *mynydd* (SJ 2126)
Dinbych
mynydd + y + bryn
the hill mount

Mynydd y Bwllfa *mynydd* (SN 9502)
Rhondda Cynon Taf (Morgannwg)
mynydd + y + pwllfa (man lle mae pwll)
mountain by the pit

Mynydd y Drum *mynydd* (SN 8009)
Powys (Brycheiniog)
mynydd + y + trum (esgair)
mountain with a ridge

Mynydd y Farteg *mynydd* (SN 7707)
Castell-nedd Port Talbot (Morgannwg)
mynydd + y Farteg (enw lle)
y Farteg mountain

Mynydd y Ffaldau *mynydd* (SS 9898)
Rhondda Cynon Taf (Morgannwg)
mynydd + y + ffaldau (llociau defaid)
sheepfold mountain

Mynydd y Gaer *mynydd* (SS 9585)
Pen-y-bont ar Ogwr (Morgannwg)
mynydd + y + caer
fortress mountain

Mynydd y Garth *mynydd* (ST 1083)
Rhondda Cynon Taf (Morgannwg)
mynydd + y + garth (llechwedd)
sloped mountain

Mynydd y Glew *rhostir* (ST 0376)
Bro Morgannwg (Morgannwg)
mynydd + y + glew (dewr)
mountain of the brave

Mynydd y Glog *mynydd* (SN 9808)
Powys (Brycheiniog)
mynydd + y + clog (fel yn 'clogwyn')
the cliff mountain

Mynydd y Gwair *mynydd (x 2)* (SN 9489)
(SN 6407)
Morgannwg
mynydd + y + gwair (porfa)
the hay mountain

Mynydd y Gyrt *bryn* (SH 9669)
Dinbych
mynydd + y + cyrt (lluosog 'cart' neu 'cwrt')
mountain of the carts/courts

Mynydd Ynyscorrwg *mynydd* (SS 8898)
Castell-nedd port Talbot (Morgannwg)
mynydd + ynys (llain o dir yn ymyl afon) + Corrwg (afon)
mountain beside the (river) Corrwg

Mynydd yr Hendre *mynydd* (SH 9801)
Powys (Trefaldwyn)
mynydd + yr + hendre (lle'r anifeiliaid yn y gaeaf)
mountain by the winter dwelling

Mynydd y Rhiw *mynydd* (SH 2229)
Gwynedd (Caernarfon)
mynydd + y + rhiw
the hill mountain

Mynydd Ystum *bryn* (SH 1828)
Gwynedd (Caernarfon)
mynydd + ystum (tro mewn afon)
mountain by the river bend

Mynyllod gw. *(see)* **Llyn Mynyllod**

Mynytho *enw lle* (SH 3031)
Gwynedd (Caernarfon)
ffurf ar 'mynyddoedd'
mountains

mynyw *hwn*
llwyn o goed, e.e. Henfynyw
grove

mŷr *hyn*
hen ffurf luosog ar 'môr'
seas

Mysefin *plas* (SJ 0062)
Dinbych
(o gofio mai cartref y geirluniwr William Owen Pughe oedd hwn!) maes + hefin (fel yn Mehefin?)
summer field (home of the etymologist Willam Owen Pughe)

N

Nadroedd gw. *(see)* **Llyn Nadroedd**

Nancwnlle *nant* (SN 5758)
Ceredigion (Aberteifi)
nant + Gwynlleu (sant)
(saint) Gwynlleu's stream

Nanheudwy *cwmwd*
nannau (hen luosog 'nant') a dwy ('dwyw'
yn wreiddiol, duwies yr afon fel yn 'Dyfrdwy')
(commote on the) streams of the river Dee

Nanhoron *plas* (SH 2831)
Gwynedd (Caernarfon)
o 'Arawn' (brenin Annwn y Mabinogi)
Arawn's stream (king of the otherworld)

Nanhyfer *enw lle* (SN 0840)
Penfro
nant + Nyfer (enw afon)
Nevern spring
Nevern

Nanmor *ardal* (SH 6046)
Gwynedd (Caernarfon)
nant mawr
large river valley

Nannau *plas* (SH 7420)
Gwynedd (Meirionnydd)
nannau (lluosog 'nant')
streams

Nannerch *enw lle* (SJ 1669)
Fflint
nant + erch (lliw brith y dŵr)
dappled stream

nant[1] *hwn* (nentydd, nannau)
(y ffurf wrywaidd) y dyffryn, neu'r pant y
rhedai'r dŵr ynddo, e.e. Nanmor (nant + mawr)
(masculine noun) river valley

nant[2] *hon*
(y ffurf fenywaidd) y dŵr a red yn rhai o'r
dyffrynnoedd hyn
(feminine noun) stream that flows in these valleys

Nant Aberbleiddyn *nant* (SH 8938)
Gwynedd (Meirionnydd)
aber + Bleiddyn (nant)
(blaidd + -yn = blaidd bach)
mouth of the Bleiddyn (stream)

Nant Aberderfel *nant* (SH 8538)
Gwynedd (Meirionnydd)
aber + Derfel (afon)
stream at the mouth of the (river) Derfel

Nant Adwy'r-llan *nant* (SH 8446)
(Dinbych)
adwy (bwlch) + y + llan
stream in a gap in the clearing

Nant Aman Fach *nant* (SN 9800)
Morgannwg
Aman (afon) + bach (cangen afon)
little Aman tributary

Nant Arberth *nant* (SN 2246)
Ceredigion (Aberteifi)
ar (yr ochr draw) + perth (coedwig)
stream opposite the wood

Nant Bachell *nant* (SO 0871)
Powys (Maesyfed)
bachell (cilfach neu dro)
stream in a nook

Nant Barrog *nant* (SH 9268)
Dinbych
barr (pen, copa) + -og
peaked watercourse

Nant Brân *nant* (SN 9533)
Powys (Brycheiniog)
brân (aderyn); Brân (duw Celtaidd)
crow's stream; Brân's stream

Nant Brwyn *nant* (SH 7945)
Gwynedd (Caernarfon)
brwyn (y planhigion)
stream where rushes grow

Nant Brwynog *nant* (SN 8164)
Powys (Brycheiniog)
Brwyn (enw person) yn fwy tebyg na
'brwyn' (y planhigion)
Brwyn's stream (personal name)

Nant Caeach *nant* (ST 1196)
Caerffili (Morgannwg)
cae (sef bod elfen o 'gae i mewn' wrth i'r
afon nodi ffin)
enclosing stream

Nant Caedudwg *nant* (ST 0992)
Morgannwg
cae + Dudwg (enw person?)
stream through Dudwg's field (personal name?)

Nant Carfan *nant* (SH 8907)
Powys (Trefaldwyn)
carfan, cefnen neu drum o dir (a fyddai'n
ffin efallai?)
stream on the ridge

Nant Carn *nant* (ST 2493)
Mynwy
carn (carnedd, pentwr o gerrig)
cairn spring

Nant Cerrig-y-gro *nant* (SH 9314)
Powys (Trefaldwyn)
cerrig + y + gro (mân gerrig, graean)
the shingle stream

Nant Cledlyn *nant* (SN 4943)
Ceredigion (Aberteifi)
caled (garw) + llyn
stormy lake stream

Nantclwyd *plas* (SJ 1151)
Dinbych
nant + clwyd (canllaw, neu gât)
gated stream

Nant Clydach *nant* (SN 8831)
Powys (Brycheiniog)
enw Gwyddeleg yn dynodi afon yn rhedeg mewn lle gwastad, caregog
an Irish name referring to a stream flowing on a flat rocky bed

Nantcol *nant* (SH 6427)
Gwynedd (Meirionnydd)
nant + Coel (enw personol)
Coel's stream/valley (personal name)

Nant Conwy *cwmwd*
nant (dyffryn) + Conwy (afon)
Conwy valley (commote)

Nant Craig-y-frân *nant* (SH 9608)
Powys (Trefaldwyn)
craig + y + brân
stream at the crow's rock

Nant Creuddyn *nant* (SN 5551)
Ceredigion (Aberteifi)
crau (cylch amddiffynnol a gwayffyn yn wynebu am allan) + dynn (hen air am 'bryn')
stream through the fortified enclosure

Nant Crychell *nant* (SO 0775)
Powys (Maesyfed)
Crychell (enw yn seiliedig ar 'cyrch', rhuthr)
hurtling stream

Nant Crymlyn *nant* (SS 9483)
Pen-y-bont ar Ogwr
llyn crwm
stream from a lake with a bend

Nant Cwmpydew *nant* (SJ 0132)
Gwynedd (Meirionnydd)
cwm + pydew (ffynnon, pwll)
stream in the valley of the well

Nant Cwmtywyll *nant* (SJ 0433)
Gwynedd (Meirionnydd)
cwm + tywyll
stream in a dark valley

Nant Cymrun *nant* (SN 9661)
Powys (Brycheiniog)
yn cynnwys 'cymer' efallai
confluence stream

Nant Cynnen *nant* (SN 3522)
Caerfyrddin
cynnen (ymrafael, anghytuno)
stream of contention

Nant Derbyniad *nant* (SH 7741)
Dinbych
derbyn (nant yn derbyn dŵr)
recipient stream

Nant Ddu *nant* (SH 7932)
Gwynedd (Meirionnydd)
du
black stream

Nant-ddu *enw lle* (SO 0014)
Powys (Brycheiniog)
nant + du
black stream

Nanteos *plas* (SN 6278)
Ceredigion (Aberteifi)
nant (cwm) + eos
nightingale's glen

Nanternis *enw lle* (SN 3756)
Ceredigion (Aberteifi)
nant + Ernisius (enw caplan y Frenhines Matilda a ddaeth yn feudwy i Gymru)
vale of Ernisius (Queen Matilda's chaplain who came to Wales as a hermit)

Nant Felys *nant* (SN 4224)
Caerfyrddin
o 'mêl', melys
sweet stream

Nant Ffrancon *nant* (SH 6363)
Gwynedd (Caernarfon)
ffranc (hen air am 'gwaywffon')
spear-like stream

Nantffreuer *ardal* (SH 9840)
Gwynedd (Meirionnydd)
nant + ffreuo (llifo, pistyllio)
pouring stream

Nant Ffridd-fawr *nant* (SH 7716)
Gwynedd (Meirionnydd)
nant + ffridd (tir pori mynyddig) + mawr
stream through the large mountain pasture

Nantgaredig *enw lle* (SN 4921)
Caerfyrddin
nant + caredig
kindly stream

Nantgarw *enw lle* (ST 1285)
Rhondda Cynon Taf (Morgannwg)
nant + garw
turbulent stream

Nant Gewyn *nant* (SN 8856)
Powys (Brycheiniog)
nant + gewyn
sinew brook

Nant-glas *plas* (SN 5612)
Caerfyrddin
glas (y lliw)
blue stream or green valley

Nantglyn *enw lle* (SJ 0061)
Dinbych
nant + glyn (cwm)
stream in the valley

Nant Goch *nant* (SH 8443)
Gwynedd (Meirionnydd)
nant + coch
red stream

Nant Gwennol *nant* (SN 8335)
Caerfyrddin
gwennol (yr aderyn)
swallow stream

Nant Gwilym *nant* (SN 9557)
Powys (Brycheiniog)
Gwilym (enw personol)
Gwilym's stream (personal name)

Nant Gwrtheyrn *nant* (SH 3445)
Gwynedd (Caernarfon)
Gwrtheyrn (enw personol)
Gwrtheyrn's stream (personal name)

Nant Gwyn *nant* (SH 8041)
Gwynedd (Meirionnydd)
gwyn (y lliw)
white stream

Nant Gwynant *nant* (SH 6250)
Gwynedd (Caernarfon)
nant hoyw; 'neint' (hen luosog 'nant') oedd y ffurf hynaf
sparkling stream(s)

Nant Gyhirych *nant* (SN 8820)
Powys (Brycheiniog)
o *'cireach'*, gair Gwyddeleg am frig mynydd
peak stream

Nant Hafesb *nant* (SH 9337)
Gwynedd (Meirionnydd)
haf + hesb (yn sychu yn ystod yr haf)
stream that tends to dry in the summer

Nant Hesgog *nant* (SN 9168)
Powys (Maesyfed)
hesg (cors frwynog)
sedge stream

Nant Hir *nant* (SH 9730)
Gwynedd (Meirionnydd)
hir
long stream

Nant Islyn *nant* (SH 7137)
Gwynedd (Meirionnydd)
is + llyn
stream this side of the lake

Nant Leidiog *nant* (SH 9841)
Gwynedd (Morgannwg)
lleidiog (llawn llaid)
muddy stream

Nantleidiog *ardal* (SH 9739)
Gwynedd (Meirionnydd)
nant + lleidiog (llawn llaid)
muddy stream

Nantlle *enw lle* (SH 5053)
Gwynedd (Caernarfon)
nant + Lleu, sef Lleu Llaw Gyffes
Lleu's valley (name from Celtic mythology)

Nantlle gw. *(see)* **Llyn Nantlle**

Nant Magwr *nant* (SN 6774)
Ceredigion (Aberteifi)
magwyr (mur amddiffynnol o gerrig)
stream by the stone rampart

Nant Meichiad *nant* (SJ 1316)
Powys (Trefaldwyn)
meichiad (gŵr sy'n cadw moch, neu enw cawr oedd yn cadw moch yn ôl un chwedl)
swineherd's stream

Nantmeichiad *enw lle* (SJ 1316)
Powys (Trefaldwyn)
meichiad (gŵr sy'n cadw moch, neu enw cawr oedd yn cadw moch yn ôl un chwedl)
swineherd's stream

Nantmel *nant* (SO 0366)
Powys (Maesyfed)

nant + Mael (enw person)
Mael's spring (personal name)

Nant Melai *nant* (SH 9066)
Dinbych
mêl
honey stream

Nant Methan *nant* (SN 9065)
Powys (Maesyfed)
o 'methu' (nant y mae ei dŵr yn pallu ar adegau)
stream that fails

Nant Olwy *nant* (SO 4001)
Mynwy
'elwy' yn wreiddiol (afon â llawer o droeon neu ystumiau)
meandering stream
Olway

Nant Paradwys *nant* (SN 8960)
Powys (Brycheiniog)
paradwys
paradise stream

Nant Pasgen Bach *nant* (SH 6536)
Gwynedd (Meirionnydd)
Pasgen (enw personol)
little Pasgen's stream (personal name)

Nant Pen-y-cnwc *nant* (SN 4623)
Caerfyrddin
pen + y + cnwc (bryncyn, twmpath)
stream by the hill top

Nant Peris *nant* (SH 6058)
Gwynedd (Caernarfon)
Peris (sant)
(saint) Peris's spring

Nantperis *enw lle* (SH 6058)
Gwynedd (Caernarfon)
nant + Peris (sant)
(saint) Peris's valley

Nant Pibwr *nant* (SN 4218)
Caerfyrddin
yn cynnwys yr elfen 'pibo', chwistrellu
spurting stream

Nant Rhydwen *nant* (SH 9130)
Gwynedd (Meirionnydd)
rhyd + gwen (ffurf fenywaidd 'gwyn')
white ford stream

Nant Rhydyfedw *nant* (SO 1585)
Powys (Maesyfed)
rhyd + y + bedw (y coed)
stream through the ford of the birches

Nant Rhysfa *nant* (ST 0397)
Morgannwg
rhysfa (cynefin defaid, neu ruthr dŵr y nant)
sheep-walk stream; or rushing water stream

Nant Sarffle *nant* (SS 1432)
Dinbych
sarff (neidr) + lle
stream at the place of serpents

Nantstalwyn *fferm* (SN 8057)
Powys (Brycheiniog)
nant + stalwyn (march)
stallion spring

Nant Tawelan *nant* (SN 9675)
Powys (Maesyfed)
tawel
quiet stream

Nant Terfyn *nant* (SH 9666)
Bae Colwyn (Dinbych)
terfyn (ffin)
border stream

Nant Trefil *nant* (SO 1113)
Blaenau Gwent (Mynwy)
tre + mil (anifail)
stream by the animal homestead

Nant Treflyn *nant* (SO 0064)
Powys (Maesyfed)
tref (fferm fawr) + llyn
stream of the homestead by the lake

Nant Trogi *nant* (ST 4594)
Mynwy
o 'taradr', tar(ogi); afon sy'n tyllu
a burrowing stream

Nant y Bachws *nant* (SN 9489)
Powys (Trefaldwyn)
nant + y + bach (congl, cilfach)
stream in the nook

Nant y Betws *nant* (SH 5555)
Gwynedd (Caernarfon)
nant + y + betws (capel bach)
stream by the chapel of rest

Nant y Bugail *nant* (SM 9732)
Penfro
nant + y + bugail
the shepherd's stream

Nant-y-bwch *nant* (SO 1210)
Mynwy
nant + y + bwch (carw)
the stag's spring

Nant-y-caws *nant* (SN 4518)
  Caerfyrddin
  nant + y + caws
  the cheese stream

Nant y Coed *nant* (SH 8643)
  Gwynedd (Meirionnydd)
  nant + y + coed
  stream in the wood

Nant-y-deri *ardal* (SO 3305)
  Mynwy
  nant + y + deri (coed derw)
  river valley in the oaks

Nant y Ffrith *nant* (SJ 2654)
  Fflint
  nant + y + ffridd (tir pori mynyddig)
  stream on the mountain pasture

Nantyffyllon *enw lle* (SS 8592)
  Pen-y-bont ar Ogwr (Morgannwg)
  nant + y + ffyrlling (sef y darn arian lleiaf ei werth mewn hen arian)
  the farthing stream

Nant-y-glo *enw lle* (SO 1910)
  Mynwy
  nant + y + glo
  the coal river valley

Nant y Graean *nant* (SH 7330)
  Gwynedd (Meirionnydd)
  nant + y + graean (mân gerrig)
  the gravel stream

Nant y Gro *nant* (SN 9262)
  Powys (Brycheiniog)
  nant + y + gro (mân gerrig ar wely afon)
  the shingle stream

Nant y Groes *nant* (SH 7541)
  Gwynedd (Meirionnydd)
  nant + y + croes
  stream of the cross

Nant-y-groes *heneb* (SH 2667)
  Powys (Maesyfed)
  nant + y + croes
  stream of the cross

Nant y Gylchedd *nant* (SH 8646)
  Dinbych
  nant + y + cylch
  the circuitous stream

Nant y Moch *llyn* (SN 7786)
  Ceredigion (Aberteifi)
  nant + y + moch
  the pigs' stream

Nant-y-moel *nant* (SS 9392)
  Pen-y-bont ar Ogwr (Morgannwg)
  nant + y + moel (copa moel mynydd)
  stream beside the bare mountain top

Nant y Pandy *nant* (SJ 1441)
  Gwynedd (Meirionnydd)
  nant + y + pandy (y man lle roedd gwlân yn cael ei bannu)
  stream by the fulling mill

Nantyrarian *fferm* (SN 7181)
  Ceredigion (Aberteifi)
  nant + yr + arian (am nant ddisglair)
  the silvery stream

Nant yr Eira *nant* (SH 9605)
  Powys (Trefaldwyn)
  nant + yr + eira (am liw'r dŵr)
  the snowy stream

Nant yr Hafod *nant* (SH 8924)
  Gwynedd (Meirionnydd)
  nant + yr + hafod (lle i bori yn ystod yr haf)
  stream through the summer pasture

Nant yr Hengwm *nant* (SH 9343)
  Dinbych
  nant + yr + hen + cwm
  stream in the old valley

Nantyrhynnau *fferm* (SO 1685)
  Powys (Trefaldwyn)
  nant + y + rhyn (pig, copa)
  stream by the peaks

Nant y Sarn *nant* (SH 9731)
  Gwynedd (Meirionnydd)
  nant + y + sarn (ffordd wedi'i chodi'n uwch na'r tir, yn arbennig tir gwlyb, corsog)
  stream by the causeway/highway

Nant y Stabl *nant* (SO 0376)
  Powys (Maesyfed)
  nant + y + stabl
  stream by the stable

Nant Ystradau *nant* (SH 6844)
  Gwynedd (Meirionnydd)
  nant + ystradau (lluosog 'ystrad', llawr dyffryn)
  stream along valley floors

Nant y Waun *nant* (SJ 0332)
  Gwynedd (Meirionnydd)
  nant + y + gwaun (rhostir corsog)
  stream through the moorland

Narberth gw. (*see*) **Arberth**

Nasareth *enw lle* (SH 4750)
Gwynedd (Caernarfon)
enw o'r Beibl
Nazareth (Biblical [chapel] name)

Nebo[1] *enw lle* (SH 4750)
Gwynedd (Caernarfon)
enw o'r Beibl
Nebo (Biblical [chapel] name)

Nebo[2] *enw lle* (SH 8356)
Dinbych
enw o'r Beibl
Nebo (Biblical [chapel] name)

Nedd gw. *(see)* **Afon Nedd**

Nedd Isaf *plwyf* (SN 8002)
Castell-nedd Port Talbot (Morgannwg)
Nedd (o 'Nidum' y Rhufeiniaid) + isaf
lower Neath (from the Roman 'Nidum')

Nedd Uchaf *plwyf* (SN 8306)
Castell-nedd Port Talbot (Morgannwg)
Nedd (o 'Nidum' y Rhufeiniaid) + uchaf
upper Neath (from the Roman 'Nidum')

Nefyn *enw lle* (SH 3040)
Gwynedd (Caernarfon)
Nefyn (enw personol o 'naf', arglwydd)
Nefyn (a personal name)

Nercwys *enw lle* (SJ 2361)
Fflint
erch (brith) + gwŷs (hen air am 'mochyn');
enw afon efallai
speckled pig (a stream perhaps)

Neuadd-lwyd *ardal* (SN 4759)
Ceredigion (Aberteifi)
neuadd + llwyd
grey (or blessed) hall

Newydd Fynyddog *mynydd* (SH 9000)
Powys (Trefaldwyn)
newydd + mynyddog (enw lle o 'mynydd')
new Mynyddog

Niwbwrch *enw lle* (SH 4265)
Môn
ffurf Gymraeg ar 'Newborough'
Newborough

Niwgwl *enw lle* (SM 8422)
Penfro
enw Gwyddeleg yn wreiddiol
originally an Irish name
Newgale

nyfed
llwyn, yn arbennig llwyn neu le cysegredig
grove (usually a sacred grove)

Nyfer *enw lle* (SN 0840)
Penfro
Nyfer (enw nant)
Nevern

O

Oernant *nant* (SH 7948)
Gwynedd (Caernarfon)
oer + nant
cold stream

Oernant, Yr *bwlch* (SJ 1846)
Dinbych
yr + oer + nant (cwm)
the cold valley pass
Horseshoe Pass

Ogof Diban *cilfach* (SH 1120)
Gwynedd (Caernarfon)
ogof + diben (terfyn, pen)
cave in the headland

Ogwen gw. *(see)* **Llyn Ogwen**

Ogwr gw. *(see)* **Afon Ogwr**

Ole Wen, Yr *llechwedd* (SH 6561)
Gwynedd (Caernarfon)
y + goleddf (llethr) + gwyn (y ffurf fenywaidd yw 'gwen'))
the summit with a white slope

Olmarch *ardal* (SN 6254)
Ceredigion (Aberteifi)
ôl + march (ceffyl gwryw)
horse track

Olwy gw. *(see)* **Nant Olwy**

Onllwyn[1] *enw lle* (SN 8410)
Castell-nedd Port Talbot (Morgannwg)
llwyn + onn(en)
ash grove

Onllwyn[2] *mynydd* (SN 9908)
Powys (Brycheiniog)
llwyn + onn(en)
ash grove

Orllwyn Teifi *plwyf* (SN 3741)
Ceredigion (Aberteifi)
gor (i fyny) + llwyn (prysgwydd) + Teifi (afon)
upper wooded slopes of the river Teifi

Orsedd, Yr *enw lle* (SJ 3657)
Dinbych
y + gorsedd (cadair brenin)
the throne
Rossett

-os (-wes; -was; -wos) *olddodiad benywaidd o'i ychwanegu at enw lluosog coeden neu blanhigyn, golyga fan lle mae'r coed neu'r planhigion yn tyfu, e.e. Y Frwynos; Y Wernos, Onnos; Derwas, Bedwas*
a suffix which turns the plural form of plant or tree name into a feminine collective noun denoting a place where these plants/trees grow, e.g. Bedwas (a place where birch trees grow)

Owrtyn *enw lle* (SJ 3741)
Fflint
ffurf Gymraeg ar 'Overton': 'ofer', Hen Saesneg am 'llethr' + *tun* (fferm)
Old English, ofer (bank) + tun (farm)
Overton

P

Padarn gw. *(see)* **Llyn Padarn**

Padrig gw. *(see)* **Llyn Padrig**

Pale *plas* (SH 9836)
Gwynedd (Meirionnydd)
palau (lluosog 'pâl', stanc, postyn), sef lle wedi'i amgáu â physt
enclosure

pandy *hwn*
melin pannu gwlân
fulling mill

Pandy[1] *ardal* (SJ 1936)
Wrecsam (Dinbych)
pandy (y man lle roedd gwlân yn cael ei bannu
fulling mill

Pandy[2] *enw lle* (SH 6203)
Gwynedd (Meirionnydd)
pandy (y man lle roedd gwlân yn cael ei bannu)
fulling mill

Pandy[3] *ardal* (SH 8729)
Gwynedd (Meirionnydd)
pandy (y man lle roedd gwlân yn cael ei bannu)
fulling mill

Pandy[4] *ardal* (SH 9004)
Powys (Trefaldwyn)
pandy (y man lle roedd gwlân yn cael ei bannu
fulling mill

Pandy[5] *enw lle* (SO 3322)
Mynwy
pandy (y man lle roedd gwlân yn cael ei bannu)
fulling mill

Pandy'r Capel *enw lle* (SJ 0850)
Gwynedd (Meirionnydd)
pandy + y + capel
fulling mill by the chapel

Pandytudur *enw lle* (SH 8564)
Dinbych
pandy + budr (yn wreiddiol)
filthy fulling mill

Pantasa *enw lle* (SJ 1675)
Fflint
pant + Asaff (sant)
(saint) Asaph's hollow

Pant-dwfn *fferm* (SN 2815)
Caerfyrddin
pant + dwfn
deep hollow

Pant-glas *enw lle* (SH 4747)
Gwynedd (Caernarfon)
pant + glas
green hollow

Pant-gwyn *ardal* (SN 2446)
Ceredigion (Aberteifi)
pant + gwyn
white hollow

Pant-mawr *ardal* (SN 8482)
Powys (Trefaldwyn)
pant + mawr
great hollow

Pantperthog[1] *ardal* (SH 7404)
Gwynedd (Meirionnydd)
pant + perth (llwyn)
thicketed hollow

Pantperthog[2] *mynydd* (SH 7306)
Gwynedd (Meirionnydd)
pant + perth (llwyn)
thicketed hollow

Pantsaeson *plas* (SN 1344)
Penfro
pant + Saeson
Englishmen's hollow

Pant-teg *plwyf* (ST 2898)
Mynwy
pant + teg
fair hollow

Pantycelyn *fferm* (SN 8235)
Caerfyrddin
pant + y + celyn
the holly-tree hollow

Pantycendy *ardal* (SN 3423)
Caerfyrddin
pant + y + cedny (lluosog 'cadno')
the foxes' hollow

Pantyderi *plas* (SN 1637)
Penfro
pant + y + deri (coed derw)
the oak hollow

Pant-y-dŵr *enw lle* (SN 9874)
Powys (Maesyfed)
pant + y + dŵr
the water-filled hollow

Pant-y-fid *fferm* (SO 1601)
Mynwy
pant + y + bid (gwrych, perth)
the hedge hollow

Pant-y-ffordd *ardal* (SN 8209)
Castell-nedd Port Talbot (Morgannwg)
pant + y + ffordd (heol)
dip in the road

Pant-y-gog *ardal* (SS 9090)
Pen-y-bont ar Ogwr (Morgannwg)
pant + y + cog (cwcw)
the cuckoo hollow

Pantygraig-wen *ardal* (ST 0690)
Rhondda Cynon Taf (Morgannwg)
pant + y + craig + gwen (ffurf fenywaidd 'gwyn')
the white-rock hollow

Pantylliwydd *fferm* (SS 9779)
Bro Morgannwg (Morgannwg)
pant + y + lliwydd (lliw i liwio gwlân)
the dyers' hollow

Pant-y-mwyn:Pantymwyn *enw lle* (SJ 1964)
Fflint
pant + y + mwyn (mwynglawdd)
the mineral mine hollow

Pantysgallog *ardal* (SO 0608)
Merthyr Tudful (Morgannwg)
pant + ysgall
hollow where thistles grow

Panylau Gwynion *mynydd* (SH 9306)
Powys (Trefaldwyn)
panwl (pant bychan) + gwyn
white dimpled (hill)

Paradwys gw. *(see)* **Nant Paradwys**

Parc *ardal* (SH 8733)
Gwynedd (Meirionnydd)
parc (ffridd)
hillside pasture

Parcletis *plas* (SO 3210)
Mynwy
parc + Letis (enw merch)
Letis's field (feminine personal name)

Parc y Meirch *heneb* (SH 9675)
Conwy (Dinbych)
parc (maes) + y + march (lluosog 'meirch')
field of the steeds

Parc y Meirw *heneb* (SM 9935)
Penfro
parc + y + meirw (lluosog 'marw')
field of the dead

Parc-y-rhos *ardal* (SN 5746)
Caerfyrddin
parc + y + rhos (tir uchel agored)
field on the moorland

Parlwr Du, Y *penrhyn* (SJ 1285)
Fflint
y + parlwr (ystafell, llety, cysgod) + du
the black parlour (promontory)

parrog *hwn*
maes, yn arbennig am dir gwastad ar lan y môr
meadow, especially flat land beside the sea

Parrog *enw lle* (SN 0439)
Penfro
parrog (tir gwastad ar lan y môr)
land beside the sea

Parsel Canol *plwyf* (SN 6381)
Ceredigion (Aberteifi)
parsel (darn o dir) + canol
middle parcel (of land)

Parwyd *cilfach* (SH 1524)
Caernarfon
parwyd (mur, pared)
partition

Pasgen Bach gw. *(see)* **Nant Pasgen Bach**

Patrisio *plwyf* (SO 2722)
Powys (Brycheiniog)
merthyr (man lle y claddwyd sant) + Isio neu Issiu (sant)
(saint) Isio's resting place

Pebidiog *cantref*
Pebid + -iog = gwlad Pebid
(hundred in) Pebid's land

Pedair-ffordd *enw lle* (SJ 1124)
Powys (Trefaldwyn)
pedair + ffordd (heol)
four roads

Pedair-hewl *enw lle* (SN 4409)
Caerfyrddin
pedair + heol (ffordd)
four roads

pelan *hon*
bryncyn, bryn bach
hillock

Pelcam *ardal* (SM 9118)
Penfro
pêl (bryncyn crwn?) + cam (ar dro)
lopsided hillock
Pelcomb

Pen-allt *enw lle* (SO 5210)
Mynwy
pen + gallt (llethr goediog)
top of the wooded slope

Penalltau *fferm* (ST 1395)
Castell-nedd Port Talbot (Morgannwg)
pen + galltau (llethrau coediog)
top of the wooded slope

Penally *enw lle* (SS 1199)
Penfro
pen + Alun (afon)
head of the (river) Alun
Penalun

Penantlliw *ardal* (SH 8132)
Gwynedd (Meirionnydd)
pen + nant + Lliw (nant dŵr gloyw)
head of the Lliw (stream)

Penaran *ardal* (SH 8326)
Gwynedd (Meirionnydd)
pen + Aran (mynydd, llyn a nant)
head of the Aran (mountain, lake and stream name)

Penarfynydd *fferm* (SH 4038)
Gwynedd (Caernarfon)
pen + ar + mynydd
(farm) on the mountain top

Penarlâg *enw lle* (SJ 3165)
Fflint
penardd (ucheldir) + Alâog (enw personol)
Alâog's highland (personal name)
Hawarden

penarth:peniarth:pennarth
1. Penarth = pen + garth, trwyn o dir yn ymwthio i'r môr
promontory
2. Pennarth/Peniarth = pen + garth (talcen, allt neu gefnen o dir)
ridge top, head of a hillside

Penarth *enw lle* (ST 1871)
Bro Morgannwg (Morgannwg)
pen + garth (pentir)
head of the promontory

Penbedw *plas* (SJ 1668)
Fflint
pen + bedw
birch top

Penbiri *bryn* (SM 7629)
Penfro
pen + bery (barcud)
kite-(bird) top hill
Pen Berry

Pen-bont Rhydybeddau *enw lle* (SN 6783)
Ceredigion (Aberteifi)
pen + pont + rhyd + y + beddau
bridge end at the graves ford

Pen-boyr *eglwys* (SN 3636)
Caerfyrddin
yn yr hen *Faenor Forion*

Pen-bre *enw lle* (SN 4201)
Caerfyrddin
pen + bre (bryn)
hill top
Pembrey

Penbryn *enw lle* (SN 2951)
Ceredigion (Aberteifi)
pen + bryn
hill top

Penbuallt *plwyf* (SN 9244)
Powys (Brycheiniog)
pen + Buellt (enw lle)
Buellt top

Penbwchdy *penrhyn* (SM 8737)
Penfro
pen + bwch (gafr wryw) + tŷ
summit of the billy goat's house

Pencader *enw lle* (SN 4436)
Caerfyrddin
pen + cadair (caer neu fryn ar ffurf cadair)
chair-shaped hill top

Pencaenewydd *enw lle* (SH 4041)
Gwynedd (Caernarfon)
pen + cae + newydd
new field top

Pen-caer *ardal* (SM 9040)
Penfro
pen + caer (amddiffynfa gaerog)
fortress summit

Pencaerau *ardal* (SH 2027)
Gwynedd (Caernarfon)
pen + caerau
summit of the fortresses

Pencarreg *enw lle* (SN 5345)
Caerfyrddin
pen + carreg
stone summit

Pencarreg-dân *mynydd* (SN 8654)
Powys (Brycheiniog)

pen + carreg-dân (callestr)
flint summit

Pencelli *enw lle* (SO 0925)
Powys (Brycheiniog)
pen + celli (llwyn)
grove end

Pen Cerrig Calch *mynydd* (SO 2122)
Powys (Brycheiniog)
pen + carreg + calch (limestone)
limestone summit

Pen-clawdd[1] *ardal* (SO 4507)
Mynwy
pen + clawdd
bank end

Pen-clawdd[2] *enw lle* (SS 5495)
Abertawe (Morgannwg)
pen + clawdd
bank end

Pen-coed[1] *enw lle* (SS 9681)
Pen-y-bont ar Ogwr (Morgannwg)
pen + coed
wood end

Pen-coed[2] *plas* (ST 4089)
Mynwy
pen + coed
wood end

Penconisiog *enw lle* (SH 3573)
Môn
pen + Conws (enw personol Gwyddeleg) + iog = tir Conws
head of Conws' land (Irish personal name)

Pencraig *plwyf* (SO 2459)
Powys (Maesyfed)
pen + craig
rock end
Old Radnor

Penderyn *enw lle* (SN 9048)
Powys (Brycheiniog)
pen + aderyn
bird's head

Pendeulwyn *enw lle* (ST 0676)
Bro Morgannwg (Morgannwg)
pen + dau + llwyn (celli o goed)
the head of two groves
Pendoylan

Pendinas *bryn a heneb* (SN 5880)
Ceredigion (Aberteifi)
Pen Dinas Maelor, sef pen + dinas (caer) + Maelor
crest (of Maelor's) fortress

Pen Dinas Lochdyn *heneb* (SN 3154)
Ceredigion (Aberteifi)
pen + dinas (lle caerog) + Lochdyn (ynys) (*loch* [cilfach môr] + din [lle caerog]), neu yn seiliedig ar Elych (enw person)
head of the fortified loch

Pendine *enw lle* (SN 2308)
Caerfyrddin
pen + din (caer)
summit of the fortress

Pendyrys *enw lle* (ST 0195)
Rhondda Cynon Taf (Morgannwg)
pen + dyrys (llawn drysni)
tangle top

Penegoes *enw lle* (SH 7700)
Powys (Trefaldwyn)
pen + y + coes (darn o dir ar ffurf coes)
top of the leg (of land)

Penfro[1] *cantref*
penrhyn y fro (sef hen deyrnas Dyfed)
headland (hundred – of the kingdom of Dyfed)

Penfro[2] *sir* (SM 9801)
penrhyn y fro (sef hen deyrnas Dyfed)
headland (of the kingdom of Dyfed)
Pembroke (county)

Pen-ffordd *enw lle* (SN 0722)
Penfro
pen + ffordd
end of the road

Penffordd-las *enw lle* (SN 8892)
Powys (Trefaldwyn)
pen + ffordd + glas (gwyrdd/newydd)
end of the new road
Staylittle

Penffridd-sarn *mynydd* (SH 8346)
Dinbych
pen + ffridd (dôl) + sarn
end of the mountain pasture by the highroad

Pengam *enw lle* (ST 1597)
Caerffili (Mynwy)
pen + cam (ar dro)
crooked head

Pengelli (-ddrain) *enw lle* (SN 5900)
Abertawe (Morgannwg)
pen + celli (llwyn) + drain
thorn-thicket end
Grovesend

Pen-glais *bryn* (SN 5892)
Ceredigion (Aberteifi)
pen + glais (nant, afonig)
head of the stream

Pengorffwysfa *enw lle* (SH 4692)
Môn
pen + gorffwys + -fa (man gorffwys)
head of the resting-place

Pengwern[1] *fferm* (SH 4558)
Gwynedd (Caernarfon)
pen + gwern (y coed) neu gwern (cors, tir gwlyb)
alder end

Pengwern[2] *plas* (SJ 0176)
Fflint
pen + gwern (y coed) neu gwern (cors, tir gwlyb)
alder end

Pengwern[3] *plas* (SH 6943)
Gwynedd (Meirionnydd)
pen + gwern (y coed) neu gwern (cors, tir gwlyb)
alder end

Penhelyg *enw lle* (SN 6296)
Gwynedd (Meirionnydd)
pen + helyg
willows end

Pen-hw *plwyf* (ST 4290)
Mynwy
pen + 'hoh' (hen air Saesneg am 'esgair')
head of the ridge
Pen-how

Pen-hydd *fferm* (SS 8092)
Castell-nedd Port Talbot (Morgannwg)
pen + hydd (carw gwyllt)
stag's head

peniarth:pennarth:penarth
1. Penarth = pen + garth (trwyn o dir yn ymwthio i'r môr)
   promontory
2. Pennarth/Peniarth = pen + garth (talcen, allt neu gefnen o dir)
   ridge top, head of a hillside

Peniarth *plas* (SH 6105)
Gwynedd (Meirionnydd)
pen + garth
ridge head

Peniel *enw lle* (SJ 0263)
Dinbych

pen + gâl (gelyn?)
foe's head

Penisa'r-waun *enw lle* (SH 5563)
Gwynedd (Caernarfon)
pen + isaf + y + gwaun (cae gwlyb)
bottom end of the field

Penllech *ardal* (SH 2234)
Gwynedd (Caernarfon)
pen + llech (y garreg las)
slate head

Penlle'rcastell *bryn* (SN 6609)
Morgannwg
pen + lle + y + castell
the castle head

Penlle'rfedwen *rhostir* (SN 7211)
Castell-nedd Port Talbot (Morgannwg)
pen + lle + y + bedwen (birch)
head of the place where birches grow

Penlle'r-gaer *enw lle* (SS 6198)
Abertawe (Morgannwg)
pen + lle + y + caer
head of the fortified place

Pen-llin *enw lle* (SS 9776)
Bro Morgannwg (Morgannwg)
pen + llin
end where flax grows

Penllithrig-y-wrach *mynydd* (SH 7162)
Gwynedd (Caernarfon)
pen + llithrig + y + gwrach
the witch's slippery summit

Penllwyn-fawr *heneb* (ST 1795)
Mynwy
pen + llwyn (celli coed) + mawr
head of a great grove

Penllwyn-gwent *fferm* (SS 9488)
Morgannwg
pen + llwyn + gwent (ardal)
head of the Gwentian grove

Penllyn[1] *ardal* (SH 9235)
Gwynedd (Meirionnydd)
pen + llyn
head of the lake

Penllyn[2] *cantref*
pen uchaf Llyn Tegid
(hundred at the) head of Lake (Tegid)

Pen Llŷn *ardal*
Gwynedd (Caernarfon)
pen + Llŷn (darn o'r wlad)
Llŷn penisula

Penmachno *enw lle* (SH 7950)
Gwynedd (Caernarfon)
pen + nant (yn wreiddiol) + Machno (afon)
head of the (river) Machno

Pen-maen[1] *enw lle* (SS 5388)
Abertawe (Morgannwg)
penmaen (pentir)
rocky promontory

Pen-maen[2] *enw lle* (ST 1897)
Mynwy
penmaen (pentir)
rocky promontory

Penmaenan *enw lle* (SH 7075)
Gwynedd (Caernarfon)
pen + maenan (maen bach)
little rocky promontory

Penmaendewi *penrhyn* (SM 7227)
Penfro
pen + maen + Dewi (sant)
(saint) Dewi's rocky headland
St David's Head

Penmaen-mawr *enw lle* (SH 7176)
Gwynedd (Caernarfon)
penmaen + mawr
large rocky promontory

Penmaen-pŵl *enw lle* (SH 6918)
Gwynedd (Meirionnydd)
penmaen + pŵl (llyn)
rocky promontory by the lake

Penmaen-rhos:Penmaenrhos *enw lle* (SH 8778)
Dinbych
penmaen + rhos
moorland rocky promontory

Pen-marc *enw lle* (ST 0568)
Bro Morgannwg (Morgannwg)
pen + march (ceffyl gwryw)
stallion's head

Penmon *penrhyn* (SH 6380)
Môn
pen + Môn
Anglesey headland

Penmorfa[1] *enw lle* (SH 5440)
Gwynedd (Caernarfon)
pen + morfa (tir ger y môr)
headland by the sea

Penmorfa[2] *penrhyn* (SM 8634)
Penfro
pen + morfa (tir ger y môr)
headland by the sea

Penmynydd *enw lle* (SH 5074)
Môn
pen + mynydd
mountain top

Pennal *enw lle* (SH 7000)
Gwynedd (Meirionnydd)
pen + hâl (rhos)
head of the moor

Pennant[1] *ardal* (SH 8167)
Dinbych
pen + nant (dyffryn afon)
head of the valley

Pennant[2] *ardal* (SO 2177)
Powys (Maesyfed)
pen + nant (dyffryn afon)
head of the valley

Pennant[3] *enw lle* (SN 5163)
Gwynedd (Meirionnydd)
pen + nant (dyffryn afon)
valley's head

Pennant[4] *castell* (SH 5247)
Gwynedd (Caernarfon)
pen + nant (dyffryn afon)
(the castle) at the head of the valley

Pennant[5] *enw lle* (SN 5163)
Ceredigion (Aberteifi)
pen + nant (dyffryn afon)
valley's head

Pennant[6] *plwyf* (SJ 0924)
Powys (Trefaldwyn)
pen + nant (dyffryn afon)
valley's head

Pennant[7] *plas* (SO 1697)
Powys (Trefaldwyn)
pen + nant (dyffryn afon)
(mansion) at the valley's head

Pennant[8] *ardal* (SN 8897)
Powys (Trefaldwyn)
pen + nant (Twymyn)
head of the valley (of the river Twymyn)

Pennant Melangell *ardal* (SJ 0226)
Powys (Trefaldwyn)
pennant + Melangell (santes)
valley head of (saintess) Melangell

Pennard *enw lle* (SS 5688)
Abertawe (Morgannwg)
pen + ardd (tir uchel)
high headland

Pennardd *cwmwd*
  pen + ardd (hen air am le uchel)
  (commote on the) high headland

pennarth:penarth:peniarth
  1. Penarth = pen + garth (trwyn o dir yn ymwthio i'r môr)
  promontory
  2. Pennarth/Peniarth = pen + garth (talcen, allt neu gefnen o dir)
  ridge top, head of a hillside

Pennarth-bach *fferm* (SH 4238)
  Gwynedd (Caernarfon)
  pen + garth (pentir) + bach
  head of the small ridge

Pennon *enw lle* (ST 0569)
  Bro Morgannwg (Morgannwg)
  pen + onn (mwy nag un onnen)
  ash (tree) end

Penparcau *enw lle* (SN 5980)
  Ceredigion (Aberteifi)
  pen + parc (cae)
  field's end

Penpergwm *ardal* (SO 3210)
  Mynwy
  pen + per + cwm
  head of the sweet valley

Pen-pont *enw lle* (SN 9728)
  Powys (Brycheiniog)
  pen + pont
  bridge end

Pen-pych *mynydd* (SS 9299)
  Morgannwg
  pen + pych (anhwylder, annwyd?)
  distemper summit

Pen Pyrod *penrhyn* (SS 3887)
  Abertawe (Morgannwg)
  pen + pryf (hen ystyr 'neidr'; y ffurf luosog yw 'pryfed')
  snakes' head
  Worm's Head

Pen-rhiw *enw lle* (SN 2440)
  Penfro
  pen + rhiw
  hill end

Penrhiw-ceibr *enw lle* (ST 0597)
  Rhondda Cynon Taf (Morgannwg)
  pen + rhiw + ceibr (trawst), sef man lle y ceir coed addas i 'geibr'
  head of the hill where stout trees grow

Penrhiw-fawr *enw lle* (SN 7410)
  Castell-nedd Port Talbot (Morgannwg)
  pen + rhiw + mawr
  head of the great hill

Penrhiw-fer *enw lle* (ST 0089)
  Rhondda Cynon Taf (Morgannwg)
  pen + rhiw + byr
  head of the short hill

Penrhiw-goch *ardal* (SN 5517)
  Caerfyrddin
  pen + rhiw + coch
  top of the red hill

Penrhiw-llan *enw lle* (SN 3741)
  Ceredigion (Aberteifi)
  pen + rhiw + llan (llain eglwys)
  head of church hill

Penrhiw-llech *ardal* (SN 9702)
  Rhondda Cynon Taf (Morgannwg)
  pen + rhiw + llech (y garreg las)
  head of slate hill

Penrhiw-pâl *enw lle* (SN 3445)
  Ceredigion (Aberteifi)
  pen + rhiw + pâl (postyn, stanc)
  post-hill top

Penrhiwtyn *enw lle* (SS 7495)
  Castell-nedd Port Talbot (Morgannwg)
  pen + rhiw + gwdyn (planhigyn)
  head of the hill where old man's beard grows

Penrhos *enw lle* (SH 3433)
  Gwynedd (Caernarfon)
  pentir
  headland

Pen-rhos[1] *ardal* (SJ 2316)
  Powys (Trefaldwyn)
  pen + rhos (tir uchel agored)
  head of the high moorland

Pen-rhos[2] *enw lle* (SN 8011)
  Powys (Brycheiniog)
  pen + rhos (tir uchel agored)
  head of the high moorland

Pen-rhos[3] *enw lle* (SO 4111)
  Casnewydd (Mynwy)
  pen + rhos (tir uchel agored)
  head of the high moorland

Penrhosgarnedd *enw lle* (SH 5570)
  Gwynedd (Caernarfon)
  pentir + garnedd (pentwr o gerrig)
  headland with a cairn

Penrhosllugwy *ardal* (SH 4786)
Môn
pentir + Llugwy (afon)
(river) Llugwy headland

Penrhydd *plwyf* (SN 1934)
Penfro
pen + rhudd (coch)
red top

penrhyn *hwn*
pen + rhyn (blaen, pig)
promontory

Penrhyn Bodeilias *penrhyn* (SH 3142)
Gwynedd (Caernarfon)
penrhyn + bod (preswylfa) + eilias (prydferth)
headland with a dwelling-place of beauty

Penrhyn-coch *enw lle* (SN 6482)
Ceredigion (Aberteifi)
penrhyn + coch
red headland

Penrhyndeudraeth *enw lle* (SH 6139)
Gwynedd (Meirionnydd)
penrhyn + dau + traeth
headland between two beaches

Pen-rhys[1] *ardal* (ST 0094)
Rhondda Cynon Taf (Morgannwg)
Rhys's top

Pen-rhys[2] *enw lle* (SS 4987)
Abertawe (Morgannwg)
Rhys's top
Penrice

Pen-sarn[1] *enw lle* (SH 9478)
Dinbych
pen + sarn
head of the causeway

Pen-sarn[2] *enw lle* (SH 4590)
Môn
pen + sarn
causeway's end

Pensgynor *ardal* (SS 7699)
Castell-nedd Port Talbot (Morgannwg)
pen + ynys (llain o dir yn ymyl afon) + Cynnwr/Cynfwr (enw person)
head of Cynfwr's strip of land (personal name)

Pen Tas Eithin *mynydd* (SN 5743)
Caerfyrddin
pen + tas (twmpath) + eithin
top of the gorse mound

Penteri *fferm* (ST 5299)
Mynwy
pen + tirf (ffrwythlon)
verdant head

Pentir *enw lle* (SH 5767)
Gwynedd (Caernarfon)
pen + tirf (ffrwythlon)
verdant head

Pentraeth *enw lle* (SH 5278)
Môn
pen + traeth
head of the beach

pentref *hwn*
'tref' yn wreiddiol oedd y fferm fawr y byddai pennaeth yn byw ynddi, 'pentref' oedd y pen lle y byddai'r gweision a deiliaid caeth y pennaeth yn byw
originally that part of the farmstead that housed the villeins or bondmen

Pentre-bach[1] *ardal* (SN 9032)
Powys (Brycheiniog)
pentref + bach
little village

Pentre-bach[2] *enw lle* (SN 8233)
Caerfyrddin
pentref + bach
little village

Pentre-bach[3] *enw lle* (SN 5547)
Ceredigion (Aberteifi)
pentref + bach
little village

Pentre-bach[4] *enw lle* (SJ 2176)
Fflint
pentref + bach
little village

Pentre-bach[5] *enw lle* (SN 6005)
Morgannwg
pentref + bach
little village

Pentre-bach[6] *enw lle* (ST 0889)
Morgannwg
pentref + bach
little village

Pentre-bach[7] *enw lle* (SO 0604)
Merthyr Tudful (Morgannwg)
pentref + bach
little village

Pentre-baen *fferm* (ST 1278)
Caerdydd (Morgannwg)
cefn [esgair] + tref [fferm fawr] + Payne
(Syr Payne Turberville, Normaniad)
Payne's farmstead (on a ridge)

Pentreberw *enw lle* (SH 4772)
Môn
pentref + berw (naill ai berwr [planhigyn] neu ruthr dŵr)
village (where watercress grows) by the flume

Pentre-bont *enw lle* (SN 5977)
Ceredigion (Aberteifi)
pentref + pont
bridge village

Pentrecagal *enw lle* (SN 3340)
Caerfyrddin
pentref + cagal (tom, baw, llaca)
mud-clotted village

Pentrecelyn *enw lle* (SJ 1553)
Dinbych
pentref + Cuhelyn (enw personol) a ddaeth wedyn yn 'Pentre Cae Heilin'
Cuhelyn's village (personal name)

Pentrecilgwyn *enw lle* (SJ 2236)
Wrecsam (Dinbych)
pentref + cil (cilfach) + gwyn
village in the favoured nook

Pentreclwyda *ardal* (SN 8405)
Castell-nedd Port Talbot (Morgannwg)
pentref + clwyd
village of the hurdles

Pentre-cwrt *enw lle* (SN 3838)
Caerfyrddin
pentref + cwrt
court village

Pentre-chwyth *enw lle* (SS 6695)
Morgannwg
pentre + chwyth (gwynt)
windy village

Pentre Dolau Honddu *fferm* (SN 9943)
Powys (Brycheiniog)
pentref + dôl + Honddu (afon)
farmstead on the meadows of the (river) Honddu

Pentre-du *enw lle* (SH 7856)
Gwynedd (Caernarfon)
pentref + du
black village

Pentre-dŵr[1] *enw lle* (SJ 1946)
Dinbych
pentref + dŵr
village by the water

Pentre-dŵr[2] *enw lle* (SS 6996)
Abertawe (Morgannwg)
pentref + dŵr
village by the water

Pentre-eiriannell *ardal* (SH 4787)
Môn
pentre + Ariannell (enw merch)
Ariannell's settlement (personal feminine name)

Pentre-elan *enw lle* (SN 9365)
Powys (Brycheiniog)
pentref + Elan
Elan village (personal feminine name)

Pentrefelin *enw lle* (SH 4392)
Môn
pen + tref + (y) felin, sef y rhan o dref lle roedd y felin
(the) mill end of the farmstead

Pentrefoelas *enw lle* (SH 8751)
Conwy (Dinbych)
pentre + enw'r plas, sef y Foelas (mynydd moel + glas)
foelas (green mountain summit) village

Pentregalar *enw lle* (SN 1831)
Penfro
pentre + galar (tristwch, gofid), lle gwael
mourning village (a poor place)

Pentregât *enw lle* (SN 3551)
Ceredigion (Aberteifi)
pentre + gât (clwyd), atgofion am dollborth
tollgate village

Pentregwenlais *enw lle* (SN 6016)
Caerfyrddin
pentre + Gwenlais (afon)
village on the (river) Gwenlais

Pentre Helygain *enw lle* (SJ 2072)
Fflint
pentre + Helygen (enw personol)
Helygen's farmstead (personal name)
Halkyn

Pentre Ifan *heneb* (SN 0936)
Penfro
pentre + Ifan (enw personol)
Ifan's farmstead (personal name)

Pentrellifior *enw lle* (SO 1497)
Powys (Trefaldwyn)
pentre + Llifior (nant)
village on the (river) Llifior

Pentre Llwyn-llwyd *enw lle* (SN 9654)
Powys (Brycheiniog)
pentre + llwyn + llwyd
grey grove village

Pentre-llyn *ardal* (SN 6175)
Ceredigion (Aberteifi)
pentre + llyn
village by the lake

Pentrellyncymer *ardal* (SH 9752)
Dinbych
pentre + llyn + cymer
village on the lake by the river confluence

Pentremeurig *enw lle* (SS 9675)
Bro Morgannwg (Morgannwg)
pentre + Meurig (enw person)
Meurig's homestead (personal name)

Pentrepiod *enw lle* (SO 2602)
Mynwy
pentre + piod (adar)
village of the magpies

Pentre-poeth[1] *ardal* (SN 4216)
Caerfyrddin
pentre (lle roedd gweision yn byw) + poeth (yn awgrymu pentre wedi'i losgi; neu lle i wneud golosg)
burnt homestead (or place where charcoal was made)

Pentre-poeth[2] *enw lle* (SS 6698)
Abertawe (Morgannwg)
pentre (lle roedd gweision yn byw) + poeth (yn awgrymu pentre wedi'i losgi; ynteu lle i wneud golosg)
burnt homestead (or place where charcoal was made)

Pentre-poeth[3] *enw lle* (ST 1281)
Rhondda Cynon Taf (Morgannwg)
pentre (lle roedd gweision yn byw) + poeth (yn awgrymu pentre wedi'i losgi; ynteu lle i wneud golosg)
burnt homestead (or place where charcoal was made)
Morganstown

Pentre'r-beirdd *ardal* (SJ 1914)
Powys (Trefaldwyn)
pentre + bardd (ond efallai 'perth' neu 'buarth' yn wreiddiol)
the poets' village (or perhaps 'hedge' or 'yard' originally)

Pentre'r-felin[1] *enw lle* (SH 5239)
Gwynedd (Caernarfon)
pen + tref + y + melin (y rhan o dref lle roedd y felin)
the mill end of the homestead

Pentre'r-felin[2] *enw lle (x 2)* (SH 8069) (SJ 2043) (SJ 1524)
Dinbych
pen + tref + y + melin (y rhan o dref lle roedd y felin)
the mill end of the homestead

Pentre'r-felin[4] *ardal* (SH 8069)
Dinbych
pen + tref + y + melin (y rhan o dref lle roedd y felin)
the mill end of the homestead

Pentre'r-felin[5] *enw lle* (SH 4392)
Môn
pen + tref + y + melin (y rhan o dref lle roedd y felin)
the mill end of the homestead

Pentre-rhew *enw lle* (SN 6654)
Ceredigion (Aberteifi)
pentre + rhew (barrug neu iâ)
frost village

Pentresaeson *enw lle* (SJ 2753)
Dinbych
pentre + Saeson
Englishmen's village

Pentre Saron *enw lle* (SJ 0260)
Dinbych
pentre + Saron (enw capel)
Saron (Bibical name of chapel) village

Pentre Tafarnyfedw *enw lle* (SH 8162)
Conwy (Dinbych)
pentre + tafarn + y + fedw (enw'r tafarn)
birch inn village

Pentre-tŷ-gwyn *ardal* (SN 8135)
Caerfyrddin
pentre + tŷ + gwyn (gan gofio Hendy-gwyn)
white-house village

Pentre-uchaf *enw lle* (SH 3539)
Gwynedd (Caernarfon)
pentre + uchaf
upper village

Pen-twyn[1] *ardal* (SO 2603)
Caerffili (Mynwy)
pen + twyn (bryncyn tywod)
head of the dune

Pen-twyn[2] *enw lle* (SO 1004)
Abertawe (Morgannwg)
pen + twyn (bryncyn tywod)
head of the dune

Pen-twyn[3] *enw lle* (SO 2000)
Mynwy
pen + twyn (bryncyn tywod)
head of the dune

Pentwyn-mawr[1] *bryn* (SN 6408)
Morgannwg
pen + twyn (dune, bryncyn tywod) + mawr
head of the great dune

Pentwyn-mawr[2] *enw lle* (ST 1996)
Caerffili (Mynwy)
pen + twyn (bryncyn tywod) + mawr
head of the great dune

Pentyrch *ardal* (SJ 0608)
Powys (Trefaldwyn)
pen + twrch (baedd)
boar's head

Pen-tyrch *enw lle* (ST 1081)
Caerdydd (Morgannwg)
pen (head) + twrch (baedd)
boar's head

Pentywyn *enw lle* (SN 2308)
Caerfyrddin
pen + tywyn (traeth glan môr)
head of the sands
Pendine

Pen-uwch *ardal* (SN 5962)
Ceredigion (Aberteifi)
pen + uwch
upper end

Pen-wyllt *bryn* (SN 8515)
Powys (Brycheiniog)
pen + gwellt
straw-top hill

Pen-y-bâl *penrhyn* (SN 0441)
Penfro
pen + y + bâl (copa mynydd)
head of the summit

Pen y Banc *mynydd* (SN 8887)
Powys (Trefaldwyn)
pen + y + banc
top of the bank

Pen-y-banc *enw lle* (SN 6123)
Caerfyrddin
pen + y + banc
top of the bank

Pen y Bannau *bryn* (SN 7466)
Ceredigion (Aberteifi)
pen + y + ban (copa mynydd)
top of the mountain summit

Pen y Bedw *mynydd* (SH 7747)
Gwynedd (Caernarfon)
pen (brig) + y + bedw
the birch summit

Penybenglog *heneb* (SN 1138)
Penfro
pen + y + pen (diwedd) + clog (clogwyn)
cliff-end summit

Penyboncyn Trefeilw *mynydd* (SH 9628)
Gwynedd (Meirionnydd)
pen + y + boncyn (bryn) + tref + Meilo (enw person)
the hill-top at Meilo's homestead (personal name)

Pen-y-bont[1] *enw lle* (SJ 2453)
Fflint
pen + y + pont
the bridge end

Pen-y-bont[2] *enw lle* (SO 1164)
Powys (Maesyfed)
pen + y + pont
the bridge end

Pen-y-bont ar Ogwr *enw lle* (SS 9079)
Pen-y-bont ar Ogwr (Morgannwg)
pen + y + pont + Ogwr (afon)
the bridge end on the (river) Ogmore
Bridgend

Pen-y-bont-fawr *enw lle* (SJ 0824)
Powys (Trefaldwyn)
pen + y + pont + mawr
the head of the big bridge

Penybylchau *mynydd* (SJ 0519)
Powys (Trefaldwyn)
pen + y + bylchau (lluosog 'bwlch')
the passes top

Pen-y-cae[1] *enw lle* (SN 8413)
Powys (Brycheiniog)
pen + y + cae
the field end

Pen-y-cae[2] *enw lle* (SJ 2745)
Dinbych

pen + y + cae
the field end

Penycaerau *ardal* (SH 2027)
Caernarfon
pen + y + caerau (amddiffynfeydd caerog)
the fortifications top

Penycastell *heneb* (SN 9888)
Powys (Trefaldwyn)
pen + y + castell
the castle top

Penycloddiau *heneb* (SJ 1267)
Dinbych
pen + y + clawdd
top of the earthworks

Pen-y-cnap *heneb* (SN 5121)
Caerfyrddin
pen + y + cnap (pen mynydd)
the mountain top

Pen-y-cnwc gw. *(see)* **Nant Pen-y-cnwc**

Pen-y-coed *mynydd* (SH 9808)
Powys (Trefaldwyn)
pen + y + coed
the wood end

Penycorddyn-mawr *heneb* (SH 9176)
Dinbych
pen + y + corddyn (gwaelod neu ben-ôl)
the big-bottom top

Pen-y-crug *heneb* (SO 0230)
Powys (Brycheiniog)
pen + y + crug (twmpath cerrig)
the cairn top

Pen-y-cwm *enw lle* (SM 8423)
Penfro
pen + y + cwm
head of the valley

Penychen *penrhyn* (SH 4335)
Gwynedd (Caernarfon)
pen + ychen
ox-head promontory

Penydarren *ardal* (SO 0507)
Merthyr Tudful (Morgannwg)
pen + y + tarren (esgair, cribyn)
top of the ridge

Pen y Dinas *heneb* (SH 6020)
Gwynedd (Meirionnydd)
pen + y + dinas (amddiffynfa)
the fortress top

Pen-y-fai *ardal* (SN 4901)
Caerfyrddin
pen + y + mai (hen air am 'maes')
the field end

Pen-y-fai *ardal* (SS 8982)
Morgannwg
pen + y + mai (hen air am 'maes')
the field end

Pen y Fan *mynydd* (SO 0121)
Powys (Brycheiniog)
pen + y + ban (pen mynydd)
the mountain summit

Penyfynwent *heneb* (SH 4388)
Môn
pen + y + mynwent
the graveyard end

Pen-y-ffordd *enw lle* (SJ 3061)
Fflint
pen + y + ffordd
the road end

Pen-y-ffridd Cownwy *mynydd* (SH 9717)
Powys (Trefaldwyn)
pen + y + ffridd + Cownwy (afon)
the pasture end on the (river) Cownwy

Pen y Gadair *mynydd* (SH 7113)
Gwynedd (Meirionnydd)
pen + y + cadair (ffurf greigiog yn debyg i gadair neu orsedd)
the head of the chair-shaped ridge

Pen y Gadair Fawr *mynydd* (SO 2228)
Powys (Brycheiniog)
pen + y + cadair (ffurf greigiog yn debyg i gadair neu orsedd) + mawr
the head of the great chair

Pen-y-gaer[1] *heneb (x 2)* (SH 4245) (SH 7569)
Gwynedd (Caernarfon)
pen + y + caer (amddiffynfa gaerog)
the fort top

Pen-y-gaer[3] *heneb* (SN 6360)
Ceredigion (Aberteifi)
pen + y + caer (amddiffynfa gaerog)
the fort top

Pen-y-garn[1] *ardal* (SN 5731)
Caerfyrddin
pen + y + carn (twmpath cerrig)
the cairn top

Pen-y-garn[2] *ardal* (SO 0708)
Merthyr Tudful (Morgannwg)
pen + y + carn (twmpath cerrig)
the cairn top

Pen-y-garn[3] *enw lle* (SN 6285)
Ceredigion (Aberteifi)
pen + y + carn (twmpath cerrig coffa)
the cairn top

Penygarnedd *enw lle* (SJ 1023)
Powys (Trefaldwyn)
pen + y + carnedd (twmpath cerrig)
the cairn top

Penygarreg *cronfa ddŵr* (SN 9067)
Powys (Maesyfed)
pen + y + carreg
the rock-top reservoir

Penygogarth *clogwyn* (SH 7584)
Gwynedd (Caernarfon)
pen + y + Gogarth (enw ardal)
top of the Gogarth

Pen-y-gop *mynydd* (SH 9444)
Dinbych
pen + y + cop (brig, man uchaf)
top of the mountain

Penygorddyn *heneb* (SJ 0814)
Powys (Trefaldwyn)
pen + y + corddyn (gwaelod neu ben-ôl)
the bottom end

Pen-y-graig *enw lle* (SS 9991)
Rhondda Cynon Taf (Morgannwg)
pen + y + craig
the rock end

Pen-y-groes[1] *ardal* (ST 1187)
Rhondda Cynon Taf (Morgannwg)
pen + y + croes
the cross end

Pen-y-groes[2] *enw lle* (SN 5813)
Caerfyrddin
pen + y + croes
the cross end

Pen-y-groes[3] *enw lle* (SH 4653)
Caernarfon
pen + y + croes
the cross end

Penygwryd *bwlch* (SH 6555)
Caernarfon
pen + y + gwrhyd (pellter rhwng breichiau gŵr ar led)
the arms-span (fathom) top

Pen-y-lan *ardal* (ST 1978)
Caerdydd (Morgannwg)
pen + y + glan (llethr, bryncyn)
top of the mount

Pen y Mwdwl *mynydd* (SH 9266)
Dinbych
pen + y + mwdwl (twmpath o wair)
top of the haycock (mountain)

Penymynydd *enw lle* (SJ 3062)
Fflint
pen + y + mynydd
the mountain top

Penyrenglyn *ardal* (SS 9497)
Rhondda Cynon Taf (Morgannwg)
pen + yr + an/en + glyn
head of the great glen

Penyrheol[1] *ardal* (SM 6192)
Abertawe (Morgannwg)
pen + yr + heol
end of the road

Penyrheol[2] *enw lle* (ST 1488)
Caerffili (Morgannwg)
pen + yr + heol
end of the road

Penyrheol[3] *enw lle* (SS 5899)
Morgannwg
pen + yr + heol
end of the road

Penyrheol[4] *enw lle* (ST 2898)
Torfaen (Mynwy)
pen + yr + heol
end of the road

Penyrheol[5] *ardal* (SN 5824)
Caerfyrddin
pen + yr + heol
end of the road

Penyrheolgerrig *enw lle* (SO 0306)
Merthyr Tudful (Morgannwg)
pen + yr + heol + cerrig
end of the stone road

Penyrherber *enw lle* (SN 2939)
Caerfyrddin
pen + yr + herber (gardd neu le cysgodol)
garden end

Pen yr Ole Wen *mynydd* (SH 6561)
Gwynedd (Caernarfon)
pen + y + goleddf (llethr) + gwyn (y ffurf fenywaidd yw 'gwen')
top of the white slope

Pen yr Orsedd *mynydd* (SH 8955)
Dinbych
pen + y + gorsedd (craig/darn o'r mynydd ar ffurf cadair)
the throne summit

Pen-y-sarn *enw lle* (SH 4590)
Môn
pen + y + sarn
end of the road/causeway

Penystrywaid *plwyf* (SO 0691)
Powys (Trefaldwyn)
pen + ystrywaid (magl)
trap end
Penystrowed

Pen-y-waun *enw lle* (SN 9704)
Rhondda Cynon Taf (Morgannwg)
pen + y + gwaun (tir corsog)
head of the moor

Pen-y-wern *plas* (SN 6376)
Ceredigion (Aberteifi)
pen + y + gwern (y coed, neu'r tir corsog lle y maent yn tyfu)
the alder end

Perfeddau gw. *(see)* **Llyn Perfeddau**

Pergwm gw. *(see)* **Afon Pergwm**

Peris gw. *(see)* **Llyn Peris** a **Nant Peris**

Perthillwydion *fferm* (SH 9450)
Dinbych
perthi (lluosog 'perth', clawdd, gwrych) + llwyd
grey hedges

Pertholau *heneb* (ST 3994)
Mynwy
perth (clawdd, gwrych) + golau
light copse

Peuliniog *cwmwd*
Peulin (sant) + -iog = tir Peulin
(commote in [saint]) Peulin's land

Pibwr gw. *(see)* **Nant Pibwr**

Pibwr-lwyd *fferm* (SN 4118)
Caerfyrddin
o 'pibo'
grey Pibwr (spurting stream)

Pigyn Esgob *mynydd* (SH 7651)
Gwynedd (Caernarfon)
pigyn (blaen main) + esgob
bishop's peak

Pinged *ardal* (SN 4203)
Caerfyrddin
pyngo, pyngad (am ffrwythau sy'n tyfu'n doreithiog?)
(a place where fruits) grow in abundance?

Pîl, Y *enw lle* (SS 8282)
Pen-y-bont ar Ogwr (Morgannwg)
pil (cilfach y môr)
the tidal creek
Pyle

Pistyll *enw lle* (SH 3242)
Gwynedd (Caernarfon)
pistyll (rhaeadr)
waterfall

Pistyll Rhaeadr *rhaeadr* (SJ 0729)
Dinbych
pistyll + rhaeadr
waterfall

Plas Berw *heneb* (SH 4671)
Môn
plas + berw (dŵr terfysglyd)
hall by the turbulence

Plas Brondanw *plas* (SH 6142)
Gwynedd (Meirionnydd)
plas + bron (ochr mynydd) + Tanwg (sant)
hall by (saint) Tanwg's hill

Plas-coch *plas* (SH 5168)
Môn
plas + coch
red hall

Plasdinam *plas* (SO 0289)
Powys (Trefaldwyn)
plas + dinan (caer fechan)
hall by the little fortress

Plas Dinas *heneb* (SJ 2118)
Powys (Trefaldwyn)
plas + dinas (caer amddiffynnol)
hall by the fortress

Plas-gwyn *plas* (SH 5278)
Môn
plas + gwyn
white hall

Plas Iolyn *heneb* (SH 8850)
Dinbych
plas + Iolyn (ffurf anwes ar 'Iorwerth')
Iolyn (Iorrie)'s hall (personal name)

Plasllysyn *plas* (SN 9597)
Powys (Trefaldwyn)
plas + llysyn (llys bach)
little court hall

Plas-marl *enw lle* (SS 6696)
Abertawe (Morgannwg)
plas + marl (math o bridd ffrwythlon)
hall on the marl

Plasnewydd[1] *plas* (SJ 2241)
Dinbych
plas + newydd
new mansion

Plasnewydd[2] *plas* (SH 5269)
Môn
plas + newydd
new hall

Plasnewydd[3] *plas* (SN 9796)
Powys (Trefaldwyn)
plas + newydd
new hall

Plas Penmynydd *heneb* (SH 4975)
Môn
hall at Penmynydd

Plas-y-ward *fferm* (SJ 1160)
Dinbych
plas + y + gward (lle wedi'i amddiffyn)
hall within the defences

Plwmp *enw lle* (SN 3652)
Ceredigion (Aberteifi)
pwmp dŵr (ar glos fferm yn wreiddiol)
water pump

pompren *hon*
pont o bren
footbridge

Ponciau *ardal* (SJ 2946)
Wrecsam (Dinbych)
ponciau (lluosog 'ponc' [bryncyn])
hummocks

Pont gw. hefyd *(see also)* **Bont**

Pontaman *enw lle* (SN 6312)
Caerfyrddin
pont + Aman (afon)
bridge over the (river) Aman

Pontantwn *enw lle* (SN 4413)
Caerfyrddin
pont + Antwn (sant)
(saint) Antwn (Anthony)'s bridge

Pontardawe *enw lle* (SN 7204)
Castell-nedd (Morgannwg)
pont + ar + Tawe (afon)
bridge on the (river) Tawe

Pontarddulais *enw lle* (SN 5803)
Abertawe (Morgannwg)
pont + ar + Dulais (afon)
bridge on the (river) Dulais

Pontarddyfi *pont* (SH 7401)
Powys (Trefaldwyn)
pont + ar + Dyfi (afon)
bridge on the (river) Dyfi

Pontarfynach *enw lle* (SN 7376)
Ceredigion (Aberteifi)
pont + ar + Mynach (afon)
bridge on the (river) Mynach
Devil's Bridge

Pontargothi *enw lle* (SN 5021)
Caerfyrddin
pont + ar + Cothi (afon)
bridge on the (river) Cothi

Pontarllechau *ardal* (SN 7224)
Caerfyrddin
pont ar afon Llechach (afon yn llawn cerrig)
bridge on the (river) Llechach (stone filled-river)

Pont-ar-sais *enw lle* (SN 4428)
Caerfyrddin
pont ar afon Sais
bridge over the (river) Sais (Englishman's river)

Pontblyddyn *enw lle* (SJ 2760)
Fflint
pont + Bleiddyn (enw person, ffurf ar 'Bleddyn')
Bleiddyn's bridge (personal name)

Pontcanna *ardal* (ST 1677)
Caerdydd (Morgannwg)
pont + Canna (enw personol)
Canna's bridge (personal name)

Pontcysylltau:Pontcysyllte *enw lle* (SJ 2742)
Dinbych
pont + cysylltu
link bridge

Pont-dôl-goch *enw lle* (SO 0193)
Powys (Trefaldwyn)
pont + dôl (tir ar lan afon) + coch
bridge by the red meadow

Pontebwy *enw lle* (ST 2985)
Blaenau Gwent (Mynwy)
pont + Ebwy (afon)
bridge over the (river) Ebwy

Ponterwyd *enw lle* (SN 7480)
Ceredigion (Aberteifi)
pont + Erwyd (afon)
bridge on the (river) Erwyd

Pontfadog *enw lle* (SS 2338)
Dinbych
pont + Madog (enw person)
Madog's bridge (personal name)

Pont-faen gw. *(see)* **Bont-faen, Y**

Pontgarreg *enw lle* (SN 3354)
Ceredigion (Aberteifi)
pont + carreg
stone bridge

Pont Gyhirych *pont* (SN 8821)
Powys (Brycheiniog)
pont + '*cireach*' (Gwyddeleg am 'crib' neu 'brig')
bridge at the peak

Pont-henri *enw lle* (SN 4609)
Caerfyrddin
pont + Henry (enw person)
Henry's bridge

Pont-hir *enw lle* (ST 3292)
Torfaen (Mynwy)
pont + hir
long bridge

Pont-hirwaun *enw lle* (SN 2645)
Ceredigion (Aberteifi)
pont + hir + gwaun
bridge on the long pasture

Pont-iets *enw lle* (SN 4708)
Caerfyrddin
pont + Yates (enw personol Saesneg)
Yates's bridge

Pontithel *enw lle* (SO 1636)
Powys (Brycheiniog)
pont + Ithel (enw person)
Ithel's bridge

Pontlase *ardal* (SN 6500)
Abertawe (Morgannwg)
pont + glas + bre (bryncyn)
bridge on the green rise

Pontlotyn *enw lle* (SO 1105)
Caerffili (Morgannwg)
pont + llydan
wide bridge

Pontlyfni *enw lle* (SH 4352)
Gwynedd (Caernarfon)
pont + Llyfni (afon)
bridge over the (river) Llyfni

Pontllan-fraith *enw lle* (ST 1895)
Caerffili (Mynwy)
(Pen-y-) + pont + llyn + brith (y ffurf fenywaidd yw 'braith')
bridge (end) by the speckled pool

Pontllanio *ardal* (SN 6557)
Ceredigion (Aberteifi)
pont + Llanio (o'r enw Lladin arno, *Loventium*)
Llanio bridge (from the Roman outpost Loventium)

Pont-lliw *enw lle* (SN 6101)
Abertawe (Morgannwg)
pont + Lliw (afon)
bridge on the (river) Lliw

Pontllogail *enw lle* (SS 0315)
Powys (Trefaldwyn)
pont + llogail (mur o wiail plethedig)
wattle bridge

Pontneddfechan *enw lle* (SN 9007)
Castell-nedd Port Talbot (Morgannwg)
pont + Nedd (afon) + bachan (ffurf fenywaidd 'bychan')
bridge on the lesser (river) Neath
Pontneathvaughan

Pontnewydd *enw lle* (ST 2996)
Torfaen (Mynwy)
pont + newydd
new bridge

Pontnewynydd *enw lle* (SO 2701)
Torfaen (Mynwy)
pont + du + weunydd, ynteu pont + Dywynydd (enw merch)
bridge by the dark fields, or Dywynydd's (female name) bridge

Pontrobert *enw lle* (SJ 1012)
Powys (Trefaldwyn)
pont + Robert (enw person)
Robert's bridge

Pont-rug *enw lle* (SH 5163)
Gwynedd (Caernarfon)
pont + grug
bridge in Rug township

Pontrhydfendigaid *enw lle* (SN 7366)
Ceredigion (Aberteifi)
pont + rhyd + bendigaid
bridge at the blessed ford

Pont-rhyd-y-cyff *enw lle* (SS 8688)
Pen-y-bont ar Ogwr (Morgannwg)
pont + rhyd + y + cyff (plocyn o bren)
bridge at the ford with poles/rails

Pont-rhyd-y-fen *enw lle* (SS 7994)
Castell-nedd Port Talbot (Morgannwg)
pont + rhyd + y + men (cert)
bridge at the waggon ford

Pont-rhyd-y-groes *enw lle* (SN 7372)
Ceredigion (Aberteifi)
pont + rhyd + y + croes
bridge at the cross ford

Pont-rhyd-yr-ynn *enw lle* (ST 2997)
Torfaen (Ceredigion (Aberteifi))
pont + rhyd + yr + ynn (lluosog 'onnen')
bridge at the ash ford

Pontrhypont *ardal* (SH 2778)
Môn
pont + rhyd + y + pont
bridge at the bridge ford
Four Mile Bridge

Pontrhythallt *enw lle* (SH 5463)
Gwynedd (Caernarfon)
pont (afon Rhyddallt) + rhudd (coch) + gallt (llethr goediog)
bridge on the (river) Rhyddallt

Pont-sarn *enw lle* (SO 0409)
Powys (Brycheiniog)
pont + sarn (causeway)
bridge at the causeway

Pontsenni *enw lle* (SN 9228)
Powys (Brycheiniog)
pont + Senni (afon)
bridge on the (river) Senni
Sennybridge

Pont Sgethin *pont* (SH 6323)
Gwynedd (Meirionnydd)
pont + Sgethin (afon)
bridge over the (river) Sgethin

Pont-siân *enw lle* (SN 4346)
Ceredigion (Aberteifi)
pont + Siân (enw merch)
Siân's bridge

Pont Siôn Norton *enw lle* (ST 0891)
Rhondda Cynon Taf (Morgannwg)
pont + Siôn Norton (enw person)
Siôn Norton's bridge (personal name)

Pontsticill *enw lle* (SO 0511)
Powys (Brycheiniog)
pont + sticyll (camfa)
stile bridge

Pont-tyweli *enw lle* (SN 4140)
Caerfyrddin
pont + Tyweli (afon)
bridge on the (river) Tyweli

Pontwalby *enw lle* (SN 8906)
Castell-nedd Port Talbot (Morgannwg)
pont + Walbif (cyfenw Saesneg)
Walby's bridge (English surname)

Pontyberem *enw lle* (SN 5011)
Caerfyrddin
pont + y + Berem (afon)
bridge over the (river) Berem

Pontybotgin *ardal* (SJ 2759)
Fflint
pont + y + botgyn (erfyn â phen main i dorri tyllau mewn brethyn)
bodkin bridge

Pontybrenin *enw lle* (SS 5997)
Abertawe (Morgannwg)
pont + y + brenin
the king's bridge

Pont y Cim *pont* (SH 4452)
Gwynedd (Caernarfon)
pont + y + cim (tir comin – gair Gwyddeleg)
bridge on the common

Pont-y-clun *enw lle* (ST 0381)
Rhondda Cynon Taf (Morgannwg)
pont + y + Clown (afon)
bridge on the (river) Clown
Pont-y-clown

Pontycymer *enw lle* (SS 9091)
Pen-y-bont ar Ogwr (Morgannwg)
pont + y + cymer (man cyfarfod dwy afon)
bridge over the confluence

Pontyfelin *enw lle* (SN 5312)
Caerfyrddin
pont + y + melin
mill bridge

Pontyglasier *enw lle* (SN 1436)
Penfro
pont + y + glasier (gwydrwr) neu gyfenw Saesneg
glazier's bridge (surname or craftsman)

Pont-y-gwaith *enw lle* (ST 0194)
Rhondda Cynon Taf (Morgannwg)
pont + y + gwaith
the works bridge

Pontymister *enw lle* (ST 2390)
Caerffili (Mynwy)
pont + y + mystwyr (mynachlog)
the monastery bridge

Pontypridd *enw lle* (ST 0789)
Rhondda Cynon Taf (Morgannwg)
pont + (y) + tŷ + pridd
bridge by the earth house

Pont-y-pŵl *enw lle* (SO 2800)
Torfaen (Mynwy)
pont + y + pŵl (pwll)
the pool bridge
Pontypool

Pont-yr-hyl *enw lle* (SS 9089)
Pen-y-bont ar Ogwr (Morgannwg)
pont + yr + *hyll* (Saesneg '*hill*')
the hill bridge

Pont-y-waun *enw lle* (ST 2292)
Caerffili (Mynwy)
pont + y + gwaun (tir gwlyb corsog)
the moorland bridge

Port Einon *enw lle* (SS 4685)
Abertawe (Morgannwg)
port (Saesneg Canol '*town*') + Einon (enw person)
Einion's town (personal name)

Portin-llaen *bae* (SH 2741)
Gwynedd (Caernarfon)
porth + din (lle caerog) + Llaen (ffurf ar 'Llŷn')
bay of the fortress on Llŷn

Portis-bach *fferm* (SN 1223)
Caerfyrddin
Portis y parc, yn wreiddiol; portis (gwiail a pholion wedi'u plethu ynghyd i gau bwlch)
wicker gate (to a field)

Port Penrhyn *enw lle* (SH 5972)
Gwynedd (Caernarfon)
port (Saesneg) + Penrhyn (enw teulu bonheddig)
Penrhyn port (noble family name)

porth[1] *hwn*
1. drws, mynedfa, e.e. Porth (Rhondda)
  porch, entrance
2. porthladd, e.e. Porth-cawl
  harbour

porth[2] *hon* (ST 0291)
glanfa, croesi afon, e.e. Y Borth
ferry

Porth, Y *enw lle* (ST 0291)
Rhondda Cynon Taf (Morgannwg)
y + porth (cyntedd)
the porchway

Porthaethwy *enw lle* (SH 5571)
Môn
porth + Daethwy, sef llwyth o bobl oedd yn byw yn y rhan yma o'r wlad
the ferry of the Daethwy tribe
Menai Bridge

Porth-aml *plas* (SH 5068)
Môn
porth (cyntedd) + aml (mawr, braf, amlwg)
handsome hallway

Porth-aml *plas* (SO 1635)
Powys (Brycheiniog)
porth (cyntedd) + aml (mawr, braf, amlwg)
handsome hallway

Porthcaseg *fferm* (ST 5298)
Mynwy
porth (cyntedd) + caseg
mare's hallway

Porth-cawl *enw lle* (SS 8176)
Pen-y-bont ar Ogwr (Morgannwg)
porth + cawl (math o wymon)
sea-kale bay

Porth Ceiriad *bae* (SH 3024)
Gwynedd (Caernarfon)
porth + Ceiriad (enw personol)
Ceiriad's bay (personal name)

Porthceri *enw lle* (ST 0866)
Bro Morgannwg (Morgannwg)
porth + Ceri (enw personol)
Ceri's cove (personal name)

Porth Dwfn *cilfach* (SM 8032)
Penfro
porth + dwfn
deep cove

Porth Ferin *cilfach* (SH 1732)
Gwynedd (Caernarfon)
porth + Merin (enw personol)
Merin's cove (personal name)

Porth-gain *enw lle* (SM 8132)
Penfro
porth + cain (teg, hardd, efallai enw afon)
fair cove

Porth Glais *cilfach* (SM 7423)
Penfro
porth + clais (ffos gul)
cove at the end of the narrow valley

Porth Glastwr *cilfach* (SM 8634)
Penfro
porth + glas + dŵr
blue water cove

Porth Golmon *cilfach* (SH 1934)
Gwynedd (Caernarfon)
porth + Colmon (enw personol)
Colmon's cove (personal name)

Porth Gwyn *cilfach* (SM 7428)
Penfro
porth + gwyn
white cove

Porth Lisgi *cilfach* (SM 7323)
Penfro
porth + Lisci (enw personol Pictaidd)
Lisci's cove (a Pictish name)

Porthmadog *enw lle* (SH 5638)
Gwynedd (Caernarfon)
porth + Madog (William Alexander Madocks a gododd y Cob)
port of Madock (after Madocks, who built the Cob)

Porth Mawr[1] *heneb* (SO 2118)
Powys (Brycheiniog)
porth (mynediad) + mawr
great gateway

Porth Mawr[2] *bae* (SM 7226)
Penfro
porth (bae) + mawr
great bay

Porth Meudwy *cilfach* (SH 1625)
Gwynedd (Caernarfon)
porth + meudwy
hermit's cove

Porth Neigwl *bae* (SH 2426)
Gwynedd (Caernarfon)
porth + Neigwl (enw Gwyddeleg efallai)
Neigwl's cove (Irish name?)

Porthor *bae* (SH 1630)
Gwynedd (Caernarfon)
porthor (ceidwad porth)
gatekeeper bay

Porthorion *cilfach* (SH 1528)
Gwynedd (Caernarfon)
porthorion (lluosog 'porthor'), sef y ddwy graig Dinas Fawr a Dinas Fach
the gatekeepers (the rocks Dinas Fawr and Dinas Fach)

Porth Selau *cilfach* (SM 7226)
Penfro
porth + Selyf (enw person)
Selyf's cove

Porth Sgadan *cilfach* (SH 2237)
Gwynedd (Caernarfon)
porth + sgadan
herring cove

Porth Sgiwed *enw lle* (ST 4988)
Mynwy
porth + ysgawen (coeden)
port by the elder tree
Portskewett

Porth Solfach *cilfach* (SH 1112)
Gwynedd (Caernarfon)
porth + Solfach (afon)
(river) Solfach cove

Porth Stinan *cilfach* (SM 7225)
Penfro
porth + Justinian (sant) (enw capel gerllaw)
(saint) Justinian's cove

Porth Sychan *cilfach* (SM 9040)
Penfro
porth + Sychan (enw nant sy'n tueddu i sychu yn yr haf)
Sychan (stream that tends to dry in summer) cove

Porth Wen *cilfach* (SH 2741)
Gwynedd (Caernarfon)
porth + gwen (ffurf fenywaidd 'gwyn')
blessed cove

Porth Ychen *cilfach* (SN 2036)
Gwynedd (Caernarfon)
porth + ychen
cove of the oxen

Porth y Gwichiad *cilfach* (SH 4891)
Môn
porth + y + gwichiaid (pysgod cregyn bach)
the periwinkles' cove

Porth-y-nant *ardal* (SH 3544)
Gwynedd (Caernarfon)
porth + y + nant
the stream gateway

Porth yr Ogof *ogof* (SN 9212)
Powys (Brycheiniog)
porth (mynediad) + yr + ogof
hallway to the cave

Porth-y-rhyd[1] *enw lle* (SN 5115)
Caerfyrddin
porth + y + rhyd
the ford gateway

Porth-y-rhyd[2] *ardal* (SN 7137)
Caerfyrddin
porth + y + rhyd
the ford gateway

Porth Ysgewin gw. *(see)* **Porth Sgiwed**

Post-mawr *enw lle* (SN 4054)
 Ceredigion (Aberteifi)
 post + mawr
 great mark-post
 Synod Inn

Powys *rhanbarth*
 o enw llwyth o bobl, y Pagenses (gwŷr y 'pagus' sy'n rhoi'r gair Cymraeg 'pau' [gwlad])
 from the tribal name Pagenses; hinterland

Powys Gwenwynwyn *ardal*
 Powys + Gwenwynwyn ap Owain Cyfeiliog
 Gwenwyn's (part of) Powys (personal name)

Powys Fadog *ardal*
 Powys + Madog, ŵyr Madog ap Meredudd
 Madog's (part of) Powys (personal name)

Pren-croes *mynydd* (SJ 0013)
 Powys (Trefaldwyn)
 pren (coeden) + croes
 cross tree (mountain)

Pren-gwyn *enw lle* (SN 4244)
 Ceredigion (Aberteifi)
 pren (coeden) + gwyn
 blessed tree

Pren-teg *enw lle* (SH 5841)
 Gwynedd (Caernarfon)
 pren (coeden) + teg
 fair tree

Prestatyn *enw lle* (SJ 0682)
 Fflint
 preosta (Hen Saesneg am 'priests') + tun (fferm fawr)
 priests' farmstead

Prion *ardal* (SS 0562)
 Dinbych
 purion (perffaith)
 perfection

pryf *hwn*
 1. trychfilyn, neidr
  insect, snake
 2. anifail sy'n cael ei hela
  an animal that's hunted
 3. anifail bach sy'n gwneud drwg
  vermin

Pryfed gw. *(see)* **Llyn Pryfed**

Prysaeddfed *plas* (SH 3580)
 Môn
 prys(g) (prysglwyn) + aeddfed
 mature copse

Prysgili *fferm* (SM 9129)
 Penfro
 prysg (prysglwyn)
 shrubland

Prysor gw. *(see)* **Afon Prysor**

Pumlumon *mynydd* (SN 7886)
 Ceredigion (Aberteifi)
 pump + llumon (corn – fel corn simnai)
 five stacks
 Plynlimon

Pump-hewl *enw lle* (SN 4805)
 Caerfyrddin
 pump + heol
 Five Roads

Pumsaint *enw lle* (SN 6540)
 Caerfyrddin
 pump + sant/saint
 five saints

Pwll *enw lle* (SN 4801)
 Caerfyrddin
 pwll (pant a dŵr ynddo)
 pool

Pwllcrochan *cilfach* (SM 8836)
 Penfro
 pwll + crochan (cawg)
 cauldron pool

Pwlldawnau *cilfach* (SM 8736)
 Penfro
 pwll + dawn (gallu)
 gifted pool

Pwll Deri *cilfach* (SM 8838)
 Penfro
 pwll + deri (coed derw)
 oak pool

Pwll-glas *enw lle* (SJ 1154)
 Dinbych
 pwll + glas
 blue pool

Pwll-gwaun *ardal* (ST 0590)
 Rhondda Cynon Taf (Morgannwg)
 pwll + gwaun
 pool in the boggy field

Pwllheli *enw lle* (SH 3735)
 Gwynedd (Caernarfon)
 pwll + heli (halen y môr)
 pool of sea salt

Pwllmeurig *enw lle* (ST 5192)
  Mynwy
  pwll + Meurig (enw person)
  Meurig's pool (personal name)
  Pwll Meyrick

Pwllstrodur *cilfach* (SM 8633)
  Penfro
  pwll + ystrodur (math o gyfrwy)
  saddle pool

Pwll-trap *enw lle* (SN 2616)
  Caerfyrddin
  pwll + trap
  trap pool

Pwlluffern Gothi *cymer* (SN 7449)
  Ceredigion (Aberteifi)
  pwll + uffern + Cothi (afon)
  hell's pool at the confluence of the (river) Cothi

Pwll-y-blaidd a Thre'rdelyn *enw lle* (SO 2159)
  Powys (Maesyfed)
  pwll + y + blaidd + tref + y + telyn
  Wolfpits and Harpton

Pwll-y-glaw *enw lle* (SS 7993)
  Castell-nedd Port Talbot (Morgannwg)
  pwll + y + glaw
  the rain's source

Pwll-y-wrach *plas* (SS 9575)
  Bro Morgannwg (Morgannwg)
  pwll + y + gwrach
  the witch's pool

Pyllalai *plwyf* (SO 2568)
  Powys (Maesyfed)
  o'r Saesneg, '*pyll*' (pwll) + *hlid* (llethr)
  pool on the slope
  Pilleth

Pyrddin gw. *(see)* **Afon Pyrddin**

Pysgotwr gw. *(see)* **Afon Pysgotwr**

R

Rachub *enw lle* (SH 6268)
Gwynedd (Caernarfon)
yr + achub (yn y Cyfreithiau Cymreig),
tyddyn neu adeilad ym meddiant person
the croft (the legal name for a dwelling in the possession of a person)

Radur *enw lle* (ST 1380)
Caerdydd (Morgannwg)
o'r Lladin, 'oratorium' am 'tŷ gweddi, capel'
oratory

Radur *enw lle* (SO 3602)
Mynwy
o'r Lladin, 'oratorium' am 'tŷ gweddi, capel'
oratory

Ralltgethin *bryn* (SH 0368)
Powys (Trefaldwyn)
yr + gallt (llethr goediog) + cethin (garw)
coarse-wooded slope

Ram *enw lle* (SN 5846)
Caerfyrddin
ar ôl tafarn 'Y Ram'
the Ram (inn)

Rasa *enw lle* (SO 1411)
Mynwy
rasau (cafnau i gyfeirio dŵr, tebyg i bynfarch)
races (as in mill race)

Resolfen *enw lle* (SN 8202)
Castell-nedd Port Talbot (Morgannwg)
rhos (tir mynyddig agored) + soflen (bonion yr ŷd ar ôl ei dorri)
moor of the haulms

Ro-lwyd, Y *mynydd* (SH 7650)
Gwynedd (Caernarfon)
y + gro (mân gerrig, graean, sef man lle y ceir gro) + llwyd
the grey-pebbled (mountain)

Ro-wen[1], Y *mynydd* (SH 7449)
Gwynedd (Caernarfon)
y + gro (mân gerrig, graean; sef man lle y ceir gro) + gwen (ffurf fenywaidd 'gwyn')
the white-pebbled mountain

Ro-wen[2], Y *enw lle* (SH 7571)
Gwynedd (Caernarfon)
y + gro (mân gerrig, graean; sef man lle y ceir gro) + gwen (ffurf fenywaidd 'gwyn')
the place where white pebbles are found

Rug, Y *plas* (SS 0544)
Gwynedd (Meironnydd)
y + grug, sef y man lle y mae grug yn tyfu
the place where heather grows

Rh

Rhaeadr Ewynnol *rhaeadr* (SH 7557)
Gwynedd (Caernarfon)
rhaeadr (sgwd dŵr) + ewynnol (llawn ewyn)
foaming fall
Swallow Falls

Rhaeadr Gwy *enw lle* (SN 9767)
Powys (Maesyfed)
rhaeadr + Gwy (afon)
waterfall on the (river) Wye
Rhayader

Rhaeadr Mawddach *rhaeadr* (SH 7327)
Gwynedd (Meirionnydd)
rhaeadr + Mawddach (afon)
waterfall on the (river) Mawddach

Rhagad *plas* (SJ 0943)
Gwynedd (Meirionnydd)
rhag (o flaen, neu fel yn 'rhagori') + -ad
prominent place

Rhaglan *enw lle* (SO 4107)
Mynwy
rhag (o flaen) + glan (mur amddiffynnol)
before the rampart
Raglan

Rhandir-mwyn *enw lle* (SN 7843)
Caerfyrddin
rhandir (ardal) + mwyn (hyfryd)
pleasant area

Rhath, Y *ardal* (ST 1977)
Caerdydd (Morgannwg)
y + rhath (bryncyn a chaer arno)
the motte
Roath

Rheidol gw. *(see)* **Afon Rheidol**

Rhes-y-cae *enw lle* (SJ 1870)
Fflint
rhes (o dai) + y + cae, sef rhes o dai mewn cae
the field terrace

Rhewl *enw lle* (*x 3*) (SJ 1160) (SJ 1844) (SJ 1580)
Dinbych
yr + heol (ffordd)
(the) road

Rhiangoll gw. *(see)* **Afon Rhiangoll**

Rhigos, Y *enw lle* (SN 9205)
Rhondda Cynon Taf (Morgannwg)
y + grug + os (man lle y mae grug yn tyfu)
the place where heather grows
Rhigos

rhiniog *hwn*
ochr neu ymyl drws
door-frame

Rhinog Fach *mynydd* (SH 6627)
Gwynedd (Meirionnydd)
yr + hinog (fframyn drws), sef y naill o'r ddau fynydd yn fframio Drws Ardudwy
the lesser side of the doorway

Rhinog Fawr *mynydd* (SH 6528)
Gwynedd (Meirionnydd)
yr + hinog (fframyn drws), sef y llall o'r ddau fynydd yn fframio Drws Ardudwy
the greater side of the doorway

rhipyn *hwn*
rhiw
(steep) slope

Rhisga *enw lle* (ST 2391)
Mynwy
rhisgl
wood bark
Risca

Rhiw, Y *enw lle* (SH 2227)
Gwynedd (Caernarfon)
y + rhiw
the hill

Rhiwabon *enw lle* (SJ 3043)
Dinbych
rhiw + Mabon (enw personol)
Mabon's hill
Ruabon

Rhiwargor *bryn* (SH 9624)
Powys (Trefaldwyn)
rhiw + argor (clawdd neu sietyn)
hill with a wattle fence

Rhiwbeina *enw lle* (ST 1581)
Caerdydd (Morgannwg)
rhiw + y + brein (brain)
the crows' hill

Rhiwbryfdir *enw lle* (SH 6946)
Gwynedd (Meirionnydd)
rhiw + pryf (anifail sy'n cael ei hela) + tir
hill on the land of the hunted (animal)

Rhiwderyn *enw lle* (ST 2687)
Casnewydd (Mynwy)
rhiw + aderyn
bird hill

Rhiweirth gw. *(see)* **Afon Rhiweirth**

Rhiwedog-is-afon *ardal* (SH 9732)
Gwynedd (Meirionnydd)
rhy + gwedog (dywedog, llafar) + is + afon
below the noisy river

Rhiwedog-uwch-afon *ardal* (SH 9331)
Gwynedd (Meirionnydd)
rhy + gwedog (dywedog, llafar) + uwch + afon
above the noisy river

Rhiwlas[1] *enw lle* (SH 5765)
Gwynedd (Caernarfon)
rhiw + glas
green hill

Rhiwlas[2] *plas* (SH 9237)
Gwynedd (Meirionnydd)
rhiw + glas
green hill

Rhiwlen *enw lle* (SO 1349)
Powys (Maesyfed)
rhiw + glan (mur amddiffynnol)
rampart hill

Rhiwnant[1] *nant* (SN 8860)
Powys (Brycheiniog)
rhiw + nant
hill by a stream

Rhiwnant[2] *fferm* (SN 8961)
Powys (Brycheiniog)
rhiw + nant
hill by a stream

Rhiw'radar *fferm* (SN 5923)
Caerfyrddin
rhiw + yr + adar
the birds' hill

Rhiw'rperrai *plas* (ST 2286)
Morgannwg
rhiw + y + perai (coed gellyg)
the pear tree hill
Ruperra

Rhiwsaeson[1] *enw lle* (ST 0782)
Rhondda Cynon Taf (Morgannwg)
rhiw + Saeson
Englishmen's hill

Rhiwsaeson[2] *mynydd* (SH 9005)
Powys (Trefaldwyn)
rhiw + Saeson
Englishmen's hill

Rhobell Fawr *mynydd* (SH 7825)
Gwynedd (Meirionnydd)
y + gobell (cyfrwy) + mawr
(the) great saddle

Rhobell-y-big *mynydd* (SH 7828)
Gwynedd (Meirionnydd)
y + gobell (cyfrwy) + y + pig
(the) saddle on the peak

Rhodogeidio *plwyf* (SH 4086)
Môn
rhodwydd (clawdd amddiffynnol) + Ceidio (enw person)
Ceidio's rampart (personal name)

rhodwydd *hon*
clawdd amddiffynnol (o gwmpas rhyd)
defensive wall (around a ford)

Rhondda *ardal* (SS 9596)
Rhondda Cynon Taf (Morgannwg)
Rhoddneu: 'rhawdd' (siarad, llefaru) + -ni
chattering river

rhos *hon*
1. tir mynyddig gwyllt, tir pori uchel
   high moorland
2. yn cyfateb i'r ffurf Wyddeleg am benrhyn uchel yn ymwthio i'r môr
   corresponds to the Irish for a high promontory jutting into the sea

Rhos[1] *cantref*
gall olygu 'penrhyn', e.e. y cwmwd rhwng Abergele a Glan Conwy
promontory (hundred)

Rhos[2] *cantref*
penrhyn neu bentir (yn Sir Benfro)
promotory (hundred)

Rhos[3] *ardal* (SN 0014)
Penfro
rhos (tir mynyddig agored)
moorland

Rhos[4] *enw lle* (SN 7303)
Castell-nedd Port Talbot (Morgannwg)
rhos (tir mynyddig, agored)
moorland

Rhos[5] *enw lle* (SN 3835)
Caerfyrddin
rhos (tir mynyddig, agored)
moorland

Rhosaflo *rhostir* (SJ 0606)
Powys (Trefaldwyn)
rhos + gaflog (fforchog)
forked moor

Rhosan gw. *(see)* **Afon Rhosan**

Rhosbeirio *ardal* (SH 3991)
Môn
rhos + Peirio (sant, un o feibion Caw)
(saint) Peirio's moor

Rhoscolyn *enw lle* (SH 2675)
Môn
rhos + Colyn (enw person)
Colyn's moor (personal name)

Rhoscrowdder *enw lle* (SM 9002)
Penfro
rhos + crythwr (canwr crwth/ffidl)
fiddler's moor
Rhoscrowther

Rhos Ddiarbed *heneb* (SO 0490)
Powys (Trefaldwyn)
rhos + diarbed (didostur)
merciless moorland

Rhos-ddu:Rhosddu *ardal* (SJ 3251)
Dinbych
rhos + du
black moor

Rhosesmor *enw lle* (SJ 2168)
Fflint
rhos + 'east moor'
east moor

Rhosfair *cwmwd*
rhos + mŷr (lluosog 'môr')
seas moor

Rhos Fallog *rhostir* (SO 1274)
Powys (Maesyfed)
rhos + ballog (brith)
mottled moorland

Rhos-fawr *enw lle* (SH 3839)
Gwynedd (Caernarfon)
rhos + mawr
great moor

Rhosferig *plwyf* (SO 0152)
Powys (Brycheiniog)
rhos + merig (o 'mêr', braster)
nutritious moor

Rhosgadfan *enw lle* (SH 5057)
Gwynedd (Caernarfon)
rhos + Cadfan (sant)
(saint) Cadfan's moor

Rhos-goch[1] *enw lle* (SH 4189)
Môn
rhos + coch
red moor

Rhos-goch[2] *enw lle* (SN 2011)
Caerfyrddin
rhos + coch
red moor
Red Roses

Rhoshirwaun *ardal* (SH 2030)
Gwynedd (Caernarfon)
rhos + hir + gwaun
long field moor

Rhos-hyl *enw lle* (SN 1940)
Penfro
rhos + hyl (rhiw, o'r Saesneg '*hyll*')
hill moor
Rhos-hill

Rhosili *enw lle* (SS 4188)
Abertawe (Morgannwg)
rhos + Sulien (sant)
(saint) Sulien's moor

Rhos-lan *ardal* (SH 4840)
Gwynedd (Caernarfon)
rhos + llan
church moor

Rhoslannog *ardal* (SM 8632)
Penfro
rhos + Glannog (enw personol fel yn Helig ap Glannog)
Glannog's moor (personal name)

Rhoslefn/Rhoslefain *enw lle* (SH 5705)
Gwynedd (Meirionnydd)
rhos + llwyfen (y goeden)
elm moor

Rhosllannerchrugog *enw lle* (SJ 2946)
Wrecsam (Dinbych)
rhos + llannerch + grugog
moor with a heathery glade

Rhosllugwy *enw lle* (SH 4886)
Môn
rhos + Llugwy (afon) (afon olau)
(river) Llugwy moor

Rhos-maen *enw lle* (SN 6423)
Caerfyrddin
rhos + maen (carreg)
stone moor

Rhos-meirch *enw lle* (SH 4577)
Môn
rhos + meirch (lluosog 'march')
stallions' moor

Rhosneigr *enw lle* (SH 3172)
Môn

rhos + Neigr (enw personol)
Neigr's moor (personal name)

Rhosnesni *enw lle* (SJ 3551)
Dinbych
rhos + Nesni (enw personol)
Nesni's moor (personal name)

Rhosrobin *enw lle* (SJ 3252)
Dinbych
rhos + Robyn (enw person)
Robin's moor (personal name)

Rhostïe *ardal* (SN 6172)
Ceredigion (Aberteifi)
rhos + dien (hardd, tirf, ffres)
lush moor

Rhostirion *rhostir* (SO 2133)
Powys (Brycheiniog)
rhos + tirion (mwynaidd)
pleasant moor

Rhostryfan *enw lle* (SH 4957)
Gwynedd (Caernarfon)
rhos + Tryfan (mynydd)
(mount) Tryfan moor

Rhostyllen *enw lle* (SJ 3148)
Wrecsam (Dinbych)
rhos + astell/astyllen
moor on the mountain ledge

Rhos-y-bol *enw lle* (SH 4288)
Môn
rhos + y + bol (bryn bach, fel bola)
the humped moor

Rhosyclegyrn *rhostir* (SM 9135)
Penfro
rhos + y + clegyr (creigiau, cerrig)
the rocky moor

Rhos-y-garth *ardal* (SN 6372)
Ceredigion (Aberteifi)
rhos + y + garth (allt neu lethr bryn)
the hillside moor

Rhos y Gelynnen *mynydd* (SN 8963)
Powys (Maesyfed)
rhos + y + celynnen
the holly tree moor

Rhos-y-gell *rhostir* (SN 7375)
Ceredigion (Aberteifi)
rhos + y + cell
the (hermit's) cell moor

Rhosygwaliau *enw lle* (SH 9434)
Gwynedd (Meirionnydd)
rhos + y + gwal
the walled moor

Rhosymedre *enw lle* (SJ 2842)
Wrecsam (Dinbych)
rhos + y + medr (gallu)
capability moor

Rhuallt *enw lle* (SJ 0775)
Dinbych (Fflint)
rhy + allt
extreme hill

Rhuddlan[1] *cwmwd*
rhudd (coch) + glan
red shore (commote)

Rhuddlan[2] *enw lle* (SS 0278)
Dinbych (Fflint)
rhudd (coch) + glan
red shore

Rhuddnant gw. *(see)* **Llyn Rhuddnant**

Rhufoniog *cwmwd*
Rhufon + -iog = tir Rhufon
(commote in) Rhufon's land (personal name)

Rhuthun *enw lle* (SJ 1258)
Dinbych
rhudd (coch) + din (caer), sef caer coch
red fort
Ruthin

Rhws, Y *enw lle* (ST 0666)
Bro Morgannwg (Morgannwg)
y + rhos
the moorland
Rhoose

Rhyd *enw lle* (SH 6341)
Gwynedd (Meirionnydd)
rhyd
ford

Rhydaman *enw lle* (SN 6212)
Caerfyrddin
rhyd + Aman (afon)
ford on the (river) Aman
Ammanford

Rhydargaeau *enw lle* (SN 4326)
Caerfyrddin
rhyd + ar + caeau
ford in fields

Rhydcymerau *enw lle* (SN 5738)
Caerfyrddin
rhyd + y + cymerau (man cyfarfod dwy neu ragor o afonydd)
ford at the confluences

Rhyd-ddu *enw lle* (SH 5652)
Caernarfon
rhyd + du
black ford

Rhydfelen *enw lle* (ST 0888)
Rhondda Cynon Taf (Morgannwg)
rhyd + melen (ffurf fenywaidd 'melyn')
yellow ford

Rhydings *enw lle* (SS 7498)
Castell-nedd Port Talbot (Morgannwg)
'*hryding*', Hen Saesneg am lannerch wedi'i chlirio yng nghanol coed
woodland clearings (Old English)

Rhydlafar *ardal* (ST 1179)
Caerdydd (Morgannwg)
rhyd + llafar (swnllyd)
chattering ford

Rhydlewis *enw lle* (SN 3447)
Ceredigion (Aberteifi)
rhyd + Lewis (enw personol)
Lewis's ford (personal name)

Rhydlios *ardal* (SH 1830)
Gwynedd (Caernarfon)
rhyd + lliaws (torf)
ford of the many

Rhydlydan *enw lle* (SH 8950)
Bae Colwyn (Dinbych)
rhyd + llydan
broad ford

Rhydlydan *ardal* (SO 0593)
Powys (Trefaldwyn)
rhyd + llydan
wide ford

Rhydodyn *plas* (SN 6334)
Caerfyrddin
rhyd + odyn (odyn galch)
(lime) kiln ford
Edwinsford

Rhydoldog *fferm* (SN 9467)
Powys (Maesyfed)
rhyd + goldiog (blodyn melyn)
ford of the marigolds

Rhydowen[1] *ardal* (SN 1928)
Caerfyrddin
rhyd + Owen (enw personol)
Owen's ford (personal name)

Rhydowen[2] *enw lle* (SN 4445)
Ceredigion (Aberteifi)
rhyd + Owen (enw personol)
Owen's ford (personal name)

Rhydri *enw lle* (ST 1968)
Morgannwg
Rudry

Rhydsarnau *ardal* (SN 5710)
Caerfyrddin
rhyd + sarnau
ford of the causeways

Rhyduchaf *enw lle* (SH 9037)
Gwynedd (Meirionnydd)
rhyd + uchaf
upper ford

Rhydwen gw. *(see)* **Nant Rhydwen**

Rhyd-wen *ardal* (SN 7313)
Caerfyrddin
rhyd + gwen (ffurf fenywaidd 'gwyn')
blessed ford

Rhydwhiman *fferm* (SO 2198)
Powys (Trefaldwyn)
rhyd + chwim (cyflym)
fast-flowing ford
Chwima

Rhydwilym *ardal* (SN 1124)
Caerfyrddin
rhyd + Gwilym (enw personol)
Gwilym's ford (personal name)

Rhyd-wyn *enw lle* (SH 3188)
Môn
rhyd + gwen (yn wreiddiol) (ffurf fenywaidd 'gwyn'); neu Wyn/Gwyn (enw personol)
blessed ford; or Wyn/Gwyn's ford (personal name)

Rhydyceisiaid *ardal* (SN 2421)
Caerfyrddin
rhyd + ceisiaid (swyddogion casglu trethi)
ford of the catchpoles (tax collectors)

Rhydyclafdy *enw lle* (SH 3234)
Gwynedd (Caernarfon)
rhyd + clafrdy (yn wreiddiol), sef tŷ ar gyfer rhai â chlefydau heintus yn arbennig gwahangleifion)
ford by the lazaretto (hospice for lepers)

Rhydyclwydau *nant* (SN 9977)
Powys (Maesyfed)
rhyd + y + clwydau (lluosog 'clwyd', sef math o ganllaw i gynorthwyo rhai yn croesi'r rhyd)
the railed ford

Rhydycroesau *enw lle* (SJ 2430)
Dinbych

rhyd + y + croesau (naill ai croesffordd neu groesau pren)
ford of the crosses

Rhydyfedw gw. *(see)* **Nant Rhydyfedw**

Rhydyfelin *enw lle* (SN 5979)
Ceredigion (Aberteifi)
rhyd + y + melin
mill ford

Rhyd-y-foel *enw lle* (SH 9176)
Conwy (Dinbych)
rhyd + moel (pen bryn)
ford by the hilltop

Rhyd-y-fro *enw lle* (SN 7105)
Castell-nedd Port Talbot (Morgannwg)
rhyd + y + bro
ford in the vale

Rhyd-y-gwern *plwyf* (ST 2088)
Morgannwg
rhyd + y + gwern (lle corsog lle y mae coed gwern yn tyfu)
the alder ford

Rhyd-y-gwin *enw lle* (SN 6703)
Abertawe (Morgannwg)
rhyd + y + gwin
the wine ford

Rhydygwystl *ardal* (SH 4039)
Gwynedd (Caernarfon)
rhyd + y + gwystl
the hostage ford

Rhyd-y-main *ardal* (SH 8022)
Gwynedd (Meirionnydd)
rhyd + y + main (lluosog 'maen')
the stones' ford

Rhyd-y-meirch *enw lle* (SO 3107)
Mynwy
rhyd + y + meirch (lluosog 'march')
the stallions' ford

Rhydymilwyr *heneb* (SO 0911)
Powys (Brycheiniog)
rhyd + y + milwyr
the soldiers' ford

Rhyd-y-mwyn *enw lle* (SJ 2066)
Fflint
rhyd + y + mwyn
the mineral ford

Rhydypennau[1] *ardal* (ST 1881)
Morgannwg
rhyd + y + pennau (sef pennau o wartheg)
the ford of the (head of) cattle

Rhydypennau[2] *enw lle* (SN 6285)
Ceredigion (Aberteifi)
rhyd + y + pennau (sef pennau o wartheg)
the ford of the (head of) cattle

Rhydyronnen *ardal* (SH 6102)
Gwynedd (Meirionnydd)
rhyd + yr + onnen (coeden)
ford of the ash tree

Rhyl, Y *enw lle* (SJ 0081)
Dinbych (Fflint)
y + hill (Saesneg)
the hill

Rhymni *enw lle* (SO 1107)
Caerffili (Mynwy)
Rhymni (afon)
(river) Rhymney
Rhymney

Rhyndwyglydach *plwyf* (SN 6805)
Morgannwg
rhwng + dwy + Clydach (afon)
between two (rivers) Clydach

Rhysfa gw. *(see)* **Nant Rhysfa**

Rhytalog *enw lle* (SJ 2355)
Fflint
rhyd + halog (brwnt, budr)
dirty ford

Rhythallt gw. *(see)* **Afon Rhythallt**

S

Saethon *fferm* (SH 2932)
Gwynedd (Caernarfon)
saeth + onn (onnen)
ash (wood) arrow

sain/san/saint *hwn*
dyma'r ffurfiau ar 'sant' a ddefnyddir o flaen enw sant wedi'i fenthyg o'r Saesneg. Un eithriad yw 'Saint Harmon'
these are the forms used to precede borrowed saints' names, 'Saint Harmon' being the exception

Sain Dunwyd *plwyf* (SS 9368)
Bro Morgannwg (Morgannwg)
sain (efelychiad o'r Saesneg '*saint*') + Dunwyd (sant)
St Donat's

Sain Ffagan *enw lle* (ST 1277)
Caerdydd (Morgannwg)
sain + Ffagan (sant)
St Fagans

Sain Ffrêd/Ffraid *plwyf* (SM 8010)
Penfro
sain + Ffraid (santes)
St Brides

Sain Nicolas *enw lle* (ST 0974)
Bro Morgannwg (Morgannwg)
sain + Nicolas (nawddsant y Nadolig)
St Nicholas

Sain Pedr *plwyf* (SN 4120)
Caerfyrddin
sain + Pedr (sant ac un o ddisgyblion Crist)
St Peter's

Sain Pedrog *plwyf* (SR 9797)
Penfro
sain + Pedrog (sant)
St Petrox

Sain Pŷr *eglwys* (ST 5190)
Mynwy
sain + Pŷr (enw personol)
St Pierre

Sain Silian *eglwys* (ST 3489)
Casnewydd (Mynwy)
sain + Silian (sant)
St Julians

Sain Siorys *enw lle* (ST 0976)
Bro Morgannwg (Morgannwg)
sain + Siorys (ffurf Gymraeg ar 'George')
St George-super-Ely

Saint gw. *(see)* **Afon Saint**

Saint Andras *plwyf* (ST 1371)
Bro Morgannwg (Morgannwg)
saint + Andras (ffurf Gymraeg ar enw'r disgybl 'Andrew' yn Saesneg)
St Andrews Major

Sain Tathan *enw lle* (ST 1067)
Bro Morgannwg (Morgannwg)
sain + Tathan (santes)
Saintess Tathan
St Athan

Saint Harmon *enw lle* (SN 9872)
Powys (Maesyfed)
saint + Garmon (sant)
St Garmon

Saint Hilari *enw lle* (ST 0173)
Bro Morgannwg (Morgannwg)
sant o Poitiers (Ffrainc)
St Hilary (of Poitiers)

Saint Ishel *plwyf* (SN 1206)
Penfro
saint + Usyllt (sant)
the church of St Usyllt
St Issells

Saint-y-brid[1] *enw lle* (SS 8974)
Bro Morgannwg (Morgannwg)
sant + Bride (Santes Ffraid)
St Bride's Major

Saint-y-brid[2] *ardal* (ST 4289)
Mynwy
sant + Bride (Santes Ffraid)
St Bride's Netherwent

Saith gw. *(see)* **Afon Saith**

Saith Maen *heneb (x 2)* (SN 9460) (SN 8315)
Powys (Brycheiniog)
saith + maen (carreg)
seven stones

Salem *enw lle* (SN 6226)
Caerfyrddin
Salem (Caer Salem = Jerusalem)
Biblical (chapel) name

Sanclêr *enw lle* (SN 2716)
Caerfyrddin
sant + Clear neu Clarus (sant o'r 9fed ganrif a gysylltir â Chernyw)
St Clears

Sannan gw. *(see)* **Afon Sannan**

Sarffle gw. *(see)* **Nant Sarffle**

sarn *hon*
1. rhes o gerrig camu ar gyfer croesi cors
   stone causeway
2. Sarn Helen oedd yr enw a ddefnyddid ar gyfer ffordd Rufeinig
   occasionally a Roman road was known as 'sarn' or more specifically 'Sarn Helen'

Sarn[1] *enw lle* (SO 2090)
Powys (Trefaldwyn)
sarn
causeway

Sarn[2] *enw lle* (SS 9083)
Pen-y-bont ar Ogwr (Morgannwg)
sarn
causeway

Sarnau[1] *enw lle* (SH 9739)
Gwynedd (Meirionnydd)
lluosog 'sarn'
causeways

Sarnau[2] *ardal* (SJ 3318)
Caerfyrddin
lluosog 'sarn'
causeways

Sarnau[3] *enw lle* (SJ 2315)
Powys (Trefaldwyn)
lluosog 'sarn'
causeways

Sarnau[4] *enw lle* (SN 3150)
Ceredigion (Aberteifi)
lluosog 'sarn'
causeways

Sarnbigog *bryn* (SN 9198)
Powys (Trefaldwyn)
sarn + pigog
thorny causeway

Sarn Gynfelyn *basle* (SN 5885)
Ceredigion (Aberteifi)
sarn + Cynfelyn (sant)
(saint) Cynfelyn's causeway

Sarn Mellteyrn *enw lle* (SH 2332)
Gwynedd (Caernarfon)
sarn + Mellteyrn (enw person)
Mellteyrn's causeway (personal name)

Saron[1] *enw lle (x 2)* (SN 5912) (SN 3737)
Caerfyrddin
Saron (enw lle o'r Beibl)
Biblical (chapel) name

Saron[3] **(Pentre Saron)** *enw lle* (SJ 0260)
Dinbych
Saron (enw lle o'r Beibl)
Biblical (chapel) name

Sawdde gw. *(see)* **Afon Sawdde**

Sblot, Y *ardal* (ST 2076)
Caerdydd (Morgannwg)
o'r Saesneg *'plot'*, sef darn o dir
plot, a piece of land

Senghennydd[1] *cwmwd*
Sangan (enw person) + -ydd = tir Sangan
(commote in) Sangan's land (personal name)

Senghennydd[2] *enw lle* (ST 1190)
Caerffili (Morgannwg)
Sangan (enw person) + -ydd = tir Sangan
Sangan's land (personal name)

Seisyllwg *rhanbarth*
Seisyll (enw brenin) + -wg = gwlad Seisyll
Seisyll's land (personal name)

Selwrn *ardal* (SH 9835)
Gwynedd (Meirionnydd)
selwr (gwylfa)
look-out spot

Senni *plwyf* (SN 9320)
Powys (Brycheiniog)
Senni (afon) o enw person o'r un bôn â Sannan
Senni (river)

Serw gw. *(see)* **Llyn Serw**

Sgeibir *mynydd* (SM 9630)
Penfro
ysgubor
barn
Skybir

Sger, Y *plwyf* (SS 7879)
Pen-y-bont ar Ogwr (Morgannwg)
y + *sker* (craig bigfain [yn y môr] yn iaith y Llychlynwyr)
the sheer rock

Sgeti *ardal* (SS 6293)
Abertawe (Morgannwg)
ynys + Ceti (enw personol)
Ceti's land (personal name)
Sketty

Sgethin gw. *(see)* **Afon Sgethin**

Sgethrog *ardal* (SO 1025)
Powys (Brycheiniog)
ysgethrog (gwasgaredig?)
scattered

Sgithwen *nant* (SO 0940)
Powys (Brycheiniog)
sgithwen (cawod ysgafn)
a light shower-like (stream)

Sgiwen *enw lle* (SS 7297)
Castell-nedd Port Talbot (Morgannwg)
ynys (llain o dir yn ymyl afon) + Ciwa (santes)
the field of (saintess) Ciwa
Skewen

Sgwd Einion Gam *rhaeadr* (SN 8909)
Castell-nedd Port Talbot (Morgannwg)
sgwd (rhaeadr) + Einion Gam (enw person)
crippled Einion's waterfall (personal name)

Sgwd yr Eira *rhaeadr* (SN 9310)
Powys (Brycheiniog)
sgwd + yr + eira
the snowy waterfall

Sili *enw lle* (ST 1568)
Bro Morgannwg (Morgannwg)
hen enw efallai â chysylltiad Normanaidd
an old Norman name perhaps
Sully

Silian *enw lle* (SN 5751)
Ceredigion (Aberteifi)
Silin (sant)
(saint) Silian

Silstwn *enw lle* (ST 0167)
Bro Morgannwg (Morgannwg)
ffurf Gymraeg ar Giles + *tun* = tref/fferm fawr Giles
Gileston

Singrug *ardal* (SH 6134)
Gwynedd (Meirionnydd)
eisingrug (twmpath o blisg neu fasgl ar ôl dyrnu)
chaff heap

Slebets *plwyf* (SN 0314)
Penfro
enw lle yn cynnwys '*bec*' (gair Hen Saesneg am 'nant')
contains 'bec', possibly, Old English for 'stream'
Slebech

Soar-y-mynydd *capel* (SN 7835)
Ceredigion (Aberteifi)
Soar (enw Beiblaidd ac enw capel) + y + mynydd
Soar (Biblical [chapel] name) on the mountain

Soch gw. *(see)* **Afon Soch**

Solfach *enw lle* (SM 8024)
Penfro
o 'salw', gwael, di-olwg neu 'sâl' am y tir o'i chwmpas
poor land
Solva

Sonlli *ardal* (SJ 3346)
Wrecsam (Dinbych)
enw teuluol Saesneg 'Sontley' o *sand* + *lea* (darn agored o dir) a drowyd yn 'Sonlli' Cymraeg
Sontley

Stewi gw. *(see)* **Afon Stewi**

Strade *ardal* (SN 4901)
Caerfyrddin
ystradau (lluosog 'ystrad', sef darn gwastad o dir, e.e. llawr dyffryn)
valley floors
Stradey Park

Stwlan gw. *(see)* **Llyn Stwlan**

Sulgen gw. *(see)* **Afon Sulgen**

Surnant *ardal* (SO 0093)
Powys (Trefaldwyn)
sur + nant
sour stream

Swtan gw. *(see)* **Afon Swtan**

Swyddffynnon *enw lle* (SN 6966)
Ceredigion (Aberteifi)
swydd (canolfan weinyddol tiroedd Myfenydd) + ffynnon (oer)
well court

Sychan gw. *(see)* **Afon Sychan**

Sycharth *castell* (SJ 2025)
Powys (Dinbych)
sych + garth (llechwedd coediog)
(castle on a) dry, forested slope

Sychdyn *enw lle* (SJ 2466)
Fflint
ffurf Gymraeg ar *sog* (cors) + *tun* (fferm fawr)
Soughton

Sychnant[1] *fferm (x 2)* (SO 1286) (SN 9777)
 Powys (Maesyfed)
 sych + nant (cwm)
 parched valley

Sychnant[3] *bwlch* (SH 7477)
 Gwynedd (Caernarfon)
 sych + nant (llwybr nant sy'n tueddu i sychu yn yr haf)
 parched river-bed pass

Syfaddan gw. *(see)* **Llyn**

Syfynfi gw. *(see)* **Afon Syfynfi**

Sygyn Fawr *mwynglawdd* (SH 5948)
 Gwynedd (Caernarfon)
 sugn (cors, mignen) + mawr
 great bog (mine)

Synod Inn *enw lle* (SN 4054)
 Ceredigion (Aberteifi)
 synod (cyngor eglwysig) + *inn* (tŷ tafarn)
 inn of the (church) synod

T

Taf gw. *(see)* **Afon Taf**

tafarn *hwn* neu *hon*
tŷ lle y byddai pethau'n cael eu gwerthu, yn arbennig bwyd a diod
a house where food and drink were sold

Tafarnau Bach *enw lle* (SO 1110)
Blaenau Gwent (Mynwy)
tafarnau + bach
little taverns

Tafarngelyn *ardal* (SJ 1861)
Dinbych
tafarn + (y) + celyn (coeden)
(the) holly inn

Tafarn-y-gath *ardal* (SJ 2151)
Dinbych
tafarn + y + cath
the cat inn

Tafolwern *enw lle* (SH 8902)
Powys (Trefaldwyn)
dyfal (garw) + gwern (cors, mignen)
coarse bog

Tai-bach *ardal* (SS 7788)
Castell-nedd Port Talbot (Morgannwg)
tai + bach
small houses

Taironnen[1] *ardal* (SN 6503)
Bro Morgannwg (Morgannwg)
tair + onnen (coeden)
three ashes

Taironnen[2] *fferm* (ST 0374)
Bro Morgannwg (Morgannwg)
tair + onnen (coeden)
three ash trees

tâl *hwn*
pen, fel yn 'talcen', e.e. Talyllychau
head

Talacharn *enw lle* (SN 3010)
Caerfyrddin
tâl (pen) + nant Coran (?)
head of Coran stream?
Laugharne

Talacre *enw lle* (SJ 1183)
Fflint
tâl (pen, blaen) acrau (erwau)
acres end

Talach-ddu *plwyf* (SO 0733)
Powys (Brycheiniog)
tâl (pen, blaen) + ach (craith?) + du
black-scar end

talar *hon*
pen y cae nad yw'r aradr yn medru'i droi
headland in field

Talbenni *enw lle* (SM 8412)
Penfro
tâl + benni (lluosog 'ban', brig, copa)
peaks end

Talcen Eithin *mynydd* (SH 8343)
Gwynedd (Meirionnydd)
talcen (pen, blaen) + eithin
gorse end

Talcen Llwyd *mynydd* (SH 7946)
Gwynedd (Caernarfon)
talcen + llwyd
grey summit

Talerddig *ardal* (SH 9300)
Powys (Trefaldwyn)
tâl (pen) + gerddig (gardd fach)
little garden end

Talgarreg *enw lle* (SN 4251)
Ceredigion (Aberteifi)
tâl (pen) + carreg
stone end

Talgarth *enw lle* (SO 1533)
Powys (Brycheiniog)
tâl (pen) + garth (esgair, crib)
ridge end

Talhenbont *plas* (SH 4639)
Gwynedd (Caernarfon)
tâl + hen + pont
end of the old bridge

Taliaris *ardal* (SN 6428)
Caerfyrddin
tâl + iares (haid o ieir), sef pen y man lle y ceid haid o ieir
chicken-flock end

Talog *enw lle* (SN 3325)
Caerfyrddin
rhyd + halog (brwnt, wedi'i lygru)
polluted ford

Tal-sarn *enw lle* (SN 5456)
Ceredigion (Aberteifi)
tâl + sarn
causeway's end

Talsarnau *enw lle* (SH 6135)
Gwynedd (Meirionnydd)
tâl + sarnau
causeways' end

Talweunydd *ardal* (SH 6947)
Gwynedd (Meirionnydd)
tâl + gweunydd (lluosog 'gwaun')
fields' end

Talwrn[1] *enw lle* (SJ 2947)
Wrecsam (Dinbych)
talwrn (pant amgaeedig)
threshing floor

Talwrn[2] *enw lle* (SH 4977)
Môn
talwrn (pant amgaeedig)
threshing floor

Talybolion *cwmwd*
tâl (pen) + y + bolion (bryniau bychan)
the little hills' end

Tal-y-bont[1] *enw lle (2 le)* (SH 7668) (SH 6070)
Gwynedd (Caernarfon)
tâl + y + pont
the bridge end

Tal-y-bont[3] *enw lle* (SN 6589)
Ceredigion (Aberteifi)
tâl + y + pont
the bridge end

Tal-y-bont[4] *enw lle* (SH 5921)
Gwynedd (Meirionnydd)
tâl + y + pont
the bridge end

Tal-y-bont[5] *enw lle* (SJ 2408)
Powys (Trefaldwyn)
tâl + y + pont
the bridge end
Buttington

Tal-y-bont ar Wysg *enw lle* (SO 1122)
Powys (Brycheiniog)
tâl + y + pont + Wysg (afon)
the bridge-end on Usk

Tal-y-cafn *enw lle* (SH 7871)
Conwy (Dinbych)
tâl + y + cafn (ffos)
the ditch end

Tal-y-coed *plas* (SO 4115)
Mynwy
tâl + y + coed
the wood end

Tal-y-fan *mynydd* (SH 7372)
Gwynedd (Caernarfon)
tâl + y + ban (brig, copa)
the peak end

Tal-y-garn *plas* (ST 0380)
Morgannwg
tâl + y + garn (craig neu dwmpath o gerrig)
the cairn end

Talyllychau *enw lle* (SN 6332)
Caerfyrddin
tâl (pen) + y + llychau (lluosog 'llwch', llyn), sef llynnoedd pysgota'r mynaich
the lakes end
Talley

Tal-y-llyn *plwyf* (SH 7109)
Gwynedd (Meirionnydd)
tâl + y + llyn
the lake end

Talymignedd *fferm* (SH 5352)
Gwynedd (Caernarfon)
tâl + y + mign (cors)
the marsh end

Tal-y-sarn *enw lle* (SH 4853)
Gwynedd (Caernarfon)
tâl + y + sarn
the causeway end

Tal-y-waun *enw lle* (SO 2604)
Torfaen (Mynwy)
tâl + y + gwaun (tir gwlyb)
the moor end

Tal-y-wern *ardal* (SH 8200)
Powys (Trefaldwyn)
tâl + y + gwern (tir corsog lle y mae coed gwern yn tyfu)
the bog end

Tanad gw. *(see)* **Afon Tanad**

Tanerdy *enw lle* (SN 4220)
Caerfyrddin
tanerdy (lle trin crwyn)
tannery

Tan-y-bwlch[1] *plas* (SH 6540)
Gwynedd (Meirionnydd)
tan + y + bwlch
below the pass

Tan-y-bwlch[2] *plas* (SN 5879)
Ceredigion (Aberteifi)
tan + y + bwlch
beneath the gap

Tan-y-fron *enw lle* (SJ 2952)
Wrecsam (Dinbych)
tan + y + bron (llethr mynydd)
below the hillside

Tanygrisiau *enw lle* (SH 6845)
Gwynedd (Meirionnydd)
tan + y + grisiau
below the steps

Tan-y-groes *enw lle* (SN 2849)
Ceredigion (Aberteifi)
tan + y + croes
beneath the cross

Tan-y-gyrt *fferm* (SJ 0163)
Dinbych
tan + y + gyrt (lluososg 'cwrt' neu 'cert')
the farm beneath the courts/carts

Tarell gw. *(see)* **Afon Tarell**

Tarennig gw. *(see)* **Afon Tarennig**

tarren *hon*
dibyn creigiog, neu fan lle y mae craig yn ymwthio i wyneb y tir; man llwm heb ddyfnder pridd, e.e. Mynydd y Darren; Pen y Darren
knoll, ridge

Tarren gw. hefyd *(see also)* **Darren**

Tarren Hendre *clogwyn* (SH 6804)
Gwynedd (Meirionnydd)
tarren (esgair, crib) + hendre (lle y cedwid yr anifeiliaid yn ystod y gaeaf)
ridge by the winter dwelling

Tarren Saerbren *clogwyn* (SS 9297)
Morgannwg
tarren + saerbren
carpenter's ridge

Tarren Tormwnt *llechwedd* (SO 0415)
Powys (Brycheiniog)
tarren + tor (bol) + mwnt (bryn)
belly-hill ridge

Tarren y Bwllfa *clogwyn* (SS 9693)
Morgannwg
tarren + y + pwllfa
the pit ridge

Tarren y Gesail *clogwyn* (SH 7106)
Gwynedd (Meirionnydd)
tarren + y + cesail (cysgod mynydd)
ridge in the shelter (of the mountain)

Tawe gw. *(see)* **Afon Tawe**

Tawelan gw. *(see)* **Nant Tawelan**

Tecwyn Uchaf gw. *(see)* **Llyn Tecwyn Uchaf**

Tefeidiad gw. *(see)* **Afon Tefeidiad**

Tegeingl *cantref*
o 'Teceangli', y llwyth o bobl a drigai yn y rhan yma o'r wlad
the Teceangli were the ancient tribe of people who dwelt in this region
Tegeingl (hundred)

Tegid gw. *(see)* **Llyn Tegid**

Tegryn *enw lle* (SN 2233)
Penfro
teg (hardd) + bryn/rhyn (bryn, twmpath); neu'r enw Egryn (sant) ynghyd â'r rhagddodiad parch, 'ty-'
fair hill; or a personal name

Teifi gw. *(see)* **Llyn Teifi**

Teigl gw. *(see)* **Afon Teigl**

telyn *hon*
harp or harp-shaped

Terfyn gw. *(see)* **Nant Terfyn**

Terrig gw. *(see)* **Afon Terrig**

Teyrn gw. *(see)* **Llyn Teyrn**

Tirabad *eglwys* (SN 8741)
Powys (Brycheiniog)
tir + abad (tir yn perthyn i Ystrad-fflur)
abbot's land

Tir-bach *ardal* (SN 8509)
Castell-nedd Port Talbot (Morgannwg)
tir + bach
small land

Tircanol *ardal* (SS 6798)
Abertawe (Morgannwg)
tir + canol
mid land

Tirdeunaw *ardal* (SS 6497)
Abertawe (Morgannwg)
tir + deunaw (deunaw hen geiniog)
eighteen penn'orth of land

Tir Ifan *plwyf* (SH 8446)
Dinbych
tir + Ifan (enw person)
Ifan's land (personal name)

Tirpentwys *ardal* (ST 2499)
Mynwy
tir + pentywys (tywysen o ŷd)
corn land

Tir-phil *enw lle* (SO 1303)
Blaenau Gwent (Morgannwg)
tir ger Phillip's town
Phil's land

Tir-y-dail *ardal* (SN 6212)
Caerfyrddin
tir + y + dail
land of the leaves

Tirymynach[1] *plwyf* (SN 6585)
Ceredigion (Aberteifi)
tir + y + mynach (Ystrad-fflur)
the grange or monastic land

Tirymynach[2] *ardal* (SH 9201)
Powys (Trefaldwyn)
tir + y + mynach (yn perthyn i fynachdy Ystrad Marchell)
the grange or monastic land

tomen *hon*
y cruglwth o bridd a fu'n sylfaen i'r cestyll cynharaf, e.e. Tomen y Bala, Tomen y Bwlch
motte

Tomen gw. hefyd *(see also)* **Domen**

Tomen Fawr *heneb* (SH 4537)
Gwynedd (Caernarfon)
tomen (bryncyn) + mawr
great motte

Tomen Llanio *heneb* (SN 6657)
Ceredigion (Aberteifi)
tomen + Llanio (enw lle)
Llanio mound

Tomen y Bala *heneb* (SH 9236)
Gwynedd (Meirionnydd)
tomen + y Bala (enw lle)
Bala's motte

Tomen y Faerdre *heneb* (SJ 1956)
Dinbych
tomen + y Faerdre (enw lle)
y Faerdre's motte

Tomen y Gwyddel *heneb* (SJ 1735)
Dinbych
tomen + y + Gwyddel
the Irishman's motte

Tomen y Meirw *heneb* (SJ 1638)
Dinbych
tomen + y + meirw
mound of the dead

Tomen y Rhos *heneb* (SN 8029)
Caerfyrddin
tomen + y + rhos
mound on the moor

ton *hwn*
wyneb tir, croen, tir heb ei aredig, e.e. Ton-du, Ton-teg, Tonypandy, Tonyrefail
ley, fallow land

Ton-du *enw lle* (SS 8984)
Pen-y-bont ar Ogwr (Morgannwg)
ton (tir heb ei aredig) + du
black ley

Tonfannau *enw lle* (SH 5603)
Gwynedd (Meirionnydd)
tyno (pant, neu dir gwastad) + mannau (lleoedd)
hollows

Tongwynlais *enw lle* (ST 1382)
Caerdydd (Morgannwg)
ton (tir heb ei aredig) + gwyn + glais (afonig)
ley by the white stream

Tonna *enw lle* (SS 7798)
Castell-nedd Port Talbot (Morgannwg)
tonnau (lluosog 'ton', tir heb ei aredig)
leys

Tonpentre *enw lle* (SS 9695)
Rhondda Cynon Taf (Morgannwg)
ton + pentref
ley by the village

Ton-teg *enw lle* (ST 0986)
Rhondda Cynon Taf (Morgannwg)
ton + teg
fair lay

Tonypandy *enw lle* (SS 9992)
Rhondda Cynon Taf (Morgannwg)
ton + y + pandy (lle pannu gwlân)
the fulling-mill ley

Tonyrefail *enw lle* (ST 0188)
Rhondda Cynon Taf (Morgannwg)
ton + yr + efail (y gof)
the smithy ley

Torfaen *ardal*
tor (torri) + maen
cleft rock

Torpantau *llechwedd* (ST 0417)
Powys (Brycheiniog)
tor (bol) + pantau
mounds and dips

Traean-glas *plwyf* (SN 8325)
Powys (Brycheiniog)
traean (trydedd ran o dir) + glas (gwyrdd)
green plot

Traean-mawr *plwyf* (SN 8632)
Powys (Brycheiniog)
traean (trydedd ran/darn o dir) + mawr
great third/plot of land

Traeth Bach *traeth* (SH 5636)
Gwynedd (Meirionnydd)
traeth + bach
little beach

Traeth Coch *traeth* (SH 5481)
Môn
traeth + coch
red beach
Red Wharf Bay

Traeth Crugau *traeth* (SH 3433)
Gwynedd (Caernarfon)
traeth + crugau (lluosog 'crug', twmpath, pentwr)
beach of mounds

Traeth Cymyran *traeth* (SH 3074)
Môn
traeth + cymer(au)
beach at the confluences

Traeth Dulas *traeth* (SH 4888)
Môn
traeth + Dulas (afon)
(river) Dulas beach

Traeth Lafan *traeth* (SH 6275)
Gwynedd (Caernarfon)
traeth Efelafen (enw person)
Efelafen's beach (personal name)

Traeth Llugwy *traeth* (SH 4987)
Môn
traeth + Llugwy (afon)
(river) Llugwy beach

Traeth Maelgwn *basle* (SN 6294)
Ceredigion (Aberteifi)
traeth + Maelgwn (enw person)
Maelgwn's beach (personal name)

Traeth Mawr[1] *ardal* (SH 5939)
Gwynedd (Meirionnydd)
traeth + mawr
large beach

Traeth Mawr[2] *traeth* (SM 7326)
Penfro
traeth + mawr
large beach

Traeth Melynog *traeth* (SH 4362)
Môn
traeth + melyn
yellow beach

Traffwll gw. *(see)* **Llyn Taffwll**

Trallong *plwyf* (SN 9629)
Powys (Brycheiniog)
tra + llwng (pant a lle gwlyb)
big bog

Trallwng, Y *enw lle* (SJ 2207)
Powys (Trefaldwyn)
y + tra + llwng (pant a lle gwlyb)
the big bog

Trannon *ardal* (SN 9095)
Powys (Trefaldwyn)
tarannon (o'r gwreiddyn 'tren', cryf, nerthol)
strong place

Transh[1]**, Y** *enw lle* (SO 2700)
Mynwy (Torfaen)
y + transh
the trench

Transh[2]**, Y** *ardal* (SS 8581)
Pen-y-bont ar Ogwr (Morgannwg)
y + transh
the ditch

Trap *enw lle* (SN 6518)
Caerfyrddin
efallai o '*trip*', gris, step, camfa
step

Trawsallt *mynydd* (SN 7770)
Ceredigion (Aberteifi)
traws (yn croesi/ar draws) + allt
over the slope

Trawsfynydd *enw lle* (SH 7035)
Gwynedd (Meirionnydd)
traws + mynydd
(lake) over the mountain

Trawsgoed[1] *enw lle* (SN 6672)
Ceredigion (Aberteifi)
traws + coed (man wedi'i orchuddio â choed)
wooded place

Trawsgoed[2]**, Y** *plas* (SN 6773)
Ceredigion (Aberteifi)
y + traws + coed
the wooded place

Trawsnant *nant* (SN 9093)
Powys (Trefaldwyn)
traws + nant
across the stream

Trealaw *enw lle* (SS 9992)
Rhondda Cynon Taf (Morgannwg)
tref + Alaw (ar ôl enw barddol y perchennog gwaith glo David Williams, 'Alaw Goch')
Alaw's town (after the bardic name of a prominent coal owner)

Treamlod *enw lle* (SN 0025)
Penfro
tref (preswylfa Cymro bonheddig) + yr enw person Amelot (o'r Ffrangeg)
Amelot's settlement (personal name)
Ambleston

Trearddur *enw lle* (SH 2578)
Môn
tref (preswylfa Cymro bonheddig) + Iarddur (enw personol)
Iarddur's settlement (personal name)

Trebannws *enw lle* (SN 7103)
Abertawe (Morgannwg)
tref (preswylfa Cymro bonheddig) + pân (plu'r gweunydd)
homestead in the cotton grass
Trebanos

Trebanog *enw lle* (ST 0190)
Rhondda Cynon Taf (Morgannwg)
tref (preswylfa Cymro bonheddig) + pân (plu'r gweunydd) + og, sef man lle y mae plu'r gweunydd yn tyfu
homestead in the mullein

Trebefered *enw lle* (SS 9868)
Bro Morgannwg (Morgannwg)
ffurf Gymraeg ar 'Bovier/Bouvier' (enw Saesneg) + ton (tref)
Boverton

Treberfedd *enw lle* (SJ 3012)
Powys (Trefaldwyn)
tref + perfedd (canol), sef y dref ganol
Middletown

Trebifan *enw lle* (SN 6913)
Caerfyrddin
tref + Bifan (enw person)
Bevan's homestead (personal name)

Tre-boeth *enw lle* (SS 6596)
Abertawe (Morgannwg)
tref + poeth (tir yn llosgi neu'n sychu yn yr haf)
parched homestead

Treborth *enw lle* (SH 5570)
Gwynedd (Caernarfon)
tref + porth (mynedfa)
homestead by the entrance

Trebwfer *fferm* (SM 9635)
Penfro
tref + Power (enw Eingl-Normanaidd)
Power's settlement (Anglo-Norman name)

Trebwrnallt *fferm* (SM 8826)
Penfro
tref + Brynallt (o Bernald [?] a berthynai i Tancard, yr enw a geir yn y ffurf Saesneg)
Brynallt's homestead (personal name)
Tancredston

Trecastell[1] *enw lle* (SN 8829)
Powys (Brycheiniog)
tref (preswylfa Cymro bonheddig) + castell
homestead by the castle

Trecastell[2] *heneb* (ST 0181)
Rhondda Cynon Taf (Morgannwg)
tref + castell
homestead by the castle

Trecelyn *enw lle* (ST 2197)
tref + celyn
holly settlement
Newbridge

Trecŵn *enw lle (x 2)* (SN 1448) (SM 9632)
Penfro
tref (preswylfa Cymro bonheddig, neu fferm fawr) + cŵn
homestead of the dogs

Trecynon *enw lle* (SN 9903)
Rhondda Cynon Taf (Morgannwg)
enw diweddar ar batrwm tref (yr hen ystyr) + Cynon (enw afon sydd hefyd yn enw person)
town on the (river) Cynon (a recent name)

Tredegar *enw lle* (SO 1409)
Blaenau Gwent (Mynwy)
o 'Tredegyr', y plasty a roes ei enw i'r dref
the name is derived from the country house Tredegyr
Tredegar

Tredegyr *plas* (ST 8528)
Blaenau Gwent (Mynwy)
tref (tŷ Cymro bonheddig) + Tegyr (enw personol)
Tegyr's court (personal name)

Tredelerch *enw lle* (ST 2179)
Caerdydd (Morgannwg)
tref (preswylfa Cymro bonheddig, neu fferm fawr) + Telerch (ty- [rhagddodiad parch] + Elerch/Eleirch)
Elerch's homestead (personal name)
Rumney

Tredogan *ardal* (ST 0667)
  Bro Morgannwg (Morgannwg)
  tre + Cadwgan (enw person?)
  Cadogan's homestead (personal name?)

Tredwstan *enw lle* (SO 1332)
  Powys (Brycheiniog)
  ffurf Gymraeg ar 'Turstan' (enw person) + *tun*
  Turstan's settlement (personal name)

Tredynog *enw lle* (ST 3794)
  Mynwy
  tref + rhedynog (â rhedyn)
  farmstead in the ferns
  Tredunnock

Tre-einar *fferm* (SM 9825)
  Penfro
  ffurf Gymraeg ar 'Reyner' (cyfenw Saesneg) + *tun*
  Reyner's settlement (personal name)
  Rinaston

tref *hon*
  yn wreiddiol, fferm fawr wedi'i chreu ar ôl clirio'r coed a thrin y tir (e.e. cartref). Yna, daeth i olygu'r tir o gwmpas cartref arbennig (fel yr oedd *villa* yn Lladin). Yma yr oedd y pennaeth yn byw ac fe ddaeth enw cartref yr uchelwr yn enw ar ganol y dref. Enghraifft o'i ystyr gyfoes yw Trecynon.
  originally the large farm created after clearing the forest and cultivating the land, 'tun'. It came to refer to the land surrounding a particular dwelling, e.g. Hendre, Tredelerch. This is where the chief, head or most important person lived and formed the centre of a settlement 'tun'. Much more recently, it signifies a 'town'.

cantref
  ardal ddwywaith cymaint â chwmwd yn cynnwys tua chant o 'drefi' (ffermydd mawrion)
  hundred (an area containing some 100 'tuns')

maerdref
  oedd y rhan o 'tref' yr arglwydd neu'r brenin lle y byddai swyddog 'maer y biswail' yn gyfrifol am sicrhau bod cnydau yn cael eu codi
  this is where the steward or crop master held sway

melindre
  rhan y dref lle roedd y felin
  originally that part of the 'tref' which housed the mill

pentref
  yr oedd y caethion a wasanaethai'r arglwydd yn byw ym mhen y dref
  the part of the 'tref' where the serfs and villeins lived

Trefaldwyn[1] *sir*
  tref + Baldwin (sef y Norman, Baldwin de Bollers)
  Baldwin's settlement (Norman name)
  Montgomeryshire

Trefaldwyn[2] *enw lle* (SO 2296)
  Powys (Trefaldwyn)
  tref + Baldwin (sef y Norman, Baldwin de Bollers)
  Baldwin's settlement (Norman name)
  Montgomery

Trefalun *enw lle* (SJ 3856)
  Dinbych
  tref + Alun (afon)
  Allington

Trefaser *enw lle* (SM 8938)
  Penfro
  tref (fferm fawr) + Asser (enw person)
  Asser's settlement (personal name)

Trefdraeth[1] *enw lle* (SN 0539)
  Penfro
  tref (fferm fawr) ger Traeth Edrywy (enw personol)
  homestead by (Edrywy's) beach
  Newport

Trefdraeth[2] *enw lle* (SH 4070)
  Môn
  yn wreiddiol, 'Trefdraeth Wastrodion' (stiwardiaid) a 'Trefdraeth Ddisteiniaid' (meistri'r meirch)
  (the stewards' and the horsemasters') farm by the sea

Trefddyn *enw lle* (SO 2801)
  Torfaen (Mynwy)
  tref + dynn (gair yn debyg i'r gair Gwyddeleg am 'bryn')
  homestead on the hill
  Trefethin

Trefeca *enw lle* (SO 1432)
  Powys (Brycheiniog)
  tref (fferm fawr) + Beca (Rebecca)
  Beca's homestead (female personal name)

Trefechan *enw lle* (SN 5881)
Ceredigion (Aberteifi)
tref + bechan (ffurf fenywaidd 'bychan')
little settlement

Trefeglwys *enw lle* (SN 9790)
Powys (Trefaldwyn)
tref + eglwys
settlement by the church

Trefeinon *fferm* (SO 1330)
Powys (Brycheiniog)
tref + Einion (enw person)
Einion's homestead (personal name)

Trefelen *enw lle* (SN 0621)
Penfro
tref + melen (ffurf fenywaidd 'melyn')
yellow settlement
Bletherston

Trefenter *enw lle* (SN 6068)
Ceredigion (Aberteifi)
tref + menter (o 'mentro'), sef ardal y tai unnos; neu o enw'r Company of Mine Adventurers a oedd â hawl i gloddio am blwm yn y cylch
enterprising or Adventurer's settlement

Trefesgob *enw lle* (ST 3987)
Casnewydd (Mynwy)
tref + esgob
bishop's settlement
Bishton

Trefeurig *plwyf* (SN 6883)
Ceredigion (Aberteifi)
tref + Meurig (enw person)
Meurig's homestead (personal name)

Trefgarn *enw lle* (SM 9523)
Penfro
tref + carn (carnedd o gerrig)
settlement by the cairn

Trefgarnowen *ardal* (SM 8625)
Penfro
tref + carn + Owen
settlement by Owen's cairn (personal name)

Trefil *enw lle* (SO 1212)
Blaenau Gwent
tref + mil (anifail)
animal homestead

Trefilan *enw lle* (SN 5457)
Ceredigion (Aberteifi)
tref + Ilan (sant)
(saint) Ilan's settlement

Trefil Ddu *mynydd* (SO 1113)
Blaenau Gwent
tref + mil (anifail) + du
black animal homestead

Trefil Las *mynydd* (SO 1213)
Blaenau Gwent
tref + mil (anifail) + glas
green animal homestead

Tre-fin *enw lle* (SM 8432)
Penfro
tref + dynn (gair yn debyg i'r gair Gwyddeleg am 'bryn'), sef fferm fawr wedi'i chodi ar fryn
homestead on the hill

Treflyn gw. *(see)* **Nant Treflyn**

Treflys *plwyf* (SN 9048)
Powys (Brycheiniog)
tref + llys
settlement by the court

Trefnant *enw lle* (SS 0570)
Dinbych
tref + nant
homestead by the stream

Trefonnen *plwyf* (ST 3483)
Casnewydd (Mynwy)
tref + onnen
settlement by the ash tree
Nash

Trefor[1] *enw lle* (SH 3746)
Gwynedd (Caernarfon)
enw diweddar o'r enw personol
Trefor (personal name)

Trefor[2] *enw lle* (SJ 2642)
Dinbych
tre + fawr
large homestead

Treforys *enw lle* (SS 6697)
Abertawe (Morgannwg)
tref + Morris (Syr John Morris o Clasemont)
Morris town (after Sir John Morris of Clasemont)
Morriston

Trefriw *enw lle* (SH 7863)
Gwynedd (Caernarfon)
tref + rhiw
homestead on the hill

Trefwrdan *plwyf* (SM 9132)
Penfro
tref + ffurf Gymraeg ar 'Jordan' (cyfenw person)
Jordanston

Trefyclo *enw lle* (SO 2872)
Powys (Maesyfed)
tref (preswylfa Cymro bonheddig, neu fferm fawr) + clawdd (Clawdd Offa)
the homestead on the dyke (Offa's Dyke)
Knighton

Trefynwy *enw lle* (SO 5012)
Mynwy
tref + Mynwy (afon)
township on the (river) Mynwy
Monmouth

Trefflemin *enw lle* (ST 0170)
Bro Morgannwg (Morgannwg)
tref + Fflemin (brodor o Fflandrys yn wreiddiol ond a ddaeth yn gyfenw, Fleming)
Fleming's homestead
Flemingston

Treffleming *enw lle* (SN 8112)
Powys (Brycheiniog)
tref + Fflemin (brodor o Fflandrys)
the Fleming's homestead

Trefforest *enw lle* (ST 0888)
Rhondda Cynon Taf (Morgannwg)
tre + fforest
township by the forest

Treffynnon *enw lle* (SJ 1875)
Fflint
tref + ffynnon (sef ffynnon santes Gwenfrewi)
settlement by (St Gwenfrewi's) well
Holywell

Tregaean *plwyf* (SH 4579)
Môn
tref + Caean (enw person)
Caean's homestead (personal name)

Treganeithw *fferm* (SM 8724)
Penfro
tref (fferm) + Cynaethwy (enw person)
Cynaethwy's homestead (personal name)
Knaveston

Tregantllo *fferm* (SS 8777)
Pen-y-bont ar Ogwr (Morgannwg)
tref + de Cantelupo (enw teuluol Normanaidd)
Cantelupo's settlement (Norman name)
Candleston

Tregaron *enw lle* (SN 6759)
Ceredigion (Aberteifi)
tref + Caron (afon a enwyd ar ôl y sant)
settlement on the bank of (saint) Caron's (river)

Tre-garth *enw lle* (SH 6067)
Gwynedd (Caernarfon)
tref + garth (allt goediog)
homestead on a wooded slope

Tregatwg *enw lle* (ST 1269)
Bro Morgannwg (Morgannwg)
tref + Catwg, ffurf ar 'Cadog' (sant)
(saint) Cadog's settlement
Cadoxton

Tregeiriog *enw lle* (SJ 1733)
Wrecsam (Dinbych)
tref + Ceiriog (afon)
settlement on the (river) Ceiriog

Tregele *enw lle* (SH 3592)
Môn
tref + gelen
township of leeches

Tre-gib *plas* (SN 6321)
Caerfyrddin
tref + Cib (enw nant), yn golygu ' cwpan' neu 'llestr', sef nant mewn pant
homestead by the stream in a hollow

Treginis *ardal* (SM 7224)
Penfro
tref + ynys (Dewi)
homestead by Ramsey Island

Treglement *plas* (SS 9273)
Bro Morgannwg (Morgannwg)
tref + Clement (enw person)
Clemenston

Tre-goed *plas* (SO 1937)
Powys (Brycheiniog)
tref + coed
homestead in the forest

Tregolwyn *enw lle* (SS 9475)
Powys (Brycheiniog)
tref + Collwyn (enw person)
Colwinston

Tre-groes[1] *enw lle* (SN 4044)
Ceredigion (Aberteifi)
tref (fferm fawr) + croes (nid yw'n glir bob tro ai croesffordd ynteu croes grefyddol a olygir)
homestead at the cross (roads?)

Tre-groes² *plas* (SS 9681)
Pen-y-bont ar Ogwr (Morgannwg)
tref (fferm fawr) + croes (nid yw'n glir bob tro ai croesffordd ynteu croes grefyddol a olygir)
homestead at the cross (roads?)

Tre-groes³ *plwyf* (SM 7925)
Penfro
tref (fferm fawr) + croes (nid yw'n glir bob tro ai croesffordd ynteu croes grefyddol a olygir)
homestead at the cross (roads?)
Whitchurch

Treguff *fferm* (ST 0371)
Bro Morgannwg (Morgannwg)
tref + gof
smithy's tun

Tre-gŵyr *enw lle* (SS 5996)
Abertawe (Morgannwg)
tref + Gŵyr (enw cwmwd a thro ynddo)
the homestead in Gŵyr (the curved land)
Gowerton

Tregynon *enw lle* (SO 0998)
Powys (Trefaldwyn)
tref (fferm fawr) + Cynon (sant)
(saint) Cynon's homestead

Trehafod *enw lle* (ST 0490)
Rhondda Cynon Taf (Morgannwg)
tref + hafod (preswylfa'r haf)
town at the summer homestead

Treharris *enw lle* (ST 0997)
Merthyr Tudful (Morgannwg)
tref + Harris (F. W. Harris, Crynwr a pherchennog y pwll glo)
Harris's settlement (Quaker and local coal owner)

Treherbert¹ *enw lle* (SS 9498)
Rhondda Cynon Taf (Morgannwg)
tref + Herbert (teulu Herbertiaid Penfro)
Herbert's settlement (Herberts of Pembrokeshire)

Treherbert² *enw lle* (SN 5486)
Caerfyrddin
tref + Herbert (enw person)
Herbert's settlement (personal name)

Trehopcyn *enw lle* (ST 0690)
Rhondda Cynon Taf (Morgannwg)
tref + Hopcyn (enw person)
Hopcyn's settlement (personal name)
Hopkinstown *(personal name)*

Tre-hyl *enw lle* (ST 0874)
Bro Morgannwg (Morgannwg)
tre + *hill* (rhiw)
town on the hill

Tre-indeg *fferm* (SM 8923)
Penfro
tref (fferm fawr) + Hindeg (enw person)
Hindeg's settlement (personal name)
Rhyndaston

Trelái *ardal* (ST 1476)
Caerdydd (Morgannwg)
tref + Elái (afon)
homestead on the (river) Elái
Ely

Trelales *enw lle* (SS 8779)
Pen-y-bont ar Ogwr (Morgannwg)
tref (fferm fawr) + Lales (sef teulu o'r enw Lageles)
Laleston

Trelawnyd *enw lle* (SJ 0979)
Fflint
tref (fferm fawr) + Llyfnwyd (enw personol yn seiliedig ar 'llyfn')
Llyfnwyd's homestead (personal name)
Newmarket

Tre-lech a'r Betws *enw lle* (SN 3026)
Caerfyrddin
tref (fferm fawr) + llech (craig, llechen, maen) + betws
homestead by the rock and the chapel

Treletert *enw lle* (SM 9429)
Penfro
tref (fferm fawr) + Littart (teulu o dras Ffleminaidd)
Littart's homestead (Flemish surname)
Letterston

Trelewis *enw lle* (ST 1097)
Merthyr Tudful (Morgannwg)
tref + Lewis (William Lewis, perchennog tir lleol)
Lewiston (after a local landowner)

Trelisi *fferm* (SN 1708)
Penfro
tref + enw person/teulu Lis(n)y
Lisny's settlement (family name)

Trelogan *enw lle* (SJ 1180)
Fflint
tref + Logan (enw personol Saesneg)
Logan's settlement (personal name)

Trelystan *plwyf* (SJ 2505)
Powys (Trefaldwyn)
o 'Wulfstan' (enw Saesneg) + mynd (o 'mynydd')
Wulfstan's mount

Tremadog *enw lle* (SH 5640)
Gwynedd (Caernarfon)
tref (ar batrwm hen enwau) + Madoc (William Alexander Madocks a gododd y Cob)
Madock's town

Tre-main *enw lle* (SN 2348)
Ceredigion (Aberteifi)
tref-y-main (meini)
stone-built dwelling

Tremarchog *enw lle* (SM 9035)
Penfro
tref + marchog
knight's homestead
St Nicholas

Tremeirchion *enw lle* (SJ 0873)
Dinbych (Fflint)
tref + Meirchion (enw person)
Meirchion's homestead (legendary name)

Tren gw. *(see)* **Afon Tren**

Treoes gw. *(see)* **Tre-os**

Treopert *enw lle* (SM 8934)
Penfro
tref (fferm fawr) + Robert (sef Robert le Grand)
Robert (le Grand's) homestead
Granston

Treorci *enw lle* (SS 9596)
Rhondda Cynon Taf (Morgannwg)
tre + Gorci (afon)
settlement on the Gorci (stream)

Tre-os *enw lle* (SS 9478)
Bro Morgannwg (Morgannwg)
fersiwn Cymraeg o 'Goston'
Goston (personal name)

Treowen *enw lle* (ST 2098)
Caerffili (Mynwy)
fersiwn Cymraeg o 'Owenston'
Owenston (personal name)

Treowman *enw lle* (SM 9325)
Penfro
tref (fferm fawr) + Broman (enw personol Saesneg)
Broman's settlement (personal name)
Brimaston

Tre'r Ceiri *heneb* (SH 3744)
Gwynedd (Caernarfon)
tref + cewri (lluosog 'cawr')
giants' settlement

Tre'r delyn a Phwll-y-blaidd *heneb* (SO 2059)
Powys (Maesyfed)
camgyfieithiad o'r enw Saesneg *horh* (baw, budreddi) + *tun*, sef pentre cagl
Harpton and Wolfpits

Tre'r-ddôl *enw lle* (SN 6592)
Ceredigion (Aberteifi)
tre + y + dôl
settlement by the meadow

Tre'r-gaer *enw lle* (SO 4110)
Mynwy
tre + y + caer
settlement by the fortress

Trericert *fferm* (SM 8425)
Penfro
tref + Richard
Rickeston

Treriweirth *ardal* (SJ 0129)
Powys (Trefaldwyn)
tref + rhiw + eirth (lluosog 'arth')
settlement on bears' hill

Tre'r-llai *enw lle* (SJ 2405)
Powys (Trefaldwyn)
ffurf Gymraeg ar '*leac tun*', fferm yn tyfu cennin
leek settlement
Leighton

Tre'r-llan *ardal* (SH 9737)
Gwynedd (Meirionnydd)
tref + y + llan
settlement by the church

Tre'ronnen *enw lle* (ST 3843)
Casnewydd (Mynwy)
tref + yr + onnen
the homestead by the ash tree
Nash

Trerhingyll *fferm* (ST 0076)
Bro Morgannwg (Morgannwg)
tref + y + rhingyll (swyddog casglu trethi)
the bailiff's homestead

Tre-saith *enw lle* (SN 2751)
Ceredigion (Aberteifi)
traeth + Saith (enw afon a ffurf hynafol ar 'sant')
beach of the (river) Saith

Tresigin *enw lle* (SS 9771)
Bro Morgannwg (Morgannwg)
tref (fferm fawr) + Sigin (bu Hugh Sigin fyw yno ganol y 13eg ganrif)
Siginston

Tresimwn *enw lle* (ST 0673)
Bro Morgannwg (Morgannwg)
tref (fferm fawr) + Simwn (sef Simon de Bonavilla)
Simon de Bonavilla's homestead
Bonvilston

Tre Taliesin *enw lle* (SN 6591)
Ceredigion (Aberteifi)
tref + Taliesin, enw newydd (heb dreiglad, sylwer) ar Comins y Dafarn fach
Taliesin's settlement

Treteio *enw lle* (SM 7828)
Penfro
tir + ffurf o 'taenu' (chwalu)
covered land

Tretomas *enw lle* (ST 1888)
Caerffili (Mynwy)
tref + Thomas (W. J. Thomas, perchennog y lofa)
Thomastown

Tretŵr *enw lle* (SO 1821)
Powys (Brycheiniog)
tref + twr
settlement by the tower
Tretower

Treuddyn *enw lle* (SJ 2558)
Fflint
tref + *dynn* (o'r gair Gwyddeleg am 'bryn', hefyd yn amddiffynfa), fferm fawr wedi'i chodi ar fryn
homestead on the hill

Trewalchmai *plwyf* (SH 3975)
Môn
tref (fferm fawr) + Gwalchmai, sef y bardd Gwalchmai ap Meilyr a ganai i Owain Gwynedd
(the poet) Gwalchmai (ap Meilyr's) homestead

Trewallter[1] *fferm* (SM 8927)
Penfro
tref + Gwallter, sef fersiwn Gymraeg o 'Walter'
Walter's homestead
Walterston

Trewallter[2] *fferm* (ST 0671)
Bro Morgannwg (Morgannwg)
tref + Gwallter, sef fersiwn Gymraeg o 'Walter'
Walter's homestead

Trewên *ardal* (SM 8723)
Penfro
tref + Owen (enw person)
Owen's homestead
Eweston

Tre-wern[1] *enw lle* (SJ 2811)
Powys (Trefaldwyn)
tref + gwern (cors lle y mae coed gwern yn tyfu)
homestead by the marsh

Tre-wern[2] *fferm (x 2)* (SO 2257) (SO 1462)
Powys (Maesyfed)
tref + gwern (cors lle y mae coed gwern yn tyfu)
homestead by the marsh

Trewiliam *enw lle* (ST 0090)
Rhondda Cynon Taf (Morgannwg)
tre + William (enw person)
Williamstown

Trewyddel *enw lle* (SN 1144)
Penfro
tref (fferm fawr) + gwyddel ('gwŷdd' – coed, llwyni)
the farm in the grove
Moylegrove

Trewyddfa *ardal* (SS 6697)
Abertawe (Morgannwg)
tref + gwyddfa (tomen neu garnedd o gerrig yn coffáu person)
homestead by the memorial cairn

Trewyn *enw lle* (SO 3222)
Mynwy
tref + Gwyn (enw person)
Gwyn's settlement (personal name)

Trewythen *enw lle* (SO 0090)
Powys (Trefaldwyn)
tref (fferm fawr) + Gwythyr neu Gwytherin (sant)
(saint) Gwytherin's settlement

Trichrug[1] *mynydd* (SN 6923)
Caerfyrddin
tri + crug (twmpath)
three summits

Trichrug[2] *bryn* (SN 5459)
Ceredigion (Aberteifi)
tri + crug (twmpath)
three mounds

Tri Chrugiau *heneb* (SN 9343)
Powys (Brycheiniog)
tri + crug (twmpath)
three humps

Triffrwd *nant* (SO 1136)
Powys (Brycheiniog)
tri + ffrwd
three streams

Trimsaran *enw lle* (SN 4504)
Caerfyrddin
trum (esgair) + Saran (enw person)
Saran's ridge (personal name)

Tringarth gw. *(see)* **Afon Tringarth**

Trisant *capel* (SN 7175)
Ceredigion (Aberteifi)
tri + sant
three saints

Troddi gw. *(see)* **Afon Troddi**

Troedrhiw-gwair *enw lle* (SO 1506)
Blaenau Gwent (Mynwy)
troed + rhiw + gwair (porfa)
foot of hay hill

Troed-yr-aur (Trefdreyr) *enw lle* (SN 3648)
Ceredigion (Aberteifi)
tref + Drëyr (enw person)
Dreyr's ton (personal name)

Troed-y-rhiw *enw lle* (SO 0702)
Merthyr Tudful (Morgannwg)
troed + y + rhiw
foot of the hill

Trofarth *ardal* (SH 8569)
Dinbych
tor (bol, ymchwydd) + both (canol olwyn?)
slope in the hub

Trogi gw. *(see)* **Nant Trogi**

Trostre[1] *ardal* (SS 5299)
Caerfyrddin
traws/dros + tref
scattered large farm

Trostre[2] *heneb* (SO 3604)
Mynwy
traws/dros + tref
scattered large farm

trum hwn
esgair, cefnen ('drum' oedd y ffurf gynnar)
ridge, peak

Trumau *mynydd* (SN 8667)
Powys (Maesyfed)
trumau (lluosog 'trum', esgair/brig)
ridges

Trum y Ddysgl *clogwyni* (SH 5451)
Gwynedd (Caernarfon)
trum + y + dysgl (llestr)
rim of the bowl

Trum y Fawnog *mynydd* (SJ 0026)
Powys (Trefaldwyn)
trum + y + mawnog (cors o fawn)
rim of the peatbog

Trum y Gŵr *heneb* (SN 8372)
Powys (Maesyfed)
trum + y + gŵr
the man's ridge

trwsgl/trosgl *ansoddair*
am dir neu fynydd, gwrthwyneb 'llyfn',
h.y. garw, anwastad
rough land

Trwst Llywelyn *fferm* (SO 1998)
Powys (Trefaldwyn)
trwst (mwstwr) + Llywelyn (enw tywysog)
Llywelyn's cry (Prince Llywelyn)

trwyn hwn
penrhyn
promontory

Trwyn Cilan *penrhyn* (SH 2923)
Gwynedd (Caernarfon)
trwyn + cil + an (cefn bychan)
little ridge point

Trwyn Du *penrhyn* (SH 6481)
Môn
trwyn + du
black point

Trwyn Larnog *penrhyn* (ST 1867)
Bro Morgannwg (Morgannwg)
trwyn + *lawerce* (Hen Saesneg 'ehedydd') +
knock (bryncyn)
lark's hill point
Lavernock Point

Trwyn-swch *mynydd* (SH 9159)
Dinbych
trwyn + swch (trwyn pigfain)
sharp point

Trwyn Talfarach *penrhyn* (SH 2125)
Gwynedd (Caernarfon)
trwyn + tal (pen) + Barach (enw Gwyddeleg)
Barach's head point (Irish name)

Trwyn y Bwa *penrhyn* (SN 0542)
Penfro

trwyn + y + bwa (ar ffurf bwa)
the bowed point

Trwyn y Fulfran *penrhyn* (SH 2823)
Gwynedd (Caernarfon)
trwyn + y + mulfran (aderyn)
the cormorant's point

Trwyn y Fuwch *penrhyn* (SH 8182)
Gwynedd (Caernarfon)
trwyn + y + buwch
the cow's point
Little Orme

Trwynysgwrfa *mynydd* (SO 2221)
Powys (Brycheiniog)
trwyn + ysgor (lle caerog) + -fa (man)
stony point

try- *rhagddodiad*
o'i osod o flaen gair mae'n cryfhau neu'n dwysáu yr hyn sy'n ei ddilyn, e.e. Tryfan
a prefix which intensifies the meaning that follows

tryal
o 'petryal', darn hirsgwar o dir
a square or oblong piece of land

tryfal
darn trionglog o dir
land in a fork, a triangular piece of land

Tryfan *mynydd* (SH 6659)
Gwynedd (Caernarfon)
try (eithaf) + ban (brig)
highest peak

Tryleg (Trelech) *enw lle* (SO 5005)
Mynwy
try (eithaf) + llech (maen mawr)
greatest rock

Trywennydd gw. *(see)* **Afon Trywennydd**

Tryweryn gw. *(see)* **Afon Tryweryn**

tud *hwn*
hen air a allai (fel 'Cymry' ei hun) olygu 'y wlad' neu'r 'bobl'
a noun referring to either 'land' or 'people'

Tudweiliog *enw lle* (SH 2336)
Gwynedd (Caernarfon)
Tudwal + -iog = tir Tudwal
Tudwal's land

Tuen gw. *(see)* **Afon Tuen**

Twdin *heneb* (SN 9152)
Powys (Brycheiniog)

yn seiliedig efallai ar y Saesneg 'toot', gwylfa
possibly linked to 'toot', look-out hill

Twlc y Filiast *heneb* (SN 3316)
Caerfyrddin
twlc (cartref neu fynydd) + y + miliast (milgi benyw
greyhound's cot

Twllan gw. *(see)* **Afon Twllan**

Twmbarlwm *mynydd* (ST 2492)
Mynwy
twyn (bryncyn) + bar (pen, brig) + llwm (moel)
bare-crested mountain

Twmpath Diwlith *heneb* (SS 8388)
Morgannwg
twmpath + diwlith (gwallt y forwyn, sef math o redyn) ynteu sych, heb wlith
fern hill (or parched hill)

Twrcelyn *cwmwd*
twˆr + Celyn (enw person)
(commote of) Celyn's tower (personal name)

Twrch gw. *(see)* **Afon Twrch**

Twˆr Gwyn *heneb* (SN 9195)
Powys (Trefaldwyn)
twˆr + gwyn
white tower

Twymyn gw. *(see)* **Afon Twymyn**

Twyncarno *enw lle* (SO 1108)
Mynwy
twyn (bryncyn) + Carno (afon)
hill by the (river) Carno

Twynllannan *enw lle* (SN 7524)
Caerfyrddin
twyn (bryncyn) + llannan (llan fach)
hillock by the little church

Twyn Mwyalchod *mynydd* (SO 0217)
Powys (Brycheiniog)
twyn + mwyalchod (lluosog 'mwyalchen', aderyn du)
blackbirds' peak

Twyn Tudur *heneb* (ST 1993)
Mynwy
twyn + Tudur (enw person)
Tudur's hill (personal name)

Twyn y Beddau *heneb* (SO 2438)
Powys (Brycheiniog)
twyn + y + beddau
hill of the graves

Twyn y Gregen *heneb* (SO 3609)
  Mynwy
  twyn + y + cregen (cragen)
  the shell hill

tŷ *hon*
  enghreifftiau lle y mae'r enw yn golygu eglwys neu brif fynachlog sant, e.e. tŷ Ddewi, tŷ Bedr, tŷ Bawl (yng ngwaith y cywyddwyr) a hefyd tŷ Dduw sy'n gyffredin Sylwch: mae 'ty'n' neu 'tyn' yn gallu bod yn dalfyriad o 'tyddyn'
  there are examples where 'tŷ' is used for a church or monastry dedicated to a saint

Tŷ-croes *enw lle* (SN 6010)
  Caerfyrddin
  tŷ + croes
  house at the cross (roads)

Tŷ-crwyn *enw lle* (SJ 1018)
  Powys (Trefaldwyn)
  tŷ + crwyn (lluosog 'croen')
  skinner's house

Tŷ-du *enw lle* (ST 2688)
  Mynwy
  tŷ + du
  black house
  Rogerstone

Tyddewi *enw lle* (SM 7525)
  Penfro
  tŷ + Dewi (sant)
  St David's

Tŷ Elltud *heneb* (SO 0926)
  Brycheiniog
  tŷ + Illtud (sant)
  St Illtud's

tyle *hwn*
  rhiw neu fryn
  hill, slope

Tyleri gw. *(see)* **Afon Tyleri**

Tylo gw. *(see)* **Afon Tylo**

Tylwch *ardal* (SN 9680)
  Powys (Trefaldwyn)
  yn cynnwys 'llwch', pwll o ddŵr
  refers to a mire, muddy pool

Tyllgoed *ardal* (ST 1477)
  Caerdydd (Morgannwg)
  tywyll + coed
  dark woods
  Fairwater

Tymbl, Y *enw lle* (SN 5411)
  Caerfyrddin
  enw tafarn yn wreiddiol, sef 'Tumble' o 'Tumbledown Dick' (llysenw mab Oliver Cromwell)
  tumble

Ty'n
  talfyriad o 'tyddyn' fel arfer
  croft

Tŷ-nant[1] *ardal* (SH 9026)
  Gwynedd (Meirionnydd)
  tŷ + nant
  house by the stream

Tŷ-nant[2] *ardal* (SH 9944)
  Conwy (Dinbych)
  tŷ + nant
  house by the stream

Tyndyrn *enw lle* (SO 5300)
  Mynwy
  din (lle caerog) + Dwrn (enw person?)
  Dwrn's fortress (personal name?)
  Tintern

Tynewydd *enw lle* (SS 9398)
  Rhondda Cynon Taf (Morgannwg)
  tŷ + newydd
  new house

Ty'nlôn[1] *ardal* (SH 4178)
  Môn
  tyddyn + lôn (heol)
  cottage by the road

Ty'nlôn[2] *ardal* (SH 4657)
  Gwynedd (Caernarfon)
  tyddyn + lôn (heol)
  cottage by the road

tyno *hwn*
  pant
  dip

Tyn'reithin *ardal* (SN 6662)
  Ceredigion (Aberteifi)
  tyddyn + eithin
  cottage in the gorse

Tyn-y-ffordd *ardal* (SN 7579)
  Ceredigion (Aberteifi)
  tyddyn + ffordd
  cottage by the road

Tyn-y-groes *enw lle* (SH 7771)
  Gwynedd (Caernarfon)
  tyddyn + y + croes
  cottage by the cross

Tyn-y-maes *enw lle* (SH 6363)
 Gwynedd (Caernarfon)
 tyddyn + maes
 cottage in the field

Tyrau Mawr *mynydd* (SH 6713)
 Gwynedd (Meirionnydd)
 tyrau (lluosog 'tŵr') + mawr
 great towers

Tyweli gw. *(see)* **Afon Tyweli**

Tywi gw. *(see)* **Afon Tywi**

Tywyn *enw lle* (SH 5800)
 Gwynedd (Meirionnydd)
 tywyn (traeth)
 sands

Tywyn *enw lle* (SH 9779)
 Conwy (Dinbych)
 tywyn (twyn tywod)
 sand dune

Tywyn Trewan *morfa* (SH 3075)
 Môn
 tywyn (traeth) + tre + Owain
 beach by Owain's homestead (personal name)

U

Ucheldre *ardal* (SO 1398)
Powys (Trefaldwyn)
tref (fferm fawr) + uchel
uppington

Ucheldre *ardal* (SH 9144)
Gwynedd (Meirionnydd)
tref (fferm fawr) + uchel
uppington

Uwch Aled *cwmwd*
Aled (afon) + uwch (yn golygu y tu draw)
(commote) beyond the (river) Aled

Uwch Artro *cwmwd*
Artro (afon) + uwch (yn golygu y tu draw)
(commote) beyond the (river) Artro

Uwch Dulas *cwmwd*
Dulas (afon) + uwch (yn golygu y tu draw)
(commote) beyond the (river) Dulas

Uwch Gwyrfai *cwmwd*
Gwyrfai (afon) + uwch (yn golygu y tu draw)
(commote) beyond the (river) Gwyrfai

Uwch Meloch *cantref*
Meloch (afon) + uwch (yn golygu y tu draw)
(commote) beyond the (river) Meloch

Uwchlaw'r-coed *ardal* (SN 9896)
Powys (Trefaldwyn)
uwchlaw + y + coed (tref uwchlaw'r coed)
(the settlement) above the trees

Uwchmynydd *ardal* (SH 1425)
Gwynedd (Caernarfon)
uwch + mynydd
beyond the mountain

Uwch-y-coed *ardal* (SN 8194)
Powys (Trefaldwyn)
uwch + y + coed
beyond the trees

Uwchygarreg *plwyf* (SN 7592)
Powys (Trefaldwyn)
uwch + y + carreg
above/beyond the stone

W

Waltwn Dwyrain *enw lle* (SN 0223)
Penfro
Wale (enw Saesneg) + *tun*
Walton East *(English personal name)*

Waltwn Gorllewin *plwyf* (SS 8612)
Penfro
Wale (enw Saesneg) + *tun*
Walton West *(English personal name)*

Wallog, Y *cilfach* (SN 5985)
Ceredigion (Aberteifi)
(sarn – yn cysylltu Cantre'r Gwaelod) + y + Gwallog (enw person)
Gwallog's (causeway) (personal name)

waun gw. *(see)* **gwaun**

Waun¹, Y *enw lle* (SJ 2937)
Dinbych
y + gwaun (tir gwlyb)
the marshland
Chirk

Waun², Y *plwyf* (SJ 0574)
Fflint
y + gwaun (tir gwlyb)
the marshland

Waunafon *ardal* (SO 2210)
Mynwy
gwaun + afon
marshland by the river

Waunarlwydd *enw lle* (SS 6095)
Abertawe (Morgannwg)
gwaun + arlwydd (tirfeddiannwr)
landowner's common

Waunclunda *ardal* (SN 6831)
Caerfyrddin
waun + clun (dôl, gwaun) + da
good meadow common

Waun-ddu *fferm* (SO 1062)
Powys (Maesyfed)
gwaun + du
dark marshland

Waun Farteg *rhostir* (SO 0076)
Powys (Maesyfed)
gwaun + march (rhywbeth mwy nag arfer) + teg (hardd), sef lle mwy hardd na'r arfer
extremely fair field

Waunfawr¹ *enw lle* (SH 5259)
Gwynedd (Caernarfon)
gwaun + mawr
great moor

Waunfawr² *ardal* (SN 6081)
Ceredigion (Aberteifi)
gwaun + mawr
great moor

Waun Garno *mynydd* (SN 9594)
Powys (Trefaldwyn)
gwaun + Carno (afon)
field by Carno stream

Waun-gron¹ *enw lle* (SS 6596)
Abertawe (Morgannwg)
gwaun + cron (ffurf fenywaidd 'crwn')
round heath

Waun-gron² *enw lle* (SN 5902)
Bro Morgannwg (Morgannwg)
gwaun + cron (ffurf fenywaidd 'crwn')
round heath

Waun Hir *rhostir* (SN 6611)
Caerfyrddin
gwaun + hir
long heath

Waun Lluestowain *rhostir* (SO 0384)
Powys (Trefaldwyn)
gwaun + lluest (cwt bugail) + Owain
Owain's cot heath (personal name)

Waun Treoda *comin* (ST 1679)
Caerdydd (Morgannwg)
gwaun + tref (fferm fawr) + Goda (enw person?)
heath by Goda's settlement (personal name?)

Waun y Gadair *mynydd* (SN 9188)
Powys (Trefaldwyn)
gwaun + y + cadair (caer, amddiffynfa)
heath by the stronghold

Waun y Gadfa *rhostir* (SH 9223)
Powys (Trefaldwyn)
gwaun + y + cadfan (man lle y bu brwydr)
the battleplace heath

Waun y Griafolen *rhostir* (SH 8129)
Gwynedd (Meirionnydd)
gwaun + y + criafolen (cerddinen)
heath of the mountain ash

Waun y Mynach *comin* (SO 0929)
Powys (Brycheiniog)
gwaun + y + mynach
the monk's heath

Wdig *enw lle* (SM 9438)
Penfro
Gwddig (afon)
(river) Gwddig
Goodwick

Wennallt: Wenallt, Y *bryn* (ST 1583)
Caerdydd (Morgannwg)
y + gallt (llethr goediog) + gwen (ffurf fenywaidd 'gwyn')
the white (or blessed) wooded hillside

wern gw. hefyd *(see also)* **gwern**

Wern¹, Y *plas* (SH 5439)
Gwynedd (Caernarfon)
y + gwern (man gwlyb lle y mae coed gwern yn tyfu)
the marshland where elders grow

Wern², Y *enw lle* (SJ 2750)
Wrecsam (Dinbych)
y + gwern (man gwlyb lle y mae coed gwern yn tyfu)
the marshland where elders grow

Wern-ddu¹, Y *heneb* (SO 3215)
Mynwy
y + gwern + du
the black marsh

Wern-ddu², Y *ardal* (ST 1785)
Morgannwg
y + gwern + du
the black marsh

Wernffrwd *enw lle* (SS 5193)
Abertawe (Morgannwg)
(y) + gwern + ffrwd
stream through the alder marsh

Wernolau¹ *ardal* (SS 5695)
Abertawe (Morgannwg)
(y) + gwern + golau
(the) light marsh

Wernolau² *ardal* (SN 6412)
Caerfyrddin
(y) + gwern + golau
(the) light marsh

Werntarw *fferm* (SS 9684)
Pen-y-bont ar Ogwr (Morgannwg)
gwern + tarw
bull marsh

-wg *terfyniad*
o'i ychwanegu at enw person mae'n gallu golygu 'tir y mae person arbennig yn berchen arno, e.e. Morgannwg; Seisyllwg
a suffix which when added to a person's name, can indicate the land under his sway

Wictwr *nant* (SN 9887)
Powys (Trefaldwyn)
gwig (fel yn 'coedwig') + dŵr
water wood

Wicwer *plas* (SJ 0271)
Dinbych
wic (Saesneg fferm) + wer (cored)
farm by the weir
Wigfair

Wig, Y *enw lle* (SS 9272)
Bro Morgannwg (Morgannwg)
y + gwig (fel yn 'coedwig')
the forest
Wick

Wnion gw. *(see)* **Afon Wnion**

Wrecsam *enw lle* (SJ 3350)
Wrecsam (Dinbych)
Wryhtel (enw Saesneg) + ham (dôl), sef fferm Sais o'r enw Wryhtel
the farm of Wryhtel, an Englishman
Wrexham

Wrinstwn *fferm* (ST 1372)
Morgannwg
Wrench (hen enw Saesneg yn yr ardal) + tun, sef fferm Sais o'r enw Wrench
Wrinston *(from the English surname 'Wrench')*

-wy *terfyniad*
mae'n dynodi enw llwyth neu'r tir yn perthyn i lwyth, e.e. Ardudwy; Degannwy, Dindaethwy; Mawddwy
a suffix which when added to a tribal name denotes the land occupied by that people

Wybrnant *ardal* (SH 7652)
Gwynedd (Caernarfon)
ewybr (cyflym, chwim) + nant
swift stream

Wyddfa, Yr *mynydd* (SH 6054)
Gwynedd (Caernarfon)
y + gwyddfa (beddrod er cof am rywun; neu le amlwg fel 'yng ngŵydd')
the memorial cairn; or prominent place
Snowdon

Wyddgrug, Yr *enw lle* (SJ 2363)
Fflint
y + crug (tomen) + gwydd (fel yn 'wyddfa'), beddrod; neu le amlwg
the memorial cairn; or prominent cairn
Mold

Wygyr gw. *(see)* **Afon Wygyr**

Wyre gw. *(see)* **Afon Wyre**

Wysg gw. *(see)* **Afon Wysg**

Y

y *y fannod*
  mae'n cael ei defnyddio o flaen enwau cyffredin i'w troi yn enwau lleoedd arbennig, e.e. Trwy dreiglad yn dilyn y fannod dynodir bod peth naturiol cyffredin yn troi'n enw lle penodol e.e. Y Gors, Y Wern, Y Rug, Y Ro, Y Bala, Y Waun, Y Groes, Y Glog, Y Betws
  the definite article is used to turn a common noun into a place-name. A soft mutation following the definite article is used to denote that certain natural features are turned into place-names

-ydd *terfyniad*
  o'i ychwanegu at enw person mae'n gallu golygu 'tir y mae person arbennig yn berchen arno', e.e. Eifionydd, Meirionnydd
  a suffix which when added to a person's name denotes the land in his (or her) posession

ynys *hon*
  1. *island*
  2. dôl ar lan afon, e.e. Ynys-hir
  water meadow, inch

Ynys *enw lle* (SH 3836)
  Gwynedd (Caernarfon)
  ynys (cae yn ymyl afon)
  a field beside a stream

Ynys Amlwch *ynys* (SH 4494)
  Môn
  ynys Amlwch (enw lle)
  Amlwch Island
  East Mouse

Ynysarwed *ardal* (SN 8101)
  Castell-nedd port Talbot (Morgannwg)
  ynys (llain o dir yn ymyl afon) + Garwed (enw person)
  Garwed's strip of land (personal name)

Ynysawdre *plwyf* (SS 8984)
  Morgannwg
  ynys (llain o dir yn ymyl afon) + cynhaeaf + tref (fferm)
  farm's harvest land beside the river

Ynys-boeth *enw lle* (ST 0796)
  Rhondda Cynon Taf (Morgannwg)
  ynys (darn o dir) + poeth (wedi llosgi, tueddi i sychu)
  parched land by the river

Ynys Bŷr *ynys* (SS 1396)
  Penfro
  ynys + Pŷr (enw abad ar y fynachlog ar yr ynys)
  (abbot) Pŷr's island
  Caldy Island

Ynyscynhaearn *plwyf* (SH 5538)
  Gwynedd (Caernarfon)
  ynys + Cynhaearn (sant)
  (saint) Cynhaearn's Isle

Ynys Deullyn *ynys* (SM 8434)
  Penfro
  ynys + dau + llyn
  island of two lakes

Ynys Dewi *ynys* (SM 6923)
  Penfro
  ynys + Dewi (sant)
  (saint) Dewi's isle
  Ramsey Island

Ynys Dulas *ynys* (SH 5090)
  Môn
  ynys + Dulas (afon)
  (river) Dulas island

Ynys Ddu[1] *ynys* (SM 8838)
  Penfro
  ynys + du
  black island

Ynys-ddu[2] *enw lle* (ST 1892)
  Caerffili (Mynwy)
  ynys + du
  black island

Ynyse *fferm* (SN 6539)
  Caerfyrddin
  ynyse (mwy nag un 'ynys')
  swathes of land by the river

Ynys Enlli *ynys* (SH 1221)
  Gwynedd (Caernarfon)
  ynys + en- (elfen sy'n cryfhau) + lli (llifeiriant)
  isle of strong currents
  Bardsey Island

Ynys Fach *ynys* (SM 8232)
  Penfro
  ynys + bach
  little island

Ynysfergi *bryn* (SN 6189)
    Ceredigion (Aberteifi)
    ynys + Mergi (ffurf Gymraeg ar 'Muirchi'; (enw Gwyddeleg, a roes Murphy)
    Mergi's (Murphy) land by the river

Ynysfor *ardal* (SH 6042)
    Gwynedd (Meirionnydd)
    ynys + mawr
    large tract of land by the river

Ynysforgan *ardal* (SS 6799)
    Abertawe (Morgannwg)
    ynys (dôl) + Morgan (enw person)
    Morgan's meadow by the river (personal name)

Ynysgedwyn *ardal* (SN 7709)
    Powys (Brycheiniog)
    ynys (dôl) + Cedwyn (sant)
    (saint) Cedwyn's meadow

Ynys Gifftan *ynys* (SH 6037)
    Gwynedd (Meirionnydd)
    ynys + sgiff (cwch) + -an (bychan)
    little skiff island

Ynys Gwylan *ynys* (SH 1824)
    Gwynedd (Caernarfon)
    ynys + gwylan (aderyn)
    gull island

Ynys Gybi *ynys* (SH 2381)
    ynys + Cybi (sant)
    (saint) Cybi's Island
    Holy Island

Ynysgynwraidd *enw lle* (SO 4520)
    Mynwy
    ynys + Cynwraith (enw person)
    Cynwraith's meadow (personal name)
    Skenfrith

Ynys-hir *enw lle* (ST 0292)
    Rhondda Cynon Taf (Morgannwg)
    ynys (llain o ddôl) + hir
    long meadow

Ynys-las *ardal* (SN 6193)
    Ceredigion (Aberteifi)
    ynys (darn o dir) + glas
    green meadow

Ynys Lochdyn *ynys* (SN 3155)
    Ceredigion (Aberteifi)
    ynys + loch (cilfach môr) + din (lle caerog), neu yn seiliedig ar Elych (enw person)
    island of the fortified inlet, or Elych's island (personal name)

Ynys Llanddwyn *gorynys* (SH 3862)
    Môn
    ynys + Llanddwyn
    Llanddwyn island/peninsula

Ynys Meicel *ynys* (SM 8941)
    Penfro
    ynys + Michael
    Michael's isle (personal name)

Ynysmeudwy *enw lle* (SN 7305)
    Castell-nedd Port Talbot (Morgannwg)
    ynys + meudwy
    hermit's meadow

Ynysoedd y Moelrhoniaid *ynys* (SH 2694)
    y + moelrhoniaid (morloi)
    the seals' island
    The Skerries

Ynysowen *enw lle* (ST 0799)
    Merthyr Tudful (Morgannwg)
    ynys + Owen
    Owen's meadow (personal name)
    Merthyr Vale

Ynys Seiriol *ynys* (SH 6582)
    Môn
    Seiriol (sant)
    (saint) Seiriol's isle
    Puffin Island

Ynystawe *ardal* (SN 6800)
    Abertawe (Morgannwg)
    ynys + Tawe (afon)
    meadow on the (river) Tawe

Ynys-wen *enw lle* (SS 9597)
    Rhondda Cynon Taf (Morgannwg)
    ynys + gwen (ffurf fenywaidd 'gwyn')
    blessed/fair meadow

Ynys y Barri *enw lle* (ST 1166)
    Bro Morgannwg (Morgannwg)
    ynys + y + bar (pen mynydd) a roddodd ei enw i'r nant, sef Barren
    the summit island or the island by Barren stream
    Barry Island

Ynys-y-bŵl *enw lle* (ST 0594)
    Rhondda Cynon Taf (Morgannwg)
    ynys + y + bŵl (pelen ar gyfer math o chwarae), sef maes y bêl
    the ball field

Ynysymaengwyn *plas* (SH 5902)
    Gwynedd (Meirionnydd)

ynys (darn o dir yn ymyl afon) + maen + gwyn
the white-stoned meadow

Ynysymaerdy *ardal* (SS 7494)
Castell-nedd Port Talbot (Morgannwg)
ynys + maer (swyddog) + tŷ
meadow of the official's house

Ynysymwn *enw lle* (SN 7102)
Castell-nedd Port Talbot (Morgannwg)
ynys + mwyn
the mineral field

Ysbyty Cynfyn *eglwys* (SN 7579)
Ceredigion (Aberteifi)
ysbyty (man aros i deithwyr) + Cynfyn (enw person)
Cynfyn's hospice (personal name)

Ysbyty Ifan *enw lle* (SH 8448)
Conwy (Dinbych)
ysbyty, sef llety a ddarperid gan urdd o farchogion crefyddol Ifan (John o Jerwsalem)
hospice of the knights of St John of Jerusalem

Ysbyty Ystwyth *enw lle* (SN 7371)
Ceredigion (Aberteifi)
ysbyty + Ystwyth (afon)
hospice on the (river) Ystwyth

Ysgafell Wen *clogwyni* (SH 6649)
Gwynedd (Caernarfon)
ysgafell (ael neu ymyl) + gwen (ffurf fenywaidd 'gwyn')
white rim

Ysgeifiog *enw lle* (SJ 1571)
Fflint
ysgeifiog (llethrog), neu o 'ysgaw' (man lle y mae coed ysgaw yn tyfu)
steep-sloped or a place where elder trees grow

Ysgethin gw. *(see)* **Afon Ysgethin**

Ysgir gw. *(see)* **Afon Ysgir**

Ysgubor-y-coed *plwyf* (SN 6795)
Ceredigion (Aberteifi)
ysgubor + y + coed
barn by the wood

Ysgyryd Fach *bryn* (SO 3113)
Mynwy
ysgryd/ysgyr (darnau, ysglodion)
lesser (pile of) shards

Ysgyryd Fawr *mynydd* (SO 3317)
Mynwy
ysgryd/ysgyr (darnau, ysglodion)
greater (pile of) shards

Ystalyfera *enw lle* (SN 7608)
Castell-nedd Port Talbot (Morgannwg)
ynys (dôl) + y + ber + darn tir wedi'i rannu rhwng dau ddeiliad neu ragor)
meadow in shared ownership

Ystog, Yr *enw lle* (SO 2794)
Powys (Trefaldwyn)
y + *stoc* (Hen Saesneg, fferm)
Churchstoke

ystrad *hwn*
llawr dyffryn, e.e. Ystrad Hafren; Ystrad Gynlais
valley floor

Ystrad gw. *(see)* **Afon Ystrad**

Ystradfellte *enw lle* (SN 9313)
Powys (Brycheiniog)
ystrad (gwely afon ar lawr glyn) + Mellte (afon)
vale of (river) Mellte

Ystrad-ffin *fferm* (SN 7846)
Caerfyrddin
ystrad + ffin
vale on the border

Ystrad-fflur *abaty* (SN 7465)
Ceredigion (Aberteifi)
ystrad + fflur (blodau)
vale of flowers
Strata Florida

Ystradgynlais *enw lle* (SN 7810)
Powys (Brycheiniog)
ystrad + Cynlais (afon)
vale of (river) Cynlais

Ystrad Marchell[1] *cwmwd*
ystrad (gwaelod dyffryn) + Marchell (Marcellus, sant Lladin o'r 5ed ganrif)
commote of Strata Marcellus

Ystrad Marchell[2] *abaty* (SJ 2510)
Powys (Trefaldwyn)
ystrad + Marchell (Marcellus, sant Lladin o'r 5ed ganrif ac enw santes)
Strata Marcellus abbey

Ystradmerthyr *plas* (SN 3918)
Caerfyrddin
ystrad + merthyr (capel bach)
vale of the chapel of ease

Ystradmeurig *enw lle* (SN 7067)
   Ceredigion (Aberteifi)
   ystrad + Meurig (enw person)
   Meurig's vale (personal name)

Ystradmynach *enw lle* (ST 1493)
   Caerffili (Morgannwg)
   ystrad + mynach
   monk's vale

Ystradowen *enw lle* (ST 0177)
   Bro Morgannwg (Morgannwg)
   ystrad + Owen (enw person)
   Owen's vale (personal name)

Ystradyfodwg *ardal* (SS 9795)
   Rhondda Cynon Taf (Morgannwg)
   ystrad + Dyfodwg (sant)
   (saint) Dyfodwg's vale

ystum *hwn* neu *hon*
   tro mewn afon
   meander, river bend

Ystumanner *cwmwd*
   ystum (tro neu ddolen mewn afon) + anner (treisiad, heffer)
   heifer's meander (commote)

Ystumcegid *ardal* (SH 5041)
   Gwynedd (Caernarfon)
   ystum (tro afon) + cegid (planhigyn)
   meander where hemlock grows

Ystumllwynarth *enw lle* (SS 6188)
   Abertawe (Morgannwg)
   ystum + llwyn + garth (llethr)
   river bend at the wooded promontory
   Oystermouth

Ystumllyn *fferm* (SH 5138)
   Gwynedd (Caernarfon)
   ystum + llyn
   lake at the meander/ox-bow lake

Ystumtuen *enw lle* (SN 7378)
   Ceredigion (Aberteifi)
   ystum (tro mewn afon) + Tuen (afon)
   bend in the (river) Tuen

Ystwffwl Glas *ogof* (SH 1120)
   Gwynedd (Caernarfon)
   ystwffwl (colofn, post) + glas
   cave of the blue pillar

Ystwyth gw. *(see)* **Afon Ystwyth**

Yw gw. *(see)* **Afon Yw**

Cartrefi Enwogion / Famous Homes

Some homes famously associated with historic figures

Aberpergwm
Nedd Uchaf, Morgannwg
Maria Jane Williams (1795–1873), casglydd caneuon gwerin
collector of folk songs

Berain
Llanyfydd, Dinbych
Catrin o'r Berain (1534–91), 'mam Cymru', priododd bedair gwaith a thrwy hynny bu'n ben ar nifer o deuluoedd bonedd gogledd Cymru
through four marriages she was progenitor of many of the noble families of north Wales

Carnabwth
Mynachlog-ddu, Penfro
Thomas Rees (1806?–76), 'Twm Carnabwth', paffiwr y cysylltir ei enw â Helyntion Beca
a leader of the Rebecca Riots

Cefn-brith
Llangamarch, Brycheiniog
John Penry (1563–93), merthyr
Puritan martyr

Cilie
Aber-porth, Ceredigion (Aberteifi)
cartref cenhedlaeth o feirdd
the family home of a generation of poets

Coed-y-pry
Llanuwchllyn, Meirionnydd
Owen M. Edwards (1858–1920), llenor ac addysgydd
literary figure and educationalist

Dolwar-fach
Llanfihangel-yng-Ngwynfa, Trefaldwyn
Ann Griffiths (1776–1805), emyneddes
hymn-writer

Glan-y-gors
Cerrigydrudion
John Jones (1766–1821), 'Jac Glan-y-gors', bardd dychan
satirical poet

Henllys
Felindre Farchog, Penfro
George Owen (1552–1613), hanesydd
historian

Nyth-brân
Llanwynno, Morgannwg
Griffith Morgan (1700–37), 'Guto Nyth-brân' rhedwr, *runner*

Pantycelyn
Llanfair-ar-y-bryn, Caerfyrddin
William Williams (1717–91), y 'Pêr Ganiedydd', emynydd
hymn-writer

Sgubor-fawr
Plwyf Penderyn ger Aberdâr
John Jones (1811–58), 'Sioni Sgubor-fawr', un o derfysgwyr 'Beca'
a prominent participant in the Rebecca Riots

Tai'r Felin
Cwm Tirmynach ger y Bala
Robert Roberts (1870–1951), 'Bob Tai'r Felin', canwr gwerin
folk singer

Trefeca
Talgarth, Brycheiniog
Howel Harris (1714–73), un o arweinwyr y Diwygiad Methodistaidd
a leader of the Methodist revival

Tŷ Mawr, Wybrnant
Caernarfon
Yr Esgob William Morgan (1545–1604), cyfieithydd y Beibl
translator of the Bible into Welsh

Ty'n-y-fawnog
Cwm Nantcol, Meirionnydd
Siân Owen, testun y llun 'Salem' gan Curnow Vosper
the subject of the painting 'Salem' by Curnow Vosper

Y Garreg Wen
Ynyscynhaearn, Caernarfon
David Owen (1711–41), 'Dafydd y Garreg Wen', telynor
harpist

Y Lasynys
Talsarnau, Meirionnydd
Elis Wynne (1671–1734), llenor
author

Yr Ysgwrn
Trawsfynydd, Meirionnydd
Ellis Humphrey Evans (1887–1917), 'Hedd Wyn', bardd
poet

Mapiau / Maps

Prif Afonydd Cymru / The Main Rivers

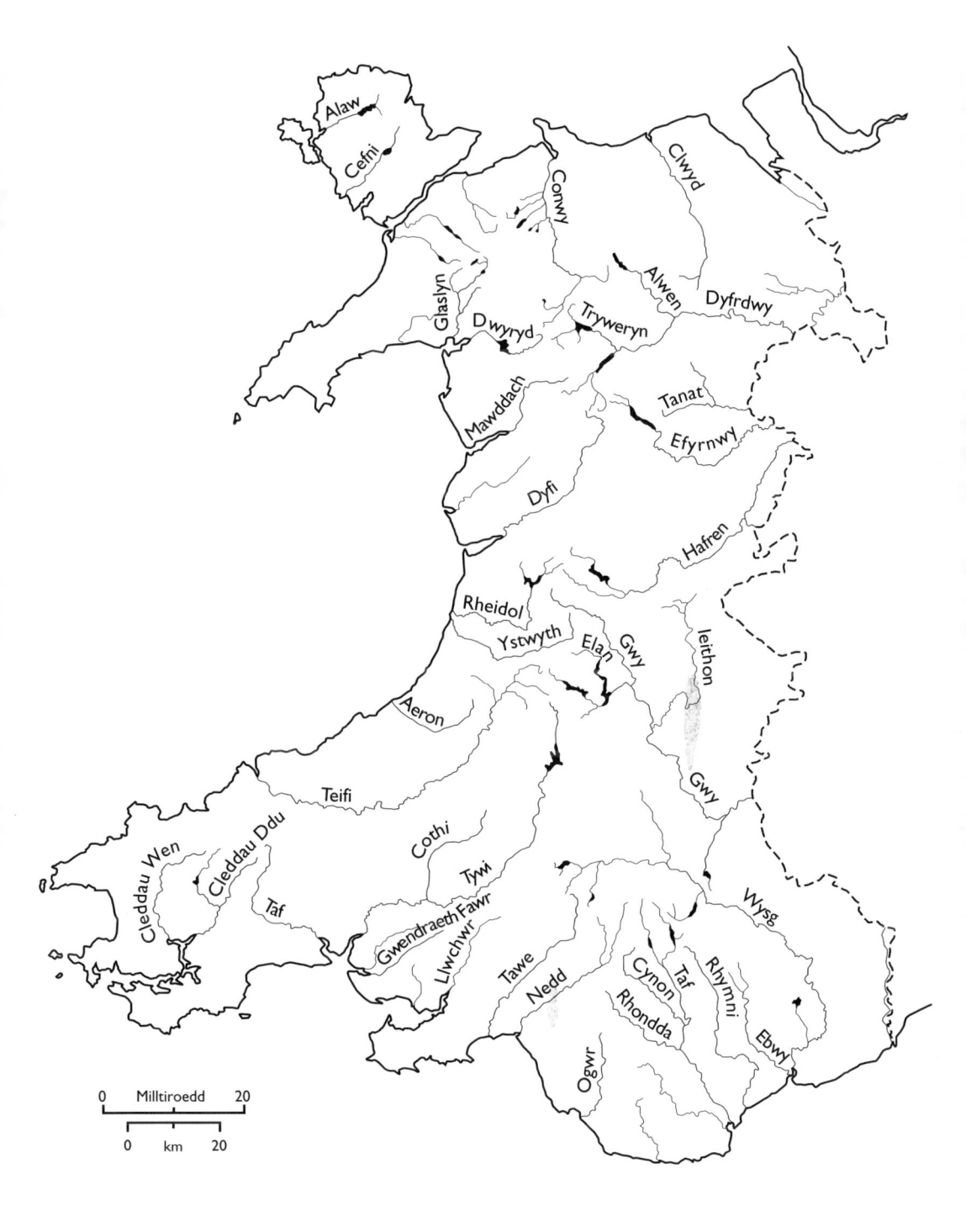

Prif Fynyddoedd Cymru / The Main Mountains

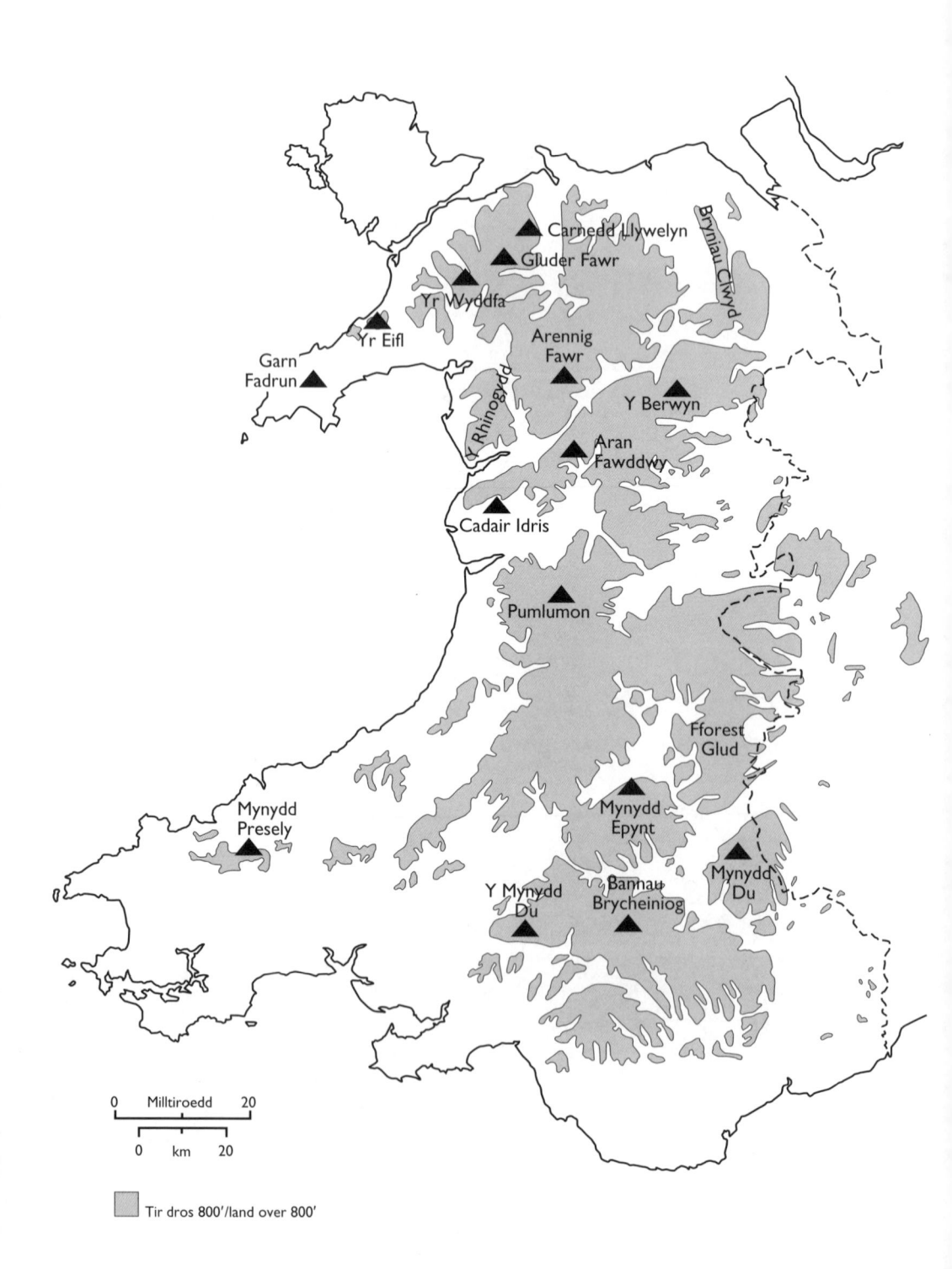

Rhaniadau Hanesyddol Cymru'r 8fed ganrif / Divisions of Wales during the 8th century

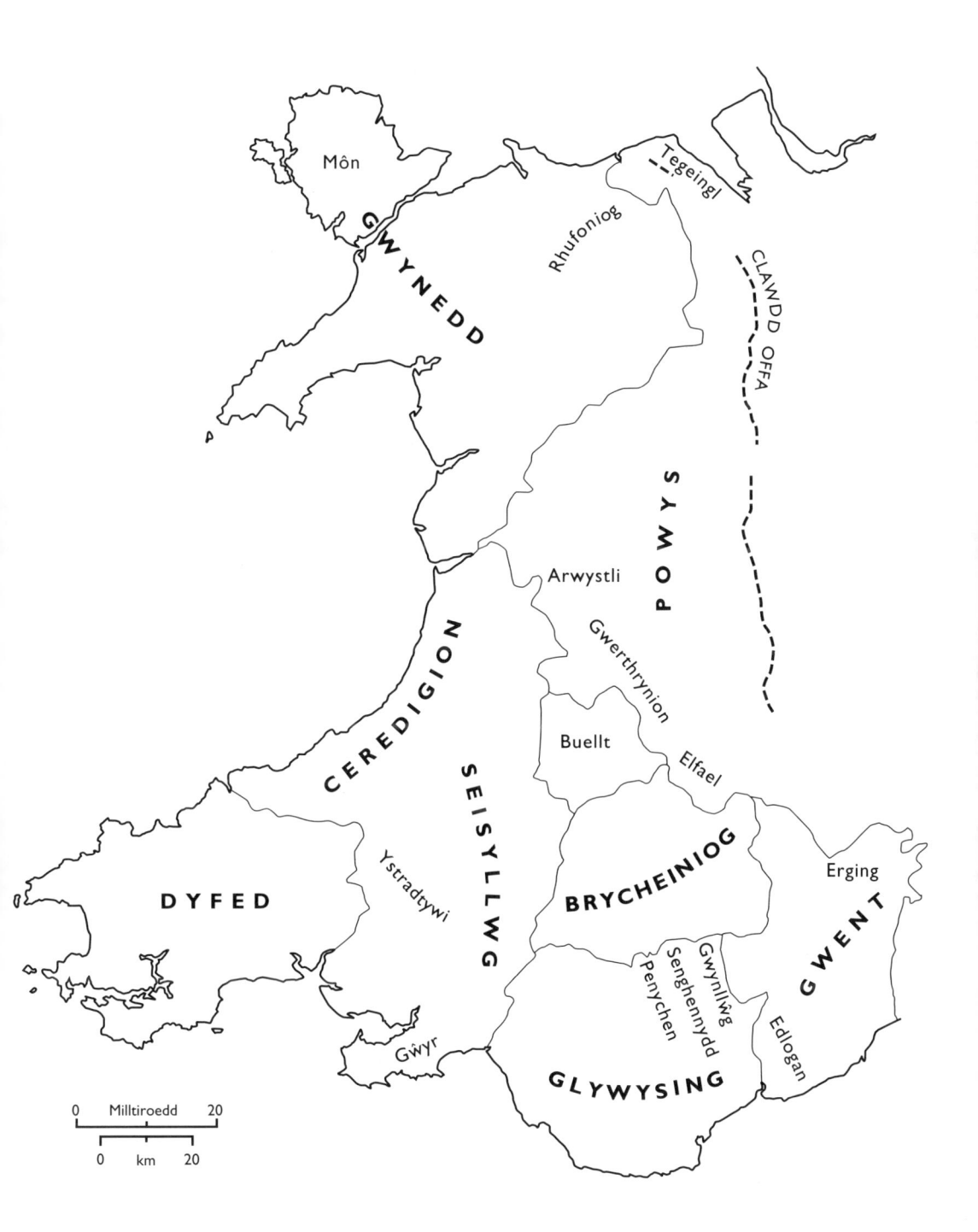

Y Cymydau/The Comotes

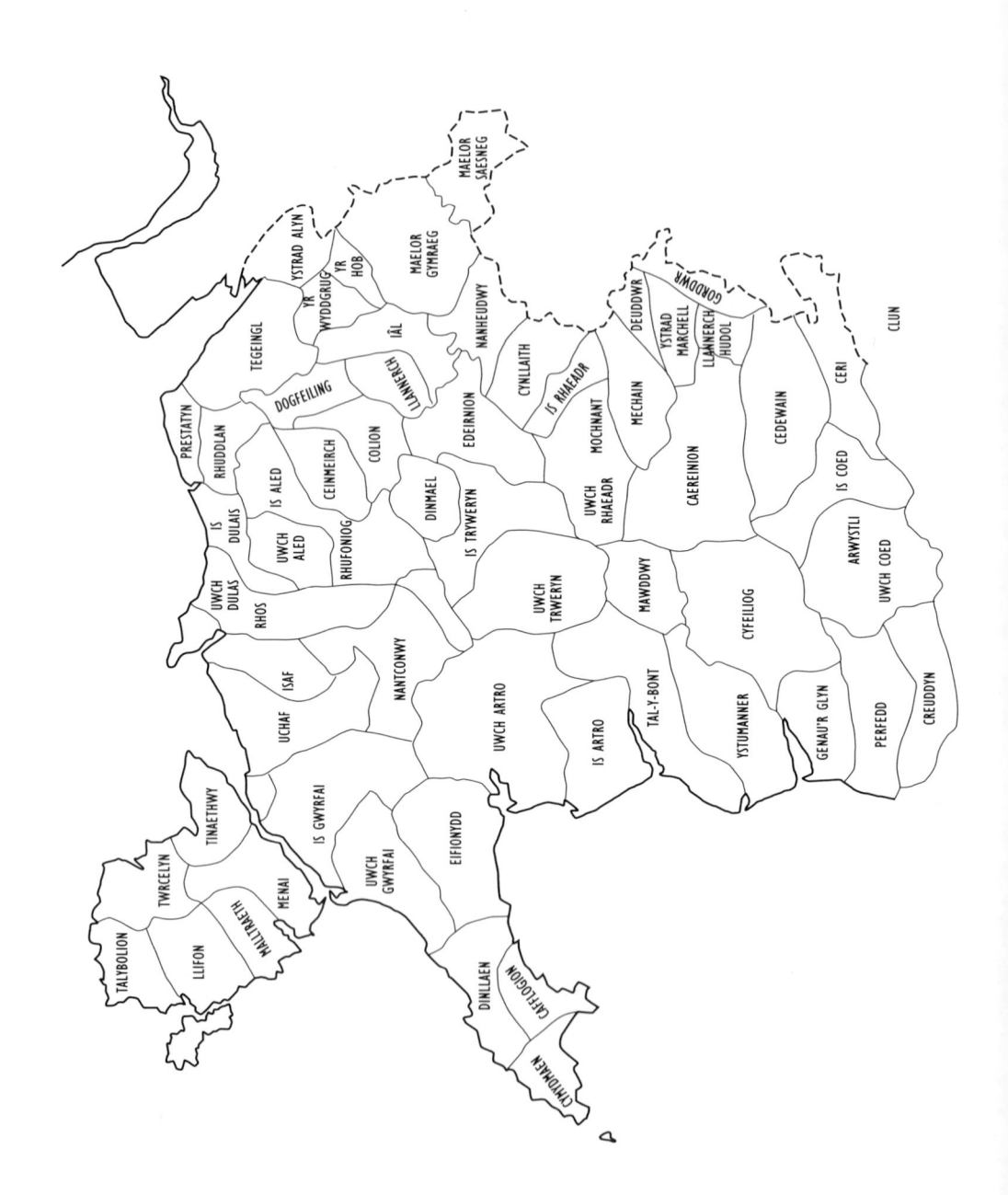

237

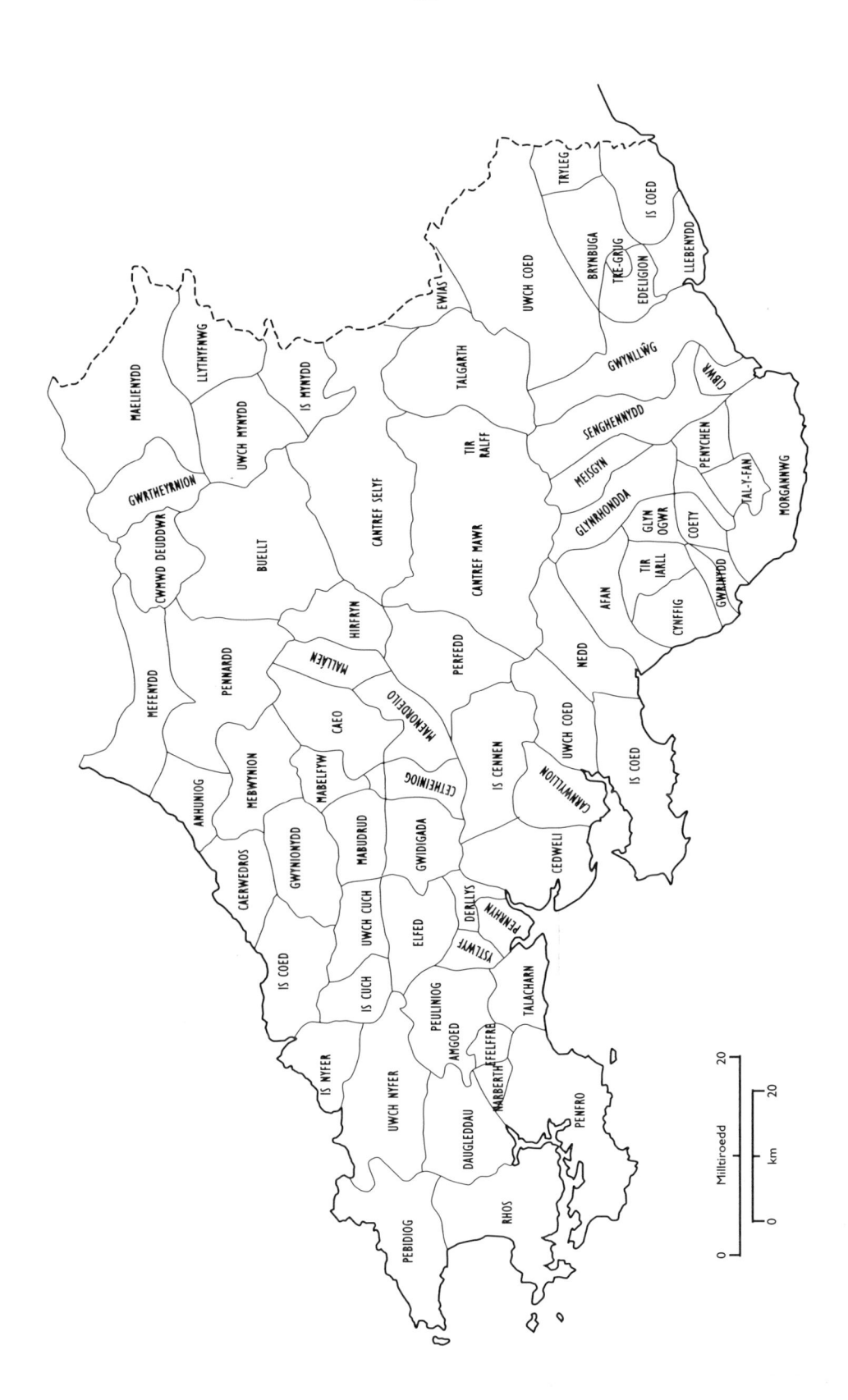

Y Cantrefi / The Administrative Hundreds

Siroedd Cymru cyn 1974 / Pre 1974 Counties

Mae'r enwau hyn yn dyddio yn ôl i gyfnod pan fu'n arfer treiglo enwau yn dilyn enw benywaidd yn y cyflwr genidol. Ers hynny y mae'r arfer wedi newid. Yr hen arfer oedd ffurfiau hanesyddol fel Sir Gaerfyrddin, Sir Benfro, Sir Fynwy. Gwelir y patrwm cyfoes yn y siroedd a sefydlwyd yn 1974, Sir Powys, Sir Dyfed, Sir Clwyd. Yn y siroedd a ddaeth i fodolaeth yn 1996, adferir rhai o enwau'r hen siroedd, fel Sir Ddinbych a Sir Fynwy, ond mabwysiadodd yr hen Sir Gaerfyrddin y ffurf dafodieithol, Sir Gâr.

The pre-1974 Welsh-language county names were coined when the practise was to mutate a noun in a genitive relation to a preceding feminine noun, thus 'The County of Carmarthen' became Sir Gaerfyrddin, 'The County of Pembroke' Sir Benfro 'The County of Monmouth', Sir Fynwy. Over time this practice ceased and in the case of the post 1974 counties 'The County of Dyfed' was called Sir Dyfed, likewise Sir Powys, Sir Clwyd etc. However the 1996 re-organisation of local government resurrected some of the former county names such as Sir Ddinbych and Sir Fynwy, whilst Carmarthenshire opted for the vernacular Sir Gâr.

Môn
Caernarfon
Dinbych
Fflint
Fflint
Meirionnydd
Trefaldwyn
Aberteifi
Maesyfed
Penfro
Caerfyrddin
Brycheiniog
Bwrdeistref Sirol
Merthyr Tudful
Mynwy
Bwrdeistref Sirol
Abertawe
Bwrdeistref Sirol
Casnewydd
Morgannwg
Bwrdeistref Sirol
Caerdydd
0 Milltiroedd 20
0 km 20

Siroedd Cymru 1974–96 / The Counties 1974–96

Siroedd Cymru wedi 1996 / Post-1996 Counties

(CBC = County Borough Council)

Cyngor Bro Morgannwg	The Vale of Glamorgan Council
Cyngor Bwrdeistref Sirol Blaenau Gwent	Blaenau Gwent CBC
Cyngor Bwrdeistref Sirol Caerffili	Caerphilly CBC
Cyngor Bwrdeistref Sirol Castell-nedd Port Talbot	Neath Port Talbot CBC
Cyngor Bwrdeistref Sirol Conwy	Conwy CBC
Cyngor Bwrdeistref Sirol Merthyr Tudful	Merthyr Tydfil CBC
Cyngor Bwrdeistref Sirol Pen-y-bont ar Ogwr	Bridgend CBC
Cyngor Bwrdeistref Sirol Torfaen	Torfaen CBC
Cyngor Bwrdeistref Sirol Wrecsam	Wrexham CBC
Cyngor Caerdydd	City and County of Cardiff
Cyngor Dinas Casnewydd	Newport City Council
Cyngor Dinas a Sir Abertawe	City and County of Swansea
Cyngor Gwynedd	Gwynedd Council
Cyngor Rhondda Cynon Taf	Rhondda Cynon Taf CBC
Cyngor Sir Ceredigion	Ceredigion County Council
Cyngor Sir Ddinbych	Denbighshire County Council
Cyngor Sir Fynwy	Monmouthshire County Council
Cyngor Sir Gâr	Carmarthenshire County Council
Cyngor Sir Penfro	Pembrokeshire County Council
Cyngor Sir Powys	Powys County Council
Cyngor Sir y Fflint	Flintshire County Council
Cyngor Sir Ynys Môn	Isle of Anglesey County Council

Map of Wales

- Môn
- Conwy
- Fflint
- Dinbych
- Wrecsam
- Gwynedd
- Powys
- Ceredigion
- Penfro
- Caerfyrddin
- Castell-nedd Port Talbot
- Abertawe
- Merthyr Tudful
- Blaenau Gwent
- Torfaen
- Mynwy
- Rhondda Cynon Taf
- Caerffili
- Casnewydd
- Pen-y-bont ar Ogwr
- Caerdydd
- Bro Morgannwg

0 Milltiroedd 20
0 km 20

Prif Drefi a Phentrefi Cymru / The Main Towns and Villages

Mynegai / Index

If a place-name and another feature included in the list share the same name, they may not always be treated in the same manner:
Cwmaman is the place-name, Cwm Aman is the name of the valley; Bryn-du the place-name, Bryn Du the name of the mountain; Bryn Euryn the name of the mountain, Bryneuryn the name of the antiquity.
Generally, these decisions are determined by the Welsh pronunciation of the name.
In Welsh, the accent falls naturally on the penultimate sillable (or the first sillable in a bysillabic name), thus Pantglas, would be pronounced Pántglas. If the name is pronounced with an equal stress on both elements, this is shown by use of the hyphen *Pant-glas*. Likewise, the written *Garneddwen* would be pronounced Garnéddwen, the introduction of the hyphen restores the accent to the appropriate Welsh pronunciation *Garnedd-wen*. *Garnedd Wen* allows the slightest of pauses between the two elements which would again reflect the pronunciation of the name.

Y ffurfiau a geir yn 'National Gazeteer Wales – Place Name Index', gw. y Llyfryddiaeth	*Y ffurfiau a argymhellir*	Aber-pergwm	Aberpergwm
		Aberporth	Aber-porth
		Abersoch	Aber-soch
		Aberthaw	Aberddawan
		Abertillery	Abertyleri
		Abertysswg	Abertyswg
	A	Aberyscir	Aberysgir
Abbey-cwm-hir	Abaty Cwm-hir	Acrefair	Acre-fair
Aber Arad	Aberarad	Acton	Gwaunyterfyn
Aberarth	Aber-arth	Adpar	Atpar
Aberavon	Aberafan	Afon Wen	Afon-wen
Aberbargoed	Aberbargod	Alltmawr	Allt-mawr
Aberbeeg	Aber-big	Alltwen	Yr Allt-wen
Abercanaid	Abercannaid	Alltyblacca	Alltyblaca
Abercarn	Aber-carn	Allt-y-Main	Allt y Main
Aber-castle	Abercastell	Ambleston	Treamlod
Aber Cegir	Abercegyr	Ammanford	Rhydaman
Abercraf	Aber-craf	Arddleen	Yr Ardd-lin
Abercych	Aber-cuch		
Aber-Cywarch	Abercywarch		**B**
Aberdare	Aberdâr	Bacheldre	Bachelltre
Aberdaugleddyf	Aberdaugleddau	Bala	Y Bala
Aberdovey	Aberdyfi	Bangor-is-y-coed	Bangor Is-coed
Aber-Duar	Aberdyar	Bangor-on-Dee	Bangor Is-coed
Aber-Eiddy	Abereiddi	Bardsey Island	Ynys Enlli
Abererch	Aber-erch	Bargoed	Bargod
Aberfan	Aber-fan	Barmouth	Abermo
Aberffraw	Aberffro	Barri	Y Barri
Aberffrwd	Aber-ffrwd	Barry	Y Barri
Abergavenny	Y Fenni	Barry Island	Ynys y Barri
Aber Giâr	Abergiâr	Bassaleg	Basaleg
Aberkenfig	Abercynffig	Battle	Y Batel
Aber Magwr	Abermagwr	Bayvil	Y Beifil
Abermorddu	Abermor-ddu	Beaumaris	Biwmaris
Abermule	Aber-miwl	Beaupré	Y Bewpyr
Abernant	Aber-nant	Bedwellty	Bedwellte

Begelly	Begeli	Bryn Eglwys	Bryneglwys
Beguildy	Bugeildy	Bryn Myrddin	Brynmyrddin
Belan	Y Belan	Bryn Saith Marchog	Brynsaithmarchog
Berriew	Aberriw	Brynamman	Brynaman
Bersham	Bers	Bryn-berian	Brynberian
Berthengam	Berthen-gam	Bryncrug	Bryn-crug
Bettws	Y Betws	Bryn-Eglwys	Bryneglwys
Bettws Bledrws	Betws Bledrws	Brynford	Brynffordd
Bettws Cedewain	Betwsw Cedewain	Brynglas	Bryn-glas
Bettws Gwerfil Goch	Betws Gwerful Goch	Bryn-henllan	Brynhenllan
Bettws Newydd	Betws Newydd	Brynnog	Braenog
Betws Abergele	Betws-yn-Rhos	Brynrefail	Bryn'refail
Bishopston	Llandeilo Ferwallt	Brynteg	Bryn-teg
Bishton	Trefesgob	Buckley	Bwcle
Bistwn	Trefesgob	Builth Wells	Llanfair-ym-Muallt
Blackmill	Melin Ifan Ddu	Buttington	Tal-y-bont
Blackwood	Coed-duon	Bwlch-derwin	Bwlchderwin
Blaen Carno	Blaencarno	Bwlch Llan	Bwlch-llan
Blaen Celyn	Blaencelyn	Bwlch-newydd	Bwlchnewydd
Blaen Clydach	Blaenclydach	Bwlch y Cibau	Bwlchycibau
Blaen Cwm	Blaen-cwm	Bwlch-y-fadfa	Bwlchyfadfa
Blaenavon	Blaenafon	Bwlchyffridd	Bwlch-y-ffridd
Blaencwm	Blaen-cwm	Bwlch y Garreg	Bwlchygarreg
Blaengwawr	Blaen-gwawr	Bwlch y Mynydd	Bwlchymynydd
Blaengwrach	Blaen-gwrach	Bwlch-y-Mynydd	Bwlchymynydd
Blaen-gwynfi	Blaengwynfi		
Blaenplwyf	Blaen-plwyf		**C**
Blaenporth	Blaen-porth	Cae-Harris	Caeharris
Blaina	Blaenau	Caer-Estyn	Caer Estyn
Bletherston	Trefelen	Caer-Farchell	Caerfarchell
Bodfean	Boduan	Caerleon	Caerllion
Bodffordd	Botffordd	Caernarvon	Caernarfon
Bont Dolgadfan	Bontdolgadfan	Caerphilly	Caerffili
Bont goch	Bont-goch	Caersws	Caersŵs
Bontddu	Y Bont-ddu	Caerwent	Caer-went
Bont-newydd	Y Bontnewydd	Caerynwch	Caerunwch
Bonvilston	Tresimwn	Caldicot Level	Morfa Gwent
Borth	Y Borth	Caldy Island	Ynys Bŷr
Boughrood	Bochrwyd	Camrose	Camros
Boverton	Trebefered	Candleston	Tregantllo
Braich-melyn	Braichmelyn	Canton	Cantwn
Brecon	Aberhonddu	Capel Llaniltern	Llanilltern
Brecon Beacons	Bannau Brycheiniog	Capel-Bangor	Capel Bangor
Bridgend	Pen-y-bont ar Ogwr	Capel-Dewi	Capel Dewi
Brimaston	Treowman	Capel-Isaac	Capel Isaac
Briton Ferry	Llansawel	Capel-Iwan	Capel Iwan
Broad Oak	Derwen-fawr	Capel-Seion	Capel Seion
Broginin	Brogynin	Capeluchaf	Capel Uchaf
Brongwyn	Bron-gwyn	Capelulo	Capel Ulo
Bronnant	Bronant	Cardiff	Caerdydd
Broughton	Brychdyn	Cardigan	Aberteifi
Brwynllys	Bronllys	Careghofa	Carreghwfa
Bryn Celyn	Bryncelyn	Carew	Caeriw
Bryn coch	Bryn-coch	Carmarthen	Caerfyrddin

Carn Fadryn	Carn Fadrun	Coleshill	Cwnsyllt
Carn-wen	Carn Wen	Colhugh	Col-huw
Carreglefn	Carreg-lefn	Colva	Colfa
Carway	Carwe	Colwinston	Tregolwyn
Cascob	Casgob	Colwyn Bay	Bae Colwyn
Casmâl	Cas-mael	Commins Coch	Comins-coch
Castell Cleddyf	Y Castell	Conway	Conwy
Castell-y-rhingyll	Castellrhingyll	Conway Marsh	Morfa Conwy
Castle Caereinion	Castell Caereinion	Conwil	Cynwyl
Castle Morris	Casmorys	Cornelly	Corneli
Castle Villa	Caswilia	Corntown	Corntwn
Castlebythe	Cas-fuwch	Court Colman	Cwrt Colman
Castlemartin	Castellmartin	Court Henry	Cwrt-henri
Castleton	Cas-bach	Court Sart	Cwrt-sart
Cathedine	Cathedin	Cowbridge	Y Bont-faen
Cefn Coch	Cefn-coch	Coychurch	Llangrallo
Cefn Meriadog	Cefn Meiriadog	Coytrahen	Y Goetre-hen
Cefncoed	Cefn-coed	Craig Cefn Parc	Craig-cefn-parc
Cefn-coed-y-cymmer	Cefncoedycymer	Cray	Crai
Cefn-ddwysarn	Cefnddwysarn	Criccieth	Cricieth
Cefn-gorwydd	Cefngorwydd	Crickadarn	Crucadarn
Cemaes	Cemais	Crickhowell	Crucywel
Cemaes Bay	Cemais	Criggion	Crugion
Cemmaes	Cemais	Crindau	Crindai
Cemmaes Road	Glantwymyn	Crinow	Crynwedd
Chepstow	Cas-gwent	Croes-faen	Y Groes-faen
Cheriton	Landimôr	Croes-y-Ceiliog	Croesyceiliog
Chirk	Y Waun	Cronwear	Cronwern
Christchurch	Eglwys y Drindod	Crosswood	Trawsgoed
Churchstoke	Yr Ystog	Crugybar	Crug-y-bar
Cil-cochwyn	Cilcochwyn	Crumlin	Crymlyn
Cilfrew	Cil-ffriw	Crunwear	Cronwern
Cilmaengwyn	Cilmaen-gwyn	Crynant	Y Creunant
Cilmery	Cilmeri	Cwm Aran	Cymaron
Cilycwm	Cil-y-cwm	Cwm Dulais	Cwmdulais
Cippyn	Cipin	Cwm Parc	Cwm-parc
Clawdd Coch	Clawdd-coch	Cwm Rhyd y Ceirw	Cwmrhydyceirw
Clawdd-newydd	Clawddnewydd	Cwmann	Cwm-ann
Clegyr-Boia	Clegyrfwya	Cwmavon (Port Talbot)	Cwmafan
Clemenston	Treglement	Cwmavon (Torfaen)	Cwmafon
Clwyd-y-Fagwyr	Clwydyfagwyr	Cwmbach	Cwm-bach
Clydey	Clydau	Cwm-belan	Cwmbelan
Clynderwen	Clunderwen	Cwmbran	Cwmbrân
Clyne	Y Clun	Cwmcarn	Cwm-carn
Clyro	Cleirwy	Cwmcarvan	Cwmcarfan
Clytha	Cleidda	Cwm-Cewydd	Cwm Cewydd
Cnwch Coch	Cnwch-coch	Cwm-corrwg	Cwm Corrwg
Cockett	Y Cocyd	Cwmdare	Cwmdâr
Coed Ely	Coed-elái	Cwmdu	Cwm-du
Coedkernew	Coedcernyw	Cwmfelin Boeth	Cwmfelin-boeth
Coed-Pen-Maen	Coed-pen-maen	Cwmfelin Mynach	Cwmfelinmynach
Coedpoeth	Coed-poeth	Cwmfelinfach	Cwmfelin-fach
Coed-y-paen	Coed-y-paun	Cwmffrwd	Cwm-ffrwd
Colbren	Y Coelbren	Cwmgiedd	Cwmgïedd
Coldbrook	Colbrwg	Cwmgors	Cwm-gors

Cwmgwrach	Cwm-gwrach	Efail Isaf	Efailisaf
Cwm-Ifor	Cwmifor	Efenechdyd	Y Fenechdid
Cwm-is-fael	Cwmisfael	Eglwys Fach	Eglwys-fach
Cwm-Llinau	Cwmlline	Eglwysbach	Eglwys-bach
Cwmparc	Cwm-parc	Eglwys-Brewis	Eglwys Brewys
Cwmpengraig	Cwm-pen-graig	Eglwyscummin	Eglwys Gymyn
Cwmstradllyn	Cwm Ystradllyn	Eglwys-rhos	Llan-rhos
Cwmsychan	Cwm Sychan	Eglwyswen	Eglwys Wen
Cwmsychpant	Cwmsychbant	Eisingrug	Singrug
Cwmsyfiog	Cwmsyfiog	Ely	Trelái
Cwmteuddwr	Llansanffraid Cwmteuddwr	Erbistock	Erbistog
		Erethlyn	Hiraethlyn
Cwmtillery	Cwmtyleri	Esgair-Geiliog	Esgairgeiliog
Cwmyoy	Cwm-iou	Ewenny	Ewenni
Cwm-yr-eglwys	Cwmyreglwys	Eweston	Trewên
Cwrt-newydd	Cwrtnewydd	Eyton	Eutun
Cwrt-y-cadno	Cwrtycadno		
Cyfronydd	Cyfronnydd		**F**
Cymmer	Cymer	Fachwen	Y Fach-wen
		Faenor-Uchaf	Faenor Uchaf
	D	Fairbourne	Y Friog
Darenfelen	Y Darren Felen	Fairwater	Tyllgoed
Dee (river)	Dyfrdwy	Farnowen	Manorowen
Denbigh	Dinbych	Farteg	Y Farteg
Denio	Deneio	Felinfach	Felin-fach
Derwen Las	Derwen-las	Felinfoel	Felin-foel
Devil's Bridge	Pontarfynach	Felingwmisaf	Felin-gwm-isaf
Devynock	Defynnog	Fennifach	Y Fenni-fach
Dewstow	Llanddewi	Ferryside	Glanyfferi
Dinas Powis	Dinas Powys	Ffair Rhos	Ffair-rhos
Dinas-Mawddwy	Dinas Mawddwy	Ffairfach	Ffair-fach
Dingestow	Llanddingad	Ffald-y-Brenin	Ffaldybrenin
Dinorwic	Dinorwig	Fforestfach	Fforest-fach
Discoed	Disgoed	Ffynnon Ddewi	Ffynnonddewi
Dôlgoch	Dôl-goch	Fishguard	Abergwaun
Dôlwen	Dôl-wen	Five Roads	Pump-hewl
Dôlygaer	Dôl-y-gaer	Flemingston	Trefflemin
Dolarddyn	Dolarddun	Flint	Y Fflint
Drefach	Dre-fach	Fonmon	Ffwl-y-mwn
Druid	Y Ddwyryd	Forden	Ffordun
Duffryn	Dyffryn	Froncysyllte	Froncysylltau
Dunvant	Dynfant	Frondeg	Y Fron-deg
Dyffryn Tanat	Dyffryn Tanad	Frongoch	Fron-goch
Dynevor	Dinefwr		
Dyserth	Diserth		**G**
		Gadlys	Y Gadlys
	E	Gaer-fawr	Gaer Fawr
East Mouse	Ynys Amlwch	Gaerlwyd	Gaer-lwyd
Eastern Cleddau	Afon Cleddyf/ Cleddau Ddu	Gaerwen	Y Gaerwen
		Ganllwyd	Y Ganllwyd
Ebbw Vale	Glynebwy	Garnant	Y Garnant
Edeyrnion	Edeirnion	Garn-Dolbenmaen	Garndolbenmaen
Edwinsford	Rhydodyn	Garnfadryn	Garn Fadrun
Efail Fach	Efail-fach	Garnswllt	Garn-swllt

Garthbrengy	Garthbrengi	Guilsfield	Cegidfa
Gas-Gwent	Cas-gwent	Gurnos	Y Gurnos
Gelligaer	Gelli-gaer	Gwaun-Cae-Gurwen	Gwaencaegurwen
Gelligroes	Gelli-groes	Gwaun-Leision	Gwaunleision
Gellinedd	Gelli-nudd	Gwernesney	Gwernesni
Gileston	Silstwn	Gwernoge	Gwernogle
Gilfach Goch	Y Gilfach-goch	Gwespyr	Gwesbyr
Gladestry	Llanfair Llythynwg	Gwibernant	Wybrnant
Glais	Y Glais	Gwydir	Gwedir
Glan Adda	Glanadda	Gwyn-Fynydd	Gwynfynydd
Glan Bran	Glanbrân	Gyffin	Y Gyffin
Glan Mule	Glan-miwl	Gyrn	Gurn
Glanconwy	Llansanffraid Glan Conwy	Gyrnos	Y Gurnos
Glan-dwr	Glandŵr	**H**	
Glan-Frogan	Glanfrogan	Halghton	Halchdyn
Glangrwyney	Llangrwyne	Halkyn	Helygain
Glanrhyd	Glan-rhyd	Harpton	Tre'rdelyn
Glansevin	Glansefin	Haverfordwest	Hwlffordd
Glan-yr-afon	Glanyrafon	Hawarden	Penarlâg
Glasbury	Y Clas-ar-Wy	Hawthorn	Y Ddraenen Wen
Glascwm	Glasgwm	Haycastle	Cas-lai
Glogue	Y Glog	Hay-on-Wye	Y Gelli (Gandryll)
Glyder (Fach/Fawr)	Gluder	Hendomen	Hen Domen
Glyn Ceiriog	Llansanffraid Glynceiriog	Hendy	Yr Hendy
		Hengoed	Yr Hengoed
Glyn Fach	Glyn-fach	Henry's Moat	Castellhenri
Glyn Neath	Glyn-nedd	Heol Gerrig	Heolgerrig
Glyntaff	Glyn-taf	Heol Las	Heol-las
Gogoyan	Gogoian	Heol Senni	Heolsenni
Golden Grove	Gelli-aur	Heyope	Llanddewi-yn-Heiob
Golden Mile	Y Filltir Aur	Hirwaen	Hirwaun
Goodwick	Wdig	Holy Island	Ynys Gybi
Goostrey	Gwystre	Holyhead	Caergybi
Goppa	Y Gopa	Holyhead Mountain	Mynydd Twr
Gorsgoch	Gors-goch	Holywell	Treffynnon
Gorslas	Gors-las	Hope	Yr Hob
Goston	Tre-os	Hopkinstown	Trehopcyn
Gowerton	Tre-gŵyr	Horseshoe Pass	Yr Oernant
Goytre	Goetre	Howick	Hywig
Graigcefnparc	Craig-cefn-parc		
Graig-Fawr	Graig Fawr	**I**	
Graig-lwyd	Graig Lwyd	Ifton	Ifftwn
Granston	Treopert	Ilston	Llanilltud Gŵyr
Great Orme	Gogarth	Isycoed	Is-y-coed
Great Orme's Head	Penygogarth	Itton	Llanddinol
Green Castle	Castell Moel		
Gresford	Gressffordd	**J**	
Groes	Y Groes	Jordanston	Trefwrdan
Groes Faen	Y Groes-faen		
Groeslon	Y Groeslon	**K**	
Groes-wen	Y Groes-wen	Kemys	Cemais
Grongar Hill	Y Grongaer	Kemys Commander	Cemais Comawndwr
Grosmont	Y Grysmwnt	Kenfig	Cynffig
Grovesend	Pengelli(-ddrain)	Kenfig Hill	Mynyddcynffig

Kerry	Ceri	Llandawke	Llan-dawg
Kidwelly	Cydweli	Llanddetty	Llanddeti
Kilgetty	Cilgeti	Llanddew	Llan-ddew
Kilgwrrwg	Cilgwrrwg	Llanddewi Brefi	Llanddewibrefi
Killay	Cilâ	Llanddewi'r cwm	Llanddewi'r-cwm
Kilvey	Cilfái	Llandebie	Llandybïe
Kilvrough	Cil-frwch	Llandefaelog	Llandyfaelog
Kingcoed	Cyncoed	Llandefalle	Llandyfalle
Kinmel	Cinmel	Llandegai	Llandygái
Knaveston	Treganeithw	Llandegley	Llandeglau
Knelston	Llan-y-tair-mair	Llandegveth	Llandegfedd
Knighton	Trefyclo	Llandegwning	Llandygwnning
Knucklas	Cnwclas	Llandeilo Porth Halog	Llandeilo Bertholau
		Llandeilo'r Fân	Llandeilo'r-fân
L		Llandeilo'r-ynys	Llandeilo Rwnws
Laleston	Trelales	Llandeloy	Llan-lwy
Lampeter	Llanbedr Pont Steffan	Llandenny	Llandenni
Lampeter Velfrey	Llanbedr Felffre	Llandilo	Llandeilo
Lampha	Llanffa	Llandissilio	Llandysilio
Lamphey	Llandyfái	Llandough	Llandoche
Landore	Glandŵr	Llandovery	Llanymddyfri
Lanelay	Glanelái	Llandow	Llandŵ
Lannon	Llan-non	Llandruidion	Llandridian
Laugharne	Lacharn	Llandulas	Llanddulas
Lavan Sands	Traeth Lafan	Llandynan	Llandynnan
Lavernock Point	Trwyn Larnog	Llanedeyrn	Llanedern
Leckwith	Lecwydd	Llaneigon	Llanigon
Leeswood	Coed-llai	Llanelian yn Rhos	Llaneilian-yn-Rhos
Leighton	Tre'r-llai	Llanelieu	Llaneleu
Letterston	Treletert	Llanellen	Llanelen
Lisvane	Llys-faen	Llanelltyd	Llanelltud
Little Newcastle	Casnewydd-bach	Llanelly	Llanelli
Little Orme	Trwyn y Fuwch	Llanerch	Llannerch
Lixwm	Licswm	Llanfachraeth	Llanfachreth
Llaingoch	Llain-goch	Llanfaes	Llan-faes
Llanafan-fawr	Llanafan Fawr	Llanfair Kilgeddin	Llanfair Cilgedin
Llanarmon	Llanarmon	Llanfair Llwythyfnwg	Llanfair Llythynwg
Mynydd-mawr	Mynydd Mawr	Llanfair Talhaiarn	Llanfair Talhaearn
Llanarth (Ceredigion)	Llannarth	Llanfair-Nant-Gwyn	Llanfair Nant-gwyn
Llanarth (Mynwy)	Llan-arth	Llanfairpwllgwyngyll	Llanfair Pwllgwyngyll
Llanarthney	Llanarthne	Llanfairyneubwll	Llanfair-yn-neubwll
Llanbeder	Llan-bedr	Llanfairynghornwy	Llanfair-yng
Llanbedr Efelfre	Llanbedr Felffre		Nghornwy
Llanbedr Painscastle	Llanbedr Castell-paen	Llanfannar	Llanfaenor
Llanbedrgoch	Llanbedr-goch	Llanfigael	Llanfigel
Llanbedr-y-cennin	Llanbedrycennin	Llanfigan	Llanfeugan
Llanbeidy	Llanboidy	Llanfihangel Pontymoel	Llanfihangel Pont-
Llanbethery	Llanbydderi		y-moel
Llanblethian	Llanfleiddan	Llanfihangel Rhydithon	Llanfihangel
Llanbrynmair	Llanbryn-mair		Rhydieithon
Llancadle	Llancatal	Llanfillo	Llanfilo
Llancayo	Llancaeo	Llanfoist	Llan-ffwyst
Llancynfelyn	Llangynfelyn	Llangadock	Llangadog
Llandaff	Llandaf	Llangain	Llan-gain

Llangammarch Wells	Llangamarch	Llanrhos	Llan-rhos
Llangan	Llan-gan	Llanrhyddlad	Llanrhuddlad
Llanganhafal	Llangynhafal	Llanrumney	Llanrhymni
Llanganna	Llan-gan	Llansadurnen	Llansadyrnin
Llangasty-Talyllyn	Llangasty Tal-y-llyn	Llansaint	Llan-saint
Llangattock	Llangatwg	Llansanffraid Deythur	Llansanffraid Deuddwr
Llangattock Lingoed	Llangatwg Lingoed		
Llangattock Nigh Usk	Llangatwg Dyffryn Wysg	Llansanffraid Gwynllwg	Llansanffraid Gwynllŵg
Llangattock Vibon Avel	Llangatwg Feibion Afel	Llansannor	Llansanwyr
		Llansantffraed-in-Elwell	Llansanffraid-yn Elfael
Llangeinor	Llangeinwyr		
Llangenau	Llangenni	Llansantffread	Llansanffraid
Llangendeirne	Llangyndeyrn	Llansoy	Llan-soe
Llangennith	Llangynydd	Llanspyddid	Llansbyddyd
Llangeview	Llangyfiw	Llanstadwell	Llanstadwel
Llangibby	Llangybi	Llanstephan	Llansteffan
Llanginning	Llangynin	Llanteg	Llan-teg
Llangiwg	Llan-giwg	Llanthewy Rytherch	Llanddewi Rhydderch
Llangorse	Llan-gors	Llanthewy Skirrid	Llanddewi Ysgyryd
Llangorse Lake	Llyn Syfadden	Llanthewy Vach	Llanddewi Fach
Llangovan	Llangofen	Llanthony	Llanddewi Nant Hodni
Llangower	Llangywer		
Llangranog	Llangrannog	Llantilio Crossenny	Llandeilo Gresynni
Llangrwyney	Llangrwyne	Llantilio Pertholey	Llandeilo Bertholau
Llangua	Llangiwa	Llantrissent Fawr	Llantrisaint Fawr
Llanguicke	Llan-giwg	Llantrithyd	Llantriddyd
Llangunllo	Llangynllo	Llantwit	Llanilltud
Llangynfarwy	Llechgynfarwy	Llantwit Fardre	Llanilltud Faerdref
Llangyniew	Llangynyw	Llantwit Major	Llanilltud Fawr
Llangywair	Llangywer	Llantwit-juxta-Neath	Llanilltud Fach
Llanharry	Llanhari	Llantysilio	Llandysilio
Llanhennock	Llanhenwg	Llanvaches	Llanfaches
Llanhilleth	Llanhiledd	Llanvair Discoed	Llanfair Isgoed
Llanhowel	Llanhywel	Llanvapley	Llanfable
Llanieithion	Llanieithon	Llanvetherine	Llanwytherin
Llanio	Pontllanio	Llanvihangel	Llanfihangel
Llanishen	Llanisien	Llanvihangel Crucorney	Llanfihangel Crucornau
Llanllawer	Llanllawern		
Llanlleonfel	Llanllywenfel	Llanvihangel Gobion	Llanfihangel-y-gofion
Llanllowell	Llanllywel	Llanvihangel Llantarnam	Llanfihangel Llantarnam
Llanllwch	Llan-llwch		
Llanllwchaiarn	Llanllwchaearn	Llanvihangel near Roggiett	Llanfihangel
Llanllyr	Llanllŷr		
Llanmadoc	Llanmadog	Llanvihangel Torymynydd	Llanfihangel Torymynydd
Llanmae	Llan-faes		
Llanmartin	Llanfarthin	Llanvihangel Ystern	Llanfihangel
Llanmerwig	Llamyrewig	Llewern	Ystum Llywern
Llanmihangel	Llanfihangel y Bont-faen	Llanvithyn	Llanfeuthin
		Llanwern	Llan-wern
Llannefydd	Llanefydd	Llanwnog	Llanwnnog
Llannerch-Fydaf	Llannerchfydaf	Llanwonno	Llanwynno
Llanover	Llanofer	Llanwynoro	Llanwarw
Llanpumpsaint	Llanpumsaint	Llanybri	Llan-y-bri
Llanreithan	Llanrheithan	Llanycefn	Llan-y-cefn

Llanychaer	Llanychâr	Merthyr Dovan	Merthyr Dyfan
Llanychan	Llanhychan	Merthyr Tydfil	Merthyr Tudful
Llan-y-crwys	Llan-crwys	Merthyr Vale	Ynysowen
Llanyre	Llanllŷr	Michaelchurch-on- Arrow	Llanfihangel Dyffryn Arwy
Llawhaden	Llanhuadain		
Llawryglyn	Llawr-y-glyn	Michaelston	Llanfihangel-ynys- Afan
Llay	Llai		
Llechcynfarwydd	Llechgynfarwy	Michaelston-le-Pit	Llanfihangel-y-pwll
Llechfaen	Llech-faen	Michaelston-super-Ely	Llanfihangel-ar-Eláí
Lletty	Llety	Michaelston-y-Vedw	Llanfihangel-y-fedw
Lletty Brongu	Lletybrongu	Middletown	Treberfedd
Llidiad-Nenog	Llidiartnennog	Milford	Milffwrd
Llidiartywaun	Llidiart-y-waun	Minera	Mwynglawdd
Llwydcoed	Llwytgoed	Minwear	Mynwar
Llwynduris	Llwyndyrys	Miskin	Meisgyn
Llwynmawr	Llwyn-mawr	Mitchel Troy	Llanfihangel Troddi
Llynpenmaen	Penmaen-pŵl	Mold	Yr Wyddgrug
Llyswen	Llys-wen	Monachty	Mynachdy
Llysworney	Llyswyrny	Monington	Eglwys Wythwr
Llysyfronydd	Llyswyrny	Monknash	Yr As Fawr
Llyweni	Lleweni	Monmouth	Trefynwy
Lochvane	Loch-fân	Monnow (river)	Mynwy (afon)
Long Mountain	Cefn Digoll	Montgomery	Trefaldwyn
Lougher	Casllwchwr	Morganstown	Pentre-poeth
Ludchurch	Yr Eglwys Lwyd	Morriston	Treforys
Lugg (river)	Llugwy (afon)	Morvil	Morfil
		Mostyn	Rhewl
M		Mountain Ash	Aberpennar
Maerdy	Y Maerdy	Moylgrove	Trewyddel
Maesgwynne	Maes-gwyn	Mwdwl-eithin	Mwdwl Eithin
Maesllyn	Maes-llyn	Mydrim	Meidrim
Maesmawr	Maes-mawr	Mynydd Parys	Trysglwyn
Maesmynis	Maesmynys	Mynydd Preselau	Mynydd Presely
Maesybont	Maes-y-bont		
Maes-y-crugiau	Maesycrugiau	**N**	
Maesycwmmer	Maesycwmer	Nanhwyan	Nant Gwynant
Magor	Magwyr	Nanhyfer	Nyfer
Maindee	Maendy	Nantddu	Nant-ddu
Malldraeth	Malltraeth	Nantglas	Nant-glas
Mamhilad	Mamheilad	Nantycaws	Nant-y-caws
Manmoel	Man-moel	Nantyglo	Nant-y-glo
Manorbier	Maenorbŷr	Nantymoel	Nant-y-moel
Marchwiel	Marchwiail	Nant-y-pandy	Nant y Pandy
Marcross	Marcroes	Narberth	Arberth
Mardy	Maerdy	Nash (Morgannwg)	Yr As Fach
Marianglas	Marian-glas	Nash (Newport)	Trefonnen
Marshfield	Maerun	Neath	Castell-nedd
Mathern	Matharn	Neath Abbey	Mynachlog Nedd
Mathry	Mathri	Nerquis	Nercwis
Meliden	Allt Melyd	Nevern	Nyfer
Melincourt	Melin-cwrt	Nevin	Nefyn
Melingruffudd	Melingriffith	New Chapel	Capel Newydd
Mellteyrn	Sarn (Mellteyrn)	New Moat	Y Mot
Menai Bridge	Porthaethwy	New Quay	Ceinewydd

New Radnor	Maesyfed	Pendoylan	Pendeulwyn
Newborough	Niwbwrch	Penffordd	Pen-ffordd
Newcastle (Bridgend)	Y Castellnewydd	Pengelli	Pencelli
Newcastle Emlyn	Castellnewydd Emlyn	Penglais	Pen-glais
Newchurch (Carmarthen)	Llannewydd	Penhelig	Penhelyg
Newchurch (Monmouth)	Yr Eglwys Newydd ar y Cefn	Pen-how	Pen-hw
		Penisa'r Waun	Penisa'r-waun
Newchurch (Radnor)	Yr Eglwys Newydd	Penley	Llannerch Banna
Newgale	Niwgwl	Penllergaer	Penlle'r-gaer
Newmarket	Trelawnyd	Penmaen	Pen-maen
Newport	Casnewydd-ar-Wysg	Penmaenpool	Penmaen-pŵl
Newport (Pembs)	Trefdraeth	Penmark	Pen-marc
Newton Nottage	Drenewydd yn Notais	Pen-onn	Pennon
Newtown	Y Drenewydd	Pen-Parcau	Penparcau
Northop	Llaneurgain	Penpont	Pen-pont
		Penrhiw	Pen-rhiw
O		Penrhiwceiber	Penrhiw-ceibr
Oakford	Derwen-gam	Penrhiwgoch	Penrhiw-goch
Ogmore (river)	Ogwr (afon)	Pen-rhiw-llech	Penrhiw-llech
Ogmore-by-sea	Aberogwr	Penrhiwpâl	Penrhiw-pâl
Ogofau	Gogofau	Penrhos-garnedd	Penrhosgarnedd
Old Radnor	Pencraig	Penrhyncoch	Penrhyn-coch
Oldcastle	Yr Hengastell	Penrhys	Pen-rhys
Olway	Nant Olwy	Penrice	Pen-rhys
Orme's Head	Penygogarth	Pensarn	Pen-sarn
Overton	Owrtyn	Penstruet	Penystrywaid
Oystermouth	Ystumllwynarth	Penterry	Penteri
		Pentre Bach	Pentre-bach
P		Pentrebach	Pentre-bach
Painscastle	Llanbedr Castell-paen	Pentrebane	Pentre-baen
Pandy Tudur	Pandytudur	Pentre Beirdd	Pentre'r-beirdd
Pandy'r-Capel	Pandy'r Capel	Pentre Berw	Pentreberw
Pantasaph	Pantasa	Pentre-cagal	Pentrecagal
Pantgwyn	Pant-gwyn	Pentre-celyn	Pentrecelyn
Pant-Perthog	Pantperthog	Pentre Cilgwyn	Pentrecilgwyn
Pantteg	Pant-teg	Pentreclwydau	Pentreclwyda
Pant-y-Deri	Pantyderi	Pentrecourt	Pentre-cwrt
Pantydwr	Pant-y-dŵr	Pentre-Dolau-Honddu	Pentre Dolau Honddu
Pant-y-ffynnon	Pantyffynnon	Pentredwr	Pentre-dŵr
Pantygraig Wen	Pantygraig-wen	Pentre Galar	Pentregalar
Pantymwyn	Pant-y-mwyn	Pentre Llifior	Pentrellifior
Parcel Canol	Parsel Canol	Pentre Meyrick	Pentremeurig
Partrishow	Partrisio	Pentre-felin	Pentrefelin
Pelcomb	Pelcam	Pentre-gât	Pentregât
Pembrey	Pen-bre	Pentre-Gwenlais	Pentregwenlais
Pembroke Dock	Doc Penfro	Pentre-llwyn-llwyd	Pentre Llwyn-llwyd
Pen Berry	Penbiri	Pentre-llyn-cymmer	Pentrellyncymer
Pen Das Eithin	Pen Tas Eithin	Pentre-piod	Pentrepiod
Penallt	Pen-allt	Pentrepoeth	Pentre-poeth
Penalun	Penally	Pentre'r beirdd	Pentre'r-beirdd
Pen-bont-rhyd-y-beddau	Pen-bont Rhydybeddau	Pentre'r felin	Pentre'r-felin
		Pentre-Saeson	Pentresaeson
Penboyr	Pen-boyr	Pentwyn	Pen-twyn
Penclawdd	Pen-clawdd	Pentyrch	Pen-tyrch
Pencoed	Pen-coed	Penuwch	Pen-uwch

Penybanc	Pen-y-banc	Pontrhydyrun	Pont-rhyd-yr-ynn
Penybont	Pen-y-bont	Pont-Rhythallt	Pontrhythallt
Penybontfawr	Pen-y-bont-fawr	Pontsarn	Pont-sarn
Penycae	Pen-y-cae	Pontshaen	Pont-siân
Penychain	Penychen	Pontshonnorton	Pont Siôn Norton
Penycoed	Pen-y-coed	Pont-Walby	Pontwalby
Penycwm	Pen-y-cwm	Pontybodkin	Pontybotgin
Pen-y-Darren	Penydarren	Pontyclun	Pont-y-clun
Penyffordd	Pen-y-ffordd	Pont-y-felin	Pontyfelin
Penygarn	Pen-y-garn	Pont-y-glazier	Pontyglasier
Pen-y-garnedd	Penygarnedd	Pontygwaith	Pont-y-gwaith
Penygraig	Pen-y-graig	Pont-y-Mister	Pontymister
Penygroes	Pen-y-groes	Pontymoel	Llanfihangel Pont-y-moel
Penylan	Pen-y-lan		
Pen-yr-Heol	Penyrheol	Pontypool	Pont-y-pŵl
Pen-yr-englyn	Penyrenglyn	Pont-y-rhyl	Pont-yr-hyl
Penysarn	Pen-y-sarn	Pontywaun	Pont-y-waun
Penystrowed	Penystrywaid	Port Dinorwic	Y Felinheli
Penywaun	Pen-y-waun	Porth	Y Porth
Peterstone Wentlooge	Llanbedr-Gwynllŵg	Porthcawl	Porth-cawl
Peterston-super-Ely	Llanbedr-y-fro	Porthgain	Porth-gain
Peterston-super-montem	Llanbedr-ar-fynydd	Porthkerry	Porthceri
Peterwell	Ffynnon Bedr	Porthmadoc	Portmadog
Pibwrlwyd	Pibwr-lwyd	Porthyrhyd	Porth-y-rhyd
Picton's Castle	Castell Pictwn	Porth Dinllaen	Portin-llaen
Pilleth	Pyllalai	Portskewett	Porth Sgiwed
Plas Coch	Plas-coch	Powis Castle	Y Castell Coch
Plas Dinam	Plasdinam	Prenteg	Pren-teg
Plas Gwyn	Plas-gwyn	Prescelly	Mynydd Presely
Plas Marl	Plas-marl	Presteigne	Llanandras
Plasiolyn	Plas Iolyn	Priestholm	Ynys Seiriol
Plynlimon	Pumlumon	Priskilly	Prysgili
Point of Ayr	Y Parlwr Du	Puffin Island	Ynys Seiriol
Pont Cysyllte	Pontcysylltau	Puncheston	Cas-mael
Pont Dôl-goch	Pont-dôl-goch	Pwll Gwaun	Pwll-gwaun
Pont-Llanio	Pontllanio	Pwll Meyrick	Pwllmeurig
Pont Llogel	Pontllogail	Pwllglas	Pwll-glas
Pont Tywely	Pont-tyweli	Pyle	Y Pîl
Pontamman	Pontaman		
Pontardulais	Pontarddulais	**Q**	
Pont-ar-gothi	Pontargothi	Quaker's Yard	Mynwent y Crynwyr
Pont-ar-llechau	Pontarllechau	Quarter Bach	Cwarter Bach
Pontarsais	Pont-ar-sais	Quellyn Lake	Llyn Cwellyn
Pont-Henry	Pont-henri		
Ponthir	Pont-hir	**R**	
Ponthirwaun	Pont-hirwaun	Radnor, New	Maesyfed
Pontllanfraith	Pontllan-fraith	Radnor, Old	Pencraig
Pontlliw	Pont-lliw	Radyr	Radur
Pontlottyn	Pontlotyn	Raglan	Rhaglan
Pontneathvaughan	Pontneddfechan	Ralltgethin	Yr Allt Gethin
Pont-newydd	Pontnewydd	Ramsey Island	Ynys Dewi
Pont-rhydbont	Bontrhypont	Rassau	Rasa
Pontrhydycyff	Pont-rhyd-y-cyff	Red Roses	Rhos-goch
Pontrhydyfen	Pont-rhyd-y-fen	Red Wharf Bay	Traeth Coch

Resolven	Resolfen	St. Brides Major	Saint-y-brid
Rhadyr	Radur	St. Bride's Minor	Llansanffraid-ar-Ogwr
Rhandirmwyn	Rhandir-mwyn	St. Bride's Netherwent	Saint-y-brid
Rhayader	Rhaeadr Gwy	St. Bride's Wentlloog	Llansanffraid Gwynllŵg
Rhigos	Y Rhigos		
Rhiw Saeson	Rhiwsaeson	St. Brides-super-Ely	Llansanffraid-ar-Elái
Rhiwbina	Rhiwbeina	St. Clears	Sanclêr
Rhiw-yr-adar	Rhiw'radar	St. David's	Tyddewi
Rhodwydd Geidio	Rhodogeidio	St. Dogmaels	Llandudoch
Rhoose	Y Rhws	St. Dogwells	Llantydewi
Rhywderin	Rhiwderyn	St. Donat's	Sain Dunwyd
Rickeston	Trericert	St. Elvis	Llaneilfyw
Rinaston	Tre-einar	St. Fagans	Sain Ffagan
Risca	Rhisga	St. George	Llan Sain Siôr
Rivals, The	Eifl, Yr	St. George-super-Ely	Sain Siorys
Roath	Y Rhath	St. Ishmael	Llanismel
Roch	Y Garn	St. Issells	Saint Ishel
Rogerston	Tŷ-du	St. Julians	Sain Silian
Rossett	Yr Orsedd	St. Lythan's	Llwyneliddon
Rowen	Y Ro-wen	St. Mary Church	Llan-fair
Ruabon	Rhiwabon	St. Mary Hill	Eglwys Fair y Mynydd
Rudry	Rhydri		
Rumney	Tredelerch	St. Mary in/out Liberty	Llanfair Dinbych-y pysgod
Ruperra	Rhiw'rperrai		
Ruthin	Rhuthun	St. Maughan's	Llanfocha
		St. Mellons	Llaneirwg
S		St. Nicholas (Pembs.)	Tremarchog
Sain Andras	Saint Andras	St. Nicholas (Vale of Glamorgan)	Sain Nicolas
Sain Ffraid	Sain Ffred		
Sarn Meyllteyrn	Sarn (Mellteyrn)	St. Peter's	Sain Pedr
Senghenydd	Senghennydd	St. Petrox	Sain Pedrog
Senny Bridge	Pontsenni	St. Pierre	Sain Pŷr
Seven Sisters	Blaendulais	Stalling Down	Bryn Owen
Shirenewtown	Drenewydd Gelli farch	Staylittle	Penffordd-las
		Stradey Park	Strade
Siginston	Tresigin	Strata Florida	Ystrad-fflur
Sirhowy	Sirhywi	Sugar Loaf	Mynydd Pen-y-fâl
Skenfrith	Ynysgynwraidd	Sully	Sili
Sker	Y Sger	Swallow Falls	Rhaeadr Ewynnol
Skerries	Ynysoedd y Moelrhoniaid	Swansea	Abertawe
		Swydd-ffynnon	Swyddffynnon
Sketty	Sgeti	Sychtyn	Sychdyn
Skewen	Sgiwen		
Skirrid	Ysgyryd Fawr	**T**	
Skybbir	Sgeibir	Tafarnaubach	Tafarnau Bach
Slebech	Slebets	Tafarnyfedw	Pentre Tafarnyfedw
Snowdon	Yr Wyddfa	Tafarn-y-Gelyn	Tafarngelyn
Solva	Solfach	Taff's Well	Ffynnon Taf
Sontley	Sonlli	Taibach	Tai-bach
Soughton	Sychdyn	Tair Onen	Taironnen
Splott	Y Sblot	Talacharn	Lacharn
St. Andrews Major	Saint Andras	Talachddu	Talach-ddu
St. Asaph	Llanelwy	Talbenny	Talbenni
St. Athan	Sain Tathan	Taliesin	Tre Taliesin
St. Brides	Sain Ffred	Talley	Talyllychau

Talsarn	Tal-sarn	Tre-Taliesin	Tre Taliesin
Talybont	Tal-y-bont	Tretower	Tretŵr
Talyllyn	Tal-y-llyn	Trevalyn	Trefalun
Talysarn	Tal-y-sarn	Trevine	Tre-fin
Talywain	Tal-y-waun	Trevor	Trefor
Talywern	Tal-y-wern	Trewern	Tre-wern
Tancredston	Trebwrnallt	Troedrhiwgwair	Troedrhiw-gwair
Tanyfron	Tan-y-fron	Troedyraur	Troed-yr-aur
Tenby	Dinbych-y-pysgod	Troedyrhiw	Troed-y-rhiw
Thaw (river)	Ddawan (afon)	Trostrey	Trostre
Thomastown	Tretomas	Trwstllewelyn	Trwst Llywelyn
Tintern	Tyndyrn	Trychrug	Trichrug
Tirphil	Tir-phil	Tryddyn	Treuddyn
Tir-y-mynach	Tirymynach	Tryfannau	Tonfannau
Tondu	Ton-du	Trelech	Tryleg
Tonteg	Ton-teg	Tumble	Y Tymbl
Traeth-saith	Tre-saith	Tŷ Croes	Tŷ-croes
Trallong	Y Trallwng	Tŷ-newydd	Tynewydd
Tranch	Y Transh	Tycrwyn	Tŷ-crwyn
Trapp	Trap	Tydweiliog	Tudweiliog
Trebanos	Trebannws	Tynant	Tŷ-nant
Tre-Beverad	Trebefered	Tyn-lon	Ty'nlôn
Tre-coed	Diserth a Thre-coed	Ty'n-y-ffordd	Tyn-y-ffordd
Tre-Cŵn	Trecŵn	Ty'n-y-groes	Tyn-y-groes
Tredunnock	Tredynog	Tythegston	Llandudwg
Tref Asser	Trefaser		
Tref Einon	Trefeinon	**U**	
Trefdreyr	Troed-yr-aur		
Trefecca	Trefeca	Undy	Gwndy
Trefeirig	Trefeurig	Upper Boat	Glan-bad
Trefethin	Trefddyn	Upper Chapel	Capel Uchaf
Treffgarne	Trefgarn	Upper Vaenor	Faenor Uchaf
Trefgarn-Owen	Trefgarnowen	Usk	Brynbuga
Trefin	Tre-fin	Usk (river)	Wysg (afon)
Treforest	Trefforest		
Treforgan	Pentre-poeth	**V**	
Trefyclawdd	Trefyclo	Vaenor	Y Faenor
Tregaer	Tre'r-gaer	Valle Crucis	Llanegwest/
Tregarth	Tre-garth		Glyn-y-groes
Tregawntlo	Tregantllo	Van	Y Fan
Treginnis	Treginis	Vardre	Faerdre
Tregroes	Tre-groes	Varteg	Y Farteg
Tre-Herbert	Treherbert	Vaynor	Y Faenor
Tre-hill	Tre-hyl	Velindre	Felindre
Trelech	Tre-lech	Venny-fach	Y Fenni-fach
Trelleck	Tryleg	Verwick	Y Ferwig
Tremadoc	Tremadog	Vorlan	Y Forlan
Tremain	Tre-main	Vroncysyllte	Froncysylltau
Trenewydd Gelli-farch	Drenewydd Gelli farch	Vyrnwy	Efyrnwy (afon/llyn)
Treoes	Tre-os		**W**
Treorchy	Treorci	Waen	Waun
Tre-rhiwarth	Treriweirth	Walterston	Trewallter
Tresaith	Tre-saith	Walton, West	Gorllewin Waltwn
		Walton, East	Dwyrain Waltwn

Walwyn's Castle	Castell Gwalchmai	Wolf's Castle	Cas-blaidd
Waungron	Waun-gron	Wolvesnewton	Llanwynell
Welsh St. Donat's	Llanddunwyd	Wonastow	Llanwarw
Welshpool	Y Trallwng	Worm's Head	Pen Pyrod
Wenvoe	Gwenfô	Wrexham	Wrecsam
Weobley Castle	Castell Weble	Wrinston	Wrinstwn
Wepre	Gwepra	Wye (river)	Gwy (afon)
Wern Tarw	Werntarw		
Wernffrwdd	Wernffrwd		**Y**
Wern-olau	Wernolau	Y Bynie	Bynea
West Mouse	Maen y Bugail	Ynys Forgan	Ynysforgan
Western Cleddau (river)	Afon Cleddyf/Cleddau Wen	Ynys Lannog	Ynys Seiriol
		Ynys Tawe	Ynystawe
Whitchurch (Caerdydd)	Yr Eglwys Newydd	Ynysddu	Ynys-ddu
Whitchurch (Pembs.)	Tre-groes	Ynysmaerdy	Ynysymaerdy
White Mill	Felin-wen	Ynyswen	Ynys-wen
Whitechurch (Pembs.)	Eglwys Wen	Ynysybwl	Ynys-y-bŵl
Whitford	Chwitffordd	Ynys-y-maerdy	Ynysymaerdy
Whitland	Hendy-gwyn	Ynys-y-mond	Ynysymwn
Wick	Y Wig	Yr Ystrad (Rhondda)	Ystradyfodwg
Wigfair	Wicwer	Ysceifiog	Ysgeifiog
Williamstown	Trewiliam	Yspytty	Ysbyty
Wiston	Cas-wis	Ystrad Rhondda	Ystradyfodwg
Wolfpits	Pwll-y-blaidd	Ystradau	Strade

Llyfryddiaeth/Bibliography

Charles, B.G., *Non-Celtic Place-names in Wales*, London Medieval Studies, London, 1938

Charles, B.G., *The Place-names of Pembrokeshire* (2 gyfrol), The National Library of Wales, Aberystwyth, 1992

Davies, Dewi, *Welsh Place-names and their meaning*, printed by The Brecon and Radnor Express and Powys County Times, no date

Davies, Ellis, *Flintshire Place-names*, University of Wales Press, Cardiff, 1959

Davies, Elwyn, *Rhestr o Enwau Lleoedd: A Gazetteer of Welsh Place-names*, Gwasg Prifysgol Cymru, Caerdydd, 1957

Evans, Gwladys Elen, *A Collection of the Place Names of the Parish of Llandysilio-Go-Go together with their meanings*, Carmarthen Journal, Carmarthen, 1901

Fychan, Gwerful Angharad, *Astudiaeth o Enwau Lleoedd Gogledd Cantref Buellt*, Traethawd PhD, Prifysgol Cymru Aberystwyth, 2001

John, Deric, *Cynon Valley Place-names*, Gwasg Carreg Gwalch, Llanrwst, 1998

Jones, Bedwyr Lewis, *Enwau* (Llyfrau Llafar Gwlad 20), Gwasg Carreg Gwalch, Llanrwst, 1991

Jones, Bedwyr Lewis, *Enwau Lleoedd Abergele a'r Cylch* (Cyfres y Fro 2), Cymdeithas Emrys ap Iwan, Abergele, 1992

Jones, Bedwyr Lewis, *Yn Ei Elfen*, Gwasg Carreg Gwalch, Llanrwst, 1992

Jones, Gwilym T. and Roberts, Tomos, *Enwau Lleoedd Môn: The Place-names of Anglesey*, Cyngor Ynys Môn: Isle of Anglesey County Council, 1996

Jones, Howard C., *Place-names in Glamorgan*, Risca, 1976

Jones, Iwan Arfon, *Enwau Eryri: Place-names in Snowdonia*, Y Lolfa, Tal-y-bont, 1998

Lias, Anthony, *Place Names of the Welsh Borderlands*, Palmer Press, Ludlow, 1991

Lloyd-Jones, J., *Enwau Lleoedd Sir Gaernarfon*, Gwasg Prifysgol Cymru, Caerdydd, 1928

Mills, A.D., *A Dictionary of British Place-Names*, Oxford University Press, Oxford, 2003

Morgan, Richard, *Place-names of Gwent*, Gwasg Carreg Gwalch, Llanrwst, 2005

Morgan, Richard, *A Study of Montgomeryshire Place-names* (Welsh Heritage Series No. 10), Gwasg Carreg Gwalch, Llanrwst, 2001

Morgan, Richard, *A Study of Radnorshire Place-names* (Welsh Heritage Series No. 7), Gwasg Carreg Gwalch, Llanrwst, 1998

Morgan, Richard ac Evans, G.G., *Enwau Lleoedd Buallt a Maesyfed* (Llyfrau Llafar Gwlad 27), Gwasg Carreg Gwalch, Llanrwst, 1993

Morgan, Richard and Powell, R.F. Peter, *A Study of Breconshire Place-names* (Welsh Heritage Series No. 9), Gwasg Carreg Gwalch, Llanrwst, 1999

National Gazetteer of Wales – Place Name Index, http://homepage.ntlworld.com/geogdata/ngw/fulllist.htm

Owen, Hywel Wyn, *Enwau lleoedd Bro Ddyfrdwy ac Alun* (Llyfrau Llafar Gwlad 21), Gwasg Carreg Gwalch, Llanrwst, 1991

Owen, Hywel Wyn, *Hanes Enwau Lleoedd*, Canolfan Adnoddau Addysg, Coleg Prifysgol Cymru Aberystwyth, 1990

Owen, Hywel Wyn, *The Place-Names of East Flintshire*, University of Wales Press, Cardiff, 1994

Owen, Hywel Wyn, *The Place-names of Wales*, University of Wales Press, Cardiff, 1998

Pierce, Gwynedd O., *Place-Names in Glamorgan*, Merton Priory Press, Cardiff, 2002

Pierce, Gwynedd O., *The Place-names of Dinas Powys Hundred*, University of Wales Press, Cardiff, 1968

Pierce, Gwynedd O; Roberts, Tomos; Owen, Hywel Wyn, *Ar Draws Gwlad 1*, Gwasg Carreg Gwalch, Llanrwst, 1997

Pierce, Gwynedd O; Roberts, Tomos, *Ar Draws Gwlad 2*, Gwasg Carreg Gwalch, Llanrwst, 1999

Powell, R.F. Peter, *The Place-names of Devynock Hundred*, published by the author

Richards, Melville, *Enwau Tir a Gwlad*, Gwasg Gwynedd, Caernarfon, 1998

Richards, Melville, *Welsh Administrative and Territorial Units: Medieval and Modern*, University of Wales Press, Cardiff, 1969

Thomas, R.J., *Enwau Afonydd a Nentydd Cymru*, Gwasg Prifysgol Cymru, Caerdydd, 1938

Williams, Syr Ifor, *Enwau Lleoedd*, Gwasg y Brython, Lerpwl (argraffiad newydd 1962)

Wmffre, Iwan Llwyd, *The Place-Names of Cardiganshire (British Archaeological Reports, British Series 379*; 3 vols), Archaeopress, Oxford, 2004

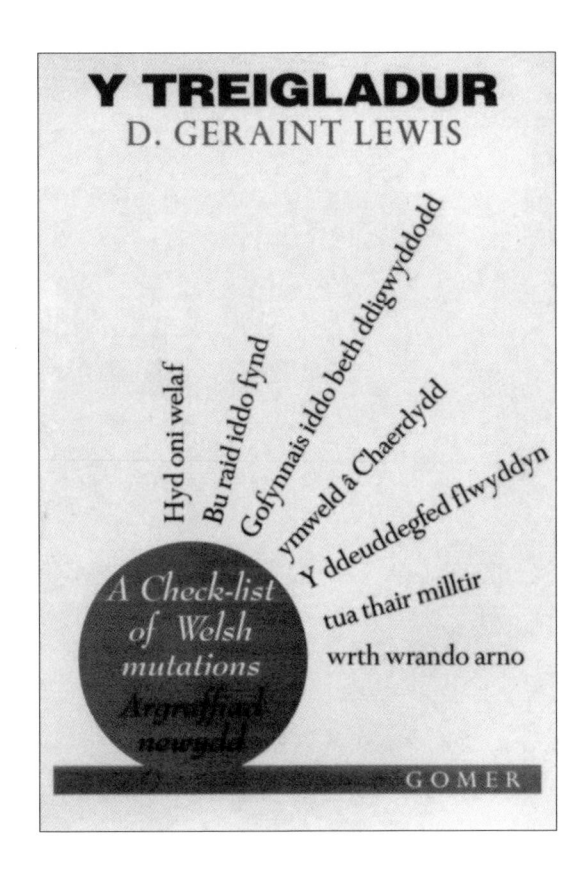

Os yw'r treigladau'n faen tramgwydd i chi, dyma gymorth hawdd troi ato sy'n cynnwys:
- rhestr gynhwysfawr, yn nhrefn yr wyddor, o'r holl eiriau Cymraeg sy'n achosi treiglad;
- crynodeb o'r prif reolau (a'r eithriadau) yn ymwneud â'r treigladau;
- eglurhad o'r termau gramadegol sy'n cael eu defnyddio yn y rhestr rheolau.

If knowing when, or when not, to mutate a word has proved to be a problem in writing Welsh, then this easy-to-use guide should help. In it you will find:
- a comprehensive alphabetical list of all the words that cause a mutation;
- a summary of the main rules of mutation;
- an explanation of the grammatical terms used in the list of rules.

ISBN 1 85902 480 7 £7.99

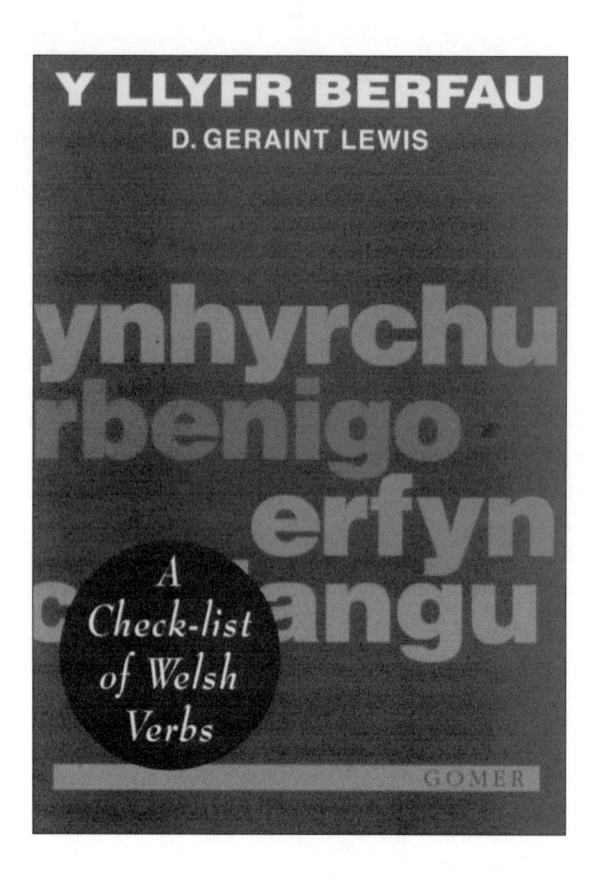

Y Llyfr Berfau yw'r llyfr cyntaf i redeg rhestr gynhwysfawr o dros fil o ferfau Cymraeg. Mae'n cynnwys pob berf a geir yn *Geiriadur Gomer i'r Ifanc* ac os digwydd unrhyw newid i fôn y ferf wrth ei rhedeg, nodir y newid yn y llyfr hwn. Dyma o'r diwedd lyfr Cymraeg sy'n cyfateb i'r llyfrau berfau hynny sydd yn gymaint o gymorth i siaradwyr ieithoedd Ewropeaidd eraill.

Y Llyfr Berfau: A Check-list of Welsh Verbs is the Welsh equivalent of '1000 French/Spanish/Italian Verbs Conjugated'. It contains all the verbs included in *Geiriadur Gomer i'r Ifanc* and is the most comprehensive list of its kind yet to appear. If any of us experience uncertainty while writing a verb form in Welsh, then this comprehensive, user-friendly directory is the source to consult.

ISBN 1 85902 138 7   £7.95

Y LLYFR ANSODDEIRIAU
A check-list of Welsh adjectives

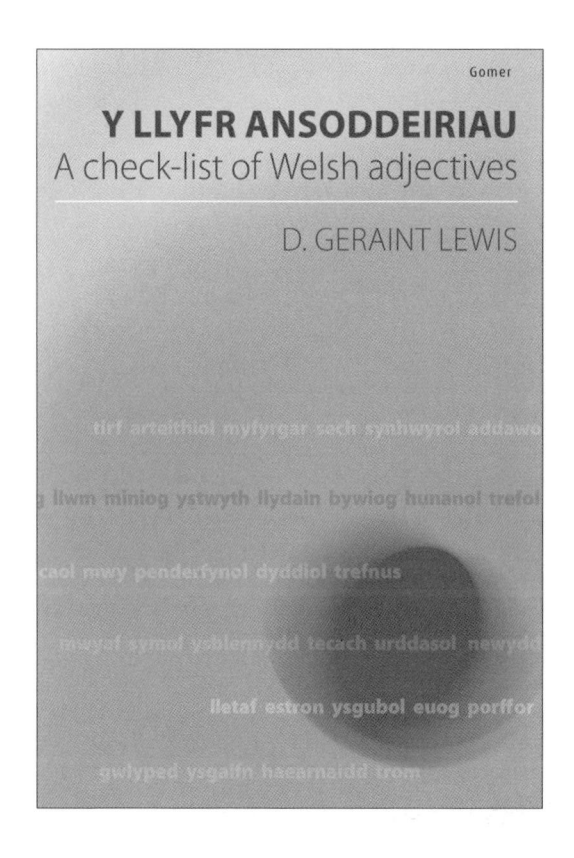

D. GERAINT LEWIS

Os yw ansoddeiriau yn faen tramgwydd i chi, dyma gymorth hawdd troi ato sy'n cynnwys:

• rhestr gynhwysfawr o ansoddeiriau gyda'u cyfystyron Saesneg;
• rhybudd ynglŷn â pha ansoddeiriau y mae modd eu cymharu a'r rhai nad ydynt yn arfer cael eu cymharu;
• yr ansoddeiriau wedi'u cymharu gan ddefnyddio'r dull *mor*, *mwy*, *mwyaf*, hefyd y dull *--ed*, *--ach*, *--af* (e.e. coched, cochach, cochaf), ynghyd â'r ffurfiau afreolaidd;
• rhestr o'r ffurfiau benywaidd a lluosog;
• pennawd annibynnol ar gyfer ffurfiau dieithr sy'n ymddangos wrth gymharu rhai ansoddeiriau yn Gymraeg (e.e. gwlyped, blong, llofr, amddifaid)

If using the various forms of Welsh adjectives has been a problem then this easy-to-use guide should help. In it you will find:
• a comprehensive list of Welsh adjectives together with their English equivalents
• a warning regarding which adjectives may or may not be compared
• the adjectives which utilise the *mor/mwy/mwyaf* system and those which use the *--ed*, *--ach*, *--af* system (e.g. *coched, cochach, cochaf*); it also contains a comprehensive list of irregular forms.
• feminine and plural forms
• a separate heading for unusual variants

ISBN 1 84323 239 1   £6.99